U0801661

环境能源资源法律观察丛书

新能源项目纠纷实战案例解析与办案心法

阳光时代律师事务所　编著
孙辉　主编

XIN NENG YUAN XIANG MU JIU FEN
SHI ZHAN AN LI JIE XI YU BAN AN XIN FA

法律出版社 | LAW PRESS
北京

图书在版编目(CIP)数据

新能源项目纠纷实战案例解析与办案心法 / 阳光时代律师事务所编著 ; 孙辉主编. -- 北京 : 法律出版社, 2022

ISBN 978-7-5197-7011-2

Ⅰ. ①新… Ⅱ. ①阳… ②孙… Ⅲ. ①新能源-经济纠纷-案例-中国 Ⅳ. ①D922.675

中国版本图书馆CIP数据核字(2022)第151959号

新能源项目纠纷实战案例解析与办案心法
XINNENGYUAN XIANGMU JIUFEN SHIZHAN ANLI JIEXI YU BAN'AN XINFA

阳光时代律师事务所 编著
孙 辉 主编

策划编辑 周丽君
责任编辑 周丽君
装帧设计 汪奇峰

出版发行 法律出版社
编辑统筹 法律应用出版分社
责任校对 王晓萍 王语童
责任印制 刘晓伟
经 销 新华书店

开本 710毫米×1000毫米 1/16
印张 20 字数 357千
版本 2022年9月第1版
印次 2022年9月第1次印刷
印刷 北京金康利印刷有限公司

地址:北京市丰台区莲花池西里7号(100073)
网址:www.lawpress.com.cn
投稿邮箱:info@lawpress.com.cn
举报盗版邮箱:jbwq@lawpress.com.cn
版权所有·侵权必究
销售电话:010-83938349
客服电话:010-83938350
咨询电话:010-63939796

书号:ISBN 978-7-5197-7011-2
定价:86.00元

凡购买本社图书,如有印装错误,我社负责退换。电话:010-83938349

环境能源资源法律观察丛书

编　委　会

专家顾问组　（按姓氏笔画排序）

许向民　李俊峰　吴钟瑚　陈守海

唐大为　曹富国

总　主　编　陈　臻

编委会成员　（按姓氏笔画排序）

王　涛　王慧贞　尹　涌　邓宗禹

卢清彬　朱宏文　朱昌明　乔　骄

刘思俣　闫新凤　孙　辉　李欧文

杨卫东　何　翔　张建来　陆利忠

陈新松　周安杰　赵学华　侯旭昇

葛志坚　董储幸　戴安微

本书编写组

主　　编　孙　辉

副 主 编　汪　新　葛志坚

编委会成员　谢　腾　许宇超　侯旭昇　邓宗禹

周安杰　闫新凤　谌　运　程晓海

序

我国将力争于2030年前实现碳达峰、2060年前实现碳中和，这为能源电力行业加快低碳转型指明了方向。实际上，碳达峰、碳中和是一场经济和社会的系统性变革，它既涵盖了能源系统的绿色低碳转型，也涉及新型电力系统的构建，工业、建筑、交通等行业的升级换代，以及我们的生产活动、生活方式的变化。因此，要实现碳达峰、碳中和这一目标，必须达成全民共识，充分挖掘社会各界的优势资源，推进制度建设，提倡低碳生活和低碳经济，形成政策合力，促进行业行动，全民行动。同时，实现这一目标的关键是能源系统的转型，新能源无疑是这场转型升级的重中之重。新能源行业政策导向强，行业政策变化较快，范围较广，涉及电价、建设规模、土地税务、行业监管、地方政府关系处理等多方面政策法规问题，极具研究意义。

这本《新能源项目纠纷实战案例解析与办案心法》是由具有丰富的新能源项目法律服务经验的浙江阳光时代律师事务所的诉讼律师团队撰写，涵盖了新能源领域的工程类纠纷、采购类纠纷、投融资类纠纷、侵权类纠纷以及其他典型纠纷，选取了实战案例中的核心法律问题和裁判规则，并有针对性地提出了有效的实战策略，具有较高的可读性。案例作为司法经验和智慧的结晶，是审判案件的重要参考依据和法学研究的实践素材，通过案例研究发现类案判决规律具有重要意义。本书非常注重实操性，对新能源行业的从业人员而言是一本不可多得的工具书。

浙江阳光时代律师事务所是一家专注于能源、环境与基础设施领域法律服务的专业化律师事务所，对我国新能源行业的法律、法规、产业政策十分熟稔，阳光律师团队积极跟踪新能源新兴市场领域，发挥行家型律师的优势，积累了丰富的非诉法律经验以及诉讼实务经验。我很欣喜地看到有这样一群专业人士，专注于新能源领域的争议解决，通过“行业＋法律”的视角，立足法律，深入行业，耕于实践，并总结宝贵经验与大家分享。若能给更多的法律人士、行业人士以启发，提高大家在新能源领域的合法合规意识，本书的积极意义也就得以了发挥，这也是出版本书的价值所在。

特为序。

潘跃龙*

2022 年 8 月

---

* 中国电力企业联合会监事长、法律分会会长。

前　　言

2020年9月,我国正式宣布力争2030年前实现碳达峰、2060年前实现碳中和,这也是中国基于人类实现可持续发展的内在要求作出的重大战略决策。2022年1月30日,国家发展改革委、国家能源局发布《关于完善能源绿色低碳转型体制机制和政策措施的意见》,明确"十四五"时期,基本建立推进能源绿色低碳发展的制度框架,到2030年,基本建立完整的能源绿色低碳发展基本制度和政策体系。在一系列政策引导和推动下,我国逐渐加强清洁能源和可再生能源的开发利用,推动能源生产和消费革命,可再生能源的清洁能源替代作用逐渐显现。在"双碳"目标指引及能源安全保障的双重背景下,光伏、风电产业链将迎来前所未有的高速成长机遇。

风、光新能源的快速发展,使相关投资热度保持高涨,与此同时,经济活动中的法律风险也逐渐增多,潜伏于投资、建设以及后期运营等各个阶段。浙江阳光时代律师事务所作为一家专注于能源、环境领域的专业化律师事务所,不仅代表客户参与了众多大型光伏、风电项目的全过程法律服务,更是对行业涉及的潜在纠纷进行了前瞻性的研究,早在2016年12月便发布了《2015－2016年度光伏项目涉诉案件典型裁判规则大数据研究报告》,在业内反响强烈。作为专注于新能源争议解决的律师团队,并得益于浙江阳光时代律师事务所一直秉持的"行家型律师"的培养理念,在过去几年中代理了上百起新能源诉讼案件,其中一些案例列入受诉法院所在地年度经典案例集锦,案件代理足迹遍布全国且均取得了良好的诉讼效果。

正是通过大量新能源诉讼项目的历练,我们做到了懂行业、懂技术,更懂法律,其间更是积累了丰富的实践经验,打造了行业与法律双轮驱动的核心办案力量,在该行业争议解决领域树立了独特的竞争优势,一些客户也慕名而来与我们展开合作。通过对大量案件的复盘,我们总结、提炼了各类案件的共同点以及法院的裁判规则。

我们注意到，市场上不乏新能源项目投资、开发、建设法律风险防范方面的书籍，也有专门以司法判例为切入点就新能源项目纠纷展开评析的书籍，但整体而言，此类书籍数量较少且水平参差不齐。基于此，我们认为有必要以文字的形式将长期以来总结的此类纠纷中涉及的法律问题、办案经验与心法同读者分享，并能成为律师同行或法务工作者的工具书，共同提升新能源争议解决领域的法律服务深度。在这种想法的推动下，由浙江阳光律师事务所高级合伙人孙辉律师牵头，组织团队律师汪新、许宇超、谢腾、程晓海等人，在浙江阳光律师事务所新能源事业部和北京、上海、广州三地律师的共同支持下，完成了本书的起草工作。

看到这想必读者可能会有些许疑惑，同样是以案例为切入点，本书又如何能在同类书籍中“脱颖而出”呢？但凡经历过新能源诉讼的当事人或者律师朋友都清楚，不亲历案件是无法体会其中的跌宕起伏与惊心动魄。本书最大的特色在于飞扬其中的“生动且深刻”！本书编选的案例多是阳光争议解决业务团队亲身代理的实战案例，也就意味着我们对某个案例中涉及的核心要点问题经过实战的磨砺，理解会更加深刻、透彻，看透问题是我们办案之基，讲透问题则是本书立意之本。我们从过往代理的案件中精心筛选出二十余件典型案件，展现的不仅是案件本身涉及的法律疑难点，还有案件中精心设计的诉讼方案及策略分享，更有某类案件审判实践中法官裁判逻辑的解析等。为了让读者能够全面了解新能源项目纠纷的争议类型，我们在类型化的选取上也是极尽心力，本书涵盖了工程类纠纷、采购类纠纷、投融资类纠纷、侵权类纠纷（含环境公益诉讼）以及其他典型纠纷（含发电量索赔纠纷等新型诉讼），在每一类型纠纷中我们呈现的都是实务中争议最多的一些法律核心问题点，我们相信这些内容能够帮助各位同行或其他法律从业人员更好地代理新能源项目纠纷案件。

法律的生命在于经验，而诉讼的代理工作更多地源于实践。本书最大的特色在于编选的是实战案例，也恰如此，本书所述观点多源于案件代理中的经验总结，一些观点不乏争议或有失偏颇，仅供参考。限于时间紧迫，书中内容难免有纰漏，我们欢迎业内人士及广大读者批评指正！

编者

2022 年 6 月

Contents | 目　录

第二篇 新能源项目采购类纠纷

第三篇 新能源项目投融资类纠纷

第一篇　新能源项目工程类纠纷

实战案例1

新能源 EPC 总承包合同的性质与诉讼管辖的选择实践

——某光伏公司与青海某新能源投资公司
建设工程施工合同纠纷案①

众所周知,工程总承包是指从事工程总承包的企业受业主委托,按照合同约定对工程项目的可行性研究、勘察、设计、采购、施工、试运行(竣工验收)等实行全过程或若干阶段的承包。EPC 总承包是我国目前推行总承包最主要的一种模式,俗称交钥匙工程,EPC 即 Engineering(设计)、Procurement(采购)、Construction(施工)的组合,是指工程总承包企业按照合同约定,承担工程项目的设计、采购、施工、试运行服务等工作,并对承包工程的质量、安全、工期、造价全面负责。新能源项目的建设目前也多采用 EPC 总承包模式,因 EPC 总承包合同的履行发生纠纷进入司法程序后,实践中各地、各级法院对 EPC 总承包合同的性质认定并不尽一致。而合同性质的定性会直接影响到案件的诉讼管辖,进而间接影响财产保全措施能否顺利的实施。结合我们代理的一起新能源项目的纠纷案件,我们就此问题展开分析与探讨。

【案情简介】

某光伏公司与青海某新能源投资公司(以下简称能源公司)于 2013 年签订《30MWp 项目光伏电站 EPC 工程总包商务合同》,由某光伏公司承包该工程项目,承包范围包括详勘、工程设计、设备材料采购供应、建筑安装工程施工、工程质量及工期控制、工程管理、材料和设备二次抽检、设备安装与调试、系统消缺、光伏电站系统试运行直至成功通过 15 天试运行的初步验收、工程竣工验收配合、移交以及质保

---

① 本文选自青海省高级人民法院(2016)青民初 72 号民事判决书;最高人民法院(2017)最高法民终 576 号民事判决书。本案由浙江阳光时代律师事务所代理,因本章节需要,仅节选案件管辖权异议部分。

期内的质量保证服务，同时包括必要的相关技术资料和人员培训等。《30MWp 项目光伏电站 EPC 工程总包商务合同》约定的管辖方式是由原告所在地人民法院管辖。

《30MWp 项目光伏电站 EPC 工程总包商务合同》签订后，某光伏公司按合同约定履行义务，建设光伏电站并实现顺利并网发电，但能源公司尚有 2370 万元工程款尚未支付，经多次催讨无果后，某光伏公司向其所在地法院江苏省宜兴市人民法院起诉，同时申请法院对能源公司进行财产保全，法院实际冻结能源公司银行账户存款 2370 万元。能源公司收到应诉通知书后在答辩期内提出了管辖权异议，认为本案系建设工程施工合同纠纷而非买卖合同纠纷，不适用约定管辖，应由不动产所在地人民法院管辖，请求宜兴市人民法院将案件移送至青海省高级人民法院管辖，宜兴市人民法院作出管辖权异议裁定①，认为："合同或者其他财产权益纠纷的当事人可以书面协议选择被告住所地、合同履行地、合同签订地、原告住所地、标的物住所地等与争议有实际联系的地点的人民法院管辖，但不得违反本法对级别管辖和专属管辖的规定。因不动产纠纷提起的诉讼，由不动产所在地人民法院管辖。本案中，某光伏公司与能源公司签订《商务合同》，从其合同内容来看，系建设工程施工合同而非纯粹的买卖合同，虽然双方当事人约定了'原告住所地法院管辖'，但该约定违背了民事诉讼法关于专属管辖的规定，应当由不动产所在地法院进行管辖，本案所涉不动产所在地为青海省海北藏族自治州刚察县，又因本案诉讼标的超过 2000 万元，且一方当事人在江苏省辖区内，另一方当事人在青海省辖区内，故因上述《商务合同》产生的纠纷，应当由青海省高级人民法院进行管辖。"

某光伏公司不服宜兴人民法院的管辖权裁定，向无锡市中级人民法院提起上诉，无锡市中级人民法院经审查后驳回上诉，维持了一审裁定。二审裁定书②认为："合同或者其他财产权益纠纷的当事人可以书面协议选择被告住所地、合同履行地、合同签订地、原告住所地、标的物住所地等与争议有实际联系的地点的人民法院管辖，但不得违反级别管辖和专属管辖的规定。因不动产纠纷提起的诉讼，由不动产所在地人民法院管辖。本案中，某光伏公司与能源公司签订的《商务合同》属建设工程施工合同，虽然双方当事人约定了'原告住所地法院管辖'，但该约定违背了民事诉讼法专属管辖的规定，该案应由不动产所在地人民法院进行管辖。"

该案被移送至青海省高级人民法院后经开庭审理，原告某光伏公司的诉讼请求得到全部支持，能源公司上诉至最高人民法院，最高人民法院驳回能源公司的上诉，维持原判。

---

① 参见江苏省宜兴市人民法院（2016）苏 0282 民初 941 号民事裁定书。

② 参见江苏省无锡市中级人民法院（2016）苏 02 民辖终 317 号民事裁定书。

【要点解析】

一、新能源 EPC 总承包合同司法实践中的性质之争

EPC 总承包模式是新能源发电项目普遍采用的承包方式，除电站项目的勘查、设计、施工外，其核心设备的采购费用常占据整个承包合同价款的大部分，这直接导致对合同性质的界定也变得更加困难。本案某光伏公司在起诉时是以买卖合同纠纷作为案由起诉的，在管辖权异议的审理中，一审法院和二审法院都认定案由为建设工程施工合同纠纷。司法实践中无论是认定为买卖合同纠纷或是建设工程施工合同纠纷均非个例，EPC 总包合同除被认定为这两种合同性质外，还有法院将其定性为建设工程合同纠纷或承揽合同纠纷，下面笔者结合司法实践分别加以分析：

(一)建设工程合同纠纷

《民法典》第 788 条规定："建设工程合同是承包人进行工程建设，发包人支付价款的合同。建设工程合同包括工程勘察、设计、施工合同。"该条是对《合同法》(已废止)第 269 条的完全吸收。

在太原重工股份有限公司诉被告山东鼎能新能源有限公司、刘某宁管辖权纠纷案①中，山西省高级人民法院认定："从承包范围和合同标的物的属性来看，承包商太重公司的工作范围为合同规定范围内的工程监理、工程勘测、设计、设备制造、设备及材料采购、运输、土建工程、设备安装、设备调试、设备监造、质量检测等内容。合同目的是完成泽库风电场一期工程建设并通过竣工验收和投产运行，确保按期并网发电。即合同约定的项目范围及于电力工程基础建设项目整体，属于电力基础设施建设，该电力基础设施直接建设于土地上，系土地上的建筑物及其他附着物，建设成果具于不动产的属性。从承包方式和合同价款的约定来看，承包商负责泽库风电场项目一期工程的建设，工程合同采取设计、采购、施工一体化的 EPC 模式，承包方式超出一般的设备承揽，更符合建设工程的总承包模式。合同中约定工程暂定总价为 39,525 万元，风电场建成投产后根据实际情况进行工程决算，作为最终合同价款。工程价款的约定符合建设工程合同中工程价款预决算的基本特征，而不符合加工、定作等普通承揽合同的一般特征。从工程的质量管理和验收标准及程序来看，合同中明确约定诉争工程的设计、施工、验收等必须遵循国家关于电力、土建、安装等领域的强制性规范，验收程序也必须遵守国家的强制性规定，并实行强制监理制度，而非仅依据定作人的要求即可完成工作成果的验收和交付。"涉案合同表现出建设工程合同特有的特征，相比而言，建设工程合同的特殊性明显胜于承揽合同的一般性。因此，本案当事人诉争的法律关系应认定为建设工程合同

① 参见山西省高级人民法院(2017)晋民初 45 号之二民事裁定书。

纠纷而非承揽合同纠纷,本案案由应变更为建设工程合同纠纷。

(二)建设工程施工合同纠纷

笔者团队代理的多起新能源发电项目纠纷中,多起EPC总承包合同纠纷在管辖权异议审理中被法院认定为建设工程施工合同纠纷,除本文引用的某光伏公司与能源公司的EPC商务合同纠纷外,在我们代理的另外一起光伏项目EPC总承包合同纠纷①中,最高人民法院在管辖权异议审理阶段最终亦将EPC总承包合同项下的纠纷定性为建设工程施工合同纠纷,其认为涉案《商务合同》既包括土建部分、也包括安装部分,且两部分不可分离,合同的性质从整体来说更符合建设工程施工合同的特征,故案件案由应为建设工程施工合同纠纷。

(三)承揽合同纠纷

笔者代理的一起新能源EPC合同纠纷中,承包人以承揽合同纠纷为案由向江苏省高级人民法院起诉,一审法院江苏省高级人民法院在管辖权民事裁定书②中认为,发包人与承包人签订的《商务合同》明确约定工程项目的范围包括详勘、工程设计、设备材料采购供应、建筑安装工程施工、工程管理、设备安装与调试等,并对工期、工程验收、工程款支付、赶工费等进行了详细的约定。虽然合同所涉及的项目既包括土建部分,也包括设备安装部分,但双方合同明确约定设备价款占合同总价的80%左右。故综合合同整体内容,本案不属于建设工程施工合同纠纷。

在我们代理的另外一起国电光伏有限公司与朝阳天华阳光新能源投资有限公司、辽宁新大新能源投资有限公司建设工程施工合同纠纷案③中,一审江苏省宜兴市人民法院认为:"最高人民法院《关于经济合同的名称与内容不一致时如何确定管辖权问题的批复》(法复〔1996〕16号)规定,当事人签订的经济合同虽具有明确、规范的名称,但合同约定的权利义务内容与名称不一致的,应当以该合同约定的权利义务内容确定合同的性质。本案中,国电光伏公司与朝阳天华阳光能源投资公司订立的《辽宁朝阳10MWp项目光伏电站EPC工程总包商务合同》,合同约定的履行内容、总价构成等明确显示,国电光伏公司的主要义务是10MWp光伏电站的详勘设计、制造、设备材料采购供应、设备材料进场抽检、运输及储存、建筑、安装、调试试验及检查、竣工、试运行、消缺等,符合承揽合同的法律特征,天华阳光公司认为本案合同性质上属于建设工程施工合同、应当由不动产所在地管辖的主张本院不予采纳。"但是,以上一审裁判在二审阶段被改判,二审江苏省无锡市中级人民法院重新将纠纷的性质定性为建设工程施工合同纠纷。

---

① 参见最高人民法院(2016)最高法民辖终249号民事裁定书。

② 参见江苏省高级人民法院(2015)苏商初字第00036号民事裁定书。

③ 参见江苏省无锡市中级人民法院(2017)苏02民辖终101号民事裁定书。

以上两个案例中的光伏新能源项目均是“地面光伏电站”，人民法院对 EPC 总承包合同属于承揽合同性质的认定存在一定分歧。那么，如果是涉案光伏电站项目是“屋顶分布式光伏电站”，其 EPC 总承包合同的性质是否还存在争议呢？司法实践中又是如何认定的呢？结合笔者团队代理的案件和公开检索的司法判例，我们对此进行深入剖析。

地面式光伏发电一般是指在林地、荒地、山坡等地面建设，一般规模大、发电量大的光伏发电系统。分布式光伏发电一般是指用户场地附近建设，运行方式以用户侧自发自用、多余电量上网，且在配电系统平衡调节为特征的光伏发电设施。说通俗一点就是指在建筑的屋顶上（如医院、办公楼、商业化住宅楼顶、农村居民屋顶等）进行建设的光伏发电系统。

笔者代理的一起屋顶分布式光伏电站 EPC 总承包合同纠纷案①中，代表承包人以承揽合同纠纷为案由向宜兴市人民法院起诉，后发包人提出管辖权异议，我们主张涉案合同属于承揽合同而非建设工程施工合同，理由如下：

第一，涉案合同的标的物并非不动产，《建筑法》将建筑活动范围明确界定为“各类房屋建筑及其附属设施的建造和与其配套的线路、管道、设备的活动”。涉案合同系屋顶分布式光伏电站，核心设备光伏组件属于可拆分物，不构成民法意义上的不动产物，其安装固定在屋顶，所有固定后的光伏组件等设备并未形成一个整体，视需要可随时简易拆卸。因此，涉案合同不具备建设工程合同的构成要素。

第二，涉案合同明确约定为承揽合同且双方明知。涉案合同中明确约定：“鉴于发包人委托总承包人按本合同约定的合同总额承揽江阴 14.2MWp 屋顶分布式光伏电站项目的总承包任务，且总承包人同意接受该委托。”可见，在签订涉案合同之初，双方即有意订立承揽合同，发包人属明知。

第三，根据合同约定的履行内容，合同的主要义务及特征性义务是相应设备、材料的采购、安装、检测和调试，属于由承揽方供应设备、设备安装、检测、调试的承揽合同，本案中设备采购费及其他费用占合同总额的 80% 以上。涉案合同虽有施工，但施工的目的并非建设不动产建筑物，施工仅在于对设备的固定和安装，并且施工费用在合同总标的额中比例很小。因此，涉案合同的履行依赖承揽方的技术并最终交付符合要求的工作成果，完全具备承揽合同的法律特征。

上述观点得到了一审法院的认可，驳回了对方的管辖权异议，二审法院无锡市中级人民法院维持了一审裁定。通过案例检索发现，在天津星谦诚石新能源科技

① 江苏省宜兴市人民法院（2019）苏 0282 民初 11710 号民事裁定书，江苏省无锡市中级人民法院（2020）苏 02 民辖终 21 号民事裁定书，浙江阳光时代律师事务所代理。

有限公司与株洲变流技术国家工程研究中心有限公司承揽合同纠纷案[①]中，湖南省株洲市中级人民法院在认定涉案屋顶分布式 EPC 承包合同性质为承揽合同时，其观点与笔者所代理的案件的观点较为一致，主要是：第一，涉案合同《工程量清单》明确了具体报价，其中，设备和材料费单价为 5.45 元/wp；工程费用单价为 1.1 元/wp（土建及安装工程费用 0.78 + 其他辅材 0.32）；可研及设计费单价为 0.18 元/wp；技术服务费、管理费、税费单价为 0.2 元/wp。从上述数据可以推算出设备采购费用约为 817 万元，占合同总价款比例为 78%；土建及安装费约为 116 万元，占合同总价款比例仅为 11%。由此可见，合同价款中设备和材料的采购费用是合同总价的主要组成部分，而土建费用占比很小，非合同价款的主要组成部分。第二，合同约定的主要工作内容为组件支架、光伏组件、穿线管材、逆变器、箱变、光伏监控系统等设备、材料的采购、安装与调试工作，土建并非合同的主要内容。第三，从合同标的物来看，上诉人提供的整套光伏发电系统不属于不动产。所谓不动产，是指依照其物理性质不能移动或者移动将严重损害其经济价值的有体物。《不动产登记暂行条例》第 2 条规定："本条例所称不动产，是指土地、海域以及房屋、林木等定着物。"同时，《天津 1.5MW 分布式光伏发电项目 EPC 承包技术协议》1.1.3"总的设计工艺和方案"约定："本工程规划总容量约为 1.5MW，拟采用 5883 块不小于 255Wp 的多晶硅光伏组件，以平行于屋面通过专用夹具与彩钢瓦固定安装。"该光伏发电系统安装于天津南车风电叶片工程有限公司的屋顶，可以拆卸移动且并不损害其经济价值。因此，上诉人认为项目直接建设于地面之上，建设成果属于土地之上的不动产缺乏事实和法律依据。

（四）买卖合同纠纷

由于新能源项目投资建设中设备采购所占的费用比例较高，通常会达到整个光伏电站项目造价的 80% 以上，发包人和承包人签署 EPC 总承包合同后出于税收筹划的考虑，会另行签订一份补充协议，约定将 EPC 总承包合同中的 P（采购）从合同中拆分出来，随后双方再新签订一份《设备采购/买卖合同》。此种操作并没有改变承包人的工作内容，分拆后其需要履行的合同义务与原 EPC 总承包合同并无变化。一旦因合同履行发生争议，如承包人索要发包人欠付的合同款项，承包人有时仅依据《设备采购/买卖合同》向发包人主张权利，此时人民法院面对发包人提出的管辖权异议，是直接认定涉案纠纷就是买卖合同纠纷？还是综合发考量发包人与承包人作出的商业安排而拆分原有的 EPC 总承包合同因素，认定涉案纠纷是建设工程施工合同纠纷呢？

在国际工程总承包项目中，为避免项目所在国与总承包商所在国的双重征税，达到合法税务筹划的目的，将一份完整的 EPC 总承包合同拆分为多份"设计、采购、

① 参见湖南省株洲市中级人民法院（2019）湘 02 民辖终 167 号民事裁定书。

施工、调试服务”等相互独立的子合同是较为常见的做法。这种特殊的商业安排下，因发包人与承包人已经签订了EPC总承包协议，该份协议本质上是后续签订《设备采购/买卖合同》的“桥连协议”，双方当事人之间的总体合同关系及权利义务应受EPC总承包合同的约束，而不应割裂、简单地认定为是买卖合同纠纷。在中冶东方工程技术有限公司秦皇岛研究设计院与辽宁建设安装集团有限公司抚顺分公司、中冶东方工程技术有限公司建设工程施工合同纠纷案①中，法院认为，从抚顺新钢铁有限责任公司与秦皇岛设计院签订的合同名称、主体及承建内容看，均适用《建筑法》等法律法规的调整，并非普通主体所能承揽。抚顺新钢铁有限责任公司与秦皇岛设计院签订《建安工程施工合同》《设备供货合同》，将新钢铁石灰竖窑项目，包括设计、供货、土建、安装和电气工程等一切工作内容发包给秦皇岛设计院，两份合同构成建筑工程总承包合同，秦皇岛设计院是工程总承包人。

笔者所代理的一起光伏项目纠纷中就遇到了此种情形，承包人依后续签订的《备忘录》及采购合同中的约定管辖条款向法院起诉，笔者随即代表发包人提出管辖权异议，认为双方之间的基础法律关系仍然是EPC总承包下的建设工程发承包合同关系，应适用不动产管辖，最终法院认可我们的观点并裁定将案件移送至光伏项目所在地人民法院管辖。②

（五）合同纠纷

司法实践中，因EPC合同所含内容较为广泛，个别法院认为无论定性为建设工程施工合同抑或是承揽合同均不准确，最终按无名合同纠纷处理。比如在“惠州天能源科技有限公司与山东博恩投资有限公司合同纠纷案”中，一审法院潍坊市中级人民法院认定争议案由为承揽合同纠纷，而山东省高级人民法院二审时认为，从合同约定的内容看，不仅包括电站设计、施工等建设类项目，还包括设备采购、系统安装、调试维护等承揽类项目，因此，无论将本案定性为建设工程施工合同纠纷还是承揽合同纠纷都有失偏颇，采用二者共同的上一级案由即合同纠纷更为妥当。该案再审后，最高人民法院指令山东省高级人民法院再审，③山东省高级人民法院再审后对涉案合同的性质仍然定性为合同纠纷，说理与之前并未改变。

二、EPC总承包合同性质与诉讼管辖的关系

前文结合笔者团队代理的多起新能源工程项目纠纷，司法实践中，司法机关对新能源EPC总承包合同发生的纠纷通常会认定为建设工程合同纠纷、建设工程施工合同纠纷、承揽合同纠纷、买卖合同纠纷、合同纠纷这五类，而且笔者发现各级人

① 参见辽宁省抚顺市中级人民法院（2017）辽04民终834号民事判决书。

② 参见江苏省无锡市滨湖区人民法院（2022）苏0211民初823号之一民事裁定书。

③ 参见山东省高级人民法院（2020）鲁民再77号民事判决书。

民法院对合同性质的认定往往发生在管辖权异议审查阶段，而非实体审理阶段，这主要是因为不同合同性质的认定直接关乎案件的管辖权，就此问题笔者认为有必要分析以下几点：

（一）建设工程施工合同与承揽合同的辨析

《民法典》第770条第1款规定："承揽合同是承揽人按照定作人的要求完成工作，交付工作成果，定作人支付报酬的合同。"第788条第1款规定："建设工程合同是承包人进行工程建设，发包人支付价款的合同。"建设工程合同实际上是承揽合同的一种特殊类型。因此，《民法典》第808条规定："本章没有规定的，适用承揽合同的有关规定。"建设工程施工合同在性质上虽然属于特殊的承揽合同，但二者仍然存在明显的区别。

前文引述的（2017）晋民初45号案件中，山西省高级人民法院为了分辨涉案合同是建设工程施工合同纠纷还是承揽合同纠纷，结合案件事实从以下几个维度进行了辨析，一是从承包范围和合同标的物的属性角度，二是从承包方式和合同价款的约定角度，三是从工程的质量管理和验收标准及程序角度，四是从标的物实际履行角度。

就此问题，最高人民法院民事审判第一庭编写的《民事审判实务问答》中认为可以从以下四点对建设工程施工合同与承揽合同进行区分：①

（1）主体要求不同。依据最高人民法院《关于审理建设工程施工合同纠纷案件适用法律问题的解释（一）》第1条第1款的规定，建设工程施工合同具有下列情形之一的，应当根据《民法典》第153条第1款的规定，认定无效：①承包人未取得建筑业企业资质或者超越资质等级的；②没有资质的实际施工人借用有资质的建筑施工企业名义的；③建设工程必须进行招标而未招标或者中标无效的。由该规定可知，建设工程项目经过可行性研究、立项规划审批等，发包人应具备发包资格；施工主体实行市场准入制度，承包人是必须具备相应资质的法人。而承揽合同的标的小，对定作人一般没有发包要求；承揽人既可以是具有资质的法人，也可以是其他单位或者个人。

（2）受行政制约不同。建设工程是涉及公共利益和安全的特殊产品，国家实行严格的管理和控制，当事人意思自治受公权力的制约。例如，最高人民法院《关于审理建设工程施工合同纠纷案件适用法律问题的解释（一）》第3条第1款规定："当事人以发包人未取得建设工程规划许可证等规划审批手续为由，请求确认建设工程施工合同无效的，人民法院应予支持，但发包人在起诉前取得建设工程规划许可证等规划审批手续的除外。"而承揽合同以当事人合意为主，行政一般不予干预。

（3）合同要式不同。《民法典》第789条明确规定，"建设工程合同应当采用书

① 参见最高人民法院民事审判第一庭编：《民事审判实务问答》，法律出版社2021年版，第67～69页。

面形式”,而并未对承揽合同的形式进行规定,因此,承揽合同既可以是口头形式,也可以是书面形式。

(4)部分工作交由第三人完成的程序不同。根据《民法典》第791条第2款的规定,建设工程总包人将其中部分工作交由第三人完成时,须取得发包人同意。而根据《民法典》第773条的规定,承揽人有权将部分辅助工作交与第三人完成,无须征得定作人同意。但第772条第2款规定,“承揽人将其承揽的主要工作交由第三人完成的,应当就该第三人完成的工作成果向定作人负责;未经定作人同意的,定作人也可以解除合同”。此外,分包关系中的责任承担也不同。依据《民法典》第772条、第773条,承揽合同分包后,次承揽人就完成的工作向承揽人负责;而《民法典》第791条第2款规定,“……第三人就其完成的工作成果与总承包人或者勘察、设计、施工承包人向发包人承担连带责任……”即建设工程分包后,分包人就工作成果与总包人共同向发包人承担连带责任。

除以上四个区分点外,笔者认为还可以从承包人的权利及解除权两个方面综合判定,依据《民法典》第783条的规定,定作人未向承揽人支付报酬或者材料费等价款的,承揽人对完成的工作成果享有留置权。而在建设工程施工合同项下,承包人依据《民法典》第807条“发包人逾期不支付的,除根据建设工程的性质不宜折价、拍卖外,承包人可以与发包人协议将该工程折价,也可以请求人民法院将该工程依法拍卖。建设工程的价款就该工程折价或者拍卖的价款优先受偿”的规定,享有的是建设工程价款优先受偿权”。对于合同的法定解除权而言,《民法典》第787条赋予定作人在承揽人完成工作前可以随时解除合同的权利,而建设工程施工合同下的承包人则并不享有该种任意解除权。

(二)合同性质决定案件管辖是一般管辖或是专属管辖

根据《民事诉讼法》第35条的规定,合同或者其他财产权益纠纷的当事人可以书面协议选择被告住所地、合同履行地、合同签订地、原告住所地、标的物所在地等与争议有实际联系的地点的人民法院管辖,但不得违反本法对级别管辖和专属管辖的规定。

因此,若新能源EPC总承包合同性质被认定为是承揽合同、买卖合同或更广的合同范畴,则新能源EPC总承包合同纠纷应适用《民事诉讼法》中关于一般管辖的规定。

根据《民事诉讼法》第34条第1项,因不动产纠纷提起的诉讼,由不动产所在地人民法院管辖。《民诉法解释》第28条的规定,《民事诉讼法》第34条第1项规定的不动产纠纷是指因不动产的权利确认、分割、相邻关系等引起的物权纠纷。农村土地承包经营合同纠纷、房屋租赁合同纠纷、建设工程施工合同纠纷、政策性房屋买卖合同纠纷,按照不动产纠纷确定管辖。不动产已登记的,以不动产登记簿记载的所在地为不动产所在地;不动产未登记的,以不动产实际所在地为不动产所在地。

因此，若新能源 EPC 总承包合同性质被认定为是建设工程施工合同，则案件应适用专属管辖，一般是新能源项目所在地人民法院管辖。即便某些人民法院将新能源 EPC 总承包合同定性为外延更加广泛的建设工程合同，案件仍适用专属管辖。

【实战策略】

一、巧用合同性质之争优选诉讼管辖地

启动一个诉讼的核心关键一环就是确定管辖地，鉴于不同地区法院的司法审判水平的现实情况，以及新能源项目纠纷的特殊行业属性，很多法院对此类纠纷并无太多的审判实务经验，故选择对当事人较为有利的管辖地是成功启动案件的第一步。正因为新能源 EPC 总承包合同的性质认定在司法实践中存在多种的可能性，为我们选择最优管辖提供了空间。

相信大家已经注意到，前文引述笔者团队所代理的多起新能源项目 EPC 总承包合同纠纷中，在立案之初在选择哪个法院管辖时就进行了充分的评估与预判，有的案件是以承揽合同纠纷为案由立案，有的是以建设工程施工合同纠纷为案由立案，优选管辖时笔者会结合委托人住所地、对方当事人住所地、项目所在地、不同法院对该类案件的审判经验、法院是否会受到对方当事人影响等多重叠加因素进行判断和评估，并最终选择哪个法院管辖。同时，为保证立案的成功率，笔者在立案前会对拟受案的法院及其审理该类案件的相关裁判规则进行检索，通常检索顺序是受案法院、受案法院的上级法院、受案法院所属省高级人民法院、受案法院所在省市其他法院，并提前做好相关案例检索报告，以备在立案庭法官提出异议的情况下供其参考并参照适用，这会大大提高立案的成功率。

二、优选管辖助力财产保全的及时性

上面提到笔者巧用合同性质之争优选诉讼管辖地，但有一些案件经过前期对案件法律事实及证据的充分评估后，若此类案件无论在哪个法院管辖其胜诉概率都极高的情况下，此时选择法院管辖时需要考量另外一个因素，笔者称为“X 因素”。通常起诉时我们会同时申请财产保全，而不同法院对财产保全实施效率截然不同。当客户需要快速保全的情况下，这个“X 因素”则会成为优选哪个法院管辖的第一顺位要素。一旦财产保全措施完成，虽然案件被移送至其他有管辖权的人民法院，但依据对《民诉法解释》第 160 条、第 165 条规定作体系化理解，并从发挥保全制度的功能价值和减轻当事人诉累的角度考虑，诉讼中的保全措施在案件管辖权变化后应作移送处理，移送法院的裁定视为受移送人民法院作出的裁定。① 实际在司法实践中，各级

---

① 参见最高人民法院：《对十三届全国人大四次会议 第 8268 号建议的答复》，载中华人民共和国最高人民法院全国人大代表全国政协委员联络沟通平台，http://gtpt.court.gov.cn/#/NewsDetail?type=03000000&id=28e384bab4d14224a3f48a73ca20aa44，最后访问日期：2022 年 5 月 24 日。

各地法院一般都按此原则处理。

三、提升管辖预见性，可选择仲裁管辖

正因为司法实践中人民法院对EPC总承包合同性质的认定并未形成统一的裁判观点，且在合同签订之初当事人双方无法预见合同履行后哪一方的违约风险更高，加之司法裁判所见EPC总承包合同的性质认定问题及其衍生的管辖问题均存在较大不确定性，所以，如果当事人双方为了提升管辖的可预见性，则可考虑通过约定仲裁管辖的方式解决后续争议。

实战案例2

新能源EPC项目法定招标与合同效力的关系及对结算的影响

——某光伏有限公司与金昌某电力发展有限公司建设工程施工合同纠纷案①

如上文中重点介绍,虽然司法实践中人民法院对新能源EPC合同性质的认定并不一致,但目前主流的裁判观点可能更倾向定性为建设工程施工合同。本文将在EPC总承包合同系建设工程施工合同的前提下,从笔者代理的一起EPC总承包合同纠纷案件入手,对新能源项目EPC总承包合同未经招标情况下的合同效力进行分析,以及合同无效时对结算及工程价款优先受偿权的影响做进一步的探讨。

【案情简介】

2013年10月15日,某光伏有限公司(以下简称光伏公司)与金昌某电力发展有限公司(以下简称金昌公司)签订《甘肃金昌100MWp项目光伏电站建设商务合同》(以下简称商务合同),由金昌公司将100MWp光伏电站工程项目发包给光伏公司建设,商务合同对承包范围、合同价款、款项支付及逾期付款责任等权利义务均作了明确约定,其中:(1)合同价格为固定价方式,金额为83,500万元;(2)如光伏公司经赶工使项目在2013年12月31日前具备并网条件,金昌公司需向光伏公司支付赶工费1700万元及赶工奖励2300万元;(3)金昌公司需于2014年1月25日前向光伏公司支付合同价款至7亿元,余款在具备并网发电条件之日起4年内付清;(4)金昌公司延迟支付价款的,需向光伏公司承担年利率12%的财务费用损失。

商务合同签订后,光伏公司又与金昌公司签订了一系列的补充协议,最终合同价格变更为85,032.48万元。

项目于2013年10月30日开工,2013年12月26日并网发电,2014年5月27日竣工验收合格。依据商务合同约定,项目于2013年12月31日前具备并网条件,合同价款还需增加赶工费1700万元、赶工奖励2300万元及2013年12月31日之前电站发电产生的电费20.1983万元,金昌公司向光伏公司支付的合同价款共计89,032.48万元。金昌公司仅支付光伏公司合同价款1375万元。

① 甘肃省高级人民法院(2017)甘民初51号民事判决书、最高人民法院(2019)最高法民终87号民事裁定书,浙江阳光时代律师事务所代理,案件事实略有删减。

光伏公司以承揽合同纠纷向江苏省高级人民法院起诉，后因金昌公司提出管辖权异议，该案被移送至甘肃省高级人民法院，案由为建设工程施工合同纠纷。

【裁判结果】

一、一审判决

甘肃省高院认为涉案项目为非国有投资项目，建设单位有权自主发包，有权将项目发包给具有资质的施工单位，双方签订的《商务合同》及补充协议未损害国家、社会公共利益和第三人合法权益。合同履行过程中，金昌公司从未主张合同无效，并已接收涉案工程并网发电，已取得经济效益。金昌公司以自己未进行公开招标的违法行为为由主张合同无效，违背诚实信用原则，故涉案《商务合同》及补充协议合法有效。最终判决金昌公司支付工程款 86,352.0879 万元及按 12% 年化利率计算的利息，涉案担保人承担连带担保责任，光伏公司对质押股权拍卖、变卖价款享有优先受偿权。

二、二审裁定

一审判决后，金昌公司向最高人民法院提起上诉，最高院以涉案《商务合同》为应招标而未招标合同应属于无效合同以及工程质量问题尚未查清为由发回重审。

【要点解析】

一、法定必须招标相关规定的历史沿革

我国对于法定必须招标的工程项目的规定是从自 2000 年 1 月 1 日起施行的《招标投标法》启始的，即明确必须招标的工程项目和项目范围，并授权国务院有关部门制定必须招标的项目的具体范围和规模标准。

《招标投标法》实施不久，原国家发展计划委员会（现为国家发展和改革委员会）报经国务院批准发布《工程建设项目招标范围和规模标准规定》（国家发展计划委第 3 号令，以下简称计委 3 号令，已失效），明确了必须招标的工程项目的具体范围和规模标准。计委 3 号令实施后，我国形成了较为完善的法定强制招标体系，对促进招标投标制度的推广应用，规范招标投标行为，保障公平竞争，提高招标采购质量效益发挥了积极作用。随着我国经济社会不断发展和改革持续深化，计委 3 号令在施行中逐步出现范围过宽、标准过低的问题。同时，各省区市根据计委 3 号令规定，普遍制定了本地区必须招标项目的具体范围和规模标准，不同程度上扩大了强制招标范围，并造成了规则不统一，进一步加重了市场主体负担。

为此，国家发改委着手进行对原计委 3 号令的修改工作。2014 年 3 月 24 日，原国务院法制办公布《工程建设项目招标范围和规模标准规定（修订）》（送审稿）（以下简称计委3号令修订送审稿),并向社会征求意见。2018年3月8日,国务院发布了《关于〈必须招标的工程项目规定〉的批复》(国函〔2018〕56号),随后国家发改委发布了《必须招标的工程项目规定》(发改委〔2018〕第16号令)(以下简称16号令),对必须招标的工程项目的规模和性质作了规定。原计委3号令同时作废。

2018年6月6日,国家发改委下发《关于印发〈必须招标的基础设施和公用事业项目范围规定〉的通知》(发改法规规〔2018〕843号,以下简称843号文),对不属于该规定第2条(全部或者部分使用国有资金投资或者国家融资的项目)、第3条(使用国际组织或者外国政府贷款、援助资金的项目)规定情形的大型基础设施、公用事业等关系社会公共利益、公众安全的项目,必须招标的具体范围,进一步界定为五类项目。

2020年4月20日,国家发改委发布《必须招标的工程建设项目规定(修订征求意见稿)》并公开征求社会意见,对16号令和843号文着手修订完善,在将16号令和843号文合并的基础上,对16号令有关条款作出解释性补充规定,并明确了规模标准以下工程建设项目采购的法律适用。同年5月,国家发改委公布了征求意见的反馈情况后再无后续。

2020年10月,国家发改委办公厅发布《关于进一步做好〈必须招标的工程项目规定〉和〈必须招标的基础设施和公用事业项目范围规定〉实施工作的通知》(发改办法规〔2020〕770号)(以下简称770号文),通知要求准确理解必须招标工程建设项目范围,并从使用国有资金项目、项目与单项采购的关系、招标范围列举事项、公益项目中合并采购以及总承包招标规模标准五个维度进行了释明。另外,通知还要求各地方应当严格执行16号令和843号文规定的范围和规模标准,不得另行制定必须进行招标的范围和规模标准,也不得作出与16号令、843号文和本通知相抵触的规定,持续深化招标投标领域"放管服"改革,努力营造良好市场环境。

目前实践操作中对于建设工程项目必须招标的范围标准和规模标准需严格执行16号令和843号文,这两个文件也是人民法院判断合同效力的重要依据。尽管计委3号令已废止,而《必须招标的工程建设项目规定(修订征求意见稿)》也再无下文,但为了全面呈现必须招标项目规模和范围的演变过程,我们以列表形式作出对比(见表1-1、表1-2)。

表1-1 必须招标工程项目范围标准对比

<table>
<tr><th>项目范围</th><th>计委3号令</th><th>16号令和843号文</th><th>16号令和843号文
（征求意见稿）</th></tr>
<tr><td>使用国有投资资金项目范围</td><td>(1)使用各级财政预算资金的项目；
(2)使用纳入财政管理的各种政府性专项建设基金的项目；
(3)使用国有企业事业单位自有资金，并且国有资产投资者实际拥有控制权的项目。</td><td rowspan="2">全部或者部分使用国有资金投资或者国家融资的项目包括：
(1)使用预算资金200万元人民币以上，并且该资金占投资额10%以上的项目；
(2)使用国有企业事业单位资金，并且该资金占控股或者主导地位的项目。</td><td rowspan="2">全部或者部分使用国有资金投资或者国家融资的项目包括：
(1)使用《预算法》规定的预算资金200万元人民币以上，并且该资金占总投资额10%以上的项目；
(2)使用国有企业事业单位资金，并且该资金占控股或者主导地位的项目。</td></tr>
<tr><td>国家融资项目范围</td><td>(1)使用国家发行债券所筹资金的项目；
(2)使用国家对外借款或者担保所筹资金的项目；
(3)使用国家政策性贷款的项目；
(4)国家授权投资主体融资的项目；
(5)国家特许的融资项目。</td></tr>
<tr><td>关系社会公共利益、公众安全的基础设施项目的范围</td><td>(1)煤炭、石油、天然气、电力、新能源等能源项目；
(2)铁路、公路、管道、水运、航空以及其他交通运输业等交通运输项目；
(3)邮政、电信枢纽、通信、信息网络等邮电通讯项目；
(4)防洪、灌溉、排涝、引(供)水、滩涂治理、水土保持、水利枢纽等水利项目；
(5)道路、桥梁、地铁和轻轨交通、污水排放及处理、垃圾处理、地下管道、公共停车场等城市设施项目；
(6)生态环境保护项目；
(7)其他基础设施项目。</td><td rowspan="2">不属于《必须招标的工程项目规定》第二条、第三条规定情形的大型基础设施、公用事业等关系社会公共利益、公众安全的项目，必须招标的具体范围：
(1)煤炭、石油、天然气、电力、新能源等能源基础设施项目；
(2)铁路、公路、管道、水运，以及公共航空和AI级通用机场等交通运输基础设施项目；
(3)电信枢纽、通信信息网络等通信基础设施项目；
(4)防洪、灌溉、排涝、引(供)水等水利基础设施项目；
(5)城市轨道交通等城建项目。</td><td rowspan="2">不属于本规定第二条、第三条规定情形的大型基础设施、公用事业等关系社会公共利益、公众安全的项目，必须招标的具体范围包括：
(1)煤炭、石油、天然气、电力、新能源基础设施项目；
(2)铁路、公路、管道、水运、公共航空基础设施项目；
(3)电信枢纽、通信信息网络基础设施项目；
(4)防洪、灌溉、排涝、引(供)水基础设施项目；
(5)城市轨道交通项目。</td></tr>
<tr><td>关系社会公共利益、公众安全的公用事业项目的范围</td><td>(1)供水、供电、供气、供热等市政工程项目；
(2)科技、教育、文化等项目；
(3)体育、旅游等项目；
(4)卫生、社会福利等项目；
(5)商品住宅，包括经济适用住房；
(6)其他公用事业项目。</td></tr>
</table>

续表

项目范围	计委3号令	16号令和843号文	16号令和843号文(征求意见稿)
使用国际组织或者外国政府资金的项目范围	(1)使用世界银行、亚洲开发银行等国际组织贷款资金的项目; (2)使用外国政府及其机构贷款资金的项目; (3)使用国际组织或者外国政府援助资金的项目。	(1)使用世界银行、亚洲开发银行等国际组织贷款、援助资金的项目; (2)使用外国政府及其机构贷款、援助资金的项目。	(1)使用世界银行、亚洲开发银行等国际组织贷款、援助资金的项目; (2)使用外国政府及其机构贷款、援助资金的项目。

表1-2 必须招标工程项目规模标准对比

计委3号令	16号令和843号文	16号令和843号文(征求意见稿)
(1)施工单项合同估算价在200万元人民币以上的; (2)重要设备、材料等货物的采购,单项合同估算价在100万元人民币以上的; (3)勘察、设计、监理等服务的采购,单项合同估算价在50万元人民币以上的; (4)单项合同估算价低于第(1)、(2)、(3)项规定的标准,但项目总投资额在3000万元人民币以上的。	(1)施工单项合同估算价在400万元人民币以上; (2)重要设备、材料等货物的采购,单项合同估算价在200万元人民币以上; (3)勘察、设计、监理等服务的采购,单项合同估算价在100万元人民币以上; (4)同一项目中可以合并进行的勘察、设计、施工、监理以及与工程建设有关的重要设备、材料等的采购,合同估算价合计达到前款规定标准的,必须招标。	(1)施工单项合同估算价在400万元人民币以上; (2)重要设备、材料的采购,单项合同估算价在200万元人民币以上; (3)勘察、设计、监理的采购,单项合同估算价在100万元人民币以上。

二、光伏、风电新能源项目法定必须招标的普适逻辑

《招标投标法》第3条第1、2款规定:“在中华人民共和国境内进行下列工程建设项目包括项目的勘察、设计、施工、监理以及与工程建设有关的重要设备、材料等的采购,必须进行招标:(一)大型基础设施、公用事业等关系社会公共利益、公众安全的项目;(二)全部或者部分使用国有资金投资或者国家融资的项目;(三)使用国际组织或者外国政府贷款、援助资金的项目。前款所列项目的具体范围和规模标准,由国务院发展计划部门会同国务院有关部门制订,报国务院批准。”

而基于《招标投标法》制定的16号令和843号文中又明确将“新能源基础设施项目”列为关乎社会公共利益、公共安全的大型基础设施项目。正是基于上述规定,实践中普遍认为光伏、风电等新能源项目无论是否国有投资,均属于法定必须招标项目。

三、未经招标签订新能源 EPC 总承包合同的法律效力

《合同法》(已废止)第 52 条列举了合同无效的 5 种情形,违反法律、行政法规的强制性规定的合同无效便是其情形之一。依据最高人民法院《关于审理建设工程施工合同纠纷案件适用法律问题的解释》(法释〔2004〕14 号[①],以下简称《建工司法解释》)第 1 条:"建设工程施工合同具有下列情形之一的,应当根据合同法第五十二条第(五)项[②]的规定,认定无效:(一)承包人未取得建筑施工企业资质或者超越资质等级的;(二)没有资质的实际施工人借用有资质的建筑施工企业名义的;(三)建设工程必须进行招标而未招标或者中标无效的。"

上述规定是建设工程施工合同纠纷中人民法院认定合同效力的依据,但《建工司法解释》能否直接调整工程总承包合同纠纷,这个问题需要我们做进一步的探析。最高人民法院应用法学研究所李明博士在其专著《最高人民法院建设工程施工合同纠纷案解》一书中指出:"《合同法》第二百六十九条规定,建设工程合同是承包人进行工程建设,发包人支付价款的合同,建设工程合同包括勘察、设计、施工合同。对于建设工程施工合同来说'本解释只调整建设工程施工合同纠纷案件,不调整建设工程总承包合同,本条所称的总承包合同是指建设工程施工总承包合同,而不是指建设工程总承包合同。'由此,建工司法解释仅调整建设工程施工合同,不调整建设工程总承包合同。"但在审判实践中,我们发现包括最高人民法院在内各级人民法院在审理工程总承包合同纠纷案件中,均直接适用并引用《建工司法解释》条款并作为判案依据。

笔者认为,严格意义上《建工司法解释》确实不直接调整工程总承包合同纠纷。但在最高人民法院关于工程总承包合同纠纷专门司法解释出台前,应依据工程总承包合同的具体内容及合同目的,对合同的性质先作出认定,并确定合同的核心法律关系,据以判断是否参照《建工司法解释》处理案件。本案中,最高人民法院在二审裁定中对《商务合同》的效力认定时也是在将《商务合同》定性为建设工程施工合同的前提下直接适用《建工司法解释》,以《商务合同》未经招标违反法律、行政法规强制性规定为由认定无效。

四、新能源项目邀请招标替代法定招标的合法性分析

邀请招标又称选择性招标,是由招标人依据供应商或承包商的资信和业绩,选择一定数量的法人或其他组织(不少于 3 家),向其发出招标邀请书邀请参加投标

---

① 法释〔2004〕14 号已废止。2021 年 1 月 1 日施行的法释〔2020〕25 号最高人民法院《关于审理建设工程施工合同纠纷案件适用法律问题的解释(一)》第 1 条与废止的《建工司法解释》第 1 条内容一致。

② 该条对应《民法典》第 153 条第 1 款,违反法律、行政法规的强制性规定的民事法律行为无效。但是,该强制性规定不导致该民事法律行为无效的除外。

竞争,从中择优选定中标人的采购方式。

依据《工程建设项目施工招标投标办法》(原国家计委等七部委 30 号令),依法必须进行公开招标的项目,可以邀请招标的情形有:(1)项目技术复杂或有特殊要求,或者受自然地域环境限制,只有少量潜在投标人可供选择;(2)涉及国家安全、国家秘密或者抢险救灾,适宜招标但不宜公开招标;(3)采用公开招标方式的费用占项目合同金额的比例过大。

以新能源项目为例,虽然主流观点是必须进行法定招标,但实务中却存在一些采用邀请招标方式代替了法定招标的项目,而相应情形似乎也不能匹配七部委 30 号令中可以邀请招标的情形。此类情形若发生纠纷,一方主张合同无效情况下,司法审判实务中也存在不同的裁判观点。比如,在广东新信德节能环保有限公司(以下简称新信德公司)因与佛山市顺德区环境运输和城市管理局乐从分局确认合同无效纠纷再审一案①中,广东省高级人民法院认为:"《EMC 合同》项目是对乐从镇下属市政道路照明进行 led 改造,包括融资、灯具采购、工程实施、售后和更换灯具回收服务等,故涉案项目应认定为路灯改造工程项目,属于市政建设工程的范围。因施工单项合同估算价及涉案工程总投资额均在法律法规规定必须进行招标的范围内,故《EMC 合同》所涉项目属于法定必须进行公开招标的项目。虽然新信德公司经公开招投标中标取得 led 照明产品推广应用节能服务协议定点采购单位资格,但对于具体的工程,仍应依法进行公开招投标。新信德公司主张涉案项目依法可以采用公开招标以外的采购方式,但其举证不足以证明涉案项目符合法律规定的相关情形,原判决认定《EMC 合同》因违反了法律法规的强制性规定而无效,并无不当。"在林甸县东明园风力发电有限公司与陕西省建筑基础工程公司建设工程施工合同纠纷案②中,黑龙江省高级人民法院同样认为以邀请招标代替公开招标而签订的风电工程施工合同无效。

而在另外一起案件中,浙江省高级人民法院对此却认为邀请招标并不导致合同无效。在广泰建设集团有限公司(以下简称广泰公司)与桐乡长威置业有限公司(以下简称长威公司)建设工程施工合同纠纷案③中,浙江省高级人民法院认为,案涉工程系采取邀请招标的方式进行招标,包括广泰公司在内的六家公司接受邀请参与投标,广泰公司以 17.6% 的投标费率中标。该招、投标方式并不违反《招标投标法》的相关规定。长威公司在上诉时援引的《工程建设项目招标范围和规划标准规定》(已废止)第 9 条之规定并非效力性强制性规定,即使当事人未按照该规定进

① 参见广东省高级人民法院(2018)粤民申 8464 号民事裁定书。
② 参见黑龙江省高级人民法院(2017)黑民终 567 号民事判决书。
③ 参见浙江省高级人民法院(2016)浙民终 150 号民事判决书。

行公开招标，并不必然导致中标无效，更不影响案涉《建设工程施工合同》之效力。

结合相关法律文件的规定以及司法裁判的实践，我们认为邀请招标替代法定必须招标导致合同无效的风险极大，光伏、风电新能源项目投资较大，为避免合同无效，应履行必要的公开招标程序。

五、新能源项目未经招标合同无效后对结算的影响

《民法典》第793条第1款规定："建设工程施工合同无效，但是建设工程经验收合格的，可以参照合同关于工程价款的约定折价补偿承包人。"因此，若风电、光伏新能源项目未招标导致合同无效，但工程质量合格的，仍可参照合同约定折价补偿承包人。就此问题主要探讨以下几点：

（一）合同无效后违约责任条款的适用

实务中，对此问题有两种观点。第一种观点认为施工合同无效后违约责任条款当然无效，违约条款是合同有效时才能适用，当事人不得据此主张约定的违约责任从而享受相应利益。第二种观点认为施工合同无效后违约责任条款仍具有独立性，可作为守约方主张权利的依据。

笔者认为，合同无效后违约责任条款能否适用应区别个案综合判断，若违约金条款是属于工程结算中的一部分，属于清算条款，则依据《民法典》第567条可认定为有效。在林某富与延边嘉和房地产开发有限责任公司建设工程施工合同纠纷案①中，最高人民法院认为："因2008年度施工进度未按建设单位要求完成，按工程总价的3%给予建设单位违约赔偿"的约定应如何理解的问题。从合同约定的内容来看，双方当事人在合同中对于涉案工程款的结算作了附条件的约定，即如果未按期完工，承包人按工程总价的3%给予建设单位赔偿。这是双方当事人的真实意思表示。涉案工程并未按期完工，虽然涉案施工合同无效，但涉案工程已经竣工验收合格，可以参照合同约定计算涉案工程款。原判决参照合同约定对涉案工程款进行计算，并无不当。"

在笔者代理的金昌公司和光伏公司案件中，光伏公司是全额垫资建设100MW光伏电站，若涉案《商务合同》无效，那么合同中约定逾期付款时金昌公司需按年化12%的利率支付违约金，该违约条款很可能被认定为无效，人民法院可能据此重新调整违约金的比率。但是否一定按同期银行贷款利率或LPR执行，笔者认为，可根据案件事实酌情考虑提高适用标准，因为光伏公司采用全额垫资模式导致其不能按一般工程项目一样回收工程进度款，其间造成巨大的资金占用成本，项目移交后金昌公司逃避债务，导致光伏公司无法收回庞大的建设资金，金昌公司明显存有恶

① 参见最高人民法院（2014）民申字第940号民事裁定书。

意,基于违约金具有补偿性的同时亦具有惩罚性,适当提高违约金比例有助于维护正常的交易行为且符合诚实信用原则。

（二）合同无效,合同履行过程中达成的结算工程价款补充协议效力认定

有观点认为,承发包双方签订的《建设工程施工合同》因违反招标投标法律的强制性规定而无效,当事人在施工合同履行过程中作为主合同的补充协议当然无效。

就此问题,最高人民法院民一庭认为,应该综合分析协议内容所反映出来的当事人之间权利义务关系性质及与施工合同之间的法律关系,并不应以是否冠以"补充协议"称谓而简单认定二者主从关系。如果协议内容属于承发包双方对既存债权债务关系的清理,则具有独立性,根据为《民法典》第567条的规定"合同的权利义务终止,不影响合同中结算和清理条款的效力"。且从诚实信用原则出发,不当扩大合同无效后果边界亦易导致当事人利益失衡。因此,《补充协议》不因《建设工程施工合同》无效而必然无效。①

（三）合同无效,工程款支付方式条款能否参照适用

工程款的支付方式通常指合同约定的付款时间、付款进度安排等。《民法典》第793条第1款仅仅规定了合同无效下的折价补偿原则,并未明确支付方式能否参照合同执行。

江苏省高级人民法院《关于审理建设工程施工合同纠纷案件若干问题的解答》(2018年6月26日起施行,已失效)第5条规定,建设工程施工合同无效,建设工程经竣工验收合格的,当事人主张工程价款或确定合同无效的损失时请求将合同约定的工程价款、付款时间、工程款支付进度、下浮率、工程质量、工期等事项作为考量因素的,应予支持。另外,山东省高级人民法院民一庭《关于审理建设工程施工合同纠纷案件若干问题的解答》(2020年8月16日起施行)第1条规定,施工合同无效,建设工程经竣工验收合格的,可以将合同中关于工程价款、付款时间、工程款支付进度、下浮率、质保金等约定条款作为折价补偿的依据。可知,江苏省高级人民法院和山东省高级人民法院认为,建设工程施工合同无效,建设工程经竣工验收合格的,工程款支付方式条款可以参照适用。

司法审判实践中对此问题又是何种观点呢?在宁夏沈家河湿地公园扶贫旅游开发有限公司、宁夏广盛建筑机械工程有限公司建设工程施工合同纠纷案②中,最高人民法院认为合同无效,则合同中有关支付方式的条款亦为无效。而在江苏南

① 参见最高人民法院民事审判第一庭编:《民事审判实务问答》,法律出版社2021年版,第75页。

② 参见最高人民法院(2019)最高法民申5458号民事裁定书。

通六建建设集团有限公司、山西永达房地产开发有限公司(原山西江林房地产开发有限公司)建设工程施工合同纠纷案①中,最高人民法院又认为合同的权利义务终止,不影响合同中结算和清理条款的效力。涉案无效合同约定了支付工程结算价款的90%至95%的前提是承包人需移交案涉工程资料,双方当事人均认可案涉工程资料并未移交,故发包人有权拒绝支付工程结算价款的90%至95%。从以上两则案件中可知,最高人民法院对此问题也没有统一的裁判口径。

六、合同无效后建设工程价款优先受偿权的行使

《民法典》第807条规定,发包人未按照约定支付价款的,承包人可以催告发包人在合理期限内支付价款。发包人逾期不支付的,除根据建设工程的性质不宜折价、拍卖外,承包人可以与发包人协议将该工程折价,也可以请求人民法院将该工程依法拍卖。建设工程的价款就该工程折价或者拍卖的价款优先受偿。同步施行的最高人民法院《关于审理建设工程施工合同纠纷案件适用法律问题的解释(一)》(法释〔2020〕25号)第41条规定,承包人应当在合理期限内行使建设工程价款优先受偿权,但最长不得超过18个月,自发包人应当给付建设工程价款之日起算。

建设工程价款优先受偿权不包含利息、违约金、损害赔偿金,这在实务中不存在争议,但作为光伏、风电新能源项目而言,通常采用EPC总承包模式建设,而EPC总包中所含的勘察费、设计费能否适用优先受偿权,并无法律明确规定。经我们检索发现,浙江省高级人民法院和安徽省高级人民法院发布的关于审理建设工程合同的解答或指导意见中对此问题倒是有明确的规定,安徽省高级人民法院《关于审理建设工程施工合同纠纷案件适用法律问题的指导意见》(2009年5月4日起施行)第16项规定:"装饰装修工程承包人主张工程价款优先受偿权,可予支持;工程勘察人或设计人就工程勘察或设计费主张优先受偿权,不予支持。"浙江省高级人民法院执行局《关于印发〈执行中处理建设工程价款优先受偿权有关问题的解答〉的通知》(浙高法执〔2012〕2号,2012年1月10日起施行)规定:"建设工程价款优先受偿权的范围为建设工程的工程价款,包括承包人应当支付的工作人员报酬、材料款和用于建设工程的垫资款等。工程价款的利息不在优先受偿范围内。""装饰装修工程承包人主张工程价款优先受偿权的,可予以支持。……工程勘察人或设计人就工程勘察或设计费主张优先受偿权的,不予支持。"可见,安徽省高级人民法院和浙江省高级人民法院的规定明文否定勘察设计费适用优先受偿权。

笔者认为,建设工程价款优先受偿权制度的设立本意是维护农民工的合法权益,安徽省高级人民法院和浙江省高级人民法院的规定明文否定勘察设计费适用

① 参见最高人民法院(2019)最高法民申5365号民事裁定书。

优先受偿权，可能更多的是针对单纯的建设工程勘察合同纠纷或建设工程设计合同纠纷下工程勘察人或设计人就工程勘察或设计费主张优先受偿权的情形，但EPC总承包是集设计、采购、施工为一体的承包模式，勘察费、设计费通常都是纳入整个合同工程款的范畴，且与施工款共同支付。因此，笔者更倾向于EPC总承包合同下的勘察设计费可纳入优先受偿权的范畴。

【实战策略】

一、通过保全措施，截留电费收益

本案光伏电站装机容量为100MW，属大型地面集中式光伏电站，每年发电量超过一亿度，发电收入非常可观。光伏公司已将电站移交至金昌公司运营，却未收到工程款，故我们起诉时首要任务就是通过保全措施冻结其电费收入，确保在较长的诉讼周期中不被金昌公司转移资产。对于新能源项目的保全措施，我们通常是要求法院"活封"电站核心资产，比如光伏组件、风电机组、逆变器、升压站等，而对电费收入的保全要双管齐下，不仅要冻结电费账户，还应要求人民法院向电网公司或其他用电主体发出协助执行通知书，将应支付的电费截流。实践中，原告冻结电费账户的操作为常规做法，但某些特殊情况下，被保全人可通过各种途径变更电费账户，会导致冻结账户目的落空，这也是为何要同时要求用电主体协助执行的关键原因。

二、拒绝墨守成规，敢于挑战现有规则

通常来讲，法律条款是冰冷的，但对立法的本意及立法背景的解读是鲜活的，作为法律工作者从当事人权益最大化角度出发，我们要勇于挑战现有规则，有时会有意外收获。回归到本案中，想必大家从案情简介中已经注意到一审法院甘肃省高级人民法院对涉案《商务合同》的效力认定为合同有效，而这也是在金昌公司明确提出涉案光伏电站项目应招标未招标合同无效的情况下作出的判决，抛开二审最高人民法院对合同效力的重新认定，我们想要向大家展现的是作为案件的代理人在一审中是如何说服承办法官并让其重新审视此类光伏项目总承包合同的效力。

我们庭审中着重从涉案光伏项目是否关乎社会公共利益、公共安全入手，提出以下观点：第一，涉案光伏电站建设地点为西北地区的荒滩戈壁之上，项目并非传统的火电发电项目承担城市公共供电任务，项目是纯商业投资项目，目的是取得发电受益，发电是一种纯商业行为，故项目是否投资建设、竣工验收后是否正常运营，均不会对社会公共利益与公众安全造成影响。第二，从项目投运以来的实际情况来看，甘肃地区光伏项目"弃光限电"严重，涉案100MW项目因电网消纳因素常年无法全部并网，最高时限电率高达60%以上，其未发电也没有对任何社会公共利益与公众安全造成影响。第三，项目也不使用国有资金投资或国家融资。案涉光伏项目全部为民营投资，应允许其自主选择承包人。第四，16 号令和 843 号文中的“新能源”的界定是源于 2000 年出台的计委 3 号令，至今已经近 20 年之久，而计委 3 号令将新能源项目列为关乎社会公共利益的项目是有其强烈的时代特征的，当时的“新能源”项目主要是我国需要从国外进口大型风电新能源设备，为了保证遴选到最优的供货商而要求必须采用公开招标，而光伏项目是从 2010 年左右才在国内初具雏形并加快推广的，故其本质上约束的并不是此类光伏项目。

上述观点尽管与普适逻辑相左，但却真正说服了一审法官并让其重新审视了合同的效力问题，最终其在一审判决书中说理部分吸纳了我们的观点，以涉案《商务合同》并未损害社会公共利益为由认定合同有效。

除了笔者团队代理这起案件外，我们发现山东博恩投资有限公司、惠州天能源科技有限公司承揽合同纠纷案①中，山东省高级人民法院对涉案光伏新能源承包合同的效力也是认定为有效，其观点为：“从合同约定的内容看，不但包括电站设计、施工等建设类项目，还包括设备采购、系统安装、调试维护等承揽类项目，因此，无论将本案定性为建设工程施工合同纠纷还是承揽合同纠纷都有失偏颇，采用二者共同的上一级案由即合同纠纷更为妥当。天能源科技公司和博恩投资公司均在《光伏电站承包合同》落款处盖章、签字，且双方对于合同真实性均无异议，系双方当事人真实意思表示，且内容不违反法律、行政法规的强制性规定，应为有效合同，双方当事人均应依约严格履行。天能源科技公司以涉案工程未招投标为由主张合同无效，但投标与否并非强制性规定，当事双方完全可以通过意思自治的形式作出安排，故天能源科技公司关于《光伏电站承包合同》无效的主张不能成立。”从该案的裁判规则来看，似乎可以发现其逻辑：涉案合同既不是建设工程施工合同也不是承揽合同，定性为合同纠纷更为合适，既然不是建设工程施工合同纠纷则不适用《建工司法解释》，涉案合同是否招标非强制性规定，不违反法律、行政法规强制性规定，合法有效。

三、先懂行业，后懂技术，再懂法律

笔者团队近几年代理了上百起新能源项目纠纷，新能源 EPC 总承包项目与传统的房建、市政基础设施项目相比，有其鲜明的行业属性，如果不掌握其行业知识是很难处理好这类纠纷的。我们需要深入了解新能源的发展史、其发电原理、投建各阶段所需的资质及文件、国家补贴的模式等，同时也要懂技术，比如组件衰减率、PID 现象、逆变器转换率、电站发电量计算公式等，最后才是在以上基础上适用法律。

---

① 参见山东省高级人民法院（2020）鲁民再 77 号民事判决书。

实战案例3

未经发包人同意的新能源项目分包合同效力与结算协议的终局性认定

——河南某建设集团公司与浙江某电力工程股份公司建设工程施工合同纠纷案[①]

新能源项目采用EPC总承包模式是行业通行做法,总包方通常也会将一些专业工程分包出去,分包行业乱象丛生,有时不注意就会陷入违法分包的困境。一旦总包方和分包单位或实际施工人发生纠纷,往往会涉及对分包合同效力的认定,此时往往结算已经完成且达成了结算协议,那么结算协议的效力是否独立于合同效力呢?实践也有很大的争议。我们从一起亲身代理的光伏项目的分包合同纠纷进行详细的解析。

【案情简介】

2019年10月,浙江某电力工程股份公司(以下简称工程公司)作为某50MW光伏电站发电项目的EPC总承包方与河南某建设集团(以下简称河南公司)签订了《建设工程施工专业分包合同》(以下简称分包合同),约定工程公司将光伏发电项目中35KV线路施工工程分包给河南公司施工,工期为55天,《分包合同》第四条第六款约定:"如合同工程经双方结算定案并签订结算书等书面文件的,视为双方已就结算事宜达成一致,并以此作为结算价款的最终支付依据。乙方不得再以任何理由向甲方提出有关结算价款的异议或主张(包括但不限于以漏算、少算的签证单、联系单委托单或其他任何形式的书面资料要求重新结算、另行结算或结算书无效等,上述任何形式的书面资料视为乙方在竣工结算工程中所作的优惠或自动放弃权利)。"

2020年6月28日,河南公司派遣员至工程公司办公现场申请办理结算,提交结算申请金额为7,207,420元的《建筑安装分包工程结算书》,其上既有《分包合同》委托代理人敬某某的签字,也有往来沟通的经办人杜某签字,并且加盖河南公司公章。同日,双方又签订了《工程合同费用结算表》和《分包工程合同履行完毕确认书》,履行完毕确认书确认了最终结算价为7,207,420元,其中第4条明确约定:"乙方(河南公司)将来可能发现或发生的与本合同有关的支出,均由乙方自行负担,乙方不再向甲方提出与本合同有关的任何权利主张。"工程公司已支付分包工程款6,320,000元。

---

① 宁波市仲裁委员会(2020)甬仲字第330号仲裁裁决书,浙江阳光时代律师事务所代理,因仲裁案件非公开性,案情内容略有删减。

2020 年 9 月，河南公司向宁波仲裁委员会提起仲裁，请求裁决工程公司支付其工程款 8,740,000 元及相应利息。河南公司在庭审中提出涉案分包合同中的分包工作属于工程主体结构分包、工程公司缺乏总包资质及自己缺少分包资质等合同无效的观点，并否定《工程合同费用结算表》和《分包工程合同履行完毕确认书》的真实性，提出签字存在冒签和虚伪通谋等意见。笔者团队作为工程公司的仲裁代理人对河南公司的观点进行了一一驳斥，同时策略性地提出了反请求。

案件经宁波仲裁委员会开庭审理后下发裁决书，仲裁庭认定涉案分包合同因未经发包人同意属违法分包，合同无效，但对已经签署的结算协议予以确认，驳回了河南公司要求重新结算并申请造价鉴定的请求。

一、光伏电站项目工程主体结构的认定

建筑工程主体结构的确定，关系到建设工程合法分包与违法分包的界限。

根据相关规定，建筑物的主体结构是指基于地基基础之上，接受、承担和传递建设工程所有上部荷载，维持上部结构整体性、稳定性和安全性的有机联系的系统体系，和地基基础一起共同构成的建设工程完整的结构系统，是建设工程安全使用的基础，是建设工程结构安全、稳定、可靠的载体和重要组成部分。

住房和城乡建设部批准发文的《建筑工程施工质量验收统一标准》（GB 50300—2013）中对于主体结构的描述为（见表 1－3）：

表 1－3　建设工程主体结构

分部工程	子分部工程	分项工程
主体结构	混凝土结构	模板，钢筋，混凝土，预应力，现浇结构，装配式结构
	砌体结构	砖砌体，混凝土小型空心砌块砌体，石砌体，配筋砌体，填充墙砌体
	钢结构	钢结构焊接，紧固件连接，钢零部件加工，钢构件组装及预拼装，单层钢结构安装，多层及高层钢结构安装，钢管结构安装，预应力钢索和膜结构，压型金属板，防腐涂料涂装，防火涂料涂装
	钢管混凝土结构	构件现场拼装，构件安装，钢管焊接，构件连接，钢管内钢筋骨架，混凝土
	型钢混凝土结构	型钢焊接，紧固件连接，型钢与钢筋连接，型钢构件组装及预拼装，型钢安装，模板，混凝土
	铝合金结构	铝合金焊接，紧固件连接，铝合金零部件加工，铝合金构件组装，铝合金构件预拼装，铝合金框架结构安装，铝合金空间网格结构安装，铝合金面板，铝合金幕墙结构安装，防腐处理
	木结构	方木与原木结构，胶合木结构，轻型木结构，木结构的防护

因光伏新能源项目有别于房建项目和一般的市政基础设施项目，从《建筑工程施工质量验收统一标准》中似乎很难找到对应的主体结构项目，因此，我们尝试在光伏项目等国家规范中寻求答案。

根据《光伏发电工程验收规范》（GB/T 50796—2012）的规定，光伏发电工程包括土建工程、安装工程、绿化工程、安全防范工程、消防工程五大类。其中，土建工程包括光伏组件支架基础、场地及地下设施和建（构）筑物等分部工程；安装工程包括支架安装、光伏组件安装、汇流箱安装、电气设备安装、防雷与接地安装、线路及电缆安装等分部工程。

由此可见，光伏组件支架基础和场地及地下建（构）筑物等土建工作通常应认定为主体工程，而本案《分包合同》的施工内容“35KV 集电线路施工”是涉案光伏电站的附属工程，不属于主体结构工程。我们的上述意见得到了仲裁庭的认可，河南公司以分包工程为主体结构分包，分包合同从而无效的观点没有得到仲裁庭的支持。

二、新能源项目施工所需的资质要求

本案中，河南公司提出工程公司不具备涉案光伏项目的总承包资质，其自身也不具备分包工程的相应资质，所以涉案的分包合同应属无效合同。对此，笔者向仲裁庭提交了工程公司以及河南公司的资质文件，工程公司具备电力工程施工总承包二级资质和机电工程施工总承包一级资质，根据住房和城乡建设部《建筑业企业资质标准》（建市〔2014〕159 号）中关于“电力工程施工总承包资质标准”的规定，电力工程施工总承包资质分为特级、一级、二级、三级。其中，二级资质可承担单机容量 20 万千瓦（200MW）以下发电工程、220 千伏以下送电线路和相同电压等级变电站工程的施工。涉案光伏电站装机容量为 50MW，工程公司拥有的电力工程施工总承包二级的资质完全满足承包该工程的要求。河南公司有电力工程施工总承包三级资质，依据建市〔2014〕159 号文，三级资质可承担单机容量 10 万千瓦（100MW）以下发电工程、110 千伏以下送电线路和相同电压等级变电站工程的施工，河南公司承揽的 35KV 线路工程完全在资质范围内。

综上，河南公司认为工程公司不具备相应资质以及其自身也不具备相应资质的观点不成立，没有得到仲裁庭的支持。

三、未经发包人同意的分包合同效力解析

（一）未经发包人同意认定违法分包的相关规定

未经发包人同意，违法分包的相关规定，笔者以表格的形式予以列举，见表 1 - 4。

表 1-4　违法分包的情形

法律名称	发文机关	条文内容	效力层级
《建筑法》	全国人大常委会	第 29 条第 1 款　建筑工程总承包单位可以将承包工程中的部分工程发包给具有相应资质条件的分包单位;但是,除总承包合同中约定的分包外,必须经建设单位认可。施工总承包的,建筑工程主体结构的施工必须由总承包单位自行完成。	法律
《招标投标法》	全国人大常委会	第 48 条第 2 款　中标人按照合同约定或者经招标人同意,可以将中标项目的非主体、非关键性工作分包给他人完成。接受分包的人应当具备相应的资格条件,并不得再次分包。	法律
《建设工程质量管理条例》	国务院	第 78 条第 2 款第 2 项　本条例所称违法分包,是指下列行为: (二)建设工程总承包合同中未有约定,又未经建设单位认可,承包单位将其承包的部分建设工程交由其他单位完成的。	行政法规
《房屋建筑和市政基础设施工程施工分包管理办法》	住房和城乡建设部	第 14 条第 2 项　禁止将承包的工程进行违法分包。下列行为,属于违法分包: (二)施工总承包合同中未有约定,又未经建设单位认可,分包工程发包人将承包工程中的部分专业工程分包给他人的。	部门规章

(二)未经发包人同意导致分包合同无效的再思考

依据最高人民法院《关于审理建设工程施工合同纠纷案件适用法律问题的解释(一)》的规定,承包人因转包、违法分包建设工程与他人签订的建设工程施工合同,应认定无效。未经发包人同意的分包属于违法分包,按司法解释的规定也应无效。

本案中,宁波仲裁委员会适用《招标投标法》第 48 条,认定涉案线路施工虽不是主体结构工程,但分包仍应征得招标人的同意,业主代表虽然在工程费用结算表上签字但不能推断其同意线路施工部分分包,故分包合同无效。司法实务中,人民法院对未经发包人同意的分包合同效力基本都是否定态度,但也有学者认为未经发包人同意的违法分包情形与分包项目再分包、分包人不具有相应资质条件和主体结构(钢结构工程除外)施工分包三种违法分包在违法性质上具有明显的不同。在未经发包人同意的分包情形中,如果分包人因为不具有相应资质,或者分包工作内容为主体结构施工,则此时分包合同的无效原因归结于上述资质违法或者分包内容违法的情形。当分包人具有相应资质,且分包工作内容又不属于主体结构(钢结构除外)施工内容时,仅仅因为分包未经发包人同意而认定分包合同无效,存在法理上和逻辑上的缺陷,亦不具有司法效果上的合理性。①

笔者较赞同该观点。首先,包括《民法典》在内的民事法律规范,未见有直接规定以民事第三方的意志作为判断认定合同无效的规定,故以合同当事人之外的某一民事主体的同意与否作为界定他人之间合同效力的依据,缺乏法理基础。其次,未经发包人同意的分包涉及总承包人对发包人的违约,但此种违约是否实质上真正损害了发包人的权益以及是否损害了社会公共利益,值得商榷。《建筑法》及《建设工程质量管理条例》中规定分包项目再分包、分包人无相应资质和主体结构施工分包三种违法分包情形,更多的是基于对工程质量和安全的考虑,从而会直接影响人民群众的财产安全等社会公共利益。但在分包人具有资质且分包工程非主体工程最终亦验收合格时,其本质上并未损害社会公共利益。最后,发包人对未经其同意的违法分包行为,有充足的救济途径,包括不限于要求承担违约责任、主张解除合同等,无须采取极端的否定合同效力方式。

(三)建设单位事后追认分包合同效力问题

关于分包合同需经建设单位/发包人同意的规定,一般有两种理解,一是法律法规无明文规定的情况下,发包人同意既包括事前同意也包括事后追认;二是从合同无效的法律结果上来看,合同无效是自始无效,不得通过当事人的事后补正方式重新恢复其有效性。

事后补正在法理上是指一个法律行为出现某种形式瑕疵或要件缺失时,能否通过追认或确认进行补正。我国虽未有明文的法律民事行为的补正制度,但一些学者把效力待定法律行为的追认看作补正制度,比如,《民法典》中被代理人对行为人没有代理权、超越代理权或者代理权终止后所实施的代理行为的追认等。

基于上面对未经发包人同意的分包合同效力的再思考,笔者建议参考最高人民法院《关于审理建设工程施工合同纠纷案件适用法律问题的解释(一)》第 3 条第 1 款②和第 4 条,③应允许通过事后追认补正的方式重新承认法律行为有效性。正如我国台湾地区学者史尚宽先生认为所说,虽然无效行为不能因为承认而发生效

① 参见曹文衔:《未经发包人同意的分包合同效力探究》,载微信公众号“天同诉讼圈”2019 年 8 月 8 日,https://mp. weixin. qq. com/s? src = 11&timestamp = 1661143229&ver = 3997&signature = KP – – zW-gyLMzxmqKcEKO0o9pvvCglwWZApQIvqVk * PcxPGZmAiEIlvsgLDZj * LpMlKF4vJbKqnwiHmxLRq * K1FszLoXvLGxKLQVP4GR – w4xT6Y37T0S4OkrxWSPF6ii9j&new = 1。

② 当事人以发包人未取得建设工程规划许可证等规划审批手续为由,请求确认建设工程施工合同无效的,人民法院应予支持,但发包人在起诉前取得建设工程规划许可证等规划审批手续的除外。

③ 承包人超越资质等级许可的业务范围签订建设工程施工合同,在建设工程竣工前取得相应资质等级,当事人请求按照无效合同处理的,人民法院不予支持。

力，但无效原因消灭以后，应准许当事人根据合同自由原则，承认原来无效的法律行为有效。

四、合同无效达成的结算协议终局性认定

（一）合同无效后已达成的结算协议效力

在毛某武、安徽富煌钢构股份有限公司建设工程施工合同纠纷案①中，最高人民法院认定涉案《桩基施工协议书》无效，故基于无效合同所涉工程的工程价款而形成的《结算协议》亦应无效，《结算协议》中违约条款亦属无效条款。在合同无效的情形下，为了保护承包人或者实际施工人的基本利益，对无效的建设工程施工合同中的工程价款约定作有效处理，在认定工程价款时予以参考。基于此，司法实践中，对双方当事人达成合意签订并实际履行"结算协议"的，亦可参照该"结算协议"认定工程价款，也就是对无效"结算协议"中的工程价款结算作有效处理。基于此，最高人民法院对实际施工人按《结算协议》中的结算金额主张剩余工程款又予以支持，但对结算协议中每日按余款的0.6%计取利息不予支持，其理由为如果在合同无效的情形下，要求非法分包或者转包方对其违约行为承担合同约定的违约责任，则实际施工人有可能从无效合同中获得与合同有效情形下同等的利益，不利于规范建设工程施工市场。

在姚某祥、宁夏苏商置业股份有限公司建设工程施工合同纠纷案②中，最高人民法院认为一审法院认定涉案《建设工程施工合同》无效正确，《退场补充协议》明确了工程款给付、逾期付款责任等权利义务是三方真实的意思表示，属于结算协议，独立于案涉施工合同，不违反法律的禁止性规定，合法有效。

笔者认为，建设工程施工合同无效并不当然导致结算协议的无效，除非结算协议一方当事人能够证明结算协议具有违反法律、行政法规的其他情形，或者具有违背其真实意思表示的可撤销情形，③否则应尊重意思自治原则，司法不应过多加以干涉。正如本案中，河南公司提出《工程合同费用结算表》和《分包工程合同履行完毕确认书》的形成存在"虚伪通谋"，但并未提交任何证据，最终仲裁庭不予认可。

（二）结算协议终局性问题

实务中对此问题有两种不同的观点，一种是结算协议具有终局意义，工程结算协议是"大结算"，其包括违约金、索赔费用。此种观点直接引用《建设工程价款结算暂行办法》（财建〔2004〕369号）第14条"工程完工后，双方应按照约定的合同价

① 参见最高人民法院（2017）最高法民申4328号民事裁定书。

② 参见最高人民法院（2020）最高法民终153号民事判决书。

③ 《民法典》第147条至第151条规定了5种可撤销情形，分别是重大误解、欺诈、第三人欺诈、胁迫及乘人之危导致的显失公平。

款及合同价款调整内容以及索赔事项，进行工程竣工结算”以及第15条“凡由发、承包双方授权的现场代表签字的现场签证以及发、承包双方协商确定的索赔等费用，应在工程竣工结算中如实办理”的规定。可知，工程结算价款应当包括了各种完工、索赔、调查和损失计算等内容，一旦签署，就不得再重复提出索赔。另外一种观点则认为结算协议是“小结算”，发包方和承包方的索赔属于合同违约事项，工程竣工结算只是对工程造价本身的审核认定，不包括违约金和赔偿金的清算。此种观点的法律基础是《合同法》（已废止）第107条（对应《民法典》第577条）规定：“当事人一方不履行合同义务或者履行合同义务不符合约定的，应当承担继续履行、采取补救措施或者赔偿损失等违约责任”，索赔的权利是基于合同的请求权，当事人自行决定是否追究，权利放弃应当以明示方式作出，否则不应被理解为默示放弃。

就此问题，北京市高级人民法院《关于审理建设工程施工合同纠纷案件若干疑难问题的解答》（京高法发〔2012〕245号，自2012年8月6日起施行）第24条规定：“结算协议生效后，承包人依据协议要求支付工程款，发包人以因承包人原因导致工程存在质量问题或逾期竣工为由，要求拒付、减付工程款或赔偿损失的，不予支持，但结算协议另有约定的除外。结算协议生效后，承包人以因发包人原因导致工程延期为由，要求赔偿停工、窝工等损失的，不予支持，但结算协议另有约定的除外。”可见，北京市高级人民法院对此问题的态度是“以无权索赔为原则，以另有约定为例外”。广东省高级人民法院《关于审理建设工程施工合同纠纷案件若干问题的意见》（粤高法发〔2006〕37号，自2006年11月1日起施行，已失效）第4条规定：“没有证据证明当事人已同意不计算结算前的违约金和垫资款利息，一方当事人在结算完毕后再主张结算前的违约金和垫资款利息，可予支持。”可见，广东省高级人民法院的意见是“有限支持索赔、放弃需要明示”。

裁判实务中多数人民法院认为，作为工程结算，属于当事人自由处分范围内的事务，应当尊重合意。一方认为结算协议无效，可提起诉讼或仲裁，请求撤销结算协议或确认结算协议无效。北京市第一中级人民法院在北京汇金瑞通科技有限公司与远洋装饰工程股份有限公司装饰装修合同纠纷案①中，陕西省西安市中级人民法院在西安福基房地产开发有限公司与陕西建工第四建设集团有限公司建设工程施工合同纠纷案②中均持上述观点。

本案中，仲裁庭延续了人民法院对此类案件的裁判思路，宁波仲裁委就涉案光伏项目工程就价款如何认定的说理中认为，河南公司在《工程合同费用结算表》和

① 参见北京市第一中级人民法院（2019）京01民终10607号民事判决书。

② 参见陕西省西安市中级人民法院（2018）陕01民再114号民事判决书。

《分包工程合同履行完毕确认书》上盖章确认，上述结算资料确认的工程价款为7，207，420元。鉴于河南公司对其公章的真实性无异议，仲裁庭认为河南公司不能证明书上述结算资料无效或可撤销，上述结算资料对河南公司有约束力。河南公司提出涉案项目的漏项、新增项目如有也必然发生在项目并网之前，且在签订结算资料时应属明知状态，在此前提下，河南公司仍与工程公司签订了多份工程款为7，207，420元的结算资料，应视为其对工程款金额的认可。针对河南公司提出的造价鉴定申请，仲裁庭根据最高人民法院《关于审理建设工程施工合同纠纷案件适用法律问题的解释（二）》（法释〔2018〕20号，已失效，案件裁决时尚有效）第12条规定："当事人在诉讼前已经对建设工程价款结算达成协议，诉讼中一方当事人申请对工程造价进行鉴定的，人民法院不予准许"[①]的规定，不予准许。

五、新能源项目竣工日期的认定与质保金返还

依据最高人民法院《关于审理建设工程施工合同纠纷案件适用法律问题的解释（一）》第9条规定："当事人对建设工程实际竣工日期有争议的，人民法院应当分别按照以下情形予以认定：（一）建设工程经竣工验收合格的，以竣工验收合格之日为竣工日期；（二）承包人已经提交竣工验收报告，发包人拖延验收的，以承包人提交验收报告之日为竣工日期；（三）建设工程未经竣工验收，发包人擅自使用的，以转移占有建设工程之日为竣工日期。"

另外，该解释第17条规定："有下列情形之一，承包人请求发包人返还工程质量保证金的，人民法院应予支持：（一）当事人约定的工程质量保证金返还期限届满；（二）当事人未约定工程质量保证金返还期限的，自建设工程通过竣工验收之日起满二年；（三）因发包人原因建设工程未按约定期限进行竣工验收的，自承包人提交工程竣工验收报告九十日后当事人约定的工程质量保证金返还期限届满；当事人未约定工程质量保证金返还期限的，自承包人提交工程竣工验收报告九十日后起满二年。发包人返还工程质量保证金后，不影响承包人根据合同约定或者法律规定履行工程保修义务。"

这里我们有必要对"缺陷责任期"和"质量保修期"的法律含义进行区分。依据住房和城乡建设部、财政部《建设工程质量保证金管理办法》（建质〔2017〕138号）的规定，建设工程质量保证金是指发包人与承包人在建设工程承包合同中约定，从应付的工程款中预留，用以保证承包人在缺陷责任期内对建设工程出现的缺陷进行维修的资金。缺陷是指建设工程质量不符合工程建设强制性标准、设计文件以

---

① 现行有效规定参见最高人民法院《关于审理建设工程施工合同纠纷案件适用法律问题的解释（一）》第29条。

及承包合同的约定。缺陷责任期一般为1年,最长不超过2年,由发、承包双方在合同中约定。缺陷责任期从工程通过竣工验收之日起计。

关于质量保修期,《建设工程质量管理条例》第39条规定:“建设工程实行质量保修制度。建设工程承包单位在向建设单位提交工程竣工验收报告时,应当向建设单位出具质量保修书。质量保修书中应当明确建设工程的保修范围、保修期限和保修责任等。”第40条规定:“在正常使用条件下,建设工程的最低保修期限为:(一)基础设施工程、房屋建筑的地基基础工程和主体结构工程,为设计文件规定的该工程的合理使用年限;(二)屋面防水工程、有防水要求的卫生间、房间和外墙面的防渗漏,为5年;(三)供热与供冷系统,为2个采暖期、供冷期;(四)电气管线、给排水管道、设备安装和装修工程,为2年。其他项目的保修期限由发包方与承包方约定。建设工程的保修期,自竣工验收合格之日起计算。”

由此可见,实践中我们通常所讲的质保期其实质是缺陷责任期,是与质保金的返还息息相关的。本案《分包合同》第8条约定:“本工程的质量保修期为验收合格移交甲方之日起至总承包工程移交发包方后一年。”这里的“质量保修期”指的就是缺陷责任期。

本案中,工程公司和河南公司均确认分包合同未进行竣工验收,且河南公司也没有提交竣工验收报告,那么仲裁庭首先要确定涉案分包工程的竣工日期,从而起算工程质保期,后再核查质保期是否届满,届满情况下依据合同条款确认是否可释放质保金。对于涉案分包工程的竣工日期,仲裁庭最终以涉案项目并网发电之日作为转移占有之日来认定,进而起算一年的工程质保期,并认定质保期至2020年12月31日届满。

对于质保期届满质保金能否返还问题,仲裁庭注意到《分包合同》第5条第6款约定:“工程竣工验收合格,并且工程质量保修期满未发生质量问题甲方无息向乙方返还质量保证金。”庭审中,工程公司提交了涉案分包工程质保期内存在质量问题,经河南公司消缺仍未处理完毕的证据,河南公司对此也并不否认。因此,仲裁庭认为5%的质保金返还条件尚不具备,对河南公司的该项仲裁请求不予支持。

六、工程质保金预留比例超过3%部分的效力分析

《建设工程质量保证金管理办法》第7条规定:“发包人应按照合同约定方式预留保证金,保证金总预留比例不得高于工程价款结算总额的3%。合同约定由承包人以银行保函替代预留保证金的,保函金额不得高于工程价款结算总额的3%。”

本案中,仲裁庭就河南公司主张5%的质保金的仲裁请求不予支持,显然其认为争议双方约定的5%质保金预留比例合法有效，应尊重当事人之间的真实意思表示。那么，司法实践中对此又是如何认定的呢？我们就此进行分析。

最高人民法院民事审判第一庭在其编著的《最高人民法院建设工程施工合同司法解释（二）理解与适用》中认为：工程质量保证金超过3%的部分因违反《建设工程质量保证金管理办法》的规定，所以其不属于工程质量保证金，应当按照普通工程款来处理。[①] 但经检索相关案例，司法裁判实务中更多的判决并未按此操作。各级人民法院大多数认为合同中约定5%的质保金预留比例是有效的，但裁判的落脚点各有不同。

第一种，以意思自治为落脚点的判决。在宁夏石元建筑工程有限公司与宁夏建兴住宅置业有限公司建设工程施工合同纠纷案[②]以及青岛缤纷五洲商城开发有限公司与淄博万兴建筑工程劳务有限公司建设工程施工合同纠纷案[③]中，当承包人明确提出"工程质量保证金预留比例违背《建设工程质量保证金管理办法》关于质保金不能超过3%的规定应为无效"的情况下，最高人民法院以"根据合同约定，确认该5%款项为质保金，并无不妥"为由驳回申请人的再审申请。

第二种，以《建设工程质量保证金管理办法》非效力性强制规定为落脚点的判决。《民法典》规定只有违反法律、行政法规强制性规定的民事法律行为无效，而《建设工程质量保证金管理办法》为部门规章，不能作为认定民事法律行为无效的依据。因此，当事人合同中约定超过3%的质保金预留比例部分仍属于工程质量保证金范畴。

《建设工程质量保证金管理办法》将工程质量保证金预留比例降为3%的规定是国家推出的新降费措施，降低工程质量保证金的预留比例上限不会影响工程质量维修责任的履行。同时，降低工程质量保证金预留比例上限，一方面可以有效减少建筑业企业资金占压，补充流动资金，减少银行贷款，降低企业经营成本，进一步为建筑业企业减负；另一方面，企业资金充裕后，可以在更新机械设备、技术研发、人员培训等方面加大投入，有利于提高工程质量水平。

笔者认为，尽管司法实践中主流观点认可超过3%质保金预留比例的效力，但此种预留比例应限定在合理的范围，若预留比例超过1倍甚至达到10%以上的话，仍存在被人民法院依据《全国法院民商事审判工作会议纪要》（法〔2019〕254号，以

---

① 参见最高人民法院民事审判第一庭编：《最高人民法院建设工程施工合同司法解释（二）理解与适用》，人民法院出版社2019年版，第185页。

② 参见最高人民法院（2019）最高法民申650号民事裁定书。

③ 参见最高人民法院（2020）最高法民申3757号民事裁定书。

下简称《九民纪要》)第31条[①]认定无效的法律风险。

【实战策略】

综观本案事实,可看出申请人河南公司的诉讼策略,即先以《分包合同》有效为前提提起仲裁,在工程公司提交已完成结算的相关证据后,转为请求仲裁庭确认《分包合同》无效,合同无效则结算无效,结算无效则涉案项目可重新结算并通过造价鉴定确定结算金额。针对河南公司的打法,笔者采取了"防守反击"的诉讼策略。

一、坚守结算协议的有效性及终局性(防守)

本案中结算协议的有效性和终局性在《分包合同》有效或无效的情形下,对工程公司产生的仲裁不利影响是不同的。相对而言,若《分包合同》有效,则结算协议必然有效,只要考虑其终局性问题即可;若《分包合同》无效,则结算协议的效力存在一定的不确定性,直接导致其终局性也存在更大的不确定性。

本案中河南公司提出了导致《分包合同》无效的三种情形,分别是"工程主体结构分包""无施工资质""未经发包人同意的分包"。我们守住了主体分包和无施工资质两道防线,但遗憾的是尽管我们提交了大量证据证明发包人(业主)认可分包行为,最终仲裁庭却并未采纳,以此认定《分包合同》无效。《分包合同》无效下,我们充分论证了合同无效并不当然导致结算协议无效,除非河南公司能够证明结算协议具有违反法律、行政法规的其他情形,或者具有违背其真实意思表示的可撤销情形,否则应肯定其有效性和终局性。经过我们的努力,仲裁庭采纳了我们的观点,我们也成功守住了最后一道防线。

二、通过反诉引导仲裁庭关注项目未验收、工程质量存瑕疵(反击)

大量案件的代理实践证明,在一个案件中有攻有守才能达到预期的效果。本案中我们策略性提出要求河南公司承担逾期移交竣工资料违约金以及尚未完成的工程整改费用,该反请求的根本目的并非让仲裁庭支持该违约金从而抵销应支付的工程款,更重要的是引导仲裁庭关注涉案分包工程并未完成竣工验收,且存在大量的消缺项目未完成的事实。

三、质保金不返还(反击)

通过本请求中工程质量抗辩以及反请求主张的整改费用,再结合《分包合同》中关于质保金释放的约定条件,仲裁庭最终未支持河南公司要求返还质保金的仲

---

① 《九民纪要》第31条规定:"违反规章一般情况下不影响合同效力,但该规章的内容涉及金融安全、市场秩序、国家宏观政策等公序良俗的,应当认定合同无效。人民法院在认定规章是否涉及公序良俗时,要在考察规范对象基础上,兼顾监管强度、交易安全保护以及社会影响等方面进行慎重考量,并在裁判文书中进行充分说理。"

裁请求,工程公司成功地将剩余质保金继续扣留,并以此作为敦促河南公司尽快完成剩余消缺项目的抓手。若河南公司继续怠于消缺,工程公司也可在函告后自行委托第三方消缺并从预留质保金中支付第三方消缺费用,避免了质保金返还后河南公司拒绝消缺而自行消缺后费用还要通过另案主张的窘境。

实战案例4

发包人单方终止EPC总承包合同后的违约责任辨析与可得利益损失认定

——上海某电力能源公司与四川某电力设计公司建设工程合同纠纷案[①]

新能源项目EPC总承包合同依法成立并生效后对合同双方具有约束力,合同进入履行阶段后,发包人与承包人均应按照合同约定履行各自义务,从而实现双方所期待的合同目的。合同履行过程中,除典型的发、承包人迟延履行违约之外,还存在一方在合同签订后明确表示不履行主要债务的预期违约,比如发包人在合同签订后因自身原因不愿或无法继续履行合同的情形。本文将结合笔者代理的一起新能源项目中因发包人单方终止EPC合同而引发的建设工程合同纠纷案件,对合同解除的类型、合同解除权的行使、守约方主张可得利益损失的依据及边界、可得利益损失的计算规则等问题进行分析探讨。

【案情简介】

2017年1月,上海某电力能源公司(以下简称电力公司)发布招标信息,对20MWp屋顶光伏发电项目C标段EPC项目进行公开招标。2月,四川某电力设计公司(以下简称设计公司)作为牵头人,与湖南某工程公司(以下简称工程公司)组成联合体进行投标。3月,电力公司向设计公司发出《中标通知书》。4月,双方签订《EPC商务合同》,约定由设计公司承包电力公司20MWp屋顶光伏项目C标段的设计、合同设备采购、土建、安装、运输、保管、调试等全部工作,合同固定总价7000万元。随后电力公司召集设计公司举行项目启动会议,明确工期要求为2017年6月30日之前并网。5月,电力公司告知设计公司因项目各项内部审核存在问题,开工日期需顺延。6月20日,电力公司书面向设计公司发函,告知由于内部决策因素影响,集团公司决定终止对项目的投资建设,电力公司决定终止双方的《EPC商务合同》。

设计公司认为,其已为项目工程的实施进行了许多必要的前期准备工作,包括承担费用协商屋顶租赁、委托第三方设计单位进行勘查和设计等,电力公司不履行合同义务致使合同目的无法实现构成根本违约,应当赔偿乙方损失。经双方协商无法达成一致后,设计公司遂向法院提起诉讼,请求法院判令解除《EPC

---

① 浙江省象山县人民法院(2019)浙0225民初9389号民事裁定书,浙江阳光时代律师事务所代理,案情略有删减。

商务合同》,电力公司赔偿设计公司前期直接经济损失和项目预期利润损失1000万元。

案件审理过程中,法院根据设计公司的申请对预期利润损失启动司法鉴定。鉴定机构通过对项目的成本造价测算,对比合同固定总价认定项目的利润,以此出具鉴定报告。鉴定机构在其鉴定报告初稿中认定项目合理利润为1000万元,正式稿中修改为600万元,庭审接受法庭质询后再次调减为540万元。本案电力公司的答辩策略主要是围绕合同效力认定、可得利益损失主张的依据及认定规则、光伏发电工程造价鉴定等方面展开。最终设计公司基于合同效力瑕疵、鉴定报告不被采信的风险等方面压力,同意了电力公司的赔偿方案,双方和解后向法院申请撤诉结案。

【要点解析】

一、单方解除合同的类型

当事人一方拒绝履行的,直接导致合同出现履行不能的情形,从而影响合同根本目的的实现。为了重获交易自由、摆脱现有合同权利义务的束缚,当事人需要对原合同的权利义务进行终止。根据《民法典》第557条第2款"合同解除的,该合同的权利义务关系终止"之规定,合同解除是合同权利义务终止的法定情形之一,当事人可协商解除合同或通过行使合同解除权来终止既有合同的约束。协商解除由《民法典》第562条第1款所规定,该规定是合同自由原则在合同解除制度的具体体现。只要不违反法律、行政法规的强制性规定,不损害国家和当事人的利益,合同当事人不仅有权达成协议产生某种法律效果,还有权通过达成协议而取消这一效果。同时,我国《民法典》还赋予合同当事人单方解除合同的权利,我们重点分析约定解除权与法定解除权。

(一)约定解除权

《民法典》第562条第2款①规定了"约定解除权"。约定解除权由当事人以合同的形式约定,通常情况下当事人还会一并约定解除权的发生情形、行使条件、期限以及解除效力等。对约定解除权的理解应当注意以下几点:第一,该权利源自当事人共同约定,当事人既可以在合同订立时约定,也可以在合同订立后另行约定,约定解除合同的条件是将来可能发生也可能不发生的事实,一旦发生约定条件的事实,则解除权即成就;第二,该权利的产生并不当然导致合同解除,只有享有解除权的一方当事人行使该权利的,合同才得以解除。

① 《民法典》第562条第2款:"当事人可以约定一方解除合同的事由。解除合同的事由发生时,解除权人可以解除合同。"

（二）法定解除权

《民法典》第563条[①]规定了"法定解除权"。法定解除权是指当法律规定的合同解除条件成就时，合同当事人享有解除合同的权利。如前文所述，只有出现导致合同履行不能的特定情形，守约方才享有解除权。《民法典》第563条所规定的一般法定解除中，又可以区分为"因客观原因的解除"与"因违约行为的解除"。该条第1款第1项所规定的"因不可抗力致使不能实现合同目的"的即属于因客观原因的解除，这种情形下通过解除合同摆脱合同约束具有正当性，根据《民法典》第590条[②]的规定，当事人可以部分或全部免除责任。在此种情形下，合同双方当事人均享有合同解除权。此外需要注意，司法实践认为只有不可抗力的发生达到致使合同部分或者全部不能履行的程度，从而导致当事人订立合同的目的无法实现时，当事人才可以解除合同。[③]

《民法典》第563条第1款第2、3、4项则属于"因违约行为的解除"。其中，第2项规定了拒绝履行情形，包括明示预期违约和默示预期违约，是指债务人能够履行债务而违法地作出不为履行的意思表示；第3项规定了迟延履行情形，该情形要求迟延履行主要债务可归咎于债务人且债权人进行催告；第4项规定了根本违约情形，即致使合同目的无法实现的迟延履行债务或者其他违约行为，该项是实践中合同守约方大量援引行使合同解除权的依据，该情形要求违约方的违约行为达到致使另一方订立合同所期望的利益受到"严重"影响的程度。三种"因违约行为的解除"情形下具有各自不同的解除条件，合同当事人援引行使权利时应当符合条件，限于本文篇幅此处不再展开。

二、合同解除权的行使限制

解除权是一种形成权，形成权的行使无须相对人的协助，仅凭单方意思表示即可发生权利义务变动的法律后果。因此，对于合同解除权的行使，法律应作一定程

---

① 《民法典》第563条："有下列情形之一的，当事人可以解除合同：（一）因不可抗力致使不能实现合同目的；（二）在履行期限届满前，当事人一方明确表示或者以自己的行为表明不履行主要债务；（三）当事人一方迟延履行主要债务，经催告后在合理期限内仍未履行；（四）当事人一方迟延履行债务或者有其他违约行为致使不能实现合同目的；（五）法律规定的其他情形。以持续履行的债务为内容的不定期合同，当事人可以随时解除合同，但是应当在合理期限之前通知对方。"

② 当事人一方因不可抗力不能履行合同的，根据不可抗力的影响，部分或者全部免除责任，但是法律另有规定的除外。

③ 不可抗力事件的发生，对履行合同的影响程度可能有大有小，有时可能只是暂时影响到合同的履行，因此，当事人依照这一情形行使法定解除权依法解除合同的，必须符合以下条件：（1）合同有效成立，尚未履行完毕之前发生了不可抗力事件，如果履约方迟延履行的情况下发生了不可抗力事件，不可抗力则不能成为迟延履行一方解除合同或者免除违约责任的理由。（2）由于不可抗力致使合同目的不能实现。如果不可抗力只是致使合同暂时不能按期履行，则当事人不能解除合同，在不可抗力事件消失后，应当继续履行合同。参见付金联：《判定合同解除案件的标准问题》，载《法律适用》2005年第5期。

度的限制,包括对行使主体资格、解除权行使方式及行使期限,相对人异议权对解除权的限制等方面。

(一)行使主体资格上的限制

约定解除权的行使主体由合同约定授予,当事人对此通常不会产生争议;"因客观原因"的法定解除权,通常认为双方当事人均是合同解除权的行使主体;在"因违约行为"的法定解除中,通常认为仅守约方才享有法定解除权,违约方不享有法定解除权。① 行使权利的基本前提在于当事人享有合同解除权,否则其所谓的"解除通知"或其他行为并不会发生合同解除的法律后果。

值得注意的是,司法机关主动认定合同解除的特殊情形,有观点认为司法机关也是解除权的行使主体之一。这个问题本不应存在争议,基于民法的合同自由原则及民事诉讼的不告不理原则,如果当事人未明确提出解除合同诉讼请求,司法机关不宜依职权解除合同,司法机关并不具有解除权的主体资格。然而,司法实践中出现一种观点,即认为判断合同是否解除不能拘泥于当事人是否明确提出该项诉讼请求,而应结合案件具体情形予以判断。当合同已事实上履行不能,当事人虽未提出解除合同的诉讼请求,但如果其提出的诉讼请求系建立在合同解除的基础上,则隐含了解除合同的意思表示,人民法院可以依职权主动认定合同解除。② 但笔者认为,司法机关在这种情形下行使司法权解除合同,实质依然是对解除权人行使解除权效力的确认,法院并不享有解除权,也就不具有解除权主体资格。实践中守约方在起诉或提起仲裁时列"请求法院/仲裁委判决/裁决解除合同"的表述,实质是要求司法机关对解除合同效力的确认,属确认之诉而非形成之诉。

(二)行使方式或解除程序上的限制

根据《民法典》的规定,行使合同解除权应遵循以下程序:

第一,解除权必须在解除权行使期间内行使。根据《民法典》第564条的规定,约定解除权的行使期限可由当事人约定,法定解除权的行使期限一般为自解除权人知道或者应当知道解除事由之日起1年或对方催告之后的合理期限,超过约定或法定期限不行使解除权的,该权利消灭。

第二,行使合同解除权应当以通知方式进行。合同自通知到达对方时解除,通知载明债务人在一定期限内不履行债务则合同自动解除,债务人在该期限内未履行债务的,合同自通知载明的期限届满时解除。当事人一方未通知对方,直接以提

---

① 学界对此存在争议,本文采通说观点,不就此问题展开。详可参见李晓钰:《合同解除制度研究》,西南政法大学2008年博士学位论文,第116页。

② 最高人民法院第一巡回法庭编:《最高人民法院第一巡回法庭民商事主审法官会议纪要》(第1卷),中国法制出版社2020年版,第10页。

起诉讼或者申请仲裁的方式依法主张解除合同，人民法院或者仲裁机构确认该主张的，合同自起诉状副本或者仲裁申请书副本送达对方时解除。

（三）相对人异议权对解除权的限制

《民法典》第565条第1款后部分规定，对方对解除合同有异议的，任何一方当事人均可以请求人民法院或者仲裁机构确认解除行为的效力。法律赋予对方当事人合同解除异议权，从而防止解除权人对解除权的滥用。相对人提出异议的，人民法院或仲裁机构应当对解除权的行使是否具有正当理由或是否公正进行审查。经审查理由正当的，确认解除权人的解除行为成立，该合同解除时间应溯及解除权人通知对方解除合同之时；反之，合同关系继续有效，主张解除合同的一方应赔偿对方当事人因此造成的损失。

三、违约方起诉解除合同的理解与适用

前已述及，通常情况下违约方不享有法定解除权。但是，如果债权人在享有法定解除权但其不解除合同时，在债务人承担违约赔偿责任的前提下，合同继续存在并无实质意义，允许当事人申请人民法院或者仲裁机构终止合同，最终由人民法院或者仲裁机构结合案件的实际情况根据公平原则决定终止合同，在保障债权人合理利益的前提下，有助于避免不公平的情形，使双方当事人重新获得交易的自由，提高整体的经济效率。①《九民纪要》第48条规定，满足特殊条件下违约方有权起诉请求解除合同。具体条件包括：（1）违约方不存在恶意违约的情形；（2）违约方继续履行合同，对其显失公平；（3）守约方拒绝解除合同，违反诚实信用原则。在此基础上，《民法典》第580条第1款规定了不适合请求继续履行的三种情形，②并在第2款进一步规定存在这三种情形之一的，当事人可以请求终止合同权利义务关系，但是不影响违约责任的承担。笔者认为，该款并不是规定"法定解除权"，而是规定了在不能请求继续履行并且致使合同目的不能实现时，双方当事人都享有申请司法终止的权利。而且该规定实际并未影响当事人所享有的解除权。

本案中，电力公司在因集团公司原因无法继续履行合同的情形下，主动书面通知设计公司终止《EPC商务合同》，该行为实质无法被认定为行使合同解除权的通知行为，因为电力公司并未援引约定解除权或法定解除权行使权利，而是直言自身无法继续履行合同。因此，该行为实质属于合同履行期限届满前拒绝履行的预期违约行为，设计公司得以依据电力公司的实际违约行为行使合同解除权，实际设计

---

① 参见最高人民法院民事审判第二庭编：《〈全国法院民商事审判工作会议纪要〉理解与适用》，人民法院出版社2019年版，第317页。

② （1）法律上或者事实上不能履行；（2）债务的标的不适于强制履行或者履行费用过高；（3）债权人在合理期限内未请求履行。

公司向法院提出的第一项诉讼请求即是"请求法院判令解除《EPC 商务合同》"。当然,我们这里作此探讨的基本前提在于合同合法成立并生效,无效合同自然不涉及合同解除问题。

四、守约方主张可得利益损失的依据及实质

本案设计公司第 2 项诉请为损失赔偿,主要在于可得利益损失。那么,何为可得利益损失、提出该诉请主张的依据为何,我们接下来对这些问题进行分析。

可得利益损失是指合同履行之后可获得的利益,法律渊源在于《民法典》第 584 条的规定。可得利益产生于合同履行之后,其本质属于一种期待权,属于以合同获得的财产为基础而产生的增值利益,是当事人获得的纯利润而不包括为获得利益所支出的成本,其赔偿主要目的在于填补损失。从《民法典》第 584 条的直接规定来看,可得利益损失属于法定的违约赔偿损失的一种,亦即《民法典》第 577 条"赔偿损失"的违约责任种类之一。故在合同发生违约情形下,守约方自可依法向违约方提出赔偿可得利益损失的请求。

如果违约导致守约方行使合同解除权的,则会涉及合同解除的法律后果,我们稍作展开分析。关于解除权行使的效果,民法理论存在直接效力和间接效力的争论。① 直接效力理论认为,解除权的行使使合同溯及既往地消灭;间接效力理论则认为解除权的行使产生对尚未履行债务消灭的效力,对已履行的债务并不消灭,而是产生法定清算之效力。两种理论均认可合同解除导致合同关系的消灭的效力,不同之处在于对合同解除前客观事实存在的债权债务关系如何进行性质认定及后果处理。根据《民法典》第 566 条"已经履行的,根据合同履行情况和合同性质,当事人可以请求恢复原状或者采取其他补救措施,并有权请求赔偿损失"的规定可知,我国立法更多地采纳了直接效力理论。根据《民法典》第 566 条第 2 款"合同因违约解除的,解除权人可以请求违约方承担违约责任,但是当事人另有约定的除外"以及第 584 条"法定违约赔偿损失"的规定,合同解除情形下,解除权人有权依法要求违约方承担包括可得利益损失在内的损失。

最高人民法院《关于当前形势下审理民商事合同纠纷案件若干问题的指导意见》(法发〔2009〕40 号)第三部分专门对可得利益损失的类型和认定规则作出规定,指出根据交易的性质、合同的目的等因素,可得利益损失主要分为生产利润损失、经营利润损失和转售利润损失等类型。人民法院在计算和认定可得利益损失时,应当综合运用可预见规则、减损规则、损益相抵规则以及过失相抵规则等,从非违约方主张的可得利益赔偿总额中扣除违约方不可预见的损失、非违约方不当扩

① 参见崔建远:《解除效果折衷说之评论》,载《法学研究》2012 年第 2 期。

大的损失、非违约方因违约获得的利益、非违约方亦有过失所造成的损失以及必要的交易成本。存在欺诈经营、当事人约定损害赔偿的计算方法以及因违约导致人身伤亡、精神损害等情形的,不宜适用可得利益损失赔偿规则。人民法院认定可得利益损失时应当合理分配举证责任。违约方一般应当承担非违约方没有采取合理减损措施而导致损失扩大、非违约方因违约而获得利益以及非违约方亦有过失的举证责任,非违约方应当承担其遭受的可得利益损失总额、必要的交易成本的举证责任。对于可以预见的损失,既可以由非违约方举证,也可以由人民法院根据具体情况予以裁量。

五、可得利益损失的司法认定规则

司法实践中对可得利益损失的裁判意见如何,笔者对司法案例及研究观点进行分析总结后归纳如下。

首先,可得利益损失必须以成立有效的合同为前提。如前文所述,可得利益损失属于违约责任种类之一,故有效的合同是产生可得利益损失的最基本前提,司法实践对此并无异议。比如,最高人民法院在武汉三星建工集团有限公司(以下简称武汉三星)、贵阳木林森房地产开发有限公司(以下简称贵阳木林)建设工程施工合同纠纷案①中明确认定:“案涉《建设工程施工合同》及《补充合同》无效。武汉三星诉请贵阳木林森赔偿其可得利益损失,无法律依据,本院不予支持”;浙江省高级人民法院在宁波建工股份有限公司(以下简称宁波建工)、舟山凤凰岛置业发展有限公司建设工程施工合同纠纷案②中亦直接作出“本案双方因此而签订的备案合同和补充合同均归无效。宁波建工主张预期可得利益损失缺乏法律依据和合同依据,不予支持”的认定。若当事人之间签订的合同被认定为无效,则根据《民法典》第 157 条关于民事法律行为无效的后果规定,受损方得以要求过错方承担缔约过失责任,赔偿其所受到的损失。由于合同自始无效,违约责任则自始不存在,作为违约损失赔偿之一的可得利益损失也就不存在基础。

笔者在办理本案过程时,首先就围绕《EPC 商务合同》的效力提出抗辩。在对承包人资质进行核查时我们发现,本案合同承包人设计公司资质等级为电力行业(送电工程、变电工程)专业乙级。根据原建设部《工程设计资质标准》(建市〔2007〕86 号)的规定,工程设计行业划分中,电力行业包括火力发电、水力发电、风力发电、变电工程、送电工程、新能源共六个专业,其中新能源发电工程设计包括:太阳能、地热、垃圾、秸秆等可再生能源发电工程设计。③ 笔者注意到,本案屋顶光伏

① 参见最高人民法院(2017)最高法民终 202 号民事判决书。

② 参见浙江省高级人民法院(2016)浙民终 768 号民事判决书。

③ 参见住房和城乡建设部《工程设计资质标准》及其附件《工程设计行业划分表》。

工程实际属于“新能源”设计专业下的细分类“太阳能”，而“新能源”与“变电工程”，“送电工程”系设计行业的并列关系。设计公司实际具有的工程设计专业资质并不涵盖“新能源”专业，也就是说，其根本不具有屋顶光伏电站的设计资质。与此同时，承包人投标联合体成员工程公司的资质等级为：输变电工程专业承包三级。根据住房和城乡建设部《建筑业企业资质标准》（建市〔2014〕159 号）“电力工程施工总承包资质标准”的规定，输变电工程专业承包资质三级资质的承包工程范围是“可承担 110 千伏以下电压等级的送电线路和变电站工程的施工”。笔者注意到工程公司实际具有的资质仅限于输变电工程，而本案屋顶光伏项目工程的主体在于“发电工程”，亦即工程公司并不具有承包建设发电工程的资质。据此，笔者依据《建筑法》第 13 条①以及原《建工司法解释》②第 1 条第 1 项③的规定，主张案涉《EPC 商务合同》因违反法律效力性强制规定而无效，从而根本否定设计公司主张可得利益损失的请求权基础。

其次，可得利益损失应当具有确定性。预期利益损失应当在性质、数额、获得的可能性都具有确定性。较多案件中法院以预期利益的获得受另外一些不确定的因素（经营成本、市场风险、管理水平）的影响而对预期利益损失不予认定和支持。如最高人民法院在山西数源华石化工能源有限公司（以下简称数源公司）、山西三维集团股份有限公司（以下简称三维公司）租赁合同纠纷案④中说理认为：“违约损失赔偿以当事人实际遭受的全部损失为原则，包括合同正常履行时的可得利益，该可得利益损失须具有确定性，假定或可能发生的损失，不能作为违约损失赔偿的对象。企业经营利润受到诸多因素的影响，其状况和数额均具有不确定性。此外，数源公司如果要在未来获得经营利润，不能仅靠租赁合同的继续有效，还需投入大量资金、人力、物力等成本。数源公司要求三维公司赔偿其全部经营利润亏损，将使数源公司在不需要继续投入任何经营成本的情况下，直接获取经营利润，超出了合同的履行利益和三维公司签订合同时可以预见的损失范围。”

可得利益损失认定的“确定性”其实是与其自身“期待权”的天然本质是存在冲突的。笔者理解司法裁判作此认定的出发点在于可得利益损失应该“相对确定”，

---

① 从事建筑活动的建筑施工企业、勘察单位、设计单位和工程监理单位，按照其拥有的注册资本、专业技术人员、技术装备和已完成的建筑工程业绩等资质条件，划分为不同的资质等级，经资质审查合格，取得相应等级的资质证书后，方可在其资质等级许可的范围内从事建筑活动。

② 已被最高人民法院《关于审理建设工程施工合同纠纷案件适用法律问题的解释（一）》所代替，本文引用办案时生效的司法解释。

③ 建设工程施工合同具有下列情形之一的，应当根据合同法第五十二条第（五）项的规定，认定无效：（一）承包人未取得建筑施工企业资质或者超越资质等级的。

④ 参见最高人民法院（2012）民一终字第 67 号民事判决书。

即守约方应尽力对损失发生的必然性，前期投入的客观性，未来生产、转售、经营利润的可客观测算性进行证明，从而将“期待权”进行相对确定。诚然，这种举证责任对于守约方来说难度很大，而且司法实践对于“确定性”也较难形成统一的标准和规则，因此裁判者径行以可得利益损失不具有确定性为由判决不予支持的做法，似乎也不难理解。

最后，预期利益损失是否超过了违约方在订立合同时的预见范围。可预见性原则是违约损害赔偿法的一条重要原则，其目的在于对完全赔偿责任的限制，对超过违约方预见范围的预期利益损失不予以认定。《民法典》关于可预见原则的规定核心在于对损失范围的预见，①是指预见主体预见或应当预见到的可得利益损失具体包括什么，但由于立法并无可预见范围是否应包括损失的类型、种类、数额以及程度方面的规定，故裁判者对于预见范围的判断裁量权很大。

最高人民法院在普洱鸿通建设工程有限公司(以下简称鸿通公司)、香格里拉县欧华水电发展有限公司建设工程施工合同纠纷案②中说理认为：“叶某龙即将鸿通公司已付履约金 20 万元中的 6 万元返还给鸿通公司周某洪。可见，鸿通公司对案涉合同无法履行应当是有预期的。鸿通公司未提供证据证明其已为履行合同而购买机械设备、组织人员等，此虽为直接损失范畴，但亦能证明其对履行合同可以获得的利益缺乏合理预期，其请求按照合同完全履行后的利润率赔偿可得利益损失，依据不足。”法院根据合同履行事实认定守约方实际对于合同无法履行存在预期，并结合守约方证明直接损失的证据不足情况，进一步论述认为合同双方对于合同履行后的利益缺乏合理预期，从而不支持利润损失请求。再如，安徽省高级人民法院在合肥市昂鑫房地产开发有限公司(以下简称合肥昂鑫)与浙江建安实业集团股份有限公司建设工程施工合同纠纷案③中认定：“合肥昂鑫就案涉工程设定评标的合理最低价参考值表明该公司认为承包方报价中高于该成本最低价的部分即为利润，故发包人对承包人承建案涉工程可获得利润的预知为合同价减去合理最低价参考值”，即是将承包人投标报价高于招标文件合理最低价参考值的差额作为发包人的预见范围。不得不说裁判者的思路在自由裁量权范围内得到了充分的发挥，这种不统一、不确定的裁判观点让可得利益损失的实践认定呈现较为混乱的现象。

---

① 关于可预见的主体，理论界存在“违约方单方”“违约方与守约方双方”“中立第三方”等争议观点；关于预见时间，理论界存在“合同订立时”和“实施违约行为时”等争议观点。鉴于《民法典》明确将可预见主体规定为违约方，明确将预见时间规定为合同订立时，我们不在这里作过多论述。

② 参见最高人民法院(2018)最高法民申 4296 号民事裁定书。

③ 参见安徽省高级人民法院(2010)皖民四终字第 00080 号民事判决书。

六、可得利益损失的计算方法

结合司法政策关于认定可得利益损失四原则的规定以及人民法院的司法裁判实践，对于可得利益损失的计算逐渐也形成了一定的计算规则。最高人民法院民二庭庭长宋晓明在专访中就对损失具体计算规则作出过解释，其认为：

在具体案件中，确定可得利益损失赔偿额一般要经过如下步骤：

第一步，确定受害人的可得利益损失额，受损人对此负举证责任；

第二步，确定这些可得利益损失哪些是违约方在订约时可以预见的，对此法院可酌情裁量；

第三步，确定受损人对损失是否有过错，对此违约方负举证责任，如果受损人有过错，则应承担相应的责任；

第四步，确定受损人是否因违约而获有不当得利，如有，则应从损失中扣除；

第五步，确定受损人有没有采取合理措施减少损失，对此，违约方负举证责任；

第六步，考察受损人获取可得利益的能力和条件，确定合理的赔偿额，对此法院有自由裁量权。①

该观点实际系综合可得利益损失的相关规定提出，具有一定的可操作性，兹以本文所引案例的实际办理过程进行简要举例。首先，我们代表电力公司对设计公司承担举证责任（申请司法鉴定）的可得利益损失金额提出异议。本案设计公司申请鉴定机构出具光伏工程的成本造价金额，然后主张"合同款金额－鉴定成本造价金额＝项目预期利润金额"。我们对司法鉴定报告的工程造价成本金额，从造价鉴定的计价依据、光伏组件询价程序、除税及计税税率等多方面提出异议并逐项提出成本增加的抗辩，此工作有力地将鉴定报告认定的工程造价金额两次进行增加，从而将设计公司主张的可得利益损失金额不断限缩。其次，运用可预见原则，参照合同违约条款约定，指出合同双方订立时对于履行不能情形下违约责任的限额是具有预见的。再次，从设计公司资质、分包设计工作违约等过错方面抗辩主张其对损失的产生具有一定过错。最后，从案涉合同实际完全未开展履行工作，且电力公司及时通知终止合同履行后，设计公司应积极避免损失扩大的角度进行提出抗辩。除关于合同效力的抗辩点之外，仅就可得利益损失计算规则提出的抗辩理由实际得到合议庭的关注和重视，这也是本案最后得以和解处理的原因之一。

【实战策略】

本案诉讼过程历时两年，设计公司最终在考虑诉讼预期目的、诉讼风险后与电

---

① 参见最高人民法院民事审判第二庭编：《商事审判指导》总第20辑，人民法院出版社2009年版，第7～8页。

力公司达成了一致和解意见。本案所涉及的合同解除权问题、可得利益损失问题十分值得深入研究和考虑,并以此总结办案经验和进行理论升华。

一、透过客观事实情况分析法律事实,寻求争议解决的"法律"途径

本案当事人向律师进行交底时是怀着一种过错方心态进行的,电力公司相关经办人员认为合同无法履行是因为公司内部决策原因导致,与设计公司无涉。当事人的这种"错全在我"、抑或更多案件当事人"错全在他"的主观判断,往往都是缺乏法律思维的朴素理解,律师在交底时务必做到"不带先见"地了解核查事实,从而在客观事实基础上进行法律分析,抽取有利于己方当事人的法律事实,并在此基础上研究分析,制定案件的诉讼策略。本案中关于合同效力、设计分包违约等法律事实的提出,有力地改变了承办法官和当事人自己的先见,促使案件向有利于电力公司的方向发展。

二、工程造价问题就是法律问题

如果办案律师将工程造价问题理解为法律专业之外的问题而放手交由当事人处理,那么这种"偷懒"的做法很有可能让律师丧失对承包人举证金额的敏锐判断。本案中我们对鉴定报告所存在的造价专业和光伏领域相关问题提出有理有据的质疑,并进一步通过与行业从业者的专项沟通,尤其是将项目拟建设同时期的各大组件厂商的出厂价汇总后提交法庭,有力质疑和动摇鉴定机构初步认定的组件价格,进一步迫使鉴定机构对鉴定报告结论不断进行调整,不断减少涉案项目可得利润的金额。

三、应诉抗辩不必囿于常规,工作可以全面铺开

办案分析法律问题的同时,可考虑对于案外辅助工作的关注。本案我们调研了 2017 年光伏行业"630 并网潮"之前的组件价格作为参考材料提交法庭;在鉴定过程中发现设计公司提交的电子版图纸文件的出图时间早于案涉合同的签订日期,从而向法庭主张其虚假举证并要求终止鉴定;在法院与鉴定机构不按《司法鉴定程序通则》终止鉴定的情况下,发函给上级人民法院要求严肃处理,等等。全面充分的应诉工作给原告设计公司、鉴定机构所带去的压力不可谓不大,也恰恰通过这样的方式,律师才能为当事人争取最大化利益。

实战案例 5

电力设计院提供前期服务后参与新能源项目工程总承包投标的思考

——某建筑安装公司与某光伏发电公司、
某电力设计院合同撤销之诉

2016 年 5 月 20 日，住房和城乡建设部发布《关于进一步推进工程总承包发展的若干意见》（建市〔2016〕93 号），由此拉开工程总承包高速发展的序幕。电力设计院抓住此次机遇开启了工程总承包商的转型升级之路。2019 年 12 月 23 日，住房和城乡建设部与国家发展和改革委员会联合发布《房屋建筑和市政基础设施项目工程总承包管理办法》（建市规〔2019〕12 号），该办法的实施为电力设计院转型为设计施工一体化的总承包企业开辟了绿色通道。碳中和背景下，以光伏、风电为代表的新能源行业蓬勃发展，电力设计院参与新能源总承包项目日渐频繁。实务中，有些电力设计院提供了项目的前期服务，还想进一步参与项目工程总承包的投标，是否会遭遇法律障碍？本文通过一则案例对此问题进行了分析。

【案情简介】

2019 年 1 月，某光伏发电公司（以下简称光伏公司）与某电力设计院公司（以下简称电力设计院）签订《合作协议》，约定在光伏发电项目的开发、建设上进行全面长期的合作，电力设计院负责光伏电站项目除送出工程外的完整范围内的前期工作（可行性研究、项目申请报告、前期专题技术支持等）、勘测设计（包括方案设计、施工图设计、竣工图编制等），并约定在友好协商的基础上，双方及时签订光伏发电项目的工程设计、设备采购、施工安装、建设管理的总承包合同。同年 6 月，光伏公司对外发布公开招标公告，遴选总承包方。电力设计院进行投标并中标，后双方签订了《总承包合同》。合同协议书约定电力设计院总承包 50MW 光伏电站工程，合同内容包括但不限于光伏电站项目除送出工程外的完整范围内的前期工作（可行性研究、项目申请报告、前期专题技术支持等）、勘测设计（包括方案设计、施工图设计、竣工图编制等）、建筑工程（含地基处理等）、安装工程、设备及材料供货、运输、保管、项目管理、技术服务、人员培训、调试、试验及整座电站的性能保证和售后服务等工作，并就合同工期、质量标准、承包方式、计价方式、权利和义务、合同生效及终止等内容进行了约定。

2019 年 8 月，上海某建筑安装公司（以下简称建筑公司）作为项目招标时的投标单位向人民法院起诉，要求撤销光伏公司与电力设计院签订的《总承包合同》,理由是电力设计院作为提供前期服务的单位不得参与涉案项目的公开投标,不具备投标资格,《总承包合同》可撤销。青海省某基层人民法院经审理后驳回建筑公司的诉讼请求,法院认为电力设计院虽然为中标的光伏项目提供了前期服务,但光伏发电在公开招标时已对前期的成果进行了披露,招标过程并不存在排斥潜在投标人情形,对建筑公司的合法权益未造成损害,请求撤销《总承包合同》于法无据。

【要点解析】

一、我国关于前期服务单位参与工程投标的法律规定与分析

我国关于前期服务单位参与工程投标的法律规定主要有国家层面(见表1－5)和地方立法层面(见表1－6)的立法。

表1－5 国家层面的相关规定

颁布时间	法律名称	条文内容	法律性质
2017年	《招标投标法》	第5条 招标投标活动应当遵循公开、公平、公正和诚实信用的原则。	法律
2019年	《招标投标法实施条例》	第32条 招标人不得以不合理的条件限制、排斥潜在投标人或者投标人。招标人有下列行为之一的,属于以不合理条件限制、排斥潜在投标人或者投标人:(一)就同一招标项目向潜在投标人或者投标人提供有差别的项目信息……	行政法规
2019年	《房屋建筑和市政基础设施项目工程总承包管理办法》	第11条第2款 政府投资项目的项目建议书、可行性研究报告、初步设计文件编制单位及其评估单位,一般不得成为该项目的工程总承包单位。政府投资项目招标人公开已经完成的项目建议书、可行性研究报告、初步设计文件的,上述单位可以参与该工程总承包项目的投标,经依法评标、定标,成为工程总承包单位。	部门规章
2013年	《工程建设项目施工招标投标办法》	第35条 投标人是响应招标、参加投标竞争的法人或者其他组织。招标人的任何不具独立法人资格的附属机构(单位),或者为招标项目的前期准备或者监理工作提供设计、咨询服务的任何法人及其任何附属机构(单位),都无资格参加该招标项目的投标。	部门规章

表 1-6　地方层面规定

颁布时间	法律名称	条文内容	法律性质
2017 年	《上海市建设工程招标投标管理办法》	第 22 条第 1 款　承担建设工程前期设计、造价咨询、监理业务的单位，不得参加该建设工程包含施工的工程总承包投标。	地方政府规章
2021 年	《上海市建设项目工程总承包管理办法》	第 8 条第 2 款　政府投资项目的项目建议书、可行性研究报告、初步设计文件编制单位及其评估单位，一般不得成为该项目的工程总承包单位。政府投资项目招标人在发布招标文件时，如公开已经完成并审批通过的全部成果资料（包括项目建议书、可行性研究报告、初步设计文件，格式要求为原始格式电子文件），上述单位可以参与该工程总承包项目的投标。	规范性文件
2021 年	《阳江市工程建设项目招标投标管理规定》	第 26 条第 2 款　招标人的任何不具备独立法人资格的附属机构（单位），或者为招标项目的前期准备或者监理工作提供设计、咨询服务的任何法人及其任何附属机构（单位），都无资格参加该招标项目的投标。	地方政府规章
2019 年	《珠海经济特区建设工程招标投标管理办法》	第 35 条　投标人应当符合下列规定：（五）向同一建设工程提供了可行性研究、勘察、设计、造价咨询、监理等服务的任何法人及其附属机构，不得参加同一建设工程的施工投标。	地方政府规章
2018 年	《佛山市工程建设项目招标投标管理办法》	第 57 条第 5 款　除满足前款要求外，施工招标的潜在投标人或投标人还不得存在下列情形之一：（一）为本项目前期准备提供设计或咨询服务的，但设计施工总承包的除外……	地方政府规章
2019 年	河北省发展和改革委员会等七部门《关于促进招标投标市场公平竞争的实施意见》	五、依法规范市场主体招标投标行为（二）防范投标人违规投标……招标人任何不具独立法人资格的附属机构，或者为招标项目的前期准备或者监理工作提供设计、咨询服务的任何法人及其附属机构，均不得参加该项目的施工投标。	规范性文件
2019 年	《雄安新区工程建设项目招标投标管理办法（试行）》	第 14 条第 2 款　前期咨询资料、成果对潜在投标人全部公开的，工程建设项目的可行性研究报告编制单位和方案编制单位可以参与工程总承包项目的投标。	规范性文件

续表

颁布时间	法律名称	条文内容	法律性质
2018 年	深圳市住房和建设局《关于明确建设工程招标相关事宜的通知》	四、关于利害相关方的投标 招标人在确保招标活动公平、公正的前提下，可在招标公告或招标文件中载明接受利害相关方的投标。但是有证据证明，在招投标期间及招投标前后合理期限内，招标人与利害相关方中标人之间存在不正当行为，且可能影响招投标公平公正的，中标结果无效。招标人接受利害相关方投标应遵循如下规定：（一）招标人在招标文件中全面公开有关项目资料（含已有的项目背景、概况、立项、可研、设计及其他相关资料）的前提下，可接受为招标项目前期准备提供设计、咨询服务的单位参与后续方案设计、施工图设计、工程总承包（含 EPC 和设计施工总承包）招标项目的投标，但不得接受其参加全过程咨询或监理招标项目的投标……	规范性文件
2017 年	吉林市人民政府《关于进一步加强建设工程招标投标工作的意见》	（十五）禁止参与“提前商定”。投标人通过“意向性协议”“座谈会”等方式与招标人“提前商定”的，视为为招标项目前期准备提供设计、咨询服务，不得参加该项目的投标。投标未中标的，信用评价直接确定为不合格；投标中标的，中标无效，并依法依规处理。	规范性文件
2014 年	《湖南省工业项目招标投标管理办法》	第 17 条　投标人是响应招标、参加投标竞争的法人或者其他组织。招标人的任何不具独立法人资格的附属机构（单位），或者为招标项目的前期准备或者监理工作提供设计、咨询服务的任何法人及其任何附属机构（单位），都无资格参加该招标项目的投标。	规范性文件

住建部发布的 2017 年版《房屋建筑和市政基础设施项目工程总承包管理办法（征求意见稿）》（建市设函〔2017〕65 号）第 11 条第 3 款规定：“招标人公开发包前完成的可行性研究报告、勘察设计文件的，发包前的可行性研究报告编制单位、勘察设计文件编制单位可以参与工程总承包项目的投标”。而在 2019 年 5 月 10 日由住建部、发改委再次发布的征求意见稿版本（建办市函〔2019〕308 号）中，其第 10 条第 3 款规定：“政府投资项目的项目建议书、可行性研究报告、初步设计文件编制单位及其评估单位，不得成为该项目的工程总承包单位”。直至 2019 年 12 月 23 日发布的正式文本（建市规〔2019〕12 号）中，又允许在政府投资项目中，一旦招标人公开项目建议书、可研报告等，则提供此类前期服务的单位可以参加投标成为工程总

承包方。

我们可以看出住建部、发改委在“前期服务单位是否可以参加工程总承包投标”问题上的纠结，从有条件放行到拎出“政府投资项目”予以禁止，再变为有区分、有条件放行。之所以如此曲折，莫过于是因为《招标投标法》《招标投标法实施条例》属于上位法，住建部、发改委作为立法部门想突破限制而有所犹豫。而最终出台的正式文本规定在政府投资项目中，前期服务单位可在前期成果资料公开的前提下参与投标，也是因为住建部、发改委想努力推行工程总承包，遵循国务院办公厅《关于促进建筑业持续健康发展的意见》(国办发〔2017〕19号)、住房城乡建设部《关于进一步推进工程总承包发展的若干意见》(建市〔2016〕93号)的政策导向。

尽管《房屋建筑和市政基础设施项目工程总承包管理办法》对政府投资项目作出了上述规定，但与《工程建设项目施工招标投标办法》第35条的规定仍存在一定的适用冲突。从规范对象来看，房屋建筑和市政基础设施项目工程自然包括在《工程建设项目施工招标投标办法》第2条所规定的“工程建设项目”中，而“工程总承包”一般采用“设计—采购—施工总承包”或者“设计—施工总承包”模式，前期单位可以参加工程总承包投标，客观上造成施工部分前期单位也可以参加投标，因此出现了“部分(施工)不行但整体(工程总承包)又可以”的矛盾情形。

从地方层面的政策来看，上海市人民政府于2017年颁布的《上海市建设工程招标投标管理办法》(上海市人民政府令第50号)第22条第1款规定：“承担建设工程前期设计、造价咨询、监理业务的单位，不得参加该建设工程包含施工的工程总承包投标”，但上海市住房和城乡建设管理委员会于2021年颁布的《上海市建设项目工程总承包管理办法》(沪住建规范〔2021〕3号)第8条第2款又规定如果政府投资项目的招标人在发布招标文件时公开前期项目建议书、可行性研究报告等全部成果资料，则前期单位可以参与工程总承包投标。即使是在同一省内，各地市也规定不一，如广东省阳江市、珠海市、佛山市、深圳市，既有在公开前期成果的条件下允许前期单位参加投标的，也有禁止前期单位参加投标的。在河北省，雄安新区的地方政策则又同省发改委、住建厅的政策不一致。

从以上分析来看，关于“部分(施工)不行但整体(工程总承包)又可以”的疑问，我们可以得到“在后出台的《房屋建筑和市政基础设施项目工程总承包管理办法》遵循了当前的政策导向，而《工程建设项目施工招标投标办法》作为旧法存在立法滞后”的结论，我们只能寄希望于《工程建设项目施工招标投标办法》(国家发展和改革委员会、工业和信息化部、财政部、住房和城乡建设部、交通运输部、铁道部、水利部、国家广播电影电视总局、中国民用航空局令第23号)后续的修订。

二、电力设计院提供前期服务后参与新能源工程总承包投标的法律适用探究

对电力设计院提供前期服务后可否参与新能源工程总承包投标问题进行分析，笔者认为其仍属于法律适用的问题，现将其拆分为如下三个层面进行探析。

（一）采用工程总承包方式的新能源项目能否适用《工程建设项目施工招标投标办法》

《工程建设项目施工招标投标办法》第2条规定："在中华人民共和国境内进行工程施工招标投标活动，适用本办法。"从其字面文义解释来看，该办法所规制的仅仅是"施工招标"，比如施工总承包招标必然受其约束。但作为集合了勘察设计、采购、施工一体的工程总承包形式，严格意义上并不受该办法的规制，故该办法第35条的规定也就无法直接适用于采用工程总承包形式的新能源项目。

（二）新能源项目采用工程总承包形式能否适用《房屋建筑和市政基础设施项目工程总承包管理办法》

从《房屋建筑和市政基础设施项目工程总承包管理办法》的名称即可看出，该管理办法规制的项目种类是房建项目和市政基础设施项目，而新能源项目属于工业项目，就这个角度而言，《房屋建筑和市政基础设施项目工程总承包管理办法》也不能直接适用于新能源项目。

（三）电力设计院提供前期服务后参与新能源工程总承包投标参照适用《房屋建筑和市政基础设施项目工程总承包管理办法》的合理性分析

一般认为，项目前期服务单位相比其他投标人知道更多项目信息，具有信息优势，如再允许其参加投标，则有违公平。《招标投标法》也规定了招投标活动的公开、公平、公正原则。如前文所述，电力设计院提供前期服务后参与新能源工程总承包投标不能适用《房屋建筑和市政基础设施项目工程总承包管理办法》，但如果从"价值引导"角度去思考，笔者认为参照适用《房屋建筑和市政基础设施项目工程总承包管理办法》具有其合理性且符合政策导向。

笔者认为，虽然《招标投标法实施条例》第32条第2款规定"招标人有下列行为之一的，属于以不合理条件限制、排斥潜在投标人或者投标人：（一）就同一招标项目向潜在投标人或者投标人提供有差别的项目信息……"但如果招标人充分披露项目前期服务成果等资料，并不会导致所有投标人获得有差别的项目信息。在项目信息的熟悉度、理解、项目的商务判断上，只要招标人在招标公告中为投标人编制投标文件预留合理时间，电力设计院参与前期服务后参与新能源项目工程总承包投标不仅不会妨碍投标活动的公开公平公正性，反而有利于提升项目可行性研究和初步设计深度，实现设计、采购、施工等各阶段工作的深度融合，提高工程建设水平，有利于招标人挑选出最合适的工程总承包人。

四川省住建厅于2020年4月20日发布《〈四川省房屋建筑和市政基础设施项目工程总承包管理办法〉解读(二)》,在关于“参与项目前期咨询服务的企业可否参与该项目工程总承包投标”问题上,其“工程总承包是设计(采购)施工一体化招标,参与项目前期咨询服务的企业(单位)相关成果在工程总承包招标时,如向所有投标人进行公开,这种情况下参与项目前期咨询服务的企业(单位)作为潜在投标人参与该项目工程总承包投标,不但不存在不正当竞争,反而保证了各投标人在同一招标条件下竞争,有利于提高竞争的充分性、公平性”的意见也可佐证笔者的观点。

三、提供前期服务的电力设计院参与新能源工程总承包投标的利弊分析

正如同上文分析,电力设计院提供前期服务后参与工程总承包投标参照适用《房屋建筑和市政基础设施项目工程总承包管理办法》具有合理性,我们进一步认为其有利于鼓励具备实力的电力设计院充分发挥自身优势,做好项目前期工作,为实现项目目标奠定坚实的基础;在电力设计院中标时,由于熟悉项目前期情况,方便后续开展深化设计和设计优化,促进设计、采购、施工等各阶段工作的深度融合,更能发挥出工程总承包模式的优势;此外,在电力设计院中标时,可减轻业主协调工作量,方便前期成果交底,保证工作衔接顺畅,推进项目进度。但其弊端在于,电力设计院与其他潜在投标人相比,其天然具有的信息优势,易导致不公平竞争;同时,实践中可能出现电力设计院为谋取自身利益而故意放大工程投资、超额设计的利益输送问题。

笔者认为,提供前期服务的电力设计院具有工程总承包投标资格符合推行工程总承包模式的政策初衷,总体上利大于弊。其可能出现的非公平竞争弊端可通过充分、及时公开前期成果资料、预留合理时间,以便潜在投标人充分研究招标文件、深化设计、估算造价,有条件实质响应招标要求而予以解决;关于利益输送问题,亦可通过提高设计质量管控,采取合适的工程合同定价方式等予以解决,切不可因噎废食。

四、提供前期服务的电力设计院参与新能源工程总承包投标时,招标人如何公开前期服务成果

由于国内目前未建立工程前期服务成果公开发布制度,招标人遇到该类情形亦比较困惑,不知该如何处理。从图1-1各地有关工程总承包规范性文件中公开前期服务成果的规定可以看出,一般均要求招标人在招标文件中明确发包前完成的前期成果资料。

在公开前期项目资料范围上,从图1-1可以看出一般均要求公开“水文地质、工程地质、地形等勘察资料、可行性研究报告、方案设计或者初步设计文件等”,我们认为招标人公开项目前期成果资料时应遵循此标准。另外,在确定是否额外公开其他前期资料时,应将未公开的资料不会导致潜在投标人无法及时、有效响应招标要求作为确定是否公开的标准。相应地,招标人在确定招标要求时也应一视同仁,主动消除前期服务单位参与工程总承包投标所具有的信息不对称,避免出现招标人不完全公布或推迟公布前期成果材料,并要求工程总承包项目技术方案深化至施工图深度等不合理要求,以此排斥潜在投标人的情形,并为潜在投标人编制投标文件预留合理时间。

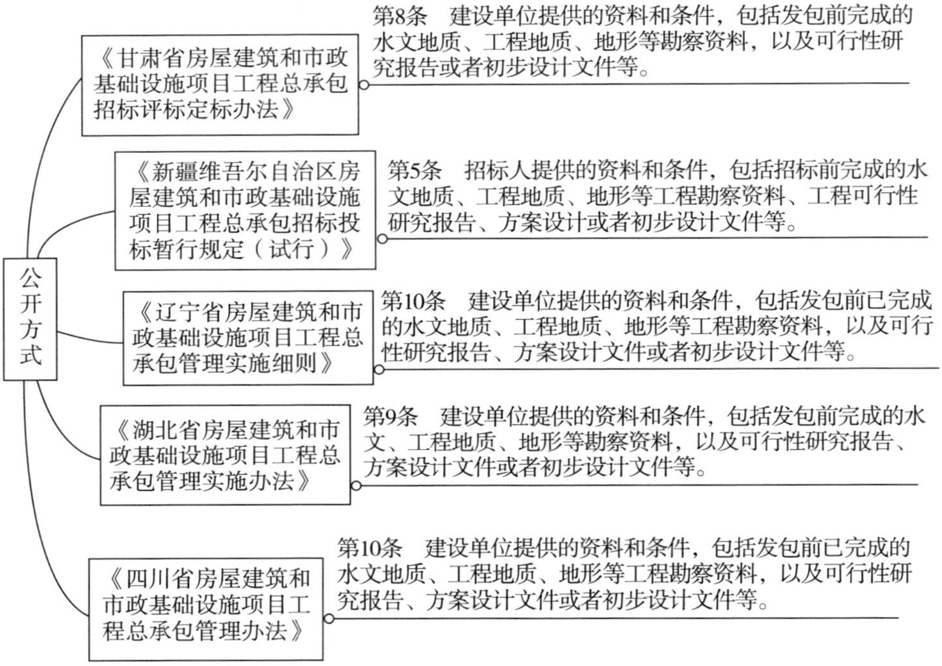

图 1 –1　前期项目应公开相关规定汇总的资料

但关于应如何公开项目前期服务成果,包括发布的方式、发布平台等均缺乏统一的标准,我们在此也建议国家相关部门能够出台相应的规范指引。笔者认为,在尚未建立特定的、公开的发布平台前,由招标人在招标文件中予以公开,足以起到使所有潜在投标人知悉、实现公平竞争的效果。因此,工程地质勘察资料、项目建议书、可行性研究报告、初步设计文件等前期服务成果可囊括在招标文件中,由招标人一并公开,并做到完备、及时。

本案中,人民法院判决的立足点也在于光伏公司在招标时有没有对电力设计院提供的前期服务成果进行公开,但囿于法律法规并没有关于公开程度和公开内容的标准要求,人民法院只能依据具体项目中已经公开的前期成果是否足以导致排斥了潜在投标人，以致对潜在投标人权益造成损害进行判断。

【实务建议】

综上所述，我国对于新能源项目中前期服务单位可否参与工程总承包投标的法律规定并不明确，甚至存在一定的明文限制，各地实践也不一。但从现行立法导向上看，国家及部分地方政府是鼓励前期服务单位参与工程总承包投标的。对于提供前期服务的电力设计院，若要参与新能源工程总承包项目的投标，建议关注以下几点：

（1）首先关注项目所在地的地方性法规、政府规章、政策等是否明确禁止前期服务单位参与工程总承包投标，如禁止（如吉林市、阳江市），则电力设计院提供项目前期服务后无法参与后续投标。若无禁止，则在此之前就是否要提供前期服务需要做好商务安排。

（2）对项目所在地无明确禁止性或限制性规定的，电力设计院若要参加该项目的工程总承包投标，应提前要求招标人公开已完成的前期服务成果，从而顺利参与后续投标，降低无法参与投标的风险。

（3）目前工程总承包市场主体仍处于培育阶段，关于新能源项目中前期服务单位可否参与工程总承包投标，法律规定并不明确，其政策引导性、地域性更强，电力设计院在作出商务安排前可委托专业律师做好前期政策调研。

第二篇　新能源项目采购类纠纷

实战案例 6

风电机组连环买卖合同下原因债权与票据债权的关系与法律适用

——浙江某电力物资公司与某风能公司
风力发电机组买卖合同纠纷案①

大型新能源项目一般投资额较高，尤其是设备价格占据全部投资总额的绝大部分，在风电机组等设备的采购中，票据是较为常用的支付手段。商业承兑汇票与银行承兑汇票相比，商业承兑汇票的签发、流转依靠的是企业自身的商业信用价值，如果企业使用商业承兑汇票进行支付，就可以获得在一定期限内的延期支付信用，进而可以获得资金融通的时间，缓解资金运转的矛盾。而且，收款企业的资金状况紧张时，可以向银行申请贴现手续，能够在汇票正常流程付款前拿到资金。新能源项目设备的买卖合同中如果通过商业承兑背书转让方式付款，但票据到期持票人未得到兑付，发生纠纷后持票人是基于买卖合同纠纷起诉还是依据票据纠纷起诉是完全不同的，这其中又涉及原因债权与票据债权的顺序、再追索权等问题，结合笔者团队代理的一起仲裁案件，我们就此展开分析。

【案情简介】

2014 年 9 月，浙江某电力物资公司（以下简称某物资公司）与某融资租赁公司签订了《风机设备采购合同》，约定由某物资公司向某融资租赁公司供货 33 套风电机组及配套设备，为履行《风机设备采购合同》，某物资公司于同年 10 月与某风能公司签订了《锡林郭勒盟××风电场 50MW 风电项目风力发电机组及附属设备供货合同》（以下简称设备供货合同），合同价为 183, 150, 000 元，付款方式为银行票

① 北京市仲裁委员会（2021）京仲撤字第 0021 号决定书，浙江阳光时代律师事务所代理，案情略有删减。

据或电汇，具体支付条件为合同签订后支付10%预付款，某风能公司提供主要设备供货商的合同后支付10%进度款，交货验收合格后支付40%交货款，每个单元机组预验收后支付30%的预验收款，通过最终验收后支付10%质保期款。

设备供货合同签订后，某风能公司向项目现场交付了合同约定数量的风电机组，某物资公司自认为已支付总货款达16,178.25万元，其中2015年12月通过商业承兑汇票支付了4550万元，2015年12月电汇1000万元，2016年12月通过商业承兑汇票背书转让方式支付了6105万元（经核查持票人未进行任何提示付款行为），2017年12月通过银行商业承兑汇票支付了3500万元，2019年电汇1023.25万元。

某风能公司于2020年10月向北京仲裁委员会提起仲裁，请求某物资公司支付《设备供货合同》项下的货款8241.75万元及相应的利息。经分析，某物资公司与某风能公司就合同总价金额并无争议，主要争议点是2016年12月某物资公司通过商业承兑汇票背书转让方式支付给某风能公司的6105万元，某风能公司因票据过期未及时提请付款未能兑付，后也未将该票据返还给某物资公司，某风能公司认为某物资公司尚未完成合同付款义务。

笔者团队接受某物资公司的委托代理该仲裁案件，我们接案后对案件事实进行了详细的分析，对案件的法律关系及某风能公司的请求权基础进行了论证，并提出了强有力的抗辩，同时协调融资租赁公司参与和解，最终某风能公司主动撤回仲裁。

【要点解析】

一、风电设备供货合同适用承揽合同还是买卖合同的法律规则

风电项目的设备包括风电机组、塔筒、附属设备等，设备需求方与供应方之间因设备供应产生的纠纷是风电行业诉讼的主要类型之一。那么，风电项目的业主或总包方与设备供应商之间签订的“采购合同”“供应合同”“供货合同”等名称不一的合同，其性质属于承揽合同还是买卖合同？合同定性不同对当事人有怎样的影响？司法实践中法院如何认定？我们先就此进行分析。

（一）买卖合同和承揽合同的不同及区分性质的现实意义

买卖合同是出卖人转移标的物所有权于买受人，买受人支付价款的合同。承揽合同是承揽人按照定作人的要求完成工作，交付工作成果，定作人给付报酬的合同。最高人民法院认为两者有五个区分标准：（1）转移标的物的所有权属于合同附随义务还是主义务；（2）合同的标的物是工作成果还是应交付的物；（3）需方是否有权进行监督和检查；（4）合同标的物是否特定；（5）标的物意外灭失的风险由哪一方承担。

买卖合同与承揽合同对交易双方的权利义务会有不同的影响，风电设备合同如果被认定为承揽合同,则承揽人(设备供应方)对于完成的工作成果享有留置权,有权在合同款未得到清偿前扣留其承揽的风电设备,并对该设备享有优先受偿权。另外,定作人(设备需求方)享有法律规定的单方任意解除权。另外,在新《民事诉讼法》实施之前,合同的定性直接影响诉讼管辖问题,但随着新《民事诉讼法》及其司法解释的颁布,承揽合同的诉讼管辖与买卖合同已经保持一致,即一般管辖。

(二)司法实践中对风电设备合同性质的认定

司法实践中,法院对风电设备合同属于买卖合同还是承揽合同仍存在不一致的裁判意见,并未形成统一的裁判观点。

1. 定性为承揽合同

风电设备交易的当事人在合同中对于双方的具体权利义务作出约定,如果这些约定包含供方根据需方提供的图纸资料进行加工、供方根据需方的生产计划开展工作、需方有权对材料进行指定、供需双方签订相关的技术协议、需方有权对供方工作进行监督和检查等内容,那么法院倾向于认为供方是按照需方的要求和指令开展具体的加工工作,供方履行合同的行为及制造的产品具有特定性,从而认定合同属于承揽合同。在中航惠腾风电设备股份有限公司与华锐风电(集团)股份有限公司纠纷案件①中,法院认为:“产品外形接口图样和安装尺寸必须经买方审定并确认后方可执行”,买方“有权根据实际需要对提供的技术要求做更改,卖方应按更改后的技术要求生产”等,且双方还依约签有《技术规格书》。根据上述约定,惠腾公司必须根据华锐公司的技术要求制造合同标的物,其履行合同的行为及制造的产品均具有特定性,故《采购合同》的性质,应属承揽合同。最高人民法院在许昌许继风电科技有限公司与新疆新能钢结构有限责任公司承揽合同纠纷案件②中亦持此观点。

2. 定性为买卖合同

如果交易双方将合同名称约定为“供货合同”“产品买卖合同”,且在合同中对于供方的交货、调试、资料交付等义务进行约定,则存在法院认定合同主义务为供方提供特定合同标的物的可能,加之合同中关于承揽工作的约定较少或不够具体明确,这种情况下法院会将合同性质定性为买卖合同。在宁夏达利斯发电有限公司与江苏天润新能源科技发展有限公司买卖合同纠纷案③中,法院认为涉案双方签订的《供货合同》虽然需要订货加工组装,但实质是买卖合同而非加工承揽合同。

在中航惠腾风电设备股份有限公司与浙江运达风电股份有限公司买卖合同纠

---

① 参见河北省高级人民法院(2014)冀立民终字第140号民事裁定书。

② 参见最高人民法院(2014)民一终字第26号民事裁定书。

③ 参见银川市中级人民法院(2015)银民商终字第39号民事判决书。

纷案[①]中，法院认为：合同约定供方的供货范围除案涉设备外，至少还应包含了合同设备的安装指导、调试、图纸资料、技术培训等，这符合专用产品买卖合同的法律特征，原审据此认定本案双方之间就案涉标的物形成的主要民事法律关系为买卖合同关系，有相应依据。

二、原因债权与票据债权竞合时的诉讼选择

基于本案事实及法律关系分析，本案属于典型的原因债权与票据债权竞合，即某物资公司与某风能公司之间存在双重法律关系：一是因双方签订《设备供货合同》而产生的买卖合同关系，对应产生合同价款付款请求权；二是因承兑汇票背书转让行为产生的票据关系，对应产生票据上的追索权和付款请求权。通常来讲，某风能公司可自行选择提起买卖合同纠纷之诉，或提起票据追索权纠纷之诉，从某风能公司提出的仲裁请求及所依据的事实和理由来看，其提起的是买卖合同纠纷之诉。

那么，实务中对于原因债权与票据债权竞合时，应该提起何种之诉？以本案为例，我们认为应结合以下考量因素制定最优的诉讼决策。

（一）从诉讼管辖角度考量

买卖合同纠纷在不考虑合同约定管辖或约定仲裁管辖的情况下，应由被告住所地或者合同履行地人民法院管辖。对于票据追索权纠纷，依据《民事诉讼法》第26条的规定："因票据纠纷提起的诉讼，由票据支付地或被告住所地人民法管辖"以及最高人民法院《关于审理票据纠纷案件若干问题的规定》（以下简称《票据纠纷若干规定》）第6条第2款中规定："票据支付地是指票据上载明的付款地，票据上未载明付款地的，汇票付款人或者代理付款人的营业场所、住所或者经常居住地，本票出票人的营业场所，支票付款人或者代理付款人的营业场所所在地为票据付款地。"

诉讼案件选择对己方有利的管辖地是诉讼策略中重要的一环。本案中，因《设备供货合同》约定了仲裁管辖，故某风能公司以买卖合同纠纷为案由向北京仲裁委员会提起仲裁；若其选择票据追索权纠纷，则需要到汇票付款人内蒙古锡林郭勒盟有管辖权的法院起诉。

（二）从权利时效角度考量

买卖合同纠纷适用3年诉讼时效，而对于票据纠纷依据《票据法》第17条[②]的

---

① 参见浙江省高级人民法院（2018）浙民终275号民事判决书。

② 《票据法》第17条规定："票据权利在下列期限内不行使而消灭：（一）持票人对票据的出票人和承兑人的权利，自票据到期日起二年。见票即付的汇票、本票，自出票日起二年；（二）持票人对支票出票人的权利，自出票日起六个月；（三）持票人对前手的追索权，自被拒绝承兑或者被拒绝付款之日起六个月；（四）持票人对前手的再追索权，自清偿日或者被提起诉讼之日起三个月。票据的出票日、到期日由票据当事人依法确定。"

规定，票据权利在一定期限内不行使便会消灭，票据债务人依据《票据纠纷若干规定》第 15 条[①]的规定以超过票据权利时效抗辩持票人的，人民法院应予以支持。

本案中，《设备供货合同》约定的是分期付款，诉讼时效从最后一笔质保金届满时起算，提起买卖合同纠纷之诉未超过诉讼时效。若某风能公司以票据纠纷主张权利，其对出票人和承兑人的票据权利已超过 2 年，对某物资公司的前手追索权早已超过 6 个月，已丧失权利主张。我们判断，这是某风能公司为什么提起买卖合同纠纷之诉而不打票据纠纷的重要原因。

（三）从原因债权与票据债权行使顺序角度考量

买受人为支付价金而向出卖人出具承兑汇票，此时出卖人享有两种债权，即原因债权和票据债权。当双方无意思表示或意思表示不明时，由于双方交易结算是买方交付汇票，卖方作为货款接收，表明双方交易本意是由债权人先凭票据取款，而且从票据性质来说，票据本来就是一种支付工具和结算工具，如舍弃票据不用，就不能发挥票据的功能，因此债权人应先行使票据债权。[②]

至于行使票据债权要到何种程度，应当在行使票据上的付款请求权遭到拒绝，债权人持有被拒绝承兑或付款的证明后，即可选择行使原因债权。第一，虽票据法赋予持票人在付款请求权得不到实现后可行使追索的权利，但并无法律规定债权人在票据付款请求权无法实现时只能依据票据法继续行使追索权或票据法上规定的其他权利。第二，持票人付款请求权未实现，表明持票人作为出卖方未能获得有效合同对价，双方基础合同的权利义务并未消灭持票人自然还享有原因债权。当然，债务人在履行付款义务后可要求债权人返还涉案票据、拒绝证明等相关凭据以便债务人向第三方再行主张权利。

（四）从清偿能力及担保情况角度考虑

通常来讲，如买卖合同这类基础合同关系中的债务人仅限于债权人的合同相对人，包括合同交易相对方、担保方等，而票据关系的债务人限于在票据上签章的票据行为方，包括出票人、承兑人、背书人等，商业承兑汇票的签发、流转更多依靠的是企业自身的商业信用价值。在过去的一两年中，票据出票人暴雷现象不绝于耳，相关义务人的履约能力某种程度上可能并不优于基础合同下的合同相对方或担保方。

---

① 《票据纠纷若干规定》第 15 条规定："票据债务人依照票据法第九条、第十七条、第十八条、第二十二条和第三十一条的规定，对持票人提出下列抗辩的，人民法院应予支持：（一）欠缺法定必要记载事项或者不符合法定格式的；（二）超过票据权利时效的；（三）人民法院作出的除权判决已经发生法律效力的；（四）以背书方式取得但背书不连续的；（五）其他依法不得享有票据权利的。"

② 参见刘弘：《对原因债权与票据债权行使顺序的认定》，载《人民法院报实务周刊》2016 年 10 月 27 日，第 6 版。

因此，权利人在对各债务人进行资信调查后可初步判断其履约能力，以此做出对应的诉讼策略。

(五)从举证责任角度考量

买卖合同纠纷下的债权人如果按照买卖合同纠纷提出支付货款的诉讼请求，在诉讼中就只需要提供合法有效的买卖合同，已完成供货的事实，债权明确且没有超过诉讼时效的证据材料即可。

而票据纠纷，因票据的时效性、流通性和票据欺诈违法行为的多样性，当事人必须向法庭提供涉讼票据，以表明票据种类、金额、付款人名称、付款日期、付款地点、收款人名称、出票地点、背书人等。同时，持票人还须证明其取得票据的合法性。另外，按照《票据法》规定，付款请求权是持票人享有的第一顺序权利，追索权是持票人享有的第二顺序权利，只有在付款请求被拒绝或者法定情形出现时，追索权才可以行使。因此，持票人还应提供付款请求权被拒绝或人民法院的公示催告文书及除权判决书等证明材料。

从上述对比可知，票据纠纷下的举证责任较买卖合同纠纷要重。本案中，某风能公司在票据到期后未提示付款，消极兑付，可能无法提供付款请求权被拒绝的相关证据，也就无法启动票据纠纷诉讼。

三、交付票据与完成付款义务的关系

前已述及，票据作为支付工具交付给持票人后到期未能兑付，持票人可自由选择原因债权或票据债权主张权利，在选择原因债权情况下，债务人通常会抗辩票据通过背书转让方式已交付给持票人，付款义务已经完成，不再负有基础合同下的债务。由于法律对上述问题并未作出明确具体的规定，所以实务中就存在不同的裁判规则。以商业承兑汇票为例，有的法院认为，债务人以商业承兑汇票作为支付手段，债权人收到背书转让的票据后，债务人的付款义务即履行完毕，债权人对债务人的债权归于消灭。有的法院则认为，取得商业承兑汇票并不当然就取得了该承兑汇票载明的金额，票据到期未能兑付，不能视为债务人履行了付款义务。

笔者理解，票据交付能否被认定为付款义务的完成，首先要看当事人双方的基础法律关系合同中是否约定了票据作为支付工具，同时是否约定了票据背书转让后就视为债务消灭，如果有此类约定，债权人在接收票据后视为已收到合同款，若票据到期无法兑付，只能选择票据债权行使权利则不能选择原因债权主张权利。学术界认为此种行为构成代物清偿，票据债权成立后，原因债权就消灭，因而债权人只能行使票据债权，不能行使原因债权。相反，如果未有此类约定或约定不明时，则不应理解为交付票据即完成了付款义务，债权人在票据到期未得到兑付时，债权人应先行使票据债权，如行使票据债权而无效果，可以再行使原因债权。

四、已将票据背书转让的债权人主张原因债权的合法性分析

债权人将汇票背书转让后，票据权利已被处分，其不再享有汇票权利。在上诉人重庆力帆乘用车有限公司（以下简称力帆乘用车公司）与被上诉人青岛森麒麟轮胎股份有限公司（以下简称青岛麒麟轮胎公司）买卖合同纠纷案①中，重庆市高级人民法院认为："力帆乘用车公司向森麒麟轮胎公司开具五张承兑人均为重庆力帆财务有限公司的电子银行承兑汇票支付本案货款，金额合计255万元。森麒麟轮胎公司收到前述255万元的汇票后，均已背书转让给第三人。现森麒麟轮胎公司不是案涉255万元汇票的最后持票人，其票据权利已经处分。即使案涉汇票未经兑付，森麒麟轮胎公司面临持票人追索，鉴于森麒麟轮胎公司现并未实际承担责任，也并非案涉票据的最后债务人，在追索过程中也不必然成为承担责任的人。森麒麟轮胎公司是否会实际承担票据责任尚未最终确定，因此本院对其请求力帆乘用车公司支付与票据相关的255万元货款的诉讼请求不予支持。森麒麟轮胎公司可以待票据追索事实确定后另行主张权利。因该255万元货款不应支持，故本院对其相应的资金占用利息也不予支持。"

需要说明的是，债权人将汇票背书转让，只要汇票未被兑付，债权人仍可能面临被追索的风险，故该转让行为不会发生原因债权消灭的法律后果，除非该汇票最后被实际兑付。汇票未兑付时，若债权人从最后持票人处取得汇票，此时已具备交回汇票的条件，债权人可再以原因关系向债务人主张债权。

五、持票人未交出汇票时债务人的抗辩权

《票据法》第55条、第70条、第71条均明确规定，持票人获得付款的，应当交出汇票，其目的是防止票据债务人重复清偿的风险，以及便于清偿债务人行使票据权利。当持票人选择原因关系主张权利时，也需要交出汇票。首先，如果持票人不将汇票交给债务人，债务人清偿原因债务后，还将面临清偿票据债务的风险，尤其是在债权人将汇票背书转让给第三人的情形，会发生清偿债务人因原因债权和票据的给付而双重受损的现象发生；其次，持票人不将汇票交给债务人也不便于债务人及时向前手行使票据追索权。

就此问题，笔者认为，应借鉴《民法典》中的诚实信用原则，②赋予债务人履行抗辩权，即在原因债权诉讼中债权人若不返还票据，债务人也无须履行原因债权的给付义务，人民法院应作出同时履行支付票据金额与交付票据的判决。

---

① 参见重庆市高级人民法院（2020）渝民终506号民事判决书。

② 《民法典》第7条规定："民事主体从事民事活动，应当遵循诚信原则，秉持诚实，恪守承诺。"

六、商票持票人未按期提示付款的法律后果

（一）提示付款期的相关规定

《票据法》第53条第1款第2项规定："持票人应当按照下列期限提示付款：……（二）定日付款、出票后定期付款或者见票后定期付款的汇票，自到期日起十日内向承兑人提示付款。"

《电子商业汇票业务管理办法》第58条规定："提示付款是指持票人通过电子商业汇票系统向承兑人请求付款的行为。持票人应在提示付款期内向承兑人提示付款。提示付款期自票据到期日起10日，最后一日遇法定休假日、大额支付系统非营业日、电子商业汇票系统非营业日顺延。"

《电子商业汇票业务管理办法》第66条规定："持票人在票据到期日前被拒付的，不得拒付追索。持票人在提示付款期内被拒付的，可向所有前手拒付追索。持票人超过提示付款期提示付款被拒付的，若持票人在提示付款期内曾发出过提示付款，则可向所有前手拒付追索；若未在提示付款期内发出过提示付款，则只可向出票人、承兑人拒付追索。"

《支付结算办法》第36条第1款规定："商业汇票的持票人超过规定期限提示付款的，丧失对其前手的追索权，持票人在作出说明后，仍可以向承兑人请求付款。"

（二）持票人超期提示付款丧失对前手的追索权

持票人是否在提示付款期内发出付款提示，直接影响着持票人行使票据追索权的追索对象。在上诉人烟台银行股份有限公司胜利路支行（以下简称烟台银行胜利路支行）与被上诉人烟台鑫发投资咨询有限公司（以下简称烟台鑫发公司）及原审被告哈尔滨高金丰经贸有限公司（以下简称哈尔滨高金丰公司）票据追索权纠纷二审案件①中，最高人民法院认为："案涉六张商业承兑汇票中，到期日为2012年1月5日的有四张，到期日为2012年2月21日的有二张。根据《票据法》第五十三条第一款第二项的规定，定日付款、出票后定期付款或者见票后定期付款的汇票，持票人应当自到期日起10日内向承兑人提示付款。本案中，烟台鑫发公司于2012年3月6日委托其开户行中国银行股份有限公司烟台芝罘支行向付款人烟台裕霖木业有限公司的开户行烟台银行胜利路支行收款，此时，已经超过10日的提示付款期限。参照中国人民银行发布的《支付结算办法》第三十六条第一款的规定，商业汇票的持票人超过规定期限提示付款的，丧失对其前手的追索权，持票人在作出说明后，仍可以向承兑人请求付款。本案中，因烟台鑫发公司委托银行收款时已过提

① 参见最高人民法院（2017）最高法民终249号民事判决书。

示付款期限,其已经丧失对其前手的追索权,故其无权要求案涉票据的背书人哈尔滨高金丰公司和烟台银行胜利路支行承担案涉票据款及利息的给付责任。原审法院未考虑烟台鑫发公司提示付款是否已过提示付款期限的因素,直接认定持票人烟台鑫发公司有权向背书人哈尔滨高金丰公司和烟台银行胜利路支行行使追索权不当,本院予以纠正。"

(三)持票人提前提示付款又逾期提示付款,是否丧失追索权取决于承兑人在提示付款期内是否作出拒付意思表示

在上诉人吉林集安农村商业银行股份有限公司(以下简称吉林集安农商行)、龙里国丰村镇银行有限责任公司(以下简称龙里国丰村镇行)与被上诉人新疆博湖农村商业银行股份有限公司(以下简称博湖农商行)票据追索权纠纷二审案件①中,最高人民法院对提前提示付款和逾期提示付款是否丧失追索权问题进行了详细的说理。最高人民法院认为:案涉12份商业汇票的到期日分别为2018年6月7日、6月8日、6月28日,博湖农商行分别在汇票到期日的前一天及前两天向付款人中核工公司提前提示付款和在汇票到期日的后几天逾期提示付款,中核工公司在2018年6月12日、2018年7月3日的《提示付款回复信息》中载明:拒绝付款;拒付理由均显示为"商业承兑汇票承兑人账户余额不足"。根据《票据法》第53条第1款第2项关于"定日付款、出票后定期付款或者见票后定期付款的汇票,自到期日起十日内向承兑人提示付款"的规定,案涉12张商业汇票提示付款期间为到期日起10日内。根据《电子商业汇票业务管理办法》第66条中关于"持票人在提示付款期内被拒付的,可向所有前手拒付追索"的规定可知,持票人是否丧失对前手的追索权,关键取决于承兑人拒绝付款的时间。亦即,只要承兑人未在票据到期日前拒付,持票人即享有对所有前手的追索权。本案中,持票人虽系提前提示付款和逾期提示付款,但承兑人中核工公司是在提示付款期内作出拒绝付款的意思表示。鉴于承兑人中核工公司均在到期日起10日内,即在提示付款期内作出拒绝付款的意思表示,故持票人博湖农商行并不丧失对所有前手即吉林集安农商行、龙里国丰村镇行的追索权。吉林集安农商行、龙里国丰村镇行关于一审法院未能区分提示付款和提前提示付款有误以及一审法院认定博湖农商行逾期提示付款丧失对前手追索权的主张,最高人民法院不予采信。

由此可以得出,持票人未在提示付款期内向承兑人提示付款,而是提前提示付款后又逾期提示付款,但承兑人在提示付款期内拒绝付款,可认定持票人享有追索权。持票人是否丧失对前手的追索权,关键取决于承兑人拒绝付款的时间。亦即,

① 参见最高人民法院(2020)最高法民终888号民事判决书。

只要承兑人在提示付款期内拒付,持票人即享有对所有前手的追索权。

七、直接前手清偿原因债权后的再追索权

再追索权又称"代位追索权",被追索人清偿票款后,对其前手当事人所享有再行追索的权利。《日内瓦汇票和本票统一法公约》第47条规定,在汇票上签名的人,在清偿票款并取回汇票后,享有与持票人相同的权利。

本案中,假设某物资公司依据买卖合同基础法律关系对债务进行了清偿,在此情形下是否能够代位取得票据追索权并无明确的法律规定,司法实践中亦未形成统一认识,一般存在两种意见:

第一种意见认为,债务人不享有票据再追索权,其无权依据再追索权要求其前手及出票人承担票据债务,但其可另行向出票人主张票面利益返还请求权。理由如下:票据权利可能与原因行为相关,却独立于基础法律关系而存在。再追索权的取得是基于票据追索权的代位性特性,债务人系基于双方之间基础法律关系而非票据关系所为,即持票债权人并未行使票据追索权,则该追索权即无从移转债务人,进而债务人无法取得再追索权。在奎屯浩盛纸业公司与新疆华茂阿拉尔纺织公司等票据追索权纠纷案①中,法院认为:"山东鸿联公司基于其与原告的买卖合同关系,要求原告承担赔付责任,从而获得原告的500,000元货款,并将票据退予原告。此时,原告持有该票据,非因票据关系而持票,也非因履行追索义务后取得票据。因此,原告向被告付款的行为不能认定原告履行了被追索的清偿义务,原告未取得了票据权利中的追索权。"另外,在成都市艾方和旺建筑劳务公司与中科建设公司等票据追索权纠纷二审案②中,法院认为:"绵阳水泥厂持有该票据,非因票据关系而持票,也非因履行追索义务后取得票据。票据的追索权系依据背书的连续得以连续行使,在协宏公司选择不再继续向票据当事人行使追索权时,案涉票据上的再追索权便就此中断,该票据上所附的再追索权即因票据当事人不连续行使票据追索权而届消灭,成为一张失效票据"。

第二种意见认为,债务人清偿基础合同下的债务后享有票据再追索权。在淄博建阳机械公司(以下简称淄博建阳公司)与山东海特数控机床公司等票据追索权纠纷案③中,法院认为:"另案持票人选择买卖合同关系起诉,但是该买卖合同纠纷的成因是票据纠纷,票据关系是原因关系,买卖合同关系是票据关系的基础法律关系,在票据不能承兑的情况下,法院判决淄博建阳公司归还货款,本身就否定了两者间的票据关系,该诉实际上是票据追索的另一种形态,构成票据追索。因此,淄博

---

① 参见新疆生产建设兵团阿拉尔垦区人民法院(2020)兵0103民初339号民事判决书。

② 参见成都市中级人民法院(2015)成民终字第3082号民事判决书。

③ 参见滕州市人民法院(2020)鲁0481民初1193号民事判决书。

建阳公司起诉本案被告系行使票据的再追索权的行为，应适用《票据法》第十七条第一款第四项规定，即原告对前手的再追索权，自清偿日或者提起诉讼之日起三个月。"笔者同意第二种意见，理由在于：

（1）"追索权"与"再追索权"为同一性质的权利。从两种权利的概念可知，追索权是指持票人在行使付款请求权不获实现，或有其他法定原因时，在保全权利的基础上，向其前手请求支付票据金额、利息及有关费用的权利。再追索权，是指被追索人对追索人履行了清偿义务后，依据其取得的票据而向其前手继续进行追索的权利。根据《票据法》第68条第3款之规定："持票人对汇票债务人中的一人或者数人已经进行追索的，对其他汇票债务人仍可以行使追索权。被追索人清偿债务后，与持票人享有同一权利。"可见，追索权可以多次行使，在发生一次追索权而将票据转移到被追索人以后，该被追索人同样可以作为持票人向其前手行使追索权，直到最后债务人清偿债务为止。

（2）对于再追索权的行使上，其实质要件是被追索人履行付款义务，向追索人偿还了债务，形式要件为取得原票据，拒绝证明、前原追索权人所出具收到费用及利息等的收据等，即被追索人通过履行付款义务并取得票据而重新具有了持票人的地位，从而保护已履行清偿义务的票据债务人对其前手及其他票据债务人所享有的债权。被追索人履行付款义务无论系基于前一持票人依据票据权利进行的追索，抑或基于基础法律关系所进行的求偿，均不影响前一持票人票据权利消灭的法律后果。在此情形下，只要被追索人完备再追索权行使的其他要件，如果仅以付款所依据法律关系的不同为由就否定其享有再追索权，则与追索权制度设立目的不符。

就本案而言，假设某物资公司被裁决承担买卖合同项下的支付货款义务，某物资公司主动履行后与某风能公司的基础关系债权债务消灭，某风能公司的票据权利也随即消灭，某物资公司在某风能公司交回票据后重新取得了持票人地位，某物资公司此时亦可以自由选择基于原因债权向融资租赁公司主张货款，或者基于再追索权向其前手及出票人继续追索票据权利。

【实战策略】

本案中，笔者作为被申请人某物资公司的代理人全程参与案件，经过对案件核心事实及履行情况的精准核查，针对申请人某风能公司以基础合同关系提起的仲裁，分别从买卖合同中的履行瑕疵以及票据关系上提出了多种强有力的抗辩意见，同时向上游采购方融资租赁公司施压，要求其最终解决连环买卖下的债权债务，最终使某风能公司撤回仲裁。

一、提出反请求抵销本请求，降低某风能公司的合理预期

本案仲裁中，笔者在核查设备供货合同下风电机组的供货事实时，发现某风能公司虽然交付了满足合同数量的风电机组及配套设备，但每一期交付均存在严重的逾期交货情形，而设备供货合同约定了较为明确的逾期交付违约金条款。因此，我们果断建议某物资公司提起仲裁反请求，要求某风能公司承担逾期交货违约金近 1800 万元。通过反请求的仲裁策略达到充分抵消某风能公司仲裁请求的目的。

二、提出核心抗辩意见，使某风能公司知难而退

虽然某风能公司是以买卖合同纠纷提起仲裁，但鉴于部分货款是使用商业汇票支付，其中无法跳开票据法律关系。笔者团队提出了几点核心的答辩意见：第一，某风能公司未先行使票据权利、也就无权行使原因债权，即某风能公司应当在行使票据上的付款请求权遭到拒绝，持有被拒绝承兑或付款的证明后，才可选择行使原因债权；第二，某风能公司接收商业汇票后无论在付款期前还是付款期内均未提示付款，导致汇票过期，某风能公司明显是在放任自身的权利过期，其不得再以原因债权主张权利；第三，某物资公司享有同时履行抗辩权，即在本案设备供货合同纠纷仲裁案件中某风能公司若不返还已接收的商业承兑汇票，某物资公司也无须履行设备供货合同下金钱的给付义务，否则，一旦某物资公司清偿债务后，将来可能面临清偿票据债务的风险，会发生某物资公司因原因债权和票据的给付而双重受损的现象发生，后续也不便于某物资公司行使票据再追索权；第四，某风能公司对商业汇票的去向"躲躲闪闪"，很可能已背书转让给第三人，无证据证明某风能公司已遭受损失，但也不能获得双重收益，若已背书转让则某风能公司不得主张债权。

实战案例 7

新能源项目设备买卖合同纠纷中附履行条件与附履行期限的识别

——合肥某太阳能科技公司与江苏某新能源科技公司买卖合同纠纷案①

以风电、光伏为主的新能源项目中设备采购的比例较大，如风电机组或光伏组件的买卖中，买方通常在合同中约定项目并网且工程验收后支付一笔货款，另预留5%或10%的质保金待质保期满后支付，一般情况下项目从开工到并网发电再到竣工验收是正常的流程，但因为业主与总包方的原因某些项目迟迟未进行最终的工程竣工验收，却已经并网发电，此时作为设备供货方能否向与其有合同关系的总包方或业主索要货款？业主或总包方以项目未竣工验收作为抗辩能否成立？此类纠纷不仅仅限于买卖合同纠纷中，在分包单位向总包方索要分包工程款类案件中也经常碰到此种条款约定。争议的本质是此类付款的约定是"附条件"还是"附期限"。我们结合办理的一起光伏组件买卖合同纠纷案件，对附条件与附期限进行识别探析。

【案情简介】

2012年6月，合肥某太阳能科技公司（卖方，以下简称某科技公司）与某屋顶光伏项目建设方江苏某新能源科技公司（买方，以下简称某新能源公司）签订了《14MW太阳能电池组件供货合同》，组件货款总计7280万元。供货合同约定的付款条件为：

（1）合同签订后10日内，买方向卖方预付合同总价款的10%；

（2）货物移交买方，并经买方完成验收确认合格后20日内，买方需向卖方累计支付至发货通知单上列明的供货数量对应的该批货物货款的30%；

（3）买方在本项目安装完毕，并网试运行验收合格后20日内，买方根据向卖方签署的太阳能电池组件交付清单所列的实际到货数量向卖方累计支付至实际到货货款（以下简称到货货款）的60%；

（4）本项目通过国家竣工验收后60日内，买方向卖方累计支付至到货货款的95%；

（5）到货货款的5%作为质量保证金，在质量保证期（项目通过竣工验收之日起

① 上海市仲裁委员会（2014）沪仲案字第0779号仲裁裁决书，浙江阳光时代律师事务所代理，案情略有删减。

24 个月)满后的 1 个月内,卖方所供货物无任何质量问题的,买方将质量保证金支付给卖方。

供货合同签订后,卖方供应了协议约定的全部太阳能电池组件,并开具了全额发票,买方已安装且大部分并网发电。后因买方未能按照供货协议的约定支付货款故纠纷成诉,卖方向上海仲裁委员会申请仲裁,请求支付货款 4390 万元及相应违约金。买方某新能源公司抗辩涉案供货合同约定的付款条件尚未成就,涉案电站未经并网验收也没有进行最终的国家验收,故不应支付剩余货款(以下简称本仲裁案件指代)。

【裁判结果】

仲裁庭认为,本案争议焦点为供货协议约定的付款条件或时间是否已成就。仲裁庭认为供货协议存在瑕疵,其虽有明确的付款时点,但也设置了付款的前提条件,而按协议对这些前提条件的定义解释,其成就均非申请人(卖方)可控。例如,"本项目"是指 21MW 金太阳项目,而申请人在该项目中仅供货 14MW,因此,另外 7MW 任何一块组件未安装或有问题就无法构成"本项目安装完毕"的前提条件。又如,"试运行"是指"买方将太阳能电池组件安装完毕,接通逆变器后的运行状态",而电力部门规定接通逆变器获得审核批准,因此能否达到、何时达到"试运行"前提条件,非申请人可左右;同样要达到"本项目通过国家竣工验收"的前提条件,既无时限上的约束也非申请人自身能力可为。由此可见,供货协议的瑕疵确可因种种因素造成付款前提条件的永不成就。现申请人履约迄今已逾两年之久,被申请人仍未成就付清货款的前提条件,要其无限期等待条件的成就才能收回货款,显然是不公允的,有违原合同法的公平原则。仲裁庭基于原合同法的公平、诚信原则的精神和买卖双务合同的同时履行原则,以及本案的实际情况,对申请人仲裁请求要求支付货款的主张予以支持。

【要点解析】

一、附条件与附期限的识别与辨析

民法理论上,附条件的法律行为是指在法律行为中指定一定的条件,把该条件的成就(或发生)或不成就(或不发生)作为法律行为效力的发生或终止的根据。《民法典》第 158 条规定:"民事法律行为可以附条件,但是根据其性质不得附条件的除外。附生效条件的民事法律行为,自条件成就时生效。附解除条件的民事法律行为,自条件成就时失效。"

附期限是指各方当事人约定某一期限作为民事法律行为的生效性条件/失效性条件/履行抑或不再履行的条件。《民法典》第 160 条规定:"民事法律行为可以附期限,但是根据其性质不得附期限的除外。附生效期限的民事法律行为,自期限届至时生效。附终止期限的民事法律行为,自期限届满时失效。”

二者的区别在于,期限是必然到来的事实,这与附条件的法律行为所附的条件不同。法律行为所附期限可以是明确的期限,也可以是不确定的期限,但都必须是一定会发生的。而附条件的法律行为所附条件是否成立则必须是不确定的,这是附条件法律行为的一项必备要件。以未来必然发生之事项(包括确定的日期)为条件的法律行为,不能构成附条件的法律行为。

从二者的区别来看,似乎泾渭分明,但实践中对于像本案中所约定的付款方式一样,当事人对已经存在且的确须履行的债务,却约定当未来的某一不确定事实发生时方才履行,这种约定究竟是“附履行条件”还是“附履行期限”,争议较大。究其原因在于,附期限条件中的“期限”有“确定期限”和“不确定期限”之分,而“附不确定期限”与“附条件”在约定外观上极易于混淆,结合我们代理的案件以及相应的研究,我们可从四个维度去识别。

(一)识别点1——当事人交易行为的真实意思表示

任何商业交易行为的背后必定有当事人之间的合意及对该笔交易的真实意思表示,如本案中的组件供货合同,货款总计7280万元,买卖双方的真实意思表示是卖方提供价值7280万元的光伏组件、买方支付7280万元的对价,除此之外,供货合同中并无任何条款约定该总价可以调减或免除。若付款“条件”中的并网试运行验收合格、项目通过国家竣工验收理解为“附条件”,这两项均有成就与否的不确定性。照此理解,供货合同约定的付款会出现买方可能履行或完全不履行两种后果。在上述条件不成就的情况下,买方就无须支付剩余款项,就会出现买方免除付款义务的情况,这显然不是协议双方的真实意思表示,也不符合公平原则。

本案仲裁庭的裁决也表现出相同的观点。仲裁庭认为:“供货协议的瑕疵确可因种种因素造成付款前提条件的永不成就。现申请人履约迄今已逾两年之久,被申请人仍未成就付清货款的前提条件,要其无限期等待条件的成就方能收回货款,显然是不公允的,有违合同法的公平原则。”

(二)识别点2——不同类型交易所需实现的合同目的

当事人对不同类型或性质的合同所需实现的合同目的是不同的。比如,在买卖合同中,买方的目的是获得标的物的所有权,卖方的合同目的在于获得货款;又如,房产买卖合同中,买方的合同目的是接收房产并办理权属变更登记,卖方的目的是收取房产转让价款。例如,最高人民法院在(2015)民二终字第416号一案中认为,针对“公司股东分红冲抵剩余股权转让款”的约定,该约定是关于履行期限的约定,而非附条件的约定。其在判决中论述道:“如果将该约定理解为附条件的付款约定，当公司分红条件不成就时，安某晖得以免责，不负担付款义务，并不符合当事人本意，亦不符合股权转让法律关系中，转让人获取约定的股权转让对价，受让人获取目标公司相应股权的合同目的。"

本仲裁案件中，涉案供货合同项下的光伏组件均已供货至项目现场，买方已接收并使用，所有权已经转移至买方，买方在供货合同项下的合同目的俨然已实现，在此情况下如果将剩余款项的支付约定理解为"条件"，则将严重影响卖方获得对价款的合同目的之实现。仲裁裁决书中关于"申请人履约迄今已逾两年之久"的说法即隐含着买方合同目的已实现的意思。

（三）识别点3——履行义务的主控能力

基于公平原则，义务方对合同支付约定的义务履行和达成是否具有主控能力，若支付约定的行为非义务方的合同义务且不以义务方的积极履行为前提，而主要依据合同相对方的履行或其他任何第三方的履行才能达成的话，那么该种支付约定显然对义务方而言毫无主控能力。例如，最高人民法院在（2014）民申字第1822号一案中认为，在判定股权转让方未完成合同约定其负有的"办理目标公司采矿许可证备案法人变更事项"义务是否违约时论述道："办理采矿许可证备案法人变更事项的主体是恒源矿业。在完成股权的转让后，张某利一方退出公司，王某重一方进入公司生产经营、成立了新的股东会、办理了工商登记，具有了对抗第三人的效力。王某重一方掌管了公司生产经营，因此在办理采矿权变更和续期过程中，张某利一方应当仅负有协助和配合的义务……双方未办理口山萤石矿的采矿许可证备案法人的变更手续并未影响王某重一方的正常经营，也没有给王某重一方造成损失，原审据此认定张某利一方不存在违约行为，王某重一方应当支付剩余转让款288.65万元及利息正确。王某重一方认为张某利一方违约，其可以拒付股权剩余价款的理由不能成立。"

本仲裁案件中，仲裁庭着重对支付约定"条件"非卖方所能控制进行了阐述，仲裁庭认为：供货协议虽有明确的付款时点，但也设置了付款的前提条件，而按协议对这些前提条件的定义解释，其成就均非申请人（卖方）可控。例如，"本项目"是指21MW金太阳项目，而申请人在该项目中仅供货14MW，因此，另外7MW任何一块组件未安装或有问题就无法构成"本项目安装完毕"的前提条件。又如，"试运行"是指"买方将太阳能电池组件安装完毕，接通逆变器后的运行状态"，而电力部门规定接通逆变器获得审核批准，因此能否达到、何时达到"试运行"前提条件，非申请人可左右；同样要达到"本项目通过国家竣工验收"的前提条件，既无时限上的约束也非申请人自身能力可为。

（四）识别点4——对待给付

合同义务分为主给付义务与从给付义务，当事人各方之间的不同义务也存在级别上的对等关系。简单来说，在一份房屋租赁合同中，对待给付义务就是承租方根据合同的约定按期足额地交付房屋租金，出租方根据合同的约定提供符合合同约定的房屋。这里的交付租金和提供房屋之间就构成对待给付义务。而出租方未根据合同约定为承租人缴纳的房租开具发票，或者承租人在装修房屋之前未向出租人报备等事宜与前文所述的交纳租金和提供房屋就不构成对待给付义务。不具有对待给付义务关系的合同义务不能合法形成合同法上的有效抗辩，也就是说，出租人未开发票不构成承租人拒绝支付租金的合法理由，而承租人装修房屋未报备也不构成出租人可以提前解除合同合法理由。

本仲裁案件中，若供货合同约定卖方负有并网试运行的协助义务，但该义务显然非合同的主义务，买方也不得以此拒绝履行其自身的主给付义务。

二、不确定履行期限的确定规则

本仲裁案件中，仲裁庭的裁决并未对剩余货款的支付约定条款是附条件或是附履行期限给出明确答案。仲裁庭总结的争议焦点为供货协议约定的付款条件或时间是否已成就，但认为供货协议存在瑕疵，其虽有明确的付款时点，但也设置了付款的前提条件。但从仲裁庭裁决书的说理部分我们隐约可以看出仲裁庭可能更倾向于涉案的支付约定是“附不确定履行期限”的条款。

而在江苏省高级人民法院(2014)苏商终字第0130号一案中，涉案合同约定的付款与结算和本案相似，合同签订且组件到场一半，则付到合同款的10%；所有光伏组件到达现场验收合格后，付至合同款的50%；系统安装调试完毕通过国家验收，待国家和省后续补贴资金到账后7个工作日内付至合同款的95%。针对该支付约定，该案买方同样提出了附条件抗辩，条件未成就，无须支付货款。江苏省高级人民法院认为：“平棉公司主张案涉项目到目前为止没有进行过国家验收，后续财政补贴资金没有到账，根据合同约定其付款条件尚未成就。对此，本院认为，案涉合同虽然约定系统安装调试完毕通过国家验收，待国家和省后续补贴资金到账后7个工作日内付至合同款的95%，但是该约定是针对付款时间的约定而非付款条件的约定。”可见，江苏省高级人民法院已明确地将该种支付约定认定为是付款期限的约定而非付款条件的约定。

回归到笔者代理的本仲裁案件，作为申请人卖方的代理人，笔者一开始便强调涉案的支付约定条款是关于履行期限的约定而非附履行条件的约定。为此，笔者专门向仲裁庭提交了一份可视化的文书，方便仲裁庭识别“附不确定期限”与“附条件”，见图2-1。

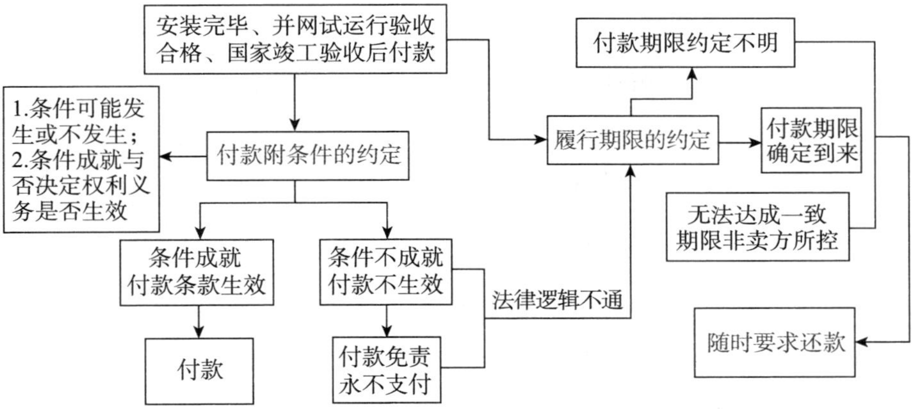

图 2-1 附不确定期限和附条件的法律后果

同时,针对供货合同支付约定中的"条件",以并网验收为例,我们主张并网试运行验收合格与项目通过国家竣工验收均可由于买方、第三人的主观因素不能成就,也可因其他客观原因不能成就。以图 2-2 的并网申报流程为例,诸多因素非卖方所控。

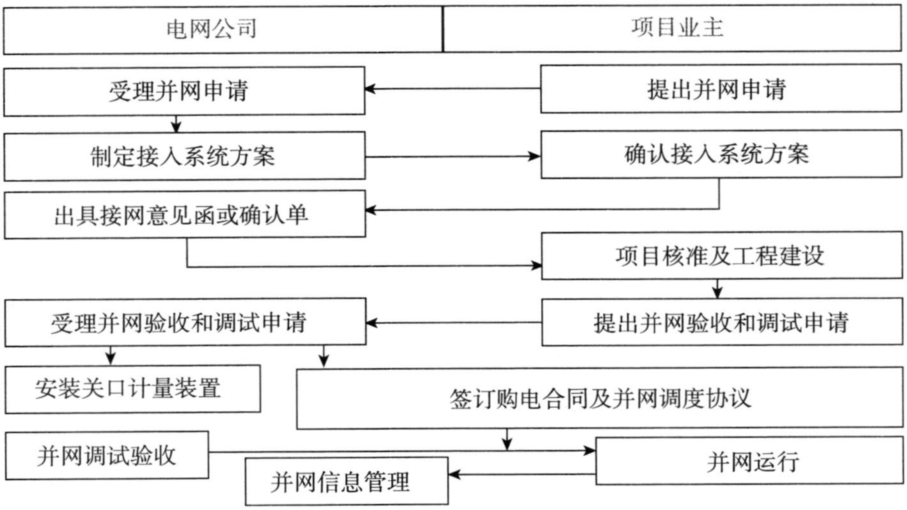

图 2-2 光伏项目并网申报流程

既然供货合同的支付约定是关于履行期限的约定,那么该种约定是否明确?约定不明时又如何确定具体的履行时间呢?《民法典》第 511 条①规定:"当事人就

① 该条与《合同法》(已废止)第 62 条规定一致。

有关合同内容约定不明确，依据前条规定仍不能确定的，适用下列规定……（四）履行期限不明确的，债务人可以随时履行，债权人也可以随时请求履行，但是应当给对方必要的准备时间。”因此，仲裁庭据此可以裁决买方向卖方支付剩余货款。

综上，笔者认为，当事人对已经存在且的确须履行的债务，约定当未来的某一不确定事实发生时履行，此类约定形式上看似是有关“履行条件”的约定，但就其本质而言则是有关“履行期限”的约定，只不过约定的是“不确定的履行期限”。如何在诉讼中将不确定的履行期限确定下来，是司法的纠纷解决功能的必然要求。根据诚实信用原则，以商业人士的合理预期为标准确定合理的期限，该合理期限就是履行期限。合理期限后，债务人仍未履行债务的，债权人可以要求履行。另外，鉴于不确定履行期限在期限上的不确定性更接近于条件，故可以类推有关条件拟制成就的规定，在一方为自己的利益不当阻止该不确定事实发生或该不确定事实确定不发生时，视为履行期限届满，债权人可以直接要求债务人履行债务。

三、新能源项目竣工验收与实际交付的认定

上文我们集中讨论的是涉案供货合同的支付约定到底是附期限还是附条件，若为附期限，则因为约定不明，卖方可随时主张债权，这是实施的完整的诉讼策略。但同样对于该案，我们也可以换一种思路去主张，即着眼于支付约定的“条件”到底是否已经成就，在分包单位与总包方的建设工程分包合同纠纷中，约定了项目竣工验收后支付某笔工程款的情况较为常见，那么，新能源项目在未做竣工验收手续、但已实际交付使用时，如何认定竣工验收的时间呢，竣工验收与实际交付之间又是什么关系呢？我们就此进行简要的分析。

（一）新能源项目竣工验收的行业认定

无论是光伏项目还是风电项目，其均有行业的验收规范。《光伏发电工程验收规范》（GBT 50796—2012）和《风力发电工程施工与验收规范》（GB/T 51121—2015）分别对光伏发电工程、风力发电工程移交生产验收的条件进行了具体规定。以光伏项目为例，根据行业验收规范，分为四个阶段的验收：

（1）单位工程验收。光伏发电工程单位工程应按土建工程、安装工程、绿化工程、安全防范工程、消防工程五大类进行划分。单位工程验收工作应包括下列内容：①检查单位工程是否符合批准的设计图纸、设计更改联系单及施工技术要求；②检查施工记录及有关材料合格证、检测报告等；③检查各主要工艺、隐蔽工程监理检查记录与报告等；④按单位工程验收要求检查其形象面貌和整体质量；⑤对检查中发现的遗留问题提出处理意见；⑥对单位工程进行质量评定；⑦签署“单位工程验收意见书”。

（2）工程启动验收。工程启动验收主要工作应包括下列内容：①审查工程建设总结报告；②按照启动验收方案对光伏发电工程启动进行验收；③对验收中发现的缺陷应提出处理意见；④签发“工程启动验收鉴定书”。

(3)工程试运行和移交生产验收。工程试运和移交生产验收主要工作应包括下列内容：①审查工程设计、施工、设备调试、生产准备、监理、质量监督等总结报告；②检查工程投入试运行的安全保护设施的措施是否完善；③检查监控和数据采集系统是否达到设计要求；④检查光伏组件面接收总辐射量累计达 $60\mathrm{kW \cdot h/m^2}$ 的时间内无故障连续并网运行记录是否完备；⑤检查光伏方阵电气性能、系统效率等是否符合设计要求；⑥检查并网逆变器、光伏方阵各项性能指标是否达到设计的要求；⑦检查工程启动验收中发现的问题是否整改完成；⑧工程试运过程中发现的问题应责成有关单位限期整改完成；⑨确定工程移交生产期限；⑩对生产单位提出运行管理要求与建议；⑪签发“工程试运和移交生产验收鉴定书”。

(4)工程竣工验收。工程竣工验收应在试运和移交生产验收完成后进行。工程竣工验收主要工作应包括下列内容：①检查竣工资料是否完整齐备；②审查工程竣工报告；③检查竣工决算报告及其审计报告；④审查工程预决算执行情况；⑤当发现重大问题时，验收委员会应停止验收或者停止部分工程验收，并督促相关单位限期处理；⑥对工程进行总体评价；⑦签发“工程竣工验收鉴定书”。

与光伏项目验收阶段类似，风电工程的验收也是分上面四个阶段。正常情况下，新能源项目的发包人与承包人应严格依照项目的验收规范要求进行验收，除合同另有约定外，承包人通常不能仅仅以项目并网试运行发电主张项目已竣工验收合格。

(二)新能源项目工程未经验收与实际交付使用

实务中之所以发生纠纷，往往是合同仅概括性约定工程竣工验收后支付工程价款，而项目往往很难严格依照验收规范完成各项验收，且相当多的项目可能最终就不进行竣工验收，但已转移占有，项目建设方也已开始享受发电收益，此时能否认定竣工？最高人民法院《关于审理建设工程施工合同纠纷案件适用法律问题的解释(一)》(法释〔2020〕25 号)第 9 条第 3 项规定，建设工程未经竣工验收，发包人擅自使用的，以转移占有建设工程之日为竣工日期。该规定延续了之前最高人民法院《建工司法解释》(法释〔2004〕14 号)的规定。

在甘肃省高级人民法院(2017)甘民终 133 号一案中，法院认定：“吉林协合公司认为讼争工程未经竣工验收，而且存在质量问题，不具备支付工程款的条件。经查，2015 年 11 月 17 日吉林协合公司向安徽电建二公司出具的《关于永昌 50MW 光伏发电项目基础质量事故的函》中载明：‘该项目于 2013 年 12 月 30 日实现并网，2014 年 3 月光伏区全部并网。’由此证实，讼争工程已转移由吉林协合公司占有使用，工程价款结算条件已成就，安徽电建二公司有权请求吉林协合公司支付工程价款。”该案再审(2017)最高法民申4412号的文书中,最高人民法院审理后认为,吉林协合电力工程有限公司(以下简称吉林协合公司)主张光伏行业存在特殊的惯例,并网发电不属于移交生产,但其并未提供充分证据证明其所述惯例,故驳回了吉林协合公司的再审申请。

在西藏自治区高级人民法院(2021)藏民终54号一案中,法院认为:“四川岳池公司主张案涉工程已并网发电,应属竣工验收,上诉人依法应支付剩余工程款。本院认为案涉工程建设的目的就是并网发电,本案中的各方当事人均认可2019年12月31日案涉工程已并网发电,即应属于交付使用,一审法院根据《最高人民法院关于审理建设工程施工合同纠纷案件适用法律问题的解释》第二条和第十四条第一款第三项认定案涉工程已实际竣工并无不妥,本院应予支持。”

从上面两个案例来看,人民法院均引用司法解释的规定,以工程未经竣工验收,发包人擅自使用的,以转移占有建设工程之日为竣工日期。而对于“转移占有之日”的认定,两个案件均是以并网之日作为依据。

另外,实务中有观点认为,新能源项目如已经取得电力业务许可证,则可证明项目已经通过电网组织的各项验收,这是电站具备实际并网发电能力的证明,间接体现了承包人实施的电站项目质量合格,也证明发包人已实现其占有电站并享受发电收益的商业目的,此时仅因为合同约定了竣工验收合同才支付工程款而实际为进行验收手续未有不支付款项,有违权利义务对等原则。《电力业务许可证管理规定》(国家电监会2005年10月13日发布,国家电力监管委员会令第9号,已废止)第12条规定:“申请发电类电力业务许可证的,除具备本规定第十一条所列基本条件外,还应当具备下列条件:(一)发电项目建设经有关主管部门审批或者核准;(二)发电设施具备发电运行的能力;(三)发电项目符合环境保护的有关规定和要求。”第18条规定:“申请发电类电力业务许可证的,除提供本规定第十七条所列材料外,还应当提供下列材料:(一)发电项目建设经有关主管部门审批或者核准的证明材料;(二)发电项目通过竣工验收的证明材料;尚未组织竣工验收的,提供发电机组通过启动验收的证明材料或者有关主管部门认可的质量监督机构同意整套启动的质量监督检查报告;(三)发电项目符合环境保护有关规定和要求的证明材料。”

就此观点,笔者认为,其取得电力业务许可证确能证明项目已并网发电移交占有,但对于能否证明电站质量合格,此观点值得商榷。同时,若发电企业在申领电力业务许可证时,系通过提供发电机组通过启动验收的证明材料或者有关主管部门认可的质量监督机构同意整套启动的质量监督检查报告的,则无法得出项目已竣工的结论。另外,根据国家能源局的相关规定,项目装机容量6MW(不含)以下的太阳能、风能、生物质能(含垃圾发电)、海洋能、地热能等可再生能源发电项目实行电力业务许可证豁免政策。

综上，若分包单位与总包方的合同中约定了竣工验收后支付工程款，但项目因非分包单位的原因迟迟未进行最终的竣工验收，而已经移交业主使用，分包单位主张工程款时可依以上思路主张权利。

【实务建议】

一、交易双方应依据不同性质合同的权利义务关系合理设置支付条款

合同中的付款条件应是交易双方根据具体项目经协商一致达成的，应着眼于所设定的付款条件是不是交易合同项下双方应当有能力去履行的义务，而不能以一方的强势地位，设定明显不合理的付款条件，发生纠纷后产生的法律后果很可能并非当时预想的有利结果。

二、关注新能源项目中关于项目验收的规范文件

结合光伏、风电项目行业验收规范，在EPC或相关工程建设合同中清楚约定单位工程、工程启动试运、工程移交生产、工程竣工四个环节验收，明确每一个环节验收的标准、条件，并结合实际验收情况，签署书面的验收文件。

实战案例8

未取得3C认证的风电场灭火装置买卖合同效力及预备性仲裁请求实践

——江苏某风电公司与浙江某科技公司买卖合同纠纷仲裁案①

大型风电机组一般都价值较高，风电场按照相关消防要求需要在风机内安装灭火装置，若灭火装置未取得3C认证，其法律后果如何？是否会导致签订的相关采购合同效力无效？还是说可以作为解除合同的事由？在同时面临灭火装置可能存在有效期不符、型号不符等违约情形，且买卖合同约定争议通过仲裁解决时，买方在上述诸多因素同时存在的情形下应如何设计仲裁请求并进行主张？本文结合我们代理的一起风电场灭火装置买卖合同纠纷仲裁案件，对涉及未取得3C认证的灭火装置的买卖合同效力及提起的预备性仲裁请求进行探讨。

【案情简介】

江苏某风电公司（买方，以下简称某风电公司）通过招投标程序于2016年8月20日与浙江某科技公司（卖方，以下简称某科技公司）签订《买卖合同》，就某110MW风电场采购风机消防装置234套，某科技公司同时负责安装调试，其中型号为FFX－ACD0.6－MC的悬挂式干粉灭火装置705套及3套备品备件，型号为FFX－ACD0.3－MC的悬挂式干粉灭火装置1100套及5套备品备件，消防装置有效期不小于10年、质量保证期为货物通过试运后两年。合同签署后，某科技公司陆续供货并安装，实际安装的灭火装置为FFX－ACD1.2－GQP悬挂式干粉灭火装置409套、FFX－ACD0.3－GQP悬挂式干粉灭火装置673套，其中干粉灭火剂有效期3年。2017年3月29日，某风电公司支付货款495,000元。

2017年5月18日，涉案风电场17#风机发生电容爆炸起火，但某科技公司安装的灭火装置未能启动灭火，导致某风电公司遭受损失。事故发生后，某风电公司要求某科技公司对已安装的灭火装置进行全面复查，但某科技公司只愿意按照5%进行抽检，因协商不成，某科技公司后续未开展复查事项。同时，某科技公司要求某风电公司支付未付货款亦遭到拒绝。

2020年11月，某风电公司委托本所律师代理向北京仲裁委员会（以下简称北京仲裁委）提起仲裁，请求确认买卖合同无效，若仲裁庭驳回确认合同无效的仲裁请求则请求解除买卖合同；另请求某科技公司返还某风电公司已支付的货款

---

① 北京市仲裁委员会（2020）京仲案字第5198号仲裁裁决书，浙江阳光时代律师事务所代理，案情略有删减。

495,000 元并支付相应利息。

【裁判结果】

北京仲裁委裁决认为未发现涉案《买卖合同》存在违反法律、行政法规的效力性强制规定或损害公共利益或第三方合法权益等情形，确认买卖合同有效。同时，由于某科技公司存在灭火装置产品型号与合同约定不符、产品有效期与合同约定不符、已安装产品存在施工质量问题等违约行为，考虑到消防装置的有效性与安全性关系到公共财产与人身安全，某科技公司的违约行为导致合同目的不能实现，为防止发生重大安全事故，避免消防安全隐患，裁决解除涉案《买卖合同》，某科技公司向某风电公司返还已支付货款，但对支付利息的请求不予支持。

【要点解析】

一、未取得 3C 认证的灭火装置《买卖合同》效力问题

（一）风电场灭火装置是否需要取得 3C 认证

3C 认证的全称为“中国强制性产品认证”（China Compulsory Certification, CCC）。其是中国政府为兑现加入世界贸易组织的承诺，于 2001 年 12 月 3 日对外发布了强制性产品认证制度，从 2002 年 5 月 1 日起，国家认监委开始受理第一批列入强制性产品目录的 19 大类 132 种产品的认证申请，属于按照世贸组织有关协议和国际通行规则，为保护广大消费者人身和动植物生命安全，保护环境、保护国家安全，依照法律法规实施的一种产品合格评定制度。

本案涉及的灭火装置属于悬挂式干粉灭火装置，2014 年 1 月 28 日，国家质量监督检验检疫总局（现已撤销）、公安部和国家认证认可监督管理委员会（以下简称国家认监委）联合发布《关于部分消防产品实施强制性产品认证的公告》（国家质量监督检验检疫总局、公安部、国家认证认可监督管理委员会联合公告 2014 年第 12 号）。依据该公告，“悬挂式干粉灭火装置”属于被列入强制性产品认证目录的消防产品，自 2015 年 9 月 1 日起未获得 3C 认证的悬挂式干粉灭火装置不得出厂、销售、进口或者在其他经营活动中使用。

2020 年 11 月 30 日，国家认监委发布《认监委关于发布消防产品强制性产品认证实施规则的公告》（国家认证认可监督管理委员会公告 2020 年第 26 号），依据该公告，实施强制性产品认证的灭火器产品类别为手提式灭火器、推车式灭火器、简易式灭火器，悬挂式干粉灭火器不再纳入强制性产品认证目录，企业可自愿申请 3C 认证。

因此，从上述政策规定来看，涉案悬挂式干粉灭火装置在 2015 年 9 月 1 日至 2020 年 11 月 30 日期间需要取得 3C 认证，而在 2020 年 11 月 30 日之后（含本案仲裁审理期间)对3C认证将不作强制性要求,可由企业自愿申请认证。

(二)涉及未取得3C认证的灭火装置的买卖合同效力认定

涉案合同约定的型号为FFX - ACD0.3 - MC的悬挂式干粉灭火装置,及某科技公司实际供货安装的型号为FFX - ACD1.2 - GQP、FFX - ACD0.3 - GQP的悬挂式干粉灭火装置,某科技公司于2017年5月27日才首次取得3C认证,也就是说某科技公司向某风电公司供货、安装的灭火装置并未取得3C认证。那么,未取得3C认证,是否会导致买卖合同无效?

《民法典》第143条第3项规定:"具备下列条件的民事法律行为有效:(三)不违反法律、行政法规的强制性规定,不违背公序良俗。"[《合同法》(已废止)第52条规定:"有下列情形之一的,合同无效:(五)违反法律、行政法规的强制性规定"),最高人民法院《关于适用〈中华人民共和国合同法〉若干问题的解释(二)》(现已失效]第14条规定:"合同法第五十二条第(五)项规定的'强制性规定',是指效力性强制性规定。"此后,最高人民法院在2009年7月7日发布实施的《关于当前形势下审理民商事合同纠纷案件若干问题的指导意见》(法发〔2009〕40号)中进一步提出了"管理性强制性规定"的概念,指出违反效力性强制规定的,人民法院应当认定合同无效;违反管理性强制规定的,人民法院应当根据具体情形认定其效力。但关于何为效力性强制性规定、何为管理性强制性规定则司法实践中长期莫衷一是。有的人民法院认为凡是行政管理性质的强制性规定都属于"管理性强制性规定",不影响合同效力。最高人民法院在2019年11月8日发布的《九民纪要》认为,要考量强制性规定所保护的法益类型、违法行为的法律后果以及交易安全保护等因素的基础上认定其性质,并指出下列强制性规定应当认定为"效力性强制性规定":强制性规定涉及金融安全、市场秩序、国家宏观政策等公序良俗的;交易标的禁止买卖的,如禁止人体器官、毒品、枪支等买卖;违反特许经营规定的,如场外配资合同;交易方式严重违法的,如违反招投标等竞争性缔约方式订立的合同;交易场所违法的,如在批准的交易场所之外进行期货交易。关于经营范围、交易时间、交易数量等行政管理性质的强制性规定,一般应当认定为"管理性强制性规定"。

2008年《消防法》第24条第2款规定:"依法实行强制性产品认证的消防产品,由具有法定资质的认证机构按照国家标准、行业标准的强制性要求认证合格后,方可生产、销售、使用。实行强制性产品认证的消防产品目录,由国务院产品质量监督部门会同国务院公安部门制定并公布。"2016年《认证认可条例》第28条规定:"为了保护国家安全、防止欺诈行为、保护人体健康或者安全、保护动植物生命或者健康、保护环境,国家规定相关产品必须经过认证的,应当经过认证并标注认证标志后,方可出厂、销售、进口或者在其他经营活动中使用。"虽然前述法律、法规均规定了依法实行强制性产品认证的产品，只有经过认证合格的，才能生产、销售、进口、使用等，但该规定是否属于效力性强制性规定，仲裁庭审中双方代理人对此问题争论激烈，某风电公司认为其属于效力性强制性规定，涉案买卖合同应当无效。而某科技公司则认为其属于管理性强制性规定，合同有效。

笔者通过案例检索发现，就应经强制认证而未取得认证的消防产品所订立的合同效力认定上，司法实践存在两种观点：一种认为销售未经强制认证消防产品的行为属于违反效力性强制性规定，合同无效；另一种则认为只构成根本违约，不影响合同效力。如在景德镇西山湖度假酒店有限公司（以下简称西山湖公司）与广州启胜消防器材有限公司（以下简称启胜公司）、广州市兴安消防科技有限公司（以下简称兴安公司）买卖合同纠纷案①中，法院认为，被告启胜公司销售给原告西山湖公司使用的“兴安 TZL30”型号过滤式消防呼吸器，属国家规定依法实行强制性产品认证的消防产品，但该产品由被告兴安公司 2015 年 10 月生产，没有办理“CCC”认证，也不能提供“CCC”认证证书，根据前述法律法规规定，该产品违反法律、行政法规的强制性规定，应予确认。其次，《合同法》（已废止）第 52 条第 5 项规定：“违反法律、行政法规的强制性规定的合同无效。”本案中，被告启胜公司销售给原告西山湖公司使用的“兴安 TZL30”型号过滤式消防呼吸器，违反法律、行政法规的强制性规定，被告启胜公司与原告西山湖公司签订的《酒店防毒面具采购合同》，应依法确认无效。

但在山西平安成威消防器材有限公司（以下简称山西成威公司）与安徽成威消防科技有限公司（以下简称安徽成威公司）合同纠纷案②中，法院认为，安徽成威公司向山西成威公司供应的主要为泡沫灭火设备产品及干粉灭火设备产品。2019 年 7 月 29 日，国家市场监督管理总局、应急管理部虽发布通知取消该系列产品的强制认证，但在案涉合同履行期间根据相关规定要求，泡沫灭火设备产品及干粉灭火设备产品属于国家强制性产品认证范围，而安徽成威公司在双方合作期间一直未向山西成威公司提供相关产品的国家强制性产品认证证书。安徽成威公司作为生产销售消防产品的企业，明知其产品未取得国家强制性产品认证仍与山西成威公司签订特许经销合同，致使山西成威公司无法实现合同目的，故对山西成威公司主张解除合同并返还保证金之诉请本院予以支持。

笔者认为，未取得 3C 认证的灭火装置的买卖合同应当无效，理由在于灭火装置关系私人与公共的财产与人身安全，相关法律法规对此已明确规定未取得 3C 认证不得生产、销售及使用等，则从保护私人与公共的财产与人身安全的法益来说，

---

① 参见江西省景德镇市昌江区人民法院（2018）赣 0202 民初 89 号民事判决书。

② 参见安徽省合肥市高新技术产业开发区人民法院（2019）皖 0191 民初 5609 号民事判决书。

应当对未取得3C认证的灭火装置的买卖合同效力予以否定性评价。但在本案中，仲裁庭则认为从2020年案涉悬挂式干粉灭火器不再纳入实施强制性产品认证范围来看，《消防法》第24条第2款、《认可认证条例》第28条更应属于管理性强制性规定，违反上述规定不影响合同效力。依据法不溯及既往原则，民事法律行为的效力应当依据行为时的法律进行评判，笔者认为仲裁庭的此观点值得商榷。

二、灭火装置供货型号不符合约定能否解除合同

由上文可知，涉案买卖合同约定的灭火装置型号为FFX－ACD0.6－MC、FFX－ACD0.3－MC，而某科技公司实际供货型号为FFX－ACD1.2－GQP、FFX－ACD0.3－GQP。某风电公司主张由于供货型号等不符合合同约定，导致合同目的无法实现，请求解除本案合同。而某科技公司抗辩认为涉案供货产品型号FFX－ACD0.3－GQP中字母的具体含义为F（干粉灭火装置）、F（非贮压式）、X（悬挂式）－A（干粉）、C（超细）、D（发动机舱专用）、0.3（干粉质量0.3千克）、GQP（厂家自定义的编号），项目中实际安装的产品形状要根据安装环境进行相应调整、适配，产品型号系经过双方沟通后进行的变更。某科技公司进一步主张灭火器容量从0.6千克提升到1.2千克，容量更大、灭火效果更好。但是，某科技公司主张产品型号的变更系双方沟通协商的结果并未有证据支持，且“灭火器容量更大、灭火效果更好”亦未有第三方专业机构的测试报告证明。

笔者认为单纯的供货型号不符，除非另有约定，否则不得径行准许买方解除合同。只有在供货型号不符且影响合同目的的实现时，才能赋予买方合同解除权。案例斯舰力（上海）电梯有限公司（以下简称斯舰力公司）与乌鲁木齐市城际停车场投资有限公司（以下简称城际投资公司）买卖合同纠纷案①中法院也持有此类观点。斯舰力公司与城际投资公司签订《电梯设备销售合同》，合同附件汽车电梯技术规格表明确载明，预购电梯型号为TQJ3000/0.3、速度为0.3m/s、轿厢尺寸为2500mm×6300mm，而斯舰力公司实际向城际投资公司出售的电梯型号为TQY3000/0.25、速度为0.25m/s、轿厢尺寸为2500mm×5800mm。法院认为，因电梯的型号、速度、尺寸等因素关系到电梯的运载能力、质量甚至可能关系到电梯的正常使用寿命，故斯舰力公司未按照合同约定的技术规格提供电梯设备，即便斯舰力提供的《电梯监督检验和定期检验规则》、型式实验合格证可证明所供电梯合格，但也会因型号、速度、尺寸的差异致使电梯的实际使用效能达不到买受人的预期标准，故城际投资公司有权解除合同。

从本案裁决结果也可以看出，仲裁庭支持解除合同也从合同目的是否能实现

① 参见新疆维吾尔自治区乌鲁木齐市中级人民法院（2020）新01民终3834号民事判决书。

作为出发点。仲裁庭结合产品型号不符、产品有效期不符、已安装产品存在施工质量问题，认为这些违约行为致使合同目的不能实现，为防止发生重大安全事故，避免消防隐患，支持了某风电公司解除合同的请求。

三、提出单一仲裁请求的法律后果及仲裁机构的释明权

由上述分析可知，本案面临着涉案买卖合同是否因灭火装置未取得3C认证而无效、是否有权主张解除合同的不确定性。某风电公司的诉求在于为避免发生火灾后其他灭火装置再次无法启动造成重大的财产损失，需要全部更换现有已安装的灭火装置。在合同无效、合同解除的法律后果上，《合同法》（已废止）第58条规定："合同无效或者被撤销后，因该合同取得的财产，应当予以返还；不能返还或者没有必要返还的，应当折价补偿。有过错的一方应当赔偿对方因此所受到的损失，双方都有过错的，应当各自承担相应的责任"，第97条规定："合同解除后，尚未履行的，终止履行；已经履行的，根据履行情况和合同性质，当事人可以要求恢复原状、采取其他补救措施，并有权要求赔偿损失。"（现为《民法典》第157条、第566条）。从以上法律规定可以看出，无论是合同无效或者合同解除，按照涉案买卖合同性质及履行情况，某风电公司均可实现其商业目的，但确认合同无效与请求解除合同的请求权基础不同，请求解除合同的前提是承认合同有效。因此，某风电公司一旦提出单一的仲裁请求即会陷入两难境地，一旦仲裁庭认为合同有效，则某风电公司无权依据合同无效的逻辑要求某科技公司返还已付货款，此时仲裁庭是否会向当事人进行释明，以便当事人选择变更仲裁请求？反之，当某风电公司请求解除合同时，仲裁庭如认为合同无效，是否也会向当事人进行释明？

（一）单独提出确认合同无效仲裁请求时的释明

依照《仲裁法》第19条规定："仲裁协议独立存在，合同的变更、解除、终止或者无效，不影响仲裁协议的效力。仲裁庭有权确认合同的效力。"依照最高人民法院《关于民事诉讼证据的若干规定》第53条之规定："诉讼过程中，当事人主张的法律关系性质或者民事行为效力与人民法院根据案件事实作出的认定不一致的，人民法院应当将法律关系性质或者民事行为效力作为焦点问题进行审理。但法律关系性质对裁判理由及结果没有影响，或者有关问题已经当事人充分辩论的除外。存在前款情形，当事人根据法庭审理情况变更诉讼请求的，人民法院应当准许并可以根据案件的具体情况重新指定举证期限。"同时，《九民纪要》第39条中规定："在双务合同中，原告起诉请求确认合同有效并请求继续履行合同，被告主张合同无效的，原告起诉请求确认合同无效并返还财产，而被告主张合同有效的，都要防止机械适用'不告不理'原则，仅就当事人的诉讼请求进行审理，而应向原告释明变更或者增加诉讼请求，或者向被告释明提出同时履行抗辩，尽可能一次性解决纠纷。"因此，在诉讼中，当原告提出确认合同无效请求时，法院根据案件事实认定合同有效时，应向原告释明，给予变更诉讼请求的机会，但不宜直接作出裁判。

正常情况下，当某风电公司提出确认合同无效仲裁请求，而某科技公司主张合同有效时，如依据案件事实仲裁庭认为合同有效，仲裁庭可参照上列民事诉讼中的规定，向某科技公司进行释明。但实践中，也存在仲裁庭不予释明最后直接驳回仲裁请求的实例。

（二）单独提出解除合同仲裁请求的释明

当事人单独提出解除合同仲裁请求时，仲裁庭是否有权主动审查合同效力并向当事人释明？依据上述《仲裁法》第19条规定，仲裁庭有权确认合同的效力。在最高人民法院关于王某林申请撤销中国国际经济贸易仲裁委员会华南分会（2012）中国贸仲深裁字第3号仲裁裁决一案的请示的复函（〔2013〕民四他字第8号）中，最高人民法院认为："本案中，吴某琛系以案涉合同有效并要求王某林支付股权转让余款为请求提起仲裁，仲裁庭有权主动对案涉合同的效力进行审查并作出认定。但是，仲裁庭在未向当事人释明合同无效的后果以及未给予当事人变更仲裁请求机会的情况下，直接对合同无效后的返还以及赔偿责任作出裁决，确实超出了当事人的请求，属于超裁。"此也表明了仲裁庭有权对合同效力进行审查，并向当事人释明。目前司法实践中，无论人民法院或是仲裁机构对案件的审理首先关注的就是合同的效力问题，合同有效与否对当事人各方的权利义务会产生实质性影响。

在本案纠纷中，依照相关法律法规的规定，某科技公司应取得认证而未取得认证的消防装置产品不得生产或销售，其目的在于维护公众人身财产安全及国家对于危险制品的管理秩序。所以，仲裁庭有权在当事人仅提出解除合同仲裁请求时，主动审查合同效力。但如果仲裁庭认为合同可能存在无效的情形，仲裁庭应向当事人释明，主动询问当事人的意见，而不宜最后直接在裁决书中认定合同无效。否则，就有违反程序之嫌，此也是北京仲裁委仲裁员邓永泉的观点。① 因此，如果本案中某风电公司没有提起确认合同无效的请求，而仅提出解除合同的仲裁请求时，仲裁庭同样可以主动审查确认合同效力，并向当事人释明，其背后法理在于合同效力有时会涉及第三方利益，例如国家、集体、第三人利益。

四、预备性仲裁请求

虽然笔者判断北京仲裁委可在审理中进行释明，但北京仲裁委实际审理过程

---

① 参见邓永泉：《仲裁每日一问 No. 15 | 仲裁庭是否应主动审查合同效力？》，载 https://mp.weixin.qq.com/s?src=11&timestamp=1602705300&ver=2644&signature=eQZMAH0LWnxAEjeQTgmY-x2lVHguy*LneaKqK8a231gnnSL9i6mK30A101bDlTBwq1m10StpaIc1NZsWyIHTr6UIst7s3qEDagiVrXK0HzJrcsXxEyWhSk5CGLpZaThb&new=1，最后访问日期：2022年3月14日。

中是否会进行释明则又另当别论,为降低这种不确定性,且避免提起单一仲裁请求被驳回后需要另案重新仲裁的风险,笔者经研判后独辟蹊径地尝试通过预备性诉讼请求方式去打消客户的顾虑,并论证在北京仲裁委提起预备性仲裁请求的可行性及预备性仲裁请求的仲裁处理程序。

(一)预备性仲裁请求

所谓预备性仲裁请求,指仲裁申请人为避免仲裁请求得不到仲裁庭支持的风险,参照客观预备合并之诉,在第一仲裁请求之后,提出第二仲裁请求,第一仲裁请求可称之为主位仲裁请求,相应地,第二仲裁请求称为预备性仲裁请求。而对于主位仲裁请求与预备性仲裁请求的第一观感总是为两者存在冲突、对立。相应地,在本案中,某风电公司的主位请求为确认合同无效、返还原物及赔偿损失(简化描述为确认合同无效),预备性仲裁请求为解除合同、恢复原状及赔偿损失(简化描述为解除合同)。

(二)本案提出预备性仲裁请求的可行性

由于《仲裁法》并未规定预备性仲裁请求制度,预备性仲裁请求也是伴随仲裁实践的发展而出现,并引起争议及思考。依照《仲裁法》第21条,仲裁请求应具体,而预备性仲裁请求引起关于仲裁请求不具体不明确的非议,易导致仲裁立案不被受理,或受理后被申请人主张驳回仲裁或仲裁庭主动驳回仲裁的情形。关于当事人是否可以提出预备性仲裁请求,经检索发现仲裁实践中含有预备性仲裁请求的案例如下。

案例一:某买卖合同纠纷中,出卖人已经将标的物交付买受人,但买受人拒绝付款,于是出卖人向仲裁庭申请裁决买受人给付合同价款10万元;如果要求给付合同价款的请求无法得到支持,则请求仲裁庭裁决解除买卖合同,买受人返还买卖标的物。[①]

案例二:某合同纠纷中,合同一方当事人认为签订合同存在重大误解,因而要求仲裁庭裁决撤销该合同;如果仲裁庭裁决不予撤销合同,则要求仲裁庭裁决解除合同。[②]

案例三:某涉外房地产买卖合同争议案件中,申请人在先的仲裁请求是要求被申请人继续履行合同,即将房屋所有权转移给申请人。同时,申请人指出,上述请求是基于合同的继续履行而提起的,鉴于被申请人已经实施违约行为,申请人保留在双方合同无法继续履行的情况下就已经发生的损失对仲裁请求进行变更的权利,

---

① 参见孙晶:《预备性仲裁请求的处理问题》,载《北京仲裁》2009年第2期。

② 参见邓永泉:《仲裁每日一问 No. 15 | 仲裁庭是否应主动审查合同效力?》,载 https://mp.weixin.qq.com/s?src=11&timestamp=1602705300&ver=2644&signature=eQZMAH0LWnxAEjeQTgmYx21VHguy*LneaKqK8a231gnnSL9i6mK30A101bDlTBwq1m10StpaIc1NZsWyIHTr6UIst7s3qEDagiVrXK0HzJrcsXxEyWhSk5CGLpZaThb&new=1,最后访问日期:2022年3月14日。

包括要求被申请人赔偿因其违约给申请人造成的全部损失。①

北京仲裁委仲裁员孙某在北京仲裁委主办的期刊《北京仲裁》曾发表论文认为，之所以会有人认为预备性请求会使仲裁请求不明确，乃是因为主位请求与预备性请求之间具有一定的矛盾性，但之所以要求申请人提出明确、具体的仲裁请求，乃是为了方便被申请人明确答辩范围以及仲裁庭的审理范围。由于主位请求与预备性请求具有极强的关联性，二者都是针对同一法律目的或经济目的，比如，案例一中申请人要求被申请人支付货款或返还货物，其指向都在于所售货物的经济价值。也正是由于主位请求与预备请求之间极强的关联性，预备性仲裁请求的提出并不会对被申请人明确答辩范围或仲裁庭明确审理范围产生影响。② 同时，孙晶在论文中指出，北京仲裁委和中国国际经济贸易仲裁委员会也已经有了相关案例。

此外，通过电话直接咨询北京仲裁委立案窗口，也得知北京仲裁委可受理含有预备性仲裁请求的仲裁立案，故结合北京仲裁委仲裁员孙某的观点、实际仲裁案例及电话咨询结果，本案中提出预备性仲裁请求具备可行性。尽管笔者做了充足的准备，但在北京仲裁委实际立案中仍然碰到障碍，北京仲裁委秘书处对能否提起预备性仲裁请求产生怀疑，但经过我们的沟通并提交了大量的实证案例后逐步消除了北京仲裁委对于某风电公司仲裁请求不明确的疑问，最终顺利立案受理。

（三）预备性仲裁请求的处理

1. 仲裁答辩程序

针对含有预备性请求的仲裁请求，被申请人如何答辩，学术界意见不一，《仲裁法》及北京仲裁委的仲裁规则也没有相关规定。有人认为，参照客观预备合并之诉理论，由于主位请求与预备请求之间存在较大的关联性，从防止程序拖延的角度出发，被申请人在对主位请求答辩的同时就应当开始对预备请求的答辩，从而把主位请求与预备请求集中在一个程序中。表面上看，将两个请求合并审理会增加工作量，其实不然，因为若主位请求有事实依据及理由，则仲裁机构不用对预备请求进行审理；若主位请求无事实依据及理由，则仲裁庭就可在同一程序中对预备请求进行审理。同时，因为当事人都参加了主位请求与预备请求的审理过程，对案涉问题都很熟悉，从而避免第二次开庭审理。倘若分开答辩并进行审理，当主位请求无事实依据及理由时，则还要重新进行预备请求的答辩和审理，实际上是人为增加当事

---

① 参见丁伟：《关于预备性仲裁请求若干法律问题的探讨》，载华东政法大学国际法学院主编：《当代国际法论丛》，知识产权出版社 2010 年版。

② 参见邓永泉：《仲裁每日一问 No. 15 ｜ 仲裁庭是否应主动审查合同效力？》，载 https://mp.weixin.qq.com/s?src=11&timestamp=1602705300&ver=2644&signature=eQZMAH0LWnxAEjeQTgmYx2lVHguy*LneaKqK8a231gnnSL9i6mK30A101bDlTBwq1m10StpaIc1NZsWyIHTr6UIst7s3qEDagiVrXK0HzJrcsXxEyWhSk5CGLpZaThb&new=1，最后访问日期：2022 年 3 月 14 日。

方的负担，不符合仲裁的效益原则，该观点集中体现于吴明轩在我国台湾地区民诉法研究会第七次研讨会上的发言。也有人（如我国台湾地区学者骆永家）认为应分开答辩，仲裁庭应依据申请人仲裁请求的顺位进行审理，即使预备请求更有事实依据及理由，亦不得就预备请求先进行裁决。鉴于主位请求与预备请求存在相斥关系，这一性质决定两者很难兼容在一个程序中完成，导致程序运行起来会给人一种无所适从的感觉，人为增加推进仲裁程序的难度。

笔者认为，客观上被申请人针对主位请求与预备请求同时答辩可以提高仲裁效率，但如果仲裁庭支持了主位请求，则被申请人针对预备请求的答辩将归于徒劳。仲裁机构应赋予被申请人充分的程序选择权，是否针对预备性请求作出答辩及是否同时答辩，都应由其自主判断，不宜硬性规定。基于理性人角度，被申请人一般均会同时做出答辩，以最大限度地对申请人的仲裁请求作出抗辩，从而维护自身利益。本案中，某科技公司针对某风电公司的主位请求、预备请求的确也是一并答辩。

2. 针对预备性仲裁请求的仲裁处理

北京仲裁委仲裁员孙晶认为，由于预备性请求是作为主位请求的备位请求来提出的，申请人的主要目的在于实现主位请求，一旦主位请求得到仲裁庭支持，预备请求也就失去了作用。所以，从预备性请求的内涵来看，预备性请求不应与主位请求同时审理，而应该在主位请求被仲裁庭决定驳回后才可以开始对预备请求的审理。对于主位请求的驳回，尤其在主位请求涉及案件审理基础——比如，主位请求是确认涉案合同的效力，则仲裁庭可以中间裁决的方式先行处理，提前告知争议双方当事人，从而为预备请求的审理做好准备。

也有人认为仲裁庭审理了所有仲裁争议，对争议双方当事人的意见已经有了深入了解，可以一次性地裁决申请人提出的所有争议，并不一定需要以中间裁决的形式告知当事人。其认为一次性裁决避免了当事人针对中间裁决的投机行为，减少了中间裁决的寻租成本，减少了当事人的争议解决成本。因为中间裁决的结果一旦告知双方当事人，会直接影响当事人预期，挤占了当事人调解、和解的空间。①

笔者认为，在主位请求无法得到支持的情况下，仲裁庭是否会以中间裁决的形式主动向双方当事人释明，暂无法断定。但参照客观预备合并之诉的司法实践，法院在审理中一般会让原被告双方充分阐述主位请求与预备请求的主张依据或抗辩理由，在查明事实的基础上，一次性作出判决，从而提高诉讼效率。因此，有理由认为针对含有预备性请求的仲裁案件中，仲裁庭可能会直接作出一次性裁决，而非在主位请求无法得到支持的情况下主动向当事人释明。

① 参见谭立：《商事仲裁程序问题的经济分析》，武汉大学 2015 年硕士学位论文，第 76 页。

在本案实际仲裁审理过程中，仲裁庭对主位请求与预备请求的确是一并审理，围绕相关争议焦点进行事实调查与辩论，并未进行中间裁决，而是在查明事实的基础上一次性作出裁决。

3. 预备性仲裁请求的仲裁费用

根据北京仲裁委仲裁员孙晶的观点，在申请人同时提出主位请求与预备性请求的情形下，实质上是申请人在同一程序中同时提出了两个独立的仲裁请求，自然应当按照主位请求和预备请求的标的额之和来计算仲裁费用。同时，经电话咨询北京仲裁委立案部门的工作人员，其告知，在申请人同时提出主位请求与预备性请求的情形下，须根据两个仲裁请求的标的额之和计算仲裁费用。而本案在实际立案时，也的确是按照两个仲裁请求预缴仲裁费用。

【实战策略】

一、深度挖掘客户需求，以需求为导向提供方案

结合本案事实，某风电公司是在某科技公司未能满足其对全部已安装的灭火装置复查的基础上才要求律师介入，而客户最初的诉求也是只要某科技公司只要能够全部复查即可支付后续尾款，如不复查就打官司要求全部复查。从事实核查阶段的沟通来看，笔者判断客户的需求并非解除合同并返还已支付的货款，更多的是从风电场的安全角度出发，但要求某科技公司复查本质上是一种履约行为，其即便具有可诉性也不具备强制执行的可操作性。

因此，在某科技公司不配合复查的情况下，唯有合法拆除已安装的灭火装置才能满足客户需求。笔者从合法拆除的法律后果反推，要么是合同无效，要么是合同合法解除，均可实现此目的。

二、依据案情制定最优仲裁方案

本案中，笔者首先根据案件事实设计了各类仲裁请求，具体请求内容上，既有单一的请求确认合同无效或请求解除合同，也有预备性请求即先请求确认合同无效，若驳回则请求解除合同，之后则进一步分析各类请求的优劣势：单一提出请求解除合同时，从司法实践及法律分析来看，仲裁庭应当对合同效力进行审查，如合同被认定无效，可适时变更仲裁请求为确认合同无效，劣势在于如果仲裁庭回避对合同效力的审查，而是关注案件是否存在法定解除的根本违约行为时，则客户某风电公司在合同履行近 4 年后才以根本违约为由起诉主张合同解除，对仲裁庭审理倾向而言存在不利影响，且灭火装置已取消 3C 认证，存在仲裁庭认定不构成根本违约的风险；单一提出确认合同无效时，那么审理的争议焦点将在于 3C 认证问题，案件中型号是否相符、有效期是否符合约定将不是关键事实，其最大的劣势在于一旦法院认定合同有效，则仲裁请求存在被驳回的风险，律师需要适时变更诉讼请求，或者另行提起仲裁,其时间成本过高。通过综合考虑,笔者认为单一请求解除合同属于下策,单一请求确认合同无效属于中策,先请求确认合同无效,若驳回则请求解除合同的预备性仲裁请求为上策,于是笔者围绕预备性仲裁性请求制定落地方案,并在后续成功被北京仲裁委立案受理,且案件取得良好的仲裁结果。

因此,在此类案件中,律师应综合研判案情,在设计多种方案的基础上,综合考虑方案的可操作性性、可能的仲裁结果,优中选优,从而为取得良好的审理结果奠定扎实的基础。

三、提出预备性仲裁请求前需做好充分调研

由前文可知,我国《仲裁法》或各地仲裁委员会的仲裁规则中并未明文规定预备性仲裁请求制度,对于含有预备性仲裁请求的仲裁申请,极易被视为仲裁请求不明确,从而为各地仲裁委员会所拒绝立案受理。即使实际受理立案成功,由于仲裁的非公开性,提出预备性仲裁请求的仲裁案件也很少为外人所知。因此,律师在代理此类案件的过程中,一旦通过研究案情认为需要提出预备性仲裁请求的,则应充分调研预备性仲裁请求相关理论及其在相应仲裁委员会实操的可行性。具体来说,可以通过检索期刊文献、公开的网络报道寻找预备性仲裁请求案例,了解相关仲裁机构、仲裁员对于预备性仲裁请求的观点,也可以通过电话等方式直接咨询相应仲裁委员会对于预备性仲裁请求的态度。

总之,只有在充分了解何为预备性仲裁请求、仲裁庭是否应受理预备性仲裁请求时,才有底气与仲裁机构沟通,争取案件的预备性仲裁请求被立案受理。

四、预备性仲裁请求庭审过程中律师应当全面主张与应对

既然是提出预备性仲裁请求,律师在庭审中就不应把精力只花在主位请求上,把胜诉希望寄托在主位请求上。律师仍然应当全面把握主位请求与备位请求,进行全面主张,同时应把握前后逻辑,避免庭审发言的无序以及证据与观点陈列的混乱。此外,对于对方的抗辩,我方也应有层次地予以反驳,并提供相应证据与事实予以支撑。为此,律师在庭前工作中须认真梳理案件事实,吃透法律关系,通过模拟法庭等方式研判案件的风险点,更好地应对庭审各类突发情况。

经典案例9

机组逾期交货致CDM碳交易损失的认定及损失可预见原则的理解与适用

——湖南某水电开发公司与南宁某设备总厂买卖合同纠纷案①

CDM(清洁发展机制)碳交易服务就是将温室气体的排放量作为一种商品来交易。碳交易的基本原理是,合同的一方通过支付另一方获得温室气体减排额,买方可以将购得的减排额用于减缓温室效应,从而实现其减排的目标。大型发电项目都有严格的法定并网日期要求,对发电机组的供货也有严格的供货期要求,一旦机组延迟到货,最直接影响的就是推迟发电导致的发电收益损失,若项目CDM已获得发改委批复且签订了购买协议,那么势必造成CDM项目碳交易销售收益的损失。该损失的性质如何认定,损失额如何认定,损失责任负担如何认定,存在诸多实务难点。本文结合一起案例对此问题进行分析。

【案情简介】

2004年5月29日,湖南某水电开发公司(以下简称某水电公司)与南宁某设备总厂(以下简称某设备总厂)作为产品买卖的甲、乙双方,签订了《湖南晒北滩水电站水轮发电机组及其附属设备经济合同》(以下简称经济合同)。合同内容为:"……第四条经协商甲方向乙方购买成套水轮发电机组、备品、备件、自动化元件及专用工具等;第七条按照第四条规定的全部供货范围,二套设备价格总金额1443万元;第十条进度计划。晒北滩水电站工程将于2006年3月发电,(1)2004年10月初2台套尾水管及机组和其他一期预埋件运到工地。(2)2005年3月中旬2台套水轮机导水机构和阀门运到工地。(3)2005年6月初2台套发电机上、下机架和调速器等运至工地。(4)2005年10月第1台套全部水轮发电机组设备和励磁设备全部运到工地。(5)2005年11月第2台套全部水轮发电机组设备和励磁设备全部运到工地;第十一条合同中规定的交货期,逾期或提前交货需经双方同意。每逾期一天罚款2000元,但最高不超过总价3%;第二十三条在试运行验收期间,机组经过72小时带负荷安全稳定运转,并经有关规定试验合格,机组即视为初验收合格。如由于不是乙方的原因造成延误初步验收时,时间不超过最后一个部件离厂后15个

① 参见湖南省永州市中级人民法院(2011)永中法民一初字第8号民事判决书,湖南省高级人民法院(2014)湘高法民二终字第40号民事判决书,最高人民法院(2015)民提字第143号民事判决书。

月；第二十四条水轮发电机组在安装过程中如发现疑问，乙方在48小时内派员到达工地，如因乙方原因，则由乙方免费处理。在机组试运转调试期间乙方应派相关人员前往，免费参加调试；第二十六条机组按规定带满负荷试运转72小时后，设备应保证安全运行五年，定为保证期。在保证期内，如因乙方设计、制造质量不良造成缺陷，应由乙方负责调换或无偿处理。乙方赔偿由此造成的损失。在处理缺陷时甲方应给予乙方方便，由于甲方保管或使用不宜所造成的损失，应由甲方负责，乙方应给予处理缺陷提供方便。”2004年6月14日，某水电公司依约首付某设备总厂订金144万元，后又陆续支付，至2010年5月6日累计支付货款及垫付款13,525,072.40元，尚欠货款904,927.60元。在合同履行过程中，某设备总厂没有按期交付设备，经某水电公司多次催促，双方确定2007年6月15日为最迟交货时间，但直至2009年6月22日某设备总厂才先后将两台套机组全部交货到某水电公司工地。除延期交货外，又因产品质量原因，两台机组均在启动试验时，发电机定子线圈击穿，后将机组拆开，将损坏件运回厂里重新制造。新制造的发电机定子分别于2010年3月21日和5月19日才先后运到某水电公司重新组装好以后投产发电，因延期交付和质量问题使某水电公司发电时间推迟，给某水电公司造成了经济损失。

某水电公司涉案水电站作为清洁发展机制项目经申报已经国家发改委核证。2008年11月25日，国家发改委下文，批准某水电公司与瑞典碳资产管理公司的CDM减排量购买协议，进行清洁发展机制项目合作，转让该项目生产的温室气体减排量，转让总量不超过50万吨二氧化碳当量，每吨二氧化碳当量转让价不低于10.5美元。某水电公司委托了湖南湘科清洁发展有限公司就该项目进行交易销售。2011年4月18日，某水电公司获得从2010年3月1日到7月15日减排期的碳排量销售款227,942欧元，折合人民币2,128,818.72元。2010年3月1日以前，某水电公司CDM减排量因发电机组质量问题而未发电上网，故没有获得该项销售收益。

2011年8月2日原告某水电公司起诉请求判令被告承担因延期交货和产品质量问题给原告造成的直接经济损失49,897,658.73元，并负担本案诉讼、鉴定等一切费用。

【裁判结果】

一、一审判决

一审期间，依某水电公司的申请经双方同意，委托深圳市天健国众联资产评估土地房地产估价有限公司（以下简称国众联评估公司）对某水电公司的涉案损失进行鉴定。2013年9月18日，国众联评估公司出具《资产评估报告》，证明某水电公司因某设备总厂延期交货和产品质量问题造成的直接经济损失为：发电收入损失每月人民币 164.9652 万元,CDM 项目损失每月 4.0261 万美元。该损失为某水电公司正常经营中预计可以获得的收益。

(1)应交货时间。合同规定所有产品全部交付的时间为 2005 年 10 月和 2005 年 11 月。2006 年 12 月 8 日,经双方协商一致并形成会议纪要,议定两台套完整产品到达工地的最后期限是 2007 年 5 月 15 日和 2007 年 6 月 15 日。某设备总厂主张按 2008 年 7 月 31 日《湖南晒北滩水电站补充协议》(以下简称《补充协议》)规定的 2008 年 8 月 30 日和 2008 年 12 月 15 日为双方协商同意变更后的最后交货日。一审法院认为《补充协议》不能视为是某水电公司已经再次同意变更、延长交货时间,而是针对某设备总厂已经迟延交货的现实,为补救而敦促某设备总厂发货以及要求某设备总厂实施整改的时间限定。因此,本案应按双方所提供的证据即 2006 年 12 月 8 日的会议纪要所载明的时间为双方约定的最后交货时间,即 2007 年 5 月 15 日和 2007 年 6 月 15 日。

(2)实际交货时间。一审法院认定,在实际交货的时间界定上应以如数交付全部完整、并经验收质量合格成品的时间为交货日。本案根据返修后 2010 年 3 月 20 日的箱件清单和 2010 年 5 月 18 日发货装箱单两张运单证实,某设备总厂合格产品的整体到货时间是 2010 年 3 月 21 日和 2010 年 5 月 19 日,因此,某设备总厂实际交付某水电公司两套完整机组的最终时间应当分别为 2010 年 3 月 21 日和 2010 年 5 月 19 日。

(3)损失计算问题。由于某设备总厂没有按照约定的时间交付设备且在产品验收时,所交付的产品没有达到合同的质量要求,经过返修才能满足正常使用,直接致使某水电公司水电站推迟发电。在推迟发电期间,依正常情况,某水电公司原本可以获得的收益没有得到或者实现,因此,该可得利益是某水电公司的直接财产损失。第一台设备延了 34 个月,第二台设备迟延了 35 个月,两台设备推迟发电的时间为 34.5 个月。根据国众联评估公司出具的《资产评估报告》估算,某水电公司正常生产经营条件下,每个月的可得收益为发电收入利润 1,649,542 元/月,CDM 项目碳交易销售收入利润 40,261 美元/月。推迟发电期间,某水电公司可获得的发电收益为 1,649,542 元/月 ×34.5 月 =56,909,199 元,可获得的 CDM 项目碳交易销售收益为 40,261 美元/月 ×34.5 月 =1,389,004.5 美元。根据涉案合同第 26 条规定,被告某设备总厂(卖方)所出售的产品的安全运行 5 年为保证期,设计、制造不良造成缺陷,负责调换或无偿处理,赔偿由此造成的损失,因此,某设备总厂应对此损失予以赔偿。虽然上述某水电公司总损失已超过其诉讼请求,但鉴于某水电公司已将其诉请从 7000 万元变更为 49,897,658.73 元,因此,超出部分依法应视为某水电公司自愿放弃。

综上，一审法院判决设备总厂赔偿水电公司因延期交货和产品质量问题所造成的经济损失共计 49,897,658.73 元。

二、二审判决

某设备总厂不服一审判决，提出上诉，主要理由为：实际交货期认定不清、未查清产品质量问题、评估对象是可得利益损失超出了评估范围、项目发电是多因素影响的（包括拦水坝、引水隧道、厂房安装等）非某设备总厂能控制等。二审法院认定：

（1）应交货时间。核心争议是《补充协议》是否对交货期做了变更约定。补充协议的内容是："为了晒北滩水电站顺利地完成，双方代表经友好协商，对设备供货进行了认真的交流与沟通，形成纪要如下：①设备 1、乙方（某设备总厂）提供 1#机组加工关键节点时间表，并采取有效措施确保在 2008 年 8 月 30 日前完成第 1 台主机全套设备的生产并发货；1#机组的自动化部分在 2008 年 9 月 25 日前完成。②乙方在 2008 年 12 月 15 日前完成第 2 台机组全套设备的生产并发货。从上述内容，协议主要是对设备供货进行协商，且协议第 1 项内容就是关于两台套设备生产并发货的时间约定，然后才有第 2 项为保证设备的如期交货，某水电公司先支付部分材料款项。协议内容应作为双方协商同意变更交货时间的重新约定，而不是以付款为条件要求某设备总厂实施整改的时间限定。

（2）实际交货时间。双方合同第 22 条约定："产品运到工地进行安装时，某水电公司应进行清点，某设备总厂派员协助，若发现差错和质量问题，应实事求是，签字作证，双方共同验收。"但事实上双方对货物的交接没有履行签字手续。一审认定 2009 年 6 月 22 日某设备总厂才先后将两台套机组全部交货到某水电公司工地，其依据是某水电公司提供的货款支付相关证据。经查，双方各自提供了工作联系单、传真件等相关函件。现就一审已采信的某水电公司的两份证据来看，一是某水电公司 2008 年 10 月 23 日所作〔2008〕联系 26 号工作联系单第 2 项"2008 年 7 月 28 日我部在机组定子中心高程调整中发现两台机组顶盖与底环有不同程度偏心和间隙过小，后由厂家处理，自 2008 年 9 月 15 日基本处理完毕"，对此，某设备总厂主张，该内容可以证明两台发电设备在 2008 年 7 月 28 日已交货。但从该联系单的全部内容来看，主要是"关于现阶段主机安装由于设备到货、质量缺陷的报告"，明确提出"设备到货情况并不能满足设备的正常安装，同时已到货的设备在安装过程中缺件、设备缺陷等问题频频出现"，报告中共提出了 7 项问题，因而即便 2008 年 7 月 28 日两台发电设备主机已到货，但因设备缺陷、缺件，尚不符合双方约定的有关国家验收标准及技术协议的交货条件，不能以此认定为双方实际交货时间。二是某水电公司 2011 年 8 月 10 日出具的一份"延期交货情况说明"，称"2008 年 7 月供方交付第一套水轮发电机组，2009 年 6 月交付第二套水轮发电机组，由于试机时发生定子线圈击穿事故,2010 年 3 月 15 日双方签署会议纪要”,对此,某设备总厂提出异议,认为该证据是在某水电公司起诉后作出的,不能作为有效证据。但某设备总厂未能提供其他充分有效的证据证明实际交货时间,故而某水电公司“延期交货情况说明”可以构成自认。因此,根据某水电公司的情况说明,结合某水电公司工作联系单等其他证据,某设备总厂实际交货时间可以认定为 2008 年 7 月交付第一台套设备,2009 年 6 月 22 日交付第二台套设备。

综上,双方约定两台套发电机组的最后交货时间分别为 2008 年 8 月 30 日、9 月 25 日,实际交货时间分别为:2008 年 7 月、2009 年 6 月 22 日,某设备总厂第二台套发电机组,延期交货 270 天。

(3)延期交货期的认定。晒北滩水电站发电引水隧洞土建工程 2009 年 7 月 15 日完成,同年 7 月 30 日工程验收合格。可见,某水电公司只有在引水隧洞工程验收合格后方能进行正常发电,其损失自此才能开始计算。由于某设备总厂的货物是在到货安装使用后出现的质量问题,返修期间不应再作为延期交货时间,根据双方合同约定,质量问题可以计算损失。两台设备返修到货时间分别为 2010 年 3 月 21 日和 5 月 19 日,从 2009 年 7 月 30 日隧洞工程竣工验收合格时起算,返修期间分别为 7.5 个月、9.5 个月。

(4)损失的认定。本案某设备总厂首先存在延期交货的行为,即第二台套水轮发电机设备延期变货 270 天,按双方合同约定,应罚 54 万元,但双方又约定最高不超过总价 3% 即 43.29 万元,故某设备总厂延期交货应承担的违约金为 43.29 万元。评估报告的损失为两部分,一部分是两台设备延期交货和产品质量问题的发电损失,另一部分是 CDM 项目损失。对于返修期间的发电损失,根据评估报告确认的发电收入每月 164.9542 万元,两台设备返修 8.5 个月,发电收入损失为 1402.1107 万元。对于 CDM 项目损失,某水电公司于 2004 年 5 月 29 日与某设备总厂签订买卖合同,4 年之后的 2008 年 11 月 25 日国家发改委批准其与瑞典碳资产管理公司的 CDM 减排量购买协议,根据《合同法》(已废止)第 113 条“损失赔偿额应当相当于因违约所造成的损失,包括合同履行后可以获得的利益,但不得超过违反合同一方订立合同时预见到或者应当预见到的因违反合同可能造成的损失”的规定,可得利益损失以可预见的损失为限,即以订约时当事人应当预见到违约可能造成的损失额为限,超出预见范围之外的损失则不予赔偿。本案某设备总厂签订买卖合同时,不可能预见几年后其违约可能造成对方与他人的合同利益损失,即算是在 2008 年 7 月 31 日签订补充协议时,也无法预见其近两个月后会因违约造成对方的合同利益损失。而事实上,某水电公司与瑞典碳资产管理公司的 CDM 减排量购买协议,因某水电公司的隧洞工程未完工也不具备发电条件。故某水电公司主张的 CDM

项目损失不应予以支持。

综上，二审法院判决某设备总厂因延期交货和产品质量问题，应承担的违约赔偿责任为1445.4007万元（43.29万元+1402.1107万元）。

三、再审判决

（1）关于延期供货时间的认定。根据2008年7月31日的《补充协议》，双方对延期交货进行了重新约定，"1.某设备总厂提供1#机组加工关键节点时间表，并采取有效措施确保在2008年8月30日前完成第1台主机全套设备的生产并发货；1#机组的自动化部分在2008年9月25日前完成。2.某设备总厂在2008年12月15日前完成第2台机组全套设备的生产并发货"。但某设备总厂并未按此时间交货，且无法提供相关证据证明具体交货时间。原审根据某水电公司2011年8月10日出具的"延期交货情况说明"的记载，"2008年7月供方交付第一套水轮发电机组，2009年6月交付第二套水轮发电机组"确定，第一、二套水轮发电机组实际交货时间分别为：2008年7月、2009年6月22日，认定某设备总厂逾期交货并无不当。

（2）关于设备是否存在质量问题。设备在安装试验期间发生事故，某水电公司立即函告了某设备总厂，并告知了与湖北大禹机电安装公司签订拆装协议书的情况。2010年1月4日某设备总厂在随即函复中主动承担设备大修费用，仅对某水电公司的拆装费偏高提出意见，完全没有提出非其产品质量问题而是安装导致事故的异议。在之后双方的多次往来交涉中，某设备总厂均对生产设备的质量问题未表示任何异议，主动进行维修，并承担全部维修费用。上述事实表明某设备总厂已经认可其提供的设备存在质量问题并按合同约定免费处理，故原审法院认定某设备总厂提供的设备存在质量问题并无不当。

（3）某水电公司是否存在损失，如果存在损失，损失数额如何确定的问题。本案某设备总厂逾期交货所应罚款的金额超过43.29万元，但因合同有最高额的约定，故违约责任计算为43.29万元。某设备总厂逾期交货，且设备存在质量问题，造成某水电公司不能正常发电，使其预期利润无法实现，某水电公司客观上存在可得利益损失。国众联评估公司评估报告，依据某水电公司的财务资料、经营收益资料等进行计算，确认发电收入每月164.9542万元。原审据此评估报告，计算两台设备返修导致的发电收入损失为1402.1107万元，此为可得利益损失。可得利益仅是当事人在付出劳动、正常经营情况下可能获得的收入，可以作为判决赔偿的一个参照依据。根据《合同法》（已废止）第113条之规定，可得利益损失不得超过违反合同一方订立合同时预见到或者应当预见到的因违反合同可能造成的损失。本案合同约定的总标的额仅1443万元，当事人很难预见到迟延履行会承担上千万元的赔偿责任。综合考虑本案合同金额、履行情况以及国众联评估公司评估报告等，根据公平原则,本院酌情判定某设备总厂向某水电公司赔偿可得利益损失 500 万元。综合违约责任和损失赔偿责任,两项合计某设备总厂应对某水电公司承担 543.29 万元的责任。

综上,再审法院判决设备厂赔偿水电公司因逾期交货和产品质量问题所造成的损失共计 543.29 万元。

【要点解析】

一、案件争议焦点问题评析

经过对案件一审、二审以及再审认定事实的对比,笔者发现,一审、二审和再审法院对涉案机组应交货时间、实际交货时间、延期交货期、损失计算期、直接损失与间接损失等方面的认定均有一定的出入,为方便了解对争议事实的不同认定,特制作表 2-1 进行对比。

表 2-1 三级法院认定的争议事实对比

<table>
<tr><th>事实</th><th>一审</th><th>二审</th><th>再审</th></tr>
<tr><td>应交货时间</td><td>以 2006 年 12 月 8 日的会议纪要为准。
第一台:2007 年 5 月 15 日
第二台:2007 年 6 月 15 日</td><td>以补充协议约定为准。
第一台:2008 年 8 月 30 日
第二台:2008 年 9 月 25 日</td><td>与二审认定一致</td></tr>
<tr><td>实际交货时间</td><td>以返修后交付时间为准。
第一台:2010 年 3 月 21 日
第二台:2010 年 5 月 19 日</td><td>以某水电公司 2011 年 8 月 10 日出具的“延期交货情况说明”为准。
第一台 2008 年 7 月
第二台:2009 年 6 月 22 日</td><td>与二审认定一致</td></tr>
<tr><td>延期交货期</td><td>应当交货与实际交货时间差:
第一台:迟延 34 个月
第二台:迟延 35 个月</td><td>第二台迟延 270 天;
两台返修期间分别为 7.5 个月、9.5 个月(从 2009 年 7 月 30 日隧洞工程竣工验收合格时起算)</td><td>第二台迟延 270 天</td></tr>
<tr><td>直接损失</td><td rowspan="2">未区分损失性质:
(1)1,649,542 元/月 ×34.5 月 = 56,909,199 元
(2)40,261 美元/月 ×34.5 月 = 1,389,004.5 美元</td><td>(1)43.29 万元违约金
(2)1,649,542 元/月 × 8.5 = 1402.1107 万元</td><td>43.29 万元违约金</td></tr>
<tr><td>CDM 可得利益损失</td><td>不支持可得利益损失</td><td>500 万</td></tr>
</table>

从表 2-1 可知,一审法院对于涉案机组的应交货时间和实际交货时间均是简单适用了《经济合同》中的条款,虽然注意到《补充协议》中对交货期的调整,但没有将《补充协议》视为某水电公司已经再次同意变更、延长交货时间,而是认定为针对某设备总厂已经迟延交货的现实、为补救而敦促某设备总厂发货以及要求某设备

总厂实施整改的时间限定。该事实的认定严重脱离了《补充协议》中条款之间的内在联系，导致事实认定不清，而二审法院对此予以了更正，显然更为妥当。对于机组的实际交货时间，一审法院将机组试运行返修后的二次交付视为最终交付时间，显然是没有理解交付的法律含义，动产交付是由出卖人直接将标的物从己方转交给买受人占有，买受人取得动产所有权的行为。交付也是风险转移的分界点，标的物毁损、灭失的风险，在标的物交付之前由出卖人承担，交付之后由买受人承担。本案中的机组在交付给某水电公司后试机发生故障返修，返修系某设备总厂履行其保修义务，但机组的交付早已完成，而不应以返修后的二次交付作为最终交付时间。二审法院对一审实际交货时间进行了纠正，但二审法院以某水电公司 2011 年 8 月 10 日出具的“延期交货情况说明”作为认定实际交货时间亦存在一定的问题。首先，本案《经济合同》第 22 条约定：“产品运到工地进行安装时，甲方在安装时应对箱内产品按明细表进行清点，乙方应派员前往协助，若发现差错和质量等问题，应实事求是签字作证，做到双方共同验收，甲方应为乙方派出的工作人员提供方便。”从该条可以看出货机组到场后的数量及明细清点工作是某水电公司的合同义务，某设备总厂是协助义务，实际履行中某水电公司未进行现场清点便接收了涉案机组，说明其对到货机组的主体及零部件并无异议。其次，某水电公司 2008 年 10 月 23 日所作(2008)联系 26 号工作联系单第 2 项“2008 年 7 月 28 日我部在机组定子中心高程调整中发现两台机组顶盖与底环有不同程度偏心和间隙过小，后由厂家处理，自 2008 年 9 月 15 日基本处理完毕”。该份证据也视为某水电公司的自认行为。再次，结合《经济合同》中的现场清点条款及某水电公司出具的(2008)联系 26 号工作联系单和 2011 年 8 月 10 日出具的“延期交货情况说明”，在无其他证据能够直接证明涉案机组实际到货时间的情况下，如以某水电公司的自认作为认定事实的依据，那么其作为权利主张一方应以对其不利的那份证据为准，即认定 2008 年 7 月 28 日作为两台机组的交付时间为妥，否则对某设备总厂有失公允。

对于机组延期供货的损失认定，一审法院并未区分直接损失和 CDM 项目预期可得利益损失，也没有适用合同中的违约金条款，而是简单地以国众联评估公司出具的《资产评估报告》计算推迟发电期间某水电公司可获得的发电收益为 1,649,542 元/月 ×34.5 月 =56,909,199 元，可获得的 CDM 项目碳交易销售收益为 40,261 美元/月 ×34.5 月 =1,389,004.5 美元，数据相加超出某水电公司诉讼请求部分视为主动放弃，这种裁判方式简单粗放，显然脱离了案件的基本事实，取巧地利用评估报告“以鉴代审”。二审法院对延迟供货期作出了重新认定，第二台机组延迟交货 270 天，并适用合同中的违约金限额条款最终判定违约金为合同价的 3%，即 43.29 万元；而对超出违约金的损失部分，二审法院巧妙地以机组存在质量返修为由,返修期势必造成应发未发收益的损失,从而认定直接损失为1402.1107万元=1,649,542元/月(评估报告每月可收发电收益)×8.5月(平均返修期),对于CDM项目可得利益损失,则以超出损失可预见原则为由未予支持。

再审期间,再审法院对案件基本事实的认定与二审无异,但对损失的数额认定方面则采取更加讨巧的方式,再审法院首先支持了违约金限额条款有效,维持了43.29万元延期供货违约金,但对损失的认定上则将二审法院支持的1402.1107万元认定为也是预期可得利益损失,同时对CDM项目可得利益损失只字未提,最后从平衡各方利益角度出发,酌情将损失调整为500万元。

二、违约金限额条款的适用

(一)法院有权依一方申请调整违约金限额条款

对于合同中约定的违约金限额条款,相关法律中并未有明确的规定,但通常基于当事人之间的意思自治原则,理论界和实务界对其效力均持肯定态度。既然违约金限额条款有效,那么实践中人民法院或仲裁机构是否有权调整违约金限额条款以及在当事人一方未提出异议时是否有权主动调整违约金限额条款呢?

《民法典》第585条第1、2款[《合同法》(已废止)第114条]规定:"当事人可以约定一方违约时应当根据违约情况向对方支付一定数额的违约金,也可以约定因违约产生的损失赔偿额的计算方法。约定的违约金低于造成的损失的,人民法院或者仲裁机构可以根据当事人的请求予以增加;约定的违约金过分高于造成的损失的,人民法院或者仲裁机构可以根据当事人的请求予以适当减少。当事人就迟延履行约定违约金的,违约方支付违约金后,还应当履行债务。"依据该法律规定,法院或仲裁机构基于当事人的请求,享有对违约金的调整权。同样,违约金限额条款作为违约金条款的一个特别约定,法院也享有对违约金限额条款的调整权。

本案中,我们注意到原告某水电公司起诉时并未适用延期供货的违约金条款,而是诉请直接损失49,897,658.73元,这种表述我们推断有两种考虑,一是刻意规避违约金限额条款,二是诉请本身就包含了违约金及超出违约部分的损失。某设备总厂上诉时提出合同约定了违约金限额条款,应当优先适用,全部损失以不超过合同总价的3%为限。某水电公司主张其损失远远超出了违约金,应当对其实际损失予以支持,故二审法院在认定违约金限额条款有效的情况下,对额外的实际损失给予了支持。

(二)人民法院依职权主动调整违约金限额条款的分析

最高人民法院《关于适用〈中华人民共和国合同法〉若干问题的解释(二)》(已废止)第27条规定:"当事人通过反诉或者抗辩的方式,请求人民法院依照合同法第一百一十四条第二款的规定调整违约金的,人民法院应予支持。"第28条规定:

“当事人依照合同法第一百一十四条第二款的规定，请求人民法院增加违约金的，增加后的违约金数额以不超过实际损失额为限。增加违约金以后，当事人又请求对方赔偿损失的，人民法院不予支持。”第29条规定：“当事人主张约定的违约金过高请求予以适当减少的，人民法院应当以实际损失为基础，兼顾合同的履行情况、当事人的过错程度以及预期利益等综合因素，根据公平原则和诚实信用原则予以衡量，并作出裁决。当事人约定的违约金超过造成损失的百分之三十的，一般可以认定为合同法第一百一十四条第二款规定的‘过分高于造成的损失’”，上述规定是法院审判实务中调整违约金的依据。

实践中，人民法院认为违约金不适当的情形下，会当庭向一方释明，征询其是否作出要求调整的意见，对此已形成共识。但若违约方未到庭，或者到庭经法庭释明后其仍认为不存在任何违约行为，拒绝提出调整，此时法院能否主动调整，司法实务中尚有争议。

最高人民法院执行工作办公室《关于广东省高级人民法院请示的交通银行汕头分行与汕头经济特区龙湖乐园发展有限公司申请不予执行仲裁裁决案的复函》（〔2003〕执他字第10号）中提道：“违约金由双方当事人自由约定，只要不违反法律规定和不损害第三人合法权益，国家一般不予干涉。国家认为双方当事人约定的违约金过高或者过低的，可以予以调整，但必须是基于一方当事人的请求。”上海市高级人民法院《关于商事审判中规范违约金调整问题的意见》（沪高法民二〔2009〕13号，以下简称《上海高院违约金调整意见》）亦有类似的规定，即“当事人认为违约金过高的，应当在一审法庭辩论终结前向法院提出，法官在审理中应当注意释明。当事人一审到庭但未提出违约金数额过高的调整请求，而在二审期间提出的，法院不予审查，但是当事人提出新的证据的除外。当事人无正当理由拒不到庭参加庭审，在二审期间提出违约金数额过高的，法院不予支持”。可见，当事人没有提出主张情况下，法院一般不能依职权主动调整违约金。

但在一些特殊情形下也有例外，如2010年1月31日发布的《江苏省高级人民法院买卖合同纠纷案件审理指南》中规定：“法院一般不依职权主动调整违约金，但在违约金数额明显违背诚实信用原则和公平原则，法院可以依职权适当调整违约金，尤其是在被告未到庭，或到庭但坚持作其不违约的抗辩而不提出调整违约金请求的情况下。”

（三）司法实务中违约金调整的考量因素

司法实践中，当事人如果要求人民法院调整违约金，则法院一般会以实际损失为基础，兼顾合同的履行情况、当事人的过错程度以及预期利益等综合因素，根据公平原则和诚实信用原则予以考量。

1. 补偿性原则

我国合同法规定的违约金首先是以补偿为原则，惩罚性为辅助。因此，违约金的数额应当与实际损失相当。在最高人民法院(2011)民再申第84号案件中，最高院认为违约金具有补偿性和惩罚性双重性质，合同当事人可以约定高于实际损失的违约金。但从约定的违约金超过造成损失的30%来看一般可以认定为过高，违约金的性质仍以补偿性为主，以填补守约方的损失为主要功能，而不以严厉惩罚违约方为目的。过高的违约金约定可能与公平原则存在冲突，在某些情况下还存在诱发道德风险的可能。

2. 可预见原则

对于违约方的可预见标准，可将正常的出卖人或买受人的商业判断为标准，即正常的出卖人或买受人在了解缔约时的特殊情况后应该合理预见因违约而导致的损害后果。同时，违约方的身份、违约方对特别事情的了解程度、守约方的身份、标的物的性质和用途、守约方支付价款的多少等因素在适用可预见原则时要引起重视。

3. 过错原则

人民法院在调整违约金数额时，应综合考虑合同主体的过错程度，对过错比例进行界定，如违约方存在重大过错或恶意违约，自然应根据其过错程度加重承担违约金的比例，这也是体现违约金的惩罚性属性。

4. 公平、诚信原则

相对于其他考量因素，公平原则和诚信原则在合同法司法解释中规定得较为抽象，但该原则恰恰是商事行为中应遵守的重要原则。

很多情况下，人民法院都是在考虑公平、诚实信用原则的基础上，兼顾其他原则来判定违约金数额。例如《上海高院违约金调整意见》中提到，法院依据最高人民法院《关于适用〈中华人民共和国合同法〉若干问题的解释(二)》第29条第1款判断违约金是否过高时，要避免简单采用固定比例的“一刀切”的认定方式，应当依照公平原则和诚实信用原则，根据案件的具体情形，以违约造成的损失为基准，综合考量以下引述：(1)合同履行程度；(2)违约方的过错程度；(3)合同的预期利益；(4)当事人缔约地位的强弱；(5)是否适用格式合同或条款；(6)当事人是否已在诉请中对违约金进行减让；(7)违约金计算的基数；(8)法官根据具体案件。

三、CDM项目损失的法律性质

最高人民法院《关于当前形势下审理民商事合同纠纷案件若干问题的指导意见》(法发〔2009〕40号，以下简称《民商事纠纷指导意见》)第9条规定：“在当前市场主体违约情形比较突出的情况下，违约行为通常导致可得利益损失。根据交易的性质、合同的目的等因素，可得利益损失主要分为生产利润损失、经营利润损失和转售利润损失等类型。生产设备和原材料等买卖合同违约中,因出卖人违约而造成买受人的可得利益损失通常属于生产利润损失。承包经营、租赁经营合同以及提供服务或劳务的合同中,因一方违约造成的可得利益损失通常属于经营利润损失。先后系列买卖合同中,因原合同出卖方违约而造成其后的转售合同出售方的可得利益损失通常属于转售利润损失。”

预期可得利益具有一定的未来性,但又要求具备大概率的实现性和可预见性。本案中,某水电公司涉案水电站作为CDM(清洁发展机制)项目经申报已经国家发改委核证。2008年11月25日,国家发改委下文,批准某水电公司与瑞典碳资产管理公司的CDM减排量购买协议,进行清洁发展机制项目合作,转让该项目生产的温室气体减排量,转让总量不超过50万吨二氧化碳当量,每吨二氧化碳当量转让价不低于10.5美元。某水电公司委托了湖南湘科清洁发展有限公司就该项目进行交易销售。2011年4月18日,某水电公司获得从2010年3月1日到7月15日减排期的碳排量销售款227,942欧元,折合人民币2,128,818.72元。2010年3月1日以前,某水电公司CDM减排量因发电机组质量问题而未发电上网,故没有获得该项销售收益。

综上可以判断,本案中某水电公司遭受的CMD项目收益损失是属于生产利润损失,且具有实现性和可预见性,属于预期可得利益损失。但值得注意的是,本案再审对损失认定中并没有直接提及是否支持CDM项目收益损失,而是直接不加区分将酌情认定除违约金外的其他损失都是预期可得利益损失。但综合本案事实,我们理解最终的损失中是包含了CDM项目的收益损失的。

四、损失可预见原则的理解与适用

可预见规则,又称合理预见规则,是指合同一方当事人因违约给另一方当事人造成损害时只就违约方在缔约时预见到或者应当预见到的因违约造成的损失负责赔偿,超过预见范围的损失不予赔偿。

可预见规则在英国法上的确立源于1854年的判例哈德利诉巴克森德尔案(Hardly v. Baxendale)。美国的立法与判例也借鉴了上述案例中适用的规则。《第二次合同法重述》第351条规定了可预见规则的内容。美国学界对这一条的评论是:“之所以要求可预见性,是因为缔约人通常被期望着对其缔约时可得预见的风险加以考虑,而对于他在缔约时没有理由预见违约行为可能结果的损失,他不予负责。”如果实际发生的损失是不可预见到的,则单纯的某些损失是可得预见的甚或某些相同的通常类型的损失是可得预见的,诸此情事尚不充分。然损失的被预见是其违约的可能的(而非必然的)结果即为已足。从可预见规则的产生、发展及具体的适用情况来看,可预见规则与违约可得利益损失赔偿的关系密不可分。同时,对实际损失的认定不论是理论上还是实践中都没有太大的争议，因此，可预见规则主要的作用在于违约可得利益损失的认定及限制。

（一）可预见原则在违约可得利益损失赔偿中的适用条件

1. 预见的主体

预见的主体是指预见或应当预见损害后果的具体行为人。对预见主体的讨论是要解决违约可得利益损失是以合同当事人哪一方的预见为标准的问题，具体来讲，是应由违约方预见还是守约方预见或者双方当事人共同预见的问题。

我国《民法典》第584条规定："当事人一方不履行合同义务或者履行合同义务不符合约定，造成对方损失的，损失赔偿额应当相当于因违约所造成的损失，包括合同履行后可以获得的利益；但是，不得超过违约一方订立合同时预见到或者应当预见到的因违约可能造成的损失。"依据该条可以看出，我国对可得利益损失的预见主体为违约方。

2. 预见的时间

预见的时间是指预见主体何时应当预见，有"合同订立时"与"债务不履行时"这两种不同的观点。订立合同时，当事人正在磋商确定交易条件，这直接受当事人所掌握的信息的影响，而违约方掌握的信息是确定其预见范围的基础。订立合同后违约方获取的信息会扩展其预见的范围，但新获取的信息与交易条件的确定无关，让违约方的责任随订立合同后获取信息量的增加而扩张，会破坏当事人间的利益平衡。因此，依据《民法典》第584条，我国是以订立合同时为准。

3. 预见的内容

对于可预见的内容我国法律并未明文规定，《国际商事合同通则》注释指出可预见的内容与损害的性质或者类型有关，但与损害的程度无关，除非该损害的程度影响损害的类型的认定和转变。① 笔者认为，要求违约方在订立合同之时就预见违约可能造成的损害程度，未免过于苛责，损害程度在案件审理中通过举证质证加以认定更为妥当。

4. 预见或应当预见的判断标准

审判实务中，违约方多会抗辩对可得利益损失是"无法预见"的，针对预见或应当预见更多的是基于法官的自由裁量。由于合同的多种多样及当事人本身的不同情况，法院会根据合同的具体内容、合同的履行情况、当事人的身份、合同的目的等具体情况来考量违约可得利益损失是否是违约方可以预见或者应当预见到的。

① 参见崔建远：《合同法》，北京大学出版社2013年版，第366页。

（二）可得利益损失赔偿中可预见原则的适用

《民商事纠纷指导意见》第10条规定："人民法院在计算和认定可得利益损失时，应当综合运用可预见规则、减损规则、损益相抵规则以及过失相抵规则等，从非违约方主张的可得利益赔偿总额中扣除违约方不可预见的损失、非违约方不当扩大的损失、非违约方因违约获得的利益、非违约方亦有过失所造成的损失以及必要的交易成本。存在合同法第一百一十三条第二款规定的欺诈经营、合同法第一百一十四条第一款规定的当事人约定损害赔偿的计算方法以及因违约导致人身伤亡、精神损害等情形的，不宜适用可得利益损失赔偿规则。"可见，在违约预期可得利益损失赔偿的范围上，除了前述的可预见原则外，人民法院要综合运用减损规则、损益相抵规则以及过失相抵规则进行综合判断。

本案再审中，法院认定涉案合同约定的总标的额仅1443万元，当事人很难预见到迟延履行会承担上千万元的赔偿责任。综合考虑本案合同金额、履行情况以及国众联评估公司评估报告等，根据公平原则，酌情判定某设备总厂向某水电公司赔偿可得利益损失500万元。

【实务建议】

一、合理设置违约金条款

实务中，合同中违约金条款的设置多种多样，但首先应当具体明确，要么约定具体的违约金数额，要么是约定具体的违约金比例，否则只是简单的约定一方违约需向对方赔偿损失这类表述，发生纠纷后只能以举证实际损失为主。另外，一方当事人也切不可毫无边际的设定过高的违约金，以为万事大吉，殊不知另一方也是可以要求法院调减的，最后导致可能获取的违约金赔偿比约定一个合理的比例还要少。另外，合同一方也不要以为合同约定了违约金限额条款就可高枕无忧，若一方有充足的证据证明其实际损失远远超过了违约金限额，也是可以对超出部分主张损失的，人民法院也会基于公平原则、可预见原则等进行裁判。

二、做好合同履行过程中的证据固定

本案中我们注意到，合同约定机组运到工地进行安装时，买方应对箱内产品按明细表进行清点，卖方应派员前往协助，若发现差错和质量等问题，应实事求是进行签字作证，做到双方共同验收。但遗憾的是，实际履行中双方都未按合同的到货验收程序来操作，导致双方对到货时间各执一词，也给人民法院在核查机组到货时间这个事实制造了障碍。这足以说明合同签订后履行阶段的证据固定是非常重要的。以买卖合同类纠纷为例，送货单、到货签收记录、合理异议期内的权利主张证据、质保期发生质量问题后的往来函件等都是关系到纠纷发生后权利主张能否实现的重要证据，切不可忽视。

三、发生合同纠纷后应积极应对,不可漠视不管

合同履行应遵守诚实信用原则,合同双方都应竭尽全力维护正常的交易,交易中发生纠纷是正常的,应合理对待一方提出的诉求,切不可以与己无关的态度应对,避免无视造成更大的损失。对于主张权利的一方也要避免损失扩大,否则因放任而导致的扩大损失,人民法院也是不予支持的。

实战案例 10

新能源项目结算中真印章、假合同背后的法律效力辨析

——江苏某管理公司与北京某科技公司买卖合同纠纷案①

新能源项目中的设备采购环节，买卖双方通常会在合同中约定“供货数量暂估”的开口条款，即待供货完成后再按据实结算，这就很容易让人钻了空子，比如，员工盗用公司印章进行虚假结算。我们在帮助客户处理的一起光伏组件采购合同纠纷案中，客户起诉索要质保金尾款，却遭遇被告突袭提交了一份客户从未见过却又盖了章的《结算协议》证据，到底是虚假起诉还是货款早已两清，扑朔迷离，我们从证据链逻辑的角度突破了证据的重大“瑕疵”并帮助客户取得了一审胜诉、二审发回重审、而后一审再度胜诉的成果，却又在发回重审后的二审铩羽而归，跌宕起伏之间尽显法院的裁判思路。本文将从我们代理的这起真印章、假合同的争议案件入手，揭示公司盖章行为法律效力认定背后的底层逻辑，分类剖析真印章假合同、超出用章种类、伪造印章、使用多套印章等常见争议情形的认定，帮助大家深度理解公司盖章行为的法律内核。

【案情简介】

2015 年 3 月，江苏某管理公司（卖方，以下简称某管理公司）与北京某科技公司（买方，以下简称某科技公司）签订《光伏组件采购合同》，双方约定：由某科技公司向某管理公司采购光伏组件，单价为 3.8 元/瓦，总容量按 10MW 暂估，按照实际发货量结算；付款方式为：(1)卖方在发货前 3 个工作日向买方提供相关单据资料，买方审核无误后 3 个工作日内支付 40% 价款；(2)买方验收合格后支付 50% 款项方可提货；(3)货物出厂日起一年质保金期限届满，买方支付余下 10% 价款的质保金。同时约定，买方逾期付款超过 30 天，卖方有权解除合同，并要求买方承担合同总额的 10% 的违约金。

合同签订后，某管理公司根据某科技公司的实际发货需求供货，分别于 2015 年 3 月 10 日、5 月 4 日、7 月 20 日三次由某科技公司自提的方式向其供货，实际发货功率共计 4.203MW，合计 15,971,400 元（4,203,000 瓦 ×3.8 元/瓦）。某科技公司累

① 北京市海淀区人民法院（2016）京 0108 民初 36760 号民事判决书，北京市第一中级人民法院（2019）京 01 民终 8671 号民事判决书，北京市海淀区人民法院（2020）京 0108 民初 1199 号民事判决书，北京市第一中级人民法院（2021）京 01 民终 8286 号民事判决书，均为浙江阳光时代律师事务所代理，案情略有删减。

计支付货款14,349,100元,并留扣10%左右货款1,622,260元作为质保金。

质保期届满后某科技公司仍拖延货款,引发争议。某管理公司委托本所律师诉至法院,起诉要求解除涉案采购合同,同时要求某科技公司支付剩余货款1,622,260元及违约金162,226元。

【裁判结果】

一、一审判决

本案一审由北京市海淀区人民法院审理,核心争议为供货数量及事实的审查与认定。经审理,法院认为:关于某科技公司所作某管理公司未依约交付全部货物、其货款已经支付完毕的辩解。首先,在案发货记录、签收记录、发票及某科技公司的付款比例等证据足以证明某管理公司依约交付全部货物、某科技公司尚欠10%尾款(质保金)的事实;其次,反观某科技公司的陈述,其对法庭询问的多项事实均不能作出回答。因此,在认定某管理公司已按约履行供货义务但某科技公司拖欠货款违约的情况下,一审法院判决要求某科技公司支付剩余货款1,622,260元及违约金162,226元等。

一审结束,某管理公司胜诉。

二、二审裁定

一审判决后,某科技公司上诉,本案二审由北京市第一中级人民法院审理。然而,某科技公司却在二审开庭突袭提交了一份双方盖章的《结算协议》证据,该协议加盖有某管理公司的公章,且载明"双方签订有采购合同,合同原计划采购容量为10MW,实际最终发货容量为3.776MW……该合同最终结算按实际发货容量3.776MW计算,相应的原合同结算金额也变更为14,348,800元……"据此,某科技公司主张其已支付完毕全部货款、不存在结欠事实。某管理公司对该协议的真实性不予认可。经审理,法院认为:一审法院应就涉案合同的实际发货功率等合同履行情况及结算情况进一步查明,以最终认定欠付货款金额。因此,二审法院裁定撤销原一审判决、发回重审。

二审结束,某科技公司提交出现"颠覆性"证据,案件回到起点。

三、发回重审后一审判决

发回重审后一审,本案继续由北京市海淀区人民法院审理。某管理公司拒不认可《结算协议》的真实性,同时抗辩,即便印章为真,该协议也不是某管理公司真实的意思表示,不具有约束力。经审理后,法院认为,双方诉争核心事实为涉案合同货物实际给付情况,某科技公司就此仅提交《结算协议》,但其对法庭询问的收货经过、收货数量等与合同履行相关的多项关键事实均不能作出具体解释;某管理公司提交发货清单、签收记录、增值税发票以及某科技公司付款凭证对三次供货事实经过予以证明,已形成完整证据链条,其证明力明显优于《结算协议》这一孤证,故法院依据某管理公司提交的相关证据确定涉案合同货物实际给付情况。因此,一审法院再次支持了某管理公司的诉请,判决某科技公司支付剩余货款及违约金等。

发回重审后一审结束,某管理公司顺利"狙击"掉对方关键性的"孤证",守住了胜诉果实。

四、发回重审后二审判决

发回重审一审判决后,某科技公司再次上诉,本案二审继续由北京市第一中级人民法院审理。经审理,法院认为,本案中涉案合同项下货物的实际交付数量的举证责任在于某管理公司一方。某管理公司虽然提交了发货清单、签收单、增值税发票以及某科技公司付款凭证,但是,不能仅以发票证明已履行交付标的物义务;其他证据,2015 年 3 月 10 日的发货清单及单证签收单仅为复印件;2015 年 5 月 4 日的发货证据中,仅有发货清单没有单证签收单;加之,某管理公司提交的出货通知单、产品出货申请单中所载发货数量系一方内部工作流程中一部分,不能据此确定实际的发货数量;某管理公司提交的成品发货清单、单证签证单上亦缺少收货人的签字,相关证据并不足以证明其主张的实际交货数量。而某科技公司提交了《结算协议》,经司法鉴定亦确定了印章的真实性,已经尽到了己方举证责任。因此,二审法院判决驳回了某管理公司的货款主张诉请。

因此,发回重审后的二审结束,某管理公司"败诉"而归。

【要点解析】

一、盖章行为法律效力认定的底层逻辑

公司作为拟定的人格主体,需要借助特定的载体以对外作出意思表示,相对方也通过辨识这些载体来产生信赖利益。通常情况下,公司对外意思表示的载体包括:第一,由特定的"人"对外作出,如法定代表人或者其他被授权主体。根据《民法典》第 61 条规定:"依照法律或者法人章程的规定,代表法人从事民事活动的负责人,为法人的法定代表人。法定代表人以法人名义从事的民事活动,其法律后果由法人承受。法人章程或者法人权力机构对法定代表人代表权的限制,不得对抗善意相对人。"那么,法定代表人一般可以当然的对外代表公司。第二,由特定的"物"对外作出,如加盖公司印章。尤其是公司对外进行商事交易,通常都是通过盖章来完成合同签署。问题是,盖章为真的协议是否当然有效,加盖假章的协议是否当然无效,这都是我们在实践中最常面临的拷问,本文将重点探讨上述第二种对外意思表示的形式,公司盖章行为的法律效力认定问题。

《九民纪要》中对盖章行为的法律效力进行了专章论述,具体为:"人民法院在审理案件时,应当主要审查签约人于盖章之时有无代表权或者代理权,从而根据代表或者代理的相关规则来确定合同的效力。法定代表人或者其授权之人在合同上加盖法人公章的行为,表明其是以法人名义签订合同,除《公司法》第十六条等法律对其职权有特别规定的情形外,应当由法人承担相应的法律后果。法人以法定代表人事后已无代表权、加盖的是假章、所盖之章与备案公章不一致等为由否定合同效力的,人民法院不予支持。代理人以被代理人名义签订合同,要取得合法授权。代理人取得合法授权后,以被代理人名义签订的合同,应当由被代理人承担责任。被代理人以代理人事后已无代理权、加盖的是假章、所盖之章与备案公章不一致等为由否定合同效力的,人民法院不予支持。"可见,盖章行为法律效力的判断主要遵循"以人为准,以章为辅"的基本裁判思路,关键是核查有无代表权或代理权,或者是否构成表见代理。究其原因,盖章的行为的本质是职务行为,若该人员享有代表权或者代理权,或者通过权利外观使相对方足以相信该人员有授权而构成表见代理,那么,无论印章真假,盖章行为均应作为公司的行为,由公司承担法律后果。

由上述分析引申来看,司法实践中,盖章行为法律效力认定的底层逻辑实际是:盖章行为与公司意思表示之间相互联系且独立,需要通过相关的证据内容来锁定二者之间是否一致,这也是该类案件审理中的方向所在。比如,最高人民法院在(2014)民提字第178号案件中的论述观点,法院认为:"协议形成行为与印章加盖行为具有相对独立性,协议形成行为是双方合意行为的反映形式,而印章加盖行为是双方确认双方合意即协议的行为,二者相互关联又独立,在证据意义上,印章真实一般即可推定合意形成行为真实,但在有证据否定或怀疑合意形成行为真实性的情况下,即不能根据印章的真实性直接推定协议的真实性,也就是说,印章在证明协议真实性上尚属初步证据,人民法院认定协议的真实性需综合考虑其他证据。"

既然已经锁定了底层逻辑,又如何去更好地应对纷繁复杂的实践情况呢?盖章行为引发的争议不仅涉及表见代理、职务行为、合同相对性等法律问题的分析,还会涉及代理人身份、授权权限、印章真伪等事实问题的查明。这其中,既可能面对公司印章被盗用、被内外工作人员勾结坑害的"无辜者",也可能存在刻制多套印章并在关键时刻想要脱责的"恶人",复杂而多变。因此,由底层逻辑回归到具体的司法实践情形中,才能动态地理解实务中如何具体地运用底层逻辑的,我们将在下文为大家剖析这其中最常见的几种争议情形。

二、司法常见争议情形—真印章、假合同下盖章行为的法律效力

首先,从笔者团队代理的这起某管理公司案件出发,来探讨最常见的真印章、假合同的盖章行为效力问题。加盖的印章为真,无法获知盖章的人员及身份,一边是盖章之人的逃之夭夭,另一边却是公司的无辜受诉,这就是"真印章、假合同"。面对该种"完美犯罪",公司是否只能束手就擒呢?当然,我们在讨论这个问题之前，首先就一个问题达成共识，那就是我们在上文中已经论述的“盖章行为与公司意思表示之间的独立性问题”。因为二者是相互独立的，即便印章为真，在有充分证据证明加盖印章的合同不是公司真实意思表示的情况下，公司仍然可以推翻“假合同”。然而，该类案件的难就难在，到底如何推翻“假合同”，避免法院落入只能“以真印章推定合同为真”的审理结论上。

先借由我们代理的这起案件来直观感受下该类案件面临的现实困境。本案是一个卖方起诉主张质保金尾款的买卖合同纠纷案，卖方某管理公司主张通过三次供货累计供货数量为4.203MW、供货金额为15,971,400元，某科技公司欠付金额1,622,260元质保金尾款。对此，买方某科技公司主张供货数量为3.776MW、供货金额为14,348,800元，且已支付完毕，为此还提交了关键性的《结算协议》证据。针对《结算协议》，诉讼中启动的司法鉴定结论为章是真章，无法查明双方对接协议的具体盖章人员，某管理公司自始都不认可该份协议，这是典型的“真印章、假合同”情形。

结合发回重审后的一审、二审来看，两级法院都有一个底层逻辑，不简单地以印章为真来直接推导出协议为真，认可加盖印章行为与公司意思表示之间存在独立性，而导致审理结果颠覆的根本原因在于举证责任的分配以及证据证明力的认定问题。关于涉案《结算协议》的争议实际上是涉案供货数量的争议。我们假定一种情况，虽然《结算协议》上的章为真，某管理公司若能充分举证实际的供货数量、供货金额与《结算协议》存在重大冲突，那就完全有机会推翻《结算协议》的，这正是我们在该案中的突破口。一审中，我们抓住《结算协议》的“孤证”特点以及该孤证与涉案供货事实的冲突，有利引导，获得了法院的支持。法院认为，某管理公司提交的证据已形成完整证据链条，证明力明显优于《结算协议》这一孤证，据此支持了某管理公司的质保金诉请。然而，二审中，法院关注到某管理公司供货证据中的“缺陷”（部分证据的复印件形式、缺少某科技公司本身的收货签字等），进一步认为，一审法院对双方举证责任的分配以及对某管理公司提交的证明涉案合同项下货物的实际交付数量的证据和某科技公司提交的《结算协议》之间的证明力大小判定存在错误，继而认为某管理公司的举证不充分而承担败诉后果，本案的审理结果发生逆转。表面上来看，某管理公司败诉于一份《结算协议》，实际上失势于供货事实本身的重大举证“缺陷”，法院在现有证据不足以推翻“真印章合同”的情况下只能推导该合同为真。当然，这也会成为后续某管理公司再审程序中进一步争取的方向所在，如若能就供货事实补强证据，案件也许再度面临逆风翻盘。

引申来看，面对“真印章、假合同”的诉讼案件中，公司到底有哪些突破路径来推翻这份盖章合同呢？

（一）技术突破路径上的证据排除规则

面对一份加盖有印章的合同证据，有效的证据线索不限于合同内容、印章真伪，还包括其他，如印文的加盖时间。部分案件，若协议的内容已明确了该协议的形成时间或者整个案件走向，使得该协议必须在特定时间形成，却鉴定出完全不同的实际形成时间，这就使该份“真合同”可能就不被采纳。诸如此类的有效线索的获取，需要借助司法鉴定等客观的技术路径去突破获取。当然，选择技术突破的同时也意味着预先承担鉴定费成本，甚至面临无法得出鉴定结论的风险。

就像我们代理的这起某管理公司案件，某管理公司曾经申请的鉴定事项之一，加盖印章的具体时间、加盖印章与协议之间形成的先后顺序。该项鉴定申请的思路是，若鉴定出印文时间的形成时间与对方主张的时间存在重大冲突，还是有机会推翻该份证据。然而，虽提交了大量检材作为支撑，最终还是因无法满足鉴定条件而未能启动。不管怎么说，技术突破不失为一种我们可以考虑的路径，甚至真的会成为关键突破口。例如，山东省高级人民法院审理的（2015）鲁民提字第571号案件中，原告起诉主张被告偿还借款本息，被告丽晶大酒店抗辩《借款协议》的真实性，并申请对《借款协议》印刷体文字和落款甲方公章处“青岛丽晶大酒店有限公司”公章印文的形成时间进行鉴定，鉴定结论为《借款协议》印刷体文字和落款甲方公章处的公章印文不是标称时间“2006年9月30日”形成，而是分别形成于2008年。法院认为：“涉案鉴定具有鉴定其形成时间的条件，鉴定机构对鉴定方法、使用的科学技术手段及鉴定人的鉴定资格进行了说明，鉴定意见应当予以采纳。《借款协议》标注的时间为2006年9月30日，鉴定结论是2008年；《借款款项支付第三方的委托书》中所述‘根据2006年9月30日签订的借款协议，丽晶大酒店委托于某代丽晶大酒店将该协议项下1500万元借款直接支付给青岛建豪公司’的内容，真实性法院不予认可……原被告之间存在借款关系的主张缺乏证据支持。”

（二）逻辑锁定路径上的证据排除规则

技术突破是有成本、有风险的，若不具备客观的鉴定条件，努力也会零收获。司法实践中完全凭借司法鉴定等技术手段排除证据的成功判例少之又少，更多的案件是回归到诉讼案件审理的法律逻辑中来，法院对举证责任、证据的证明力等进行科学认定，最后因盖章文件与证据链逻辑的重大冲突而排除这份真印章、假合同。试想，一份证据只有章是真的，在证据链中完全属于“极不合理的存在”，举证方又未能作出任何合理解释，法院仍采纳该份证据的基础又在哪呢？这正是我们代理的这起某管理公司案件中始终探寻的突破口，也是司法实践中被论证过的有效路径。

除了我们上文中提及到的（2014）民提字第178号案件，最高人民法院审理的

(2019)最高法民申6518号案件中也对逻辑锁定路径有一个直观鲜明的运用。该案中,原告天津管件公司以与被告宁基公司盖章确认的《合作开发协议书》等作为证据,诉至法院要求被告支付阶段性利润,被告宁基公司抗辩上述《协议书》的真实性,法院未支持合资合作关系的成立及利润分配的诉请。法院认为:协议的协商过程与加盖印章的行为具有相对独立性,不能仅以加盖印章行为即认定协议的真实性,且《协议书》存在多处有违常理且与交易习惯不符的情形,具体表现为:(1)《协议书》上的落款日期2012年1月6日与管件公司主张的合同签订日期2017年6月之间相距五年,且在《协议书》落款时间时宁基公司还未取得案涉土地使用权。(2)《协议书》中双方权利义务不对等,明显加重宁基公司责任而免除管件公司责任。(3)《协议书》中约定的项目竣工时间与《建设工程施工合同》中约定的竣工时间不符……对于以上不合常理且有违交易习惯的情形,管件公司并未作合理解释及提供相应证据予以充分证明。

三、司法常见争议情形—伪造印章下的盖章行为效力

伪造公司、企业的印章存在被认定为犯罪的刑事风险,伪造者可能要承担“三年以下有期徒刑、拘役、管制或者剥夺政治权利,并处罚金”的刑事责任。与之相关的,对于无辜且事先不知情的被伪造印章的公司,加盖伪造印章的法律行为是否对其生效,相关合同是否需要继续履行?这是大家更关注的问题。

最高人民法院《关于在审理经济纠纷案件中涉及经济犯罪嫌疑若干问题的规定》(2020年已修正)第5条:“行为人……私刻单位的公章签订经济合同,骗取财物归个人占有、使用、处分或者进行其他犯罪活动构成犯罪的,单位对行为人该犯罪行为所造成的经济损失不承担民事责任。行为人私刻单位公章……以签订经济合同的方法进行的犯罪行为,单位有明显过错,且该过错行为与被害人的经济损失之间具有因果关系的,单位对该犯罪行为所造成的经济损失,依法应当承担赔偿责任。”很显然,一旦因伪造印章导致损失发生,单位不能简单地以印章系伪造为由而完全脱责,在存在过错的情况下具有赔偿损失的义务。司法实践中,即便伪造者被刑事定罪,加盖伪造印章的合同并非当然无效,关键看伪造印章是否构成了表见代理。一旦伪造者表现出了代理权的外观,相对人相信其具有代理权且善意无过失、并由此产生了合理的信赖利益,那么,即便合同加盖的是伪造印章,也对公司具有法律约束力,这实际上与印章加盖行为法律效力的底层认定逻辑一致的。

我们来看两个案例,在最高人民法院审理的(2001)民二终字第155号案件中,法院认为,“经鉴定认定涉案担保书上中基公司的公章系由其他公章变造盖印形成的,且经当事人举证和本院查证均不能证明该变造的章是中基公司自己加盖或者授意他人加盖的,不能证明中基公司明知该担保书的存在,也不能证明中基公司自已在其他业务活动中使用了该变造的印章。因此,涉案担保书上的章均不能认定或者依法推定为中基公司真实意思表示,该担保书不成立,中基公司不应承担上海中益公司对建行浦东分行借款本息的担保责任”。再进一步看,最高人民法院审理的(2016)最高法民申733号案件中,法院认为,“万翔公司应否对翁某以其公司名义进行担保的行为承担责任,关键要看翁某的行为是否符合《合同法》(已废止)第四十九条规定的表见代理。翁某在加盖印章时任万翔公司的董事长,虽不是法定代表人,但其对外实施的行为更能引起相对人的合理信赖。同时,翁某是万翔公司的股东,在签订担保合同时持有公司公章,尽管刑事判决已经认定该公章为翁某私刻,但结合翁某在万翔公司所任特殊职务以及股东身份等权利外观,已经足以让交易相对人游某产生合理信赖,让其负有对公章真实性进行实质审查的义务,对于相对人要求过于严苛,不利于保护交易安全。因此,翁某的行为已构成表见代理,万翔公司应对翁某的债务承担担保责任”。很显然,这两个案子对比来看,特别是第一个案件中得以脱责的公司,相对方没有任何举证证明被伪造公章所属公司存在过错行为,也很难让人相信相对方由此产生了信赖利益,这才能让一个真正的“无辜者”脱责。

引申而来,我们来探讨大家的另一个疑问,伪造印章往往会涉及刑事犯罪,该种情况下的“刑民交叉”是否会影响到相关民事合同纠纷的立案及案件审理呢?对于伪造印章涉嫌犯罪的行为,并不是当然移送侦查机关立案侦查,民事部分是可以继续审理的。例如,山东省高级人民法院审理的(2014)鲁民申字第715号案件中,法院认为,根据最高人民法院《关于在审理经济纠纷案件中涉及经济犯罪嫌疑若干问题的规定》第11条规定:“人民法院作为经济纠纷受理的案件,经审理认为不属于经济纠纷案件而有经济犯罪嫌疑的,应当裁定驳回起诉,将有关材料移送公安机关或检察机关。”驳回起诉将有关材料移送公安机关或检察机关需要具备两个条件,一是经法院审理认为不属于经济纠纷案件,二是有经济犯罪嫌疑。根据原审查明的事实,本案应属于经济纠纷,吴某有关私刻印章的行为可以另案处理,不影响本案民事法律关系的审理和认定。

四、司法常见争议情形——使用多套印章的盖章行为效力

我国的公章管理制度早已由最初的“审批制”转为“备案制”,通常情况下,公司的公章只有一枚,并通过备案来控制风险。但是,也有公司为了便利而刻有多枚印章(尤其是公章),这时候就存在备案公章与非备案公章并用的局面。一旦对外发生纠纷,公司可能会以“加盖公章并非备案公章”或者“加盖公章系伪造”等理由抗辩合同效力实现脱责,此时,相对方如若能够证明涉案公章所属的公司曾使用或知晓该争议公章,则表明公司也是认可这枚公章的,争议公章对外就具有与备案公章相同的法律效力。例如,最高人民法院审理的(2016)民申255号案件中,法院认为,案涉编号为"11375"的公司印章虽经刑事判决认定确系伪造,但该印章在重庆群洲公司的经营活动及诉讼活动中均曾使用过,且公司对该公章的使用亦未提出异议,据此可见,重庆群洲公司对该公章的存在和使用是知晓的。尽管其主张公章伪造,但其在明知该公章存在并使用的情况下,未采取措施防止相对人的利益损害。因此,使用该公章签订的合同应认定为重庆群洲公司的行为。另外,法院还查明,除了涉案"11375"的印章外,公司还使用其他编号的多枚印章,但重庆群洲公司均无法合理解释。

需要注意,一旦公司对外在某些场合中对非备案的公章作出效力认可,该种认可并非仅只能限定在该特定场合中使用,而是具有普遍的公示效力。例如,最高人民法院审理的(2013)民提字第 248 号案件中,对于使用或者认可使用非备案公章效力的企业,无权对其非备案公章的使用效力作出选择性认可。原审判决认定中航技公司对涉案公章的效力认可只是限于特定交易行为,不涉及其他交易行为,这与公章的公示力相违背,法院不予支持。无论涉案保证合同与衡阳案、广州案加盖中航技公司非备案公章是否为中航技公司所有或者使用,中航技公司只要认可其非备案公章的使用效力,便具有公示性,从而必须为其行为担责。

当然,一旦面临同时使用多套印章的公司,难点在于,公司不会选择主动认可,这时候就依赖于主张方的举证情况、考究主张方的证据收集能力,否则会面临举证不能的败诉风险。例如,在江苏省高级人民法院审理的(2016)苏民终 664 号案件中,法院认为,承诺书上加盖的新科公司印章与 2010 年承诺书上公章明显不符,诚鑫公司并无证据证明新科公司同时使用两枚不同公章,亦未主张对 2013 年承诺书上公章进行鉴定,故该印章不应认定为新科公司的真实意思表示。再看下最高人民法院审理的(2013)民申字第 1785 号案件中的举证及认定情况,法院认为,虽然涉案合同上加盖的明力德公司公章与杨大明 2007 年移交的公章不一致,但是根据上海市公安局出具的鉴定结论,抵押合同上加盖的明力德公司公章与该公司 2007 年度工商年检报告上所加盖的公章一致。而且,在明力德公司原股东涉诉的其他案件中,明力德公司的应诉材料上加盖的公章与涉案合同上的印章相同,公司的六位股东均未提出异议。因此,二审判决认定涉案抵押合同上加盖的公章是明力德公司对外正常使用的公章,能够代表公司的意思。

五、司法常见争议情形——超出特定印章用途的盖章行为效力

公司的印章实际上会有很多种,包括说公章、财务章、发票专用章、合同专用章、项目章等。其中,公章的使用范围最广,是法人权利的象征,有无加盖法人公章基本成了判断民事活动是否成立和生效的标准。其次是合同专用章,尤其是在公司对外签署合同之际几乎等同于公章效力,像最高人民法院《关于在审理经济纠纷案件中涉及经济犯罪嫌疑若干问题的规定》第 4 条关于个人借用单位用章造成损失应当赔偿的规定，也是将合同专用章和公章并列使用的。另外，像财务章、项目章等其他专属用途的章通常都使用在对应用途和范围内。问题来了，如果出现了“张冠李戴”的用章情况，该如何去界定该等盖章行为的效力呢？让我们来看两个对比案例。

在最高人民法院审理的(2014)民申字第 1 号案件中，法院认为，中太公司的项目部资料专用章具有特定用途，仅用于开工报告、设计图纸会审记录等有关工程项目的资料上。尽管诉争借款用于涉案工程，但借款合同与建设工程施工合同是不同的合同关系，实际施工人对外借款不是对涉案项目建设工程施工合同的履行，《借款协议》也不属于工程项目资料，故在《借款协议》上加盖项目部资料专用章超越了该章的使用范围，未经中太公司追认，不能认定协议是中太公司的意思表示。再结合中太公司和国本公司未参与协议的签订、协议上未加盖国本公司公章以及出借人陈某兵对眭某红、徐某借用国本公司和中太公司的资质施工是明知的事实，应认定诉争借款是眭某红、徐某的个人债务，不能据此要求中太公司和国本公司连带还款。

再看最高人民法院审理(2020)最高法民申 1735 号案件，法院似乎得出了“相反”的裁判结论。该案件中，法院认为，项目部公章的使用范围一般限于工程报告、计量、变更及决算资料方面，不包括对外借款用途。但从建筑行业现实情况来看，部分建设施工单位不规范，使用项目部公章确认原材料供货、工人劳动报酬数额等债权债务关系的情形也不鲜见，因此，对在借条上加盖项目部印章的行为，应结合出具人的职务及其日常管理行为、出借款项的流向等因素综合认定。海博建设公司通过 010 号文件任命康某为项目部的现场负责人，随后同意该项目部启用“海博建设公司文帝西路道排工程项目部”印章。就康某以海博建设公司名义向康某永借款，并在有关协议、欠条上加盖项目部印章的行为，对其中与工程建设相关的垫付款项部分，鉴于海博建设公司在未与康某结算工程量就接管案涉工程并受益上述垫资借款，原审判令海博建设公司承担相应的还款责任，符合本案实情。

上述两案件看似结论相反，实则不然。(2014)民申字第 1 号案件中“再结合”内容以及(2020)最高法民申 1735 号案件中的关于出具人身份、日常管理行为及借款资金流向的审查，实际上体现了一致的审理逻辑。对超出印章使用范围形成的文件对印章主体是否产生法律效力的认定，并非局限于单一的标准，也不是限于盖章之事有无超过印章用途的形式审查，归根结底是在综合审查的基础上去判断背后的盖章之人到底有无公司的代理权限。

【实战策略】

一、企业应当构建完善的用章风险管理体系，严控印章盗用风险

司法实践中，因印章问题引发的纠纷层出不穷，万一遇到加盖的印章为真、却又无法查明盖章人员及身份的“完美犯罪”，公司往往只能自行认栽，事后救济远不如事先防范，这才是企业关于印章问题的正确打开方式。因此，我们建议公司要制定严格的印章管理制度，注重对员工用章法律风险意识的培训，明确印章的保管主体，规范印章使用管理流程，建立统一的印章使用台账，定期做好公司印章使用情况盘点，杜绝公司加盖空白印章行为，构建完善的企业用章风险管理体系。

二、相对方要注重交易过程中的风险识别与管控

在一般的商事活动中，通常不会要求相对方对公司的印章尽到审查义务。然而，若因印章问题引发诉讼纠纷，甚至由此出现盖章公司脱责的情形，这会使相对方耗费不必要时间、金钱成本。因此，我们建议相对方要树立最基本的风险识别与防控意识，关注交易对接人员的公司任职、授权以及加盖印章的形成过程等，明确要求合同签署对接人员提供书面授权，必要时查验公章备案情况（备案公章一般有印章编码，可在“印章查询服务平台”查询，如选定浙江省—杭州市，页面会跳转至“杭州印章网”，该网站可查询杭州注册企业的备案公章情况），尽到基本的审查义务，为信赖利益的产生奠定基础。

三、代理人在该类诉讼案件中的基本策略与应对

结合我们上述关于公司盖章行为法律效力的底层逻辑分析，以及不同争议情形的司法审查情况，可以看出，该类案件的认定涉及相关法律和事实的综合交叉认定。围绕着“章”（真章还是假章、备案章还是非备案章）、“人”（法定代表人还是其他公司工作人员）、“权”（有代表权/代理权，还是已让第三人产生信赖利益的权利外观）这三个要素展开，作为代理人需要在不同的具体情境中能够快速识别争议焦点并设定诉讼策略，不放弃技术路径的突破，更要注重证据逻辑层面的锁定，最后从举证责任等角度为当事人以及法院裁判寻求到一个真正的落脚点。

第三篇　新能源项目投融资类纠纷

实战案例 11

新能源项目开发咨询服务合同纠纷的裁判逻辑

——浙江某新材料公司与某科技股份公司、
兰溪某太阳能公司服务合同纠纷案①

新能源项目的开发建设具有地域性，而项目投资方通常希望在光伏项目所在地寻求相关合作方的支持，以便项目顺利取得备案、落实土地及电网批复。因此，项目投资方便会与项目所在地有类似资源的企业或自然人签订《项目开发咨询服务协议》，并约定以每瓦单价支付报酬。此类纠纷多发生于项目建成后，双方就合作方是否履行了咨询服务协议的内容或履行的内容是否足以构成支付对价产生争议，最终诉至法院。审判实务中，对此类合同纠纷的性质是如何认定的？法院的裁判逻辑又是怎样的？本文通过一起我们代理的案件，对此展开分析和讨论。

【案情简介】

2014 年 11 月，浙江某新材料公司（以下简称新材料公司）与某科技股份公司（以下简称科技公司）签订了《光伏电站项目开发咨询服务协议》，约定："一、新材料公司负责项目的前期电站选址，电力接入报告批复的手续办理及项目前期的申报与备案。科技公司负责提供项目前期工作所需的各项资料及文件，承担项目立项所需的设计报告编制费用及其他支持性文件费用。新材料公司具体负责：协调项目的土地符合政策、适合建设光伏电站，并使科技公司以租赁方式获得'租赁期 20 年、租金低于当地同质土地'的市场租赁价格；协调当地电网，解决电站电力的接入问题；协调当地政府将本项目列为政府的新能源产业发展战略规划，并作为重点项

① 浙江省嘉兴市中级人民法院(2019)浙 04 民终 3063 号民事判决书，浙江阳光时代律师事务所代理，案情略有删减。

目优先予以支持;以新材料公司为主、科技公司配合,办理项目立项所需的所有区县级各部门支持性文件,办理诸如省级土地预审、市级环评批复、省级电网接入方案批复、省级项目备案等工作;项目立项后,新材料公司配合科技公司办理项目规划许可证、开工许可证,负责项目建设过程中与地方的协调工作。项目前期申报过程中所发生的商务费用由新材料公司承担。项目手续进入省级发改委流程后,双方共同努力获得补贴指标。二、咨询服务费用及支付。双方同意咨询服务费单价0.3元/瓦。当项目获得省级发改委联系单和土地租赁协议或屋顶租赁协议,电力局出具同意电力接入意见报告或电力批复后,科技公司支付新材料公司咨询服务费0.1元/瓦。当项目获得当地省级能源主管部门备案、电网公司接入批复,科技公司支付咨询服务费0.1元/瓦。当项目建设完毕且并网运营后30日内或省发改委备案完成后8个月内,非新材料公司原因未完成项目并网,科技公司支付0.1元/瓦。科技公司根据协议享有的权利义务适用于科技公司基于本项目注册成立的项目投资运营公司。"

2014年12月,科技公司成立运营项目的全资子公司兰溪某光伏太阳能公司(以下简称太阳能公司)。

2015年3月,新材料公司与科技公司签订《补充协议》,约定2015年4月30日签完成40MW备案及土地流转手续,2015年5月30日前完成电网接入批复。如不能在上述时间内完成土地流转和电网接入批复,则每延期30天扣件10%咨询服务费(最多延期90天)。2015年3月底,省发改委下发项目一期20MW备案通知和二期20MW备案通知。2016年12月取得三期20MW备案通知。

上述协议签订后实际履行中,因新材料公司协调的土地选址涉及基本农田无法开工建设,土地流转存在实质性障碍。项目土地修编由科技公司和太阳能公司协调当地政府用时一年多将基本农田调整为一般农田,使光伏用地具备合法性。

【裁判结果】

法院认为,依据《光伏电站项目开发咨询服务协议》,新材料公司合同义务履行情况有:其一,新材料公司完成了电站的选址、电力公司并网初步意见函及前期手续;其二,新材料公司负责协调项目土地符合政策、适合科技公司建设光伏电站,新材料公司未能举证证明土地流转、调规由其完成,但在项目推进中的邮件往来证明新材料公司提供了部分服务;其三,新材料公司负责电网接入,依据聊天记录证明其予以联系、协助;其四,新材料公司为主、科技公司配合办理项目立项所需的所有区县级支持性文件,如土地预审、环评批复、省级电网接入方案批复、项目备案文件等,新材料公司未能证明其办理了上述支持性文件了;其五,新材料公司配合科技公司办理规划许可证、开工许可证,负责地方协调工作,新材料公司未能证明配合办理了上述手续;其六,项目手续进入省级发改委审批流程后,双方共同努力获得补贴指标。新材料公司未举证证明其履行了该义务,但太阳能公司已获得补贴指标。综合以上情况,酌定由科技公司支付一期、二期服务费的1/2,即600万元。

【要点解析】

一、咨询服务合同的性质及与诉讼管辖的关系

新能源项目备案制下,通常不仅要取得备案文件,还要取得项目建设所必需的前期文件,如土地预审、并网接入批复等,投资方通常会委托项目所在地具有一定资源的企业或个人从事上述服务,双方会签订《合作协议》《开发咨询服务协议》《技术服务合同》等此类合同,但实质服务内容一般都是受托方负责项目的前期电站选址、电力接入报告批复的手续办理及项目前期的申报与备案等工作。此类合同若发生纠纷诉至法院,该如何认定合同性质?

我们通过检索发现,此类案件有的以技术服务合同纠纷或技术咨询合同纠纷为案由起诉,有的以合同纠纷或服务合同纠纷为案由起诉。案由的不同直接决定着案件的管辖法院不同。比如,根据最高人民法院《关于审理技术合同纠纷案件适用法律若干问题的解释》(以下简称《技术合同纠纷司法解释》)第43条第1款规定:"技术合同纠纷案件一般由中级以上人民法院管辖。"再根据《民事诉讼法》第35条的规定:"合同或者其他财产权益纠纷的当事人可以书面协议选择被告住所地、合同履行地、合同签订地、原告住所地、标的物所在地等与争议有实际联系的地点的人民法院管辖,但不得违反本法对级别管辖和专属管辖的规定。"因此,技术服务合同纠纷或技术咨询合同纠纷实际上是知产类纠纷,由中级人民法院管辖,且当事人之间的约定管辖无效。但若是一般的合同纠纷或服务合同纠纷则适用一般管辖,且当事人之间的约定管辖有效。

综上分析,我们有必要就技术服务合同、技术咨询合同和一般咨询服务合同三者之间的区别进行辨析。

《民法典》第878条规定:"技术咨询合同是当事人一方以技术知识为对方就特定技术项目提供可行性论证、技术预测、专题技术调查、分析评价报告等所订立的合同。技术服务合同是当事人一方以技术知识为对方解决特定技术问题所订立的合同,不包括承揽合同和建设工程合同。"同时,根据《技术合同纠纷司法解释》第30条规定,"特定技术项目",包括有关科学技术与经济社会协调发展的软科学研究项目,促进科技进步和管理现代化、提高经济效益和社会效益等运用科学知识和技术手段进行调查、分析、论证、评价、预测的专业性技术项目。第33条规定,"特定技术问题",包括需要运用专业技术知识、经验和信息解决的有关改进产品结构、改良工艺流程、提高产品质量、降低产品成本、节约资源能耗、保护资源环境、实现安全操作、提高经济效益和社会效益等专业技术问题。

技术咨询合同的认定标准:其一,合同标的为特定技术项目的咨询课题;其二,咨询方式为运用科学知识和技术手段进行的分析、论证、评价和预测;其三,工作成果是为委托方提供科技咨询报告和意见。科学技术部《技术合同认定规则》(国科发政字〔2001〕253 号)中列举了 9 种属于技术合同的形式:(1)科学发展战略和规划的研究;(2)技术政策和技术路线选择的研究;(3)重大工程项目、研究开发项目、科技成果转化项目、重要技术改造和科技成果推广项目等的可行性分析;(4)技术成果、重大工程和特定技术系统的技术评估;(5)特定技术领域、行业、专业技术发展的技术预测;(6)就区域、产业科技开发与创新及特定技术项目进行的技术调查、分析与论证;(7)技术产品、服务、工艺分析和技术方案的比较与选择;(8)专用设施、设备、仪器、装置及技术系统的技术性能分析;(9)科技评估和技术查新项目。

技术服务合同的认定标准:其一,合同的标的为运用专业技术知识、经验和信息解决特定技术问题的服务性项目;其二,服务内容为改进产品结构、改良工艺流程、提高产品质量、降低产品成本、节约资源能耗、保护资源环境、实现安全操作、提高经济效益和社会效益等专业技术工作;其三,工作成果有具体的质量和数量指标;其四,技术知识的传递不涉及专利、技术秘密成果及其他知识产权的权属。在符合上述标准,且该专业技术项目有明确技术问题和解决难度的基础上,《技术合同认定规则》进一步明确了属于技术服务合同的 11 种形式:(1)产品设计服务,包括关键零部件、国产化配套件、专用工模量具及工装设计和具有特殊技术要求的非标准设备的设计,以及其他改进产品结构的设计;(2)工艺服务,包括有特殊技术要求的工艺编制、新产品试制中的工艺技术指导,以及其他工艺流程的改进设计;(3)测试分析服务,包括有特殊技术要求的技术成果测试分析,新产品、新材料、植物新品种性能的测试分析,以及其他非标准化的测试分析;(4)计算机技术应用服务,包括计算机硬件、软件、嵌入式系统、计算机网络技术的应用服务,计算机辅助设计系统(CAD)和计算机集成制造系统(CIMS)的推广、应用和技术指导等;(5)新型或者复杂生产线的调试及技术指导;(6)特定技术项目的信息加工、分析和检索;(7)农业的产前、产中、产后技术服务,包括为技术成果推广,以及为提高农业产量、品质、发展新品种、降低消耗、提高经济效益和社会效益的有关技术服务;(8)为特殊产品技术标准的制订;(9)对动植物细胞植入特定基因、进行基因重组;(10)对重大事故进行定性定量技术分析;(11)为重大科技成果进行定性定量技术鉴定或者评价。

通过上面的分析,我们可以识别技术咨询合同和技术服务合同,而一般的咨询服务合同明显不是为了解决特定的技术问题而订立的,故不可能是技术咨询合同或技术服务合同。《技术合同纠纷司法解释》第 42 条第 2 款规定:"技术合同名称与约定的权利义务关系不一致的,应当按照约定权利义务内容,确定合同的类型和案由。”如本案新材料公司与科技公司签订的《开发咨询服务协议》，其目的是具体的光伏项目获得备案，申报指标并解决项目建设的前期文件等，不符合法律对于技术服务合同的规定，且从发生争议的内容来看也不涉及具体技术方案的审查。因此，本案属于普通的合同纠纷，应适用一般管辖。

但就此类新能源项目的咨询服务合同纠纷而言，我们发现有少数基层法院以技术服务合同纠纷为案由进行审理，判决引用的法律依据也是《合同法》（已废止）第356条和第357条关于技术服务合同的规定，如（2019）鲁0406民初927号案件，这是明显的法律适用错误。

二、关于开发咨询服务费的支付约定

根据我们办理此类纠纷的经验，合同双方发生的纠纷多集中于咨询服务费是否要支付以及支付多少。这个争议焦点问题首先要尊重当事人之间的合同约定，但恰恰是因为约定不明才进一步激化了当事人之间的矛盾。

此类咨询服务合同的支付约定通常与服务内容的关键节点挂钩，通常有两种支付约定模式，一种就是如同本案纠纷中，新材料公司与科技公司约定了几项服务内容，而服务费的支付与其中三项较为核心的服务内容挂钩，即项目备案、电网接入批复和土地流转；另一种则是将受托方应取得的所有前期手续（项目开发工作内容清单）作为合同的附件清晰列明，并分别以取得哪些前期手续作为支付哪一期费用的前提条件。我们认为第二种模式更为妥当，工作内容清单既清晰地明确了工作内容，也明确了付款条件。比如，我们曾经代理过的一起风电项目的开发咨询服务费纠纷，双方合同所附的《项目开发工作内容清单》如表3－1所示：

表3－1 某风电项目开发工作内容清单

里程碑节点	工作内容	对应付款节点	承办方
项目前期开发文件	测风塔数据	第二笔付款前	（乙方）
	项目风能资源评估报告	第二笔付款前	（乙方）
	微观选址报告	第二笔付款前	（乙方）
	符合地方或省规划的函	第二笔付款前	（乙方）
	项目选址意见书	第二笔付款前	（乙方）
	可行性研究报告及审查	第二笔付款前	（乙方）
	地质灾害危险评估	第二笔付款前	（乙方）
	压覆矿产资源评估	第二笔付款前	（乙方）
	环评报告	第二笔付款前	（乙方）
	水土保持报告	第三笔付款前	（乙方）

续表

里程碑节点	工作内容	对应付款节点	承办方
项目前期开发文件	项目节能登记备案表	第二笔付款前	(乙方)
	社会稳定风险评估	第二笔付款前	(乙方)
	接入系统研究报告	第三笔付款前	(乙方)
项目批复文件	省级发改委同意开展前期工作的批复(核准替代)	第二笔付款前	(乙方)
	规划选址意见	第二笔付款前	(乙方)
	土地预审意见(若有勘测定界报告,提供)	第二笔付款前	(乙方)
	市发改委核准项目的文件	第二笔付款前	(乙方)
	无林地证明或使用林地审核同意书	第三笔付款前	(乙方)
	项目环境影响评价批复	第三笔付款前	(乙方)
	节能评估审查意见	第二笔付款前	(乙方)
	压覆矿产资源评估批复	第二笔付款前	(乙方)
	文物古迹、地震、军事区等审查意见	第二笔付款前	(乙方)
	电网接入设计方案	第二笔付款前	(乙方)
项目建设动工	建设工程地质初步勘测	第三笔付款前	(乙方)
	国土资源部门建设用地的征地测绘	第三笔付款前	(乙方)
	初步设计和评审	第三笔付款前	(乙方)
	林业勘察可行性报告	第三笔付款前	(乙方)
	林地补偿方案	第三笔付款前	(乙方)
	省林业厅工程项目林地批复意见	第三笔付款前	(乙方)
	林业采伐证	第三笔付款前	(乙方)
	省电网公司电网接入方案批复	第二笔付款前	(乙方)
	国土资源部门土地预审批复或替代性文件	第二笔付款前	(乙方)
	征地组织、协调	第二笔付款前	(各方配合)
竣工验收	建设工程规划许可证办理;建设用地规划许可证	第三笔付款前	(各方配合)
	建设工程施工许可证办理	第三笔付款前	(各方配合)
并网发电	并网协议办理	第四笔付款前	(甲方主导,各方配合)
	调度协议办理	第四笔付款前	(甲方主导,各方配合)

续表

里程碑节点	工作内容	对应付款节点	承办方
并网发电	购售电合同办理	第四笔付款前	(甲方主导,各方配合)
	计量设备检测办理	第四笔付款前	(甲方主导,各方配合)
	电气设备定值计算办理	第四笔付款前	(甲方主导,各方配合)
	防雷接地审查及验收办理	第四笔付款前	(甲方主导,各方配合)
	电力质监验收办理	第四笔付款前	(甲方主导,各方配合)
	当地电网验收办理	第四笔付款前	(甲方主导,各方配合)
	电价批复文件办理	第五笔付款前	(乙方主导各方配合)
	消防审查及验收办理	第五笔付款前	(乙方主导各方配合)
竣工验收	国有土地使用证办理	第五笔付款前	(各方配合)
	环评验收	第五笔付款前	(各方配合)
	安评验收	第五笔付款前	(各方配合)
	水土保持验收	第五笔付款前	(各方配合)
	绿建申报、验收	第五笔付款前	(各方配合)
	抗震评审验收	第五笔付款前	(各方配合)
	列入可再生能源补贴目录	第五笔付款前	(各方配合)
	电力业务许可证办理	第五笔付款前	(各方配合)
	临时用地耕地占用税、城镇土地使用税免税证明	第五笔付款前	(各方配合)

三、项目开发咨询服务纠纷的裁判逻辑

结合笔者办理此类案件的经验,可以发现目前审判实务中对此类纠纷一般有两种裁判逻辑:

一是直接适用合同约定的付款条件,以结果为导向作出判决。比如,在(2019)鲁0406民初927号案件中,委托方自然人向受托方咨询山东诚尚20MW与山东星球20MW光伏项目,项目咨询费按0.1元/瓦计算,共计4,000,000元整;付款方式为在山东诚尚20MW与山东星球20MW光伏工程竣工后6个月内全额支付给原告,如违约,委托方自愿承担受托方的全部责任。一审法院以受托方提供的项目竣

工报告及整改审查意见等就认定其履行了合同义务,判令委托方支付全额的服务费。

二是将获取服务费必须是以提供了符合合同约定的服务内容并实现合同目的为前提条件。如本案中,我们一开始就着力强调新材料公司获取咨询服务费的前提是其以自身能力提供了合同约定的工作内容,若其没有提供或工作是由科技公司自行完成的,则新材料公司无权获得服务对价。该观点得到了法院的认可,故本案庭审阶段原被告双方提交了大量证据来证明项目备案/获得指标、电网接入批复、土地流转的成果是哪一方完成的。最终法院也是认定新材料公司只是完成了部分合同工作内容而酌情支持部分诉讼请求。又如,在(2019)鲁0406民初927号案件的二审中,二审法院依法撤销了一审判决,其裁判逻辑也是等价有偿原则,二审法院①认定:"盈建公司与江南对于合同的实际履行存有较大争议,盈建公司应当举证证明已经向江南实际履行了咨询服务的义务,从盈建公司提供的图纸、照片、整改意见、预估清单、验收申请表等证据来看,主要涉及工程竣工验收,但工程竣工只是付款条件,并不是实际履行技术咨询服务的证据,且缺乏与江南的关联性,江南亦不认可,因此,盈建公司提交的证据不能证明按照合同的约定履行了义务,即履行义务一方没有证据证明其实际履行了义务,故不能要求另一方承担付款责任。"

笔者认为,此类咨询服务合同是双务有偿合同,一方获取服务费必须以其提供了相应的服务为条件,否则无权以结果直接主张款项。

四、发起人为设立公司以自己名义对外签订合同的法律后果

《民法典》实施前,最高人民法院《关于适用〈中华人民共和国公司法〉若干问题的规定(三)》(2011年及2014年修订版,以下简称《公司法司法解释(三)》)第2条规定:"发起人为设立公司以自己名义对外签订合同,合同相对人请求该发起人承担合同责任的,人民法院应予支持。公司成立后对前款规定的合同予以确认,或者已经实际享有合同权利或者履行合同义务,合同相对人请求公司承担合同责任的,人民法院应予支持。"

2020年新修订的《公司法司法解释(三)》第2条规定:"发起人为设立公司以自己名义对外签订合同,合同相对人请求该发起人承担合同责任的,人民法院应予支持;公司成立后合同相对人请求公司承担合同责任的,人民法院应予支持。"

通过前后条文对比,我们发现新修订的条款中删除了公司成立后对合同予以确认的表述,原因在于"予以确认"在实践中较难落地,可操作性不强。尽管新修订

① 参见二审山东省枣庄市中级人民法院(2019)鲁04民终3835号民事判决书。

的《公司法司法解释(三)》简化了设立后的公司担责的表述,但我们认为,合同相对人请求设立后的公司承担责任仍应举证设立后的公司已经实际享有合同权利或已经实际履行了合同义务。那么,合同相对人要求发起人和设立后的公司承担责任是并列的连带关系还是择一选择关系呢?笔者认为,从司法解释的条文理解来看,并未明确设立后的公司与发起人是并列的连带责任,合同相对方只能择一选择一方承担责任,且选择后一般不允许再次随意变更担责主体。

发起人为设立公司而签署的合同实则隐含着第三人(拟设立的公司)的权利和义务,发起人签署合同的目的是设立公司,只不过尚未注册登记具有法人实体的公司不具有签署合同的资格,故发起人先以自己的名义签订,两者之间并不是合同权利义务的共同享有者。在(2019)粤民申3502号案件中,人民法院经审理认为,2014年《公司法司法解释(三)》第2条规定:“发起人为设立公司以自己名义对外签订合同,合同相对人请求该发起人承担合同责任的,人民法院应予支持。公司成立后对前款规定的合同予以确认,或者已经实际享有合同权利或者履行合同义务,合同相对人请求公司承担合同责任的,人民法院应予支持。”在此情况下,合同相对人有权选择发起人或公司承担合同责任,但选定后不可变更,亦不能要求发起人与公司共同承担合同责任。

本案中,在新材料公司与科技公司签订的《光伏电站项目开发咨询服务协议》中已明确约定:“科技公司根据协议享有的权利义务适用于科技公司基于本项目注册成立的项目投资运营公司”,且在科技公司设立太阳能公司后,太阳能公司亦出具承诺愿意支付咨询服务费,说明太阳能公司以确认方式认可了《光伏电站项目开发咨询服务协议》,故法院最终判决某太阳能公司承担支付咨询费的责任,但判决太阳能公司与科技公司共同支付值得商榷。

【实务建议】

一、关注咨询服务内容及付款节点安排

此类纠纷多由于合作协议或开发咨询服务协议对于合作方的工作界面约定不清,笼统的约定合作方的权责,导致诉讼中无法准确界定合作方到底应负责哪些工作。即便约定了合作方的工作范围,付款也未与关键节点挂钩,或并未约定关键节点的完成时间。

因此,建议合同中必须准确界定合作方的工作范围并通过附件形式列明,同时对于关键节点如取得备案、取得土地、取得电网批复的时间要进行锁定并设定违约责任条款。

二、注重合同履行中的证据固定

此类合同履行过程中多缺乏证据意识,在合作方未完全履约或履约不到位的

情况下,没有固定相关证据,导致合同约定的服务内容是不是受托方完成的,以及完成的程度等均没有证据证明,最终都是通过一些间接证据辅证,建议委托方应树立合同履行中的证据意识,就合同约定的服务内容在完成时及时确认,在某项服务内容超期完成时及时发函固定证据,并锁定原因,以备在可能发生的诉讼中作为强有力的证据支撑。

实战案例12

新能源项目公司股东夺取公司控制权系列案件实务要点评析

——上海某电力工程公司与吉林某集团公司、长岭某光伏公司、赵某系列案①

新能源项目EPC总承包模式下,总包方垫资建设成为一种常态,一旦总包方需要通过启动建设工程施工合同纠纷诉讼来追讨工程款,胜诉率还是很高的。但是,因启动工程质量鉴定程序等造成的诉讼周期的漫长以及后续光伏电站资产处置的政策变数等,总包方的回款效率将会大打折扣。因此,我们在帮助客户处理的一起光伏电站工程款债权追收纠纷中打破常规,设计了"以打促谈"并通过债转股方式使总包方客户成为项目公司大股东,而后又通过公司证照返还之诉、请求公司变更登记之诉、股东出资纠纷、股东除名纠纷、股东借款纠纷等连环案、案中套案的方式使项目公司的原股东出局,客户最终获得了对项目公司的全面掌控,并为后续电站出售奠定了基础。本文就将对我们每一回合遇到的障碍及相应的诉讼策略复逐一剖析,复盘一个步步为营、助力客户实现商业目标的经典案件。

【案情简介】

2016年9月,上海某电力工程公司(总承包方,以下简称电力工程公司)与长岭某光伏公司(发包人,以下简称长岭光伏公司)签订《EPC总承包合同》和《补充合同》,约定由电力工程公司为长岭光伏公司垫资建设23MWp光伏电站项目,提供包括但不限于工程设计、设备材料供货、施工和调试等工程总承包服务。同时,为担保前述工程款债务的后续履行,长岭光伏公司的两个股东吉林某集团公司(以下简称某集团公司,持股99%)、张某(持股1%)将其合计持有的长岭光伏公司100%股权出质给电力工程公司;某集团公司同时与电力工程公司签订《合作协议》,约定由某集团公司对长岭光伏公司的债务连带担保。合同签订后,电力工程公司依约进场施工并全额垫资,涉案项目于2017年6月23日并网发电。经结算,双方锁定项目结算价款为154,192,308元,垫资财务费用为12,209,093.97元,即电力工程公司的债权总额为166,401,401.97元(以下简称工程款债权指代)。然而,付款期限届满后,长岭光伏公司拖延拒付工程款,由此引发纠纷。

① 文中涉及的建设工程施工合同纠纷、请求公司变更登记纠纷、公司证照返还纠纷、股东出资纠纷等均为浙江阳光时代律师事务所代理,所涉案件案号见下文。

【要点分析】

一、工程款欠付引争议，和解撤诉后债权人成股东（建设工程施工合同纠纷之诉）

如前所述，因工程款债权未获清偿，我们代理电力工程公司在吉林省高级人民法院提起了建设工程施工合同纠纷案。诉讼中电力工程公司申请了全面、迅速的保全措施，双方达成和解，电力工程公司以债转股形式成为长岭光伏公司的控股股东（见图3-1），本案以撤诉结案。[①]

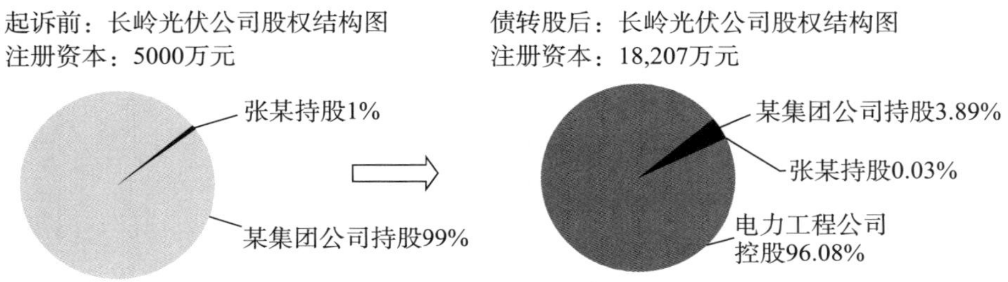

图3-1　2018年12月债转股前后长岭光伏公司股权结构对比

1. 仲裁还是诉讼，解决约定仲裁条款的效力争议

涉案《EPC总承包合同》的专用条款约定“本合同项下的争议，经协商不成或不愿协商解决的，提交合同签订地仲裁委员会仲裁”，同时合同首页载明“签订地点：长岭县”。然而，签订地长岭县并没有仲裁委员会，长岭县所在的上一级行政区划松原市有仲裁委员会。那么，约定的仲裁条款到底是属于约定不明导致仲裁条款无效的情形，还是可以有效地适用并推定由上一级行政区划内的松原市仲裁委员会予以管辖？这是我们启动案件时面临的第一个障碍与争议。

我们知道，相对于法院而言，仲裁机构是非政府、民间性的争议解决机构。因此，仲裁机构也缺乏行之有效的司法执行权。比如，仲裁案件中的保全最终只能依托相关法院的实施。根据《仲裁法》第28条、最高人民法院《关于人民法院办理财产保全案件若干问题的规定》第3条的相关规定，仲裁案件中的保全势必要经历一个“申请人向仲裁委提交申请—仲裁委转交—法院审查受理及实施”的过程。仲裁机构的“中转”角色、法院的“实施”角色，这两者在保全中的角色分离也将极大地增加当事人的时间成本和案件变数。回到本案，这样一个“胜诉概率”极高的工程款催收纠纷，一旦进入仲裁，势必会使后续的保全措施或者双方的争议解决效率大打折扣。因此，经我们评估，“废掉”仲裁条款、快速实现诉讼立案，这是我们帮助客户实现商业目标中的第一个目标。

① 参见吉林省高级人民法院（2018）吉民初99-2号民事裁定书。

再来看前述涉案合同中关于“合同签订地仲裁委”的仲裁管辖条款，司法实践中是如何解读界定的呢？

一种情形，若约定“合同签订地”仲裁机构仲裁，且明确了签订地的具体地点，若该地没有仲裁机构，则关于“合同签订地仲裁委员会管辖”的仲裁条款属于约定不明确的情形，应属无效。例如，杭州市中级人民法院审理的（2014）浙杭辖终字第1000号案件中，案涉的合同约定由合同签订地仲裁部门解决，同时载明合同签订地为富阳，法院认为：合同没有明确约定仲裁机构的名称，仅是以地域范围选择仲裁委员会，而且约定的合同签订地富阳市作为县级市并没有设立仲裁委员会，事后双方对该条款亦没有达成补充协议，故该仲裁条款属于约定不明确，属于《仲裁法》第18条仲裁条款无效的情形。另一种情形，若约定由“当地”仲裁机关仲裁，法院对“当地”进行法律解释后锁定唯一仲裁机构，则该仲裁条款有效，双方纠纷可以由约定仲裁地的上一级行政区划内的仲裁机构。比如，最高人民法院审理的（2015）民一终字第351号案中，法院认为，双方当事人签订的《国有建设用地使用权出让合同》中约定争议解决方式为“提交当地仲裁委员会仲裁”，该约定体现了当事人将争议交付仲裁解决的合意，符合《仲裁法》第16条的规定，是有效的仲裁条款。双方当事人均系法人单位，在选择争议解决方式时应当对当地仲裁委员会的设立情况明知，虽然均在陕西省蒲城县辖区内，但没有事实和法律依据将“当地”局限于理解为双方所属的县辖区内。双方共同所属的渭南市只有渭南仲裁委员会，根据最高人民法院《关于适用〈中华人民共和国仲裁法〉若干问题的解释》第6条的规定，本案双方当事人约定“当地”仲裁委员会仲裁，应视为约定由渭南仲裁委员会仲裁。

我们在吉林省高级人民法院提起本案之诉时，立案庭就以本案案情与最高人民法院（2015）民一终字第351号案相符为由“希望”我们撤回起诉材料而另行仲裁，但经我们的充分沟通最终打消了立案庭的顾虑。因为对比看上面两组案例，二者还是存在区别的，不能简单地认为是针对同一问题作出了完全相反的裁判结论。第一种情形中约定的仲裁条款属于没有任何解释空间的“封闭性仲裁条款”，在合同明确的签订地仲裁机构不存在的情况下，结合仲裁机构本身不按行政区划层层设立的特点，认定仲裁条款无效；而第二种情形中最高人民法院的判例则是“开放性”的仲裁条款，对合同约定的“当地”进行解释后锁定唯一的仲裁机构，继而认定仲裁条款有效。很显然，本案更接近第一种情形，“封闭性仲裁条款”的约束下就要看签订地长岭县是否有仲裁委员会，既然没有，那么该仲裁条款无效，本案应当按照建设工程施工合同纠纷的不动产专属管辖规则来确定管辖。

2. 打消超额保全顾虑，全面实现保全目标

完成起诉立案的首要目标后，保全目标也浮出水面。保全不仅仅是为了后续

胜诉判决做好铺垫,同时也是一种施压对方、以诉促谈的有效手段。因此,我们在吉林省高级人民法院受理本案之际也同步提交了保全申请,最终实现了对被告核心资产和权益的全部保全措施。在保全推进的过程中我们遇到并攻克了两个障碍。

(1)是否存在超额保全的问题

鉴于对涉案项目的前期了解,我们向吉林省高级人民法院提供了充分的财产线索以供保全,包括涉案电站的全部核心设备、长岭光伏公司的电费收益权、某集团公司的股权等。由此,也引发了吉林省高级人民法院的关注,是否存在超额保全的问题?为此,一方面,我们积极“算账”,为估算保全财产的价值提供支撑依据。比如,针对要保全的光伏电站设备,我们详细列明了具体设备清单,同时提供了相关的采购合同等(基于我们作为涉案项目总包身份便利而获取),并按设备折损后的价值估算;另一方面,我们强调法院应关注被保全人的“救济措施”,也就是法院不应当过度分配举证责任而一味地要求申请保全人证明保全不超标的事实,在电力工程公司已初步举证保全金额与起诉金额一致的情况下,吉林省高级人民法院应当采取相关的保全措施,即便存在超额保全,被保全人后续也可以通过保全异议、复议等程序救济。最终,我们实现了对全部财产线索的保全目标。

引申来说,有效保全直接关系到案件后续的执行回款,且资产在被保全期间处于“禁止处置”的冻结状态,这当然会引发保全申请人与被申请人之间的利益对抗。本案中,我们可以看到代理律师为了帮助当事人实现申请保全人利益而构建的重重保护屏障。相对地,若站在被申请人角度,一旦在涉诉案件中被保全,不应当一味地寄希望于撤销保全裁定或解除全部保全措施,而是需要理智地设定置换保全或者部分解封的目标,并通过保全异议、复议等法律程序逐步推进、实现。

(2)注重“电费收益权”的源头控制措施

对于一个已并网投运的全额上网模式的光伏电站而言,从电网公司获取的电费收益是其最重要的经营收入,通常情况下,光伏电站的项目公司会在电网公司登记有专门的银行账户以收取电费。实践中,很多电网公司除了直接以转账方式支付电费外,还存在以承兑汇票方式支付电费。因此,若在诉讼案件中,仅申请冻结项目公司收取电费的银行账户,只能防止它转移或处置通过该银行账户直接获取的电费收益。若电费支付通过承兑汇票等其他非转账方式支付,或者项目公司通过向电网公司申请变更电费收费账户的方式规避已冻结电费账户的电费收益,这些都使前述单一冻结银行账户的保全意义丧失殆尽。因此,只有要求电费结算发放主体(电网公司)协助执行,才能真正从源头上有效地冻结被申请人的应收电费债权,防止其恶意转移。因此,本案中,我们在申请冻结长岭光伏公司的电费收益权时,不仅申请冻结了该公司收取电费的银行账户,更是特地向吉林省高级人民法院书面提交《关于冻结银行账户与一并要求国网吉林公司协助执行必要性的说明函》,明确要求吉林省高级人民法院向国网吉林公司发送协助执行通知书,从源头上要求国网吉林公司停止向长岭光伏公司发放结算电费款项。

当然,我们在本案中完成源头保全的优势,在于我们有很多代理其他同类案件的法院文书,一并作为参考提供给了吉林省高级人民法院。

3. 坚持诉讼还是谈判和解,债转股后撤诉结案

对本案而言,保全措施已然完成,摆在电力工程公司面前有两个选择:一个是继续推进诉讼程序获得胜诉判决,后续在保全的基础上去执行拍卖相关财产;另一个是达成和解,包括通过债转股受让项目公司股权等方式,以和解的方式保障工程款的回收。这时候代理律师需要帮助客户去分析不同解决方向中的风险利弊问题,协助客户最终作出决策。很显然,坚持诉讼结案一定是会"胜诉"的,但是,诉讼本身面临着一审、二审的程序,胜诉后也面临着执行,光伏电站拍卖有实体难度。在此期间,电力工程公司将继续面临长时间无法回款的现实困境,而且可能面临控股东滥用股东权利、利用项目公司进行资产的抵押、质押及对外大额担保等掏空项目公司的失控局面。如若各方可达成和解(如通过债转股形式逐步把控公司),面对一个承载有23MWp光伏电站的目标公司,电力工程公司可以在成为控股股东后保证项目公司的正常经营,并获得经营性分红与收益,后续还可以通过出售电站的方式一次性实现建设期的投资。更重要的,是经我们全面评估,涉案的长岭光伏公司此前虽由赵某实际控制,但该公司还是"相对干净",主要用来运营涉案光伏电站,几乎没有其他的重大不良债务,那么,电力工程公司成为股东后遭遇债务损失的风险很低。因此,在我们的协助下,电力工程公司坚定了债转股的和解方向。

和解的方向确定了,具体的和解支持工作也要配套跟上。我们同时协助客户去把握和解原则,比如,必须坚持先和解及办理完成债转股工商变更登记后再行撤诉解封的事项。最终,电力工程公司在起诉保全完成后的2个月内就与长岭光伏公司、吉林某集团公司等达成和解协议,并完成了相关工商变更登记手续,本案也以电力工程公司的撤诉结案。至此,电力工程公司的"身份"发生了实质性变化,由一个完全的外部债权人转变为绝对控股长岭光伏公司的控股股东,这也为后续"实际控制权"的争夺埋下了伏笔。

二、法代证照引争夺,开会、诉讼打配合(请求公司变更登记之诉、公司证照返还之诉、股东出资纠纷之诉)

如前所述,电力工程公司的控股股东身份使其获得了对长岭光伏公司的"股权控制权",然而,长岭光伏公司却仍由原实际控制人赵某牢牢把控,这也势必隐藏着

一些危机和风险。法定代表人仍由赵某担任,是否会出现其个人以公司名义在外担保借款的风险?公司的财务U盾原本由电力工程公司、某集团公司两个股东各持一个,但赵某却迟迟不肯配合移交,如何应对?公司想要变更银行账户等,可赵某也不肯移交营业执照副本,又奈他何?可见,如何协调与小股东及原实际控制人的关系,如何获取公司的"实际控制权",这成为工程款纠纷结案后电力工程公司直接面临的问题,也是我们在该阶段提供服务的事实背景。

立足于电力工程公司已获得的"股权控制权",借力于合法有效的股东会决议,再施之以特定的诉讼方案,这就是我们帮助客户去夺取"实际控制权"的核心所在。解决方案是分步骤、分类别推进的,具体来看:第一,协助电力工程公司召开关于变更法定代表人和经理人选的股东会,并作出了有效的股东会决议,这个过程主要是帮助客户保障股东会召集、表决程序的合法合规。第二,在作出了有效的股东会决议后同步启动"诉讼组合拳",以股东电力工程公司名义起诉请求长岭光伏公司办理法定代表人变更登记的请求公司变更登记诉讼,以长岭光伏公司名义起诉请求原实控人赵某移交营业执照副本的证照返还纠纷,以股东电力工程公司名义要求某集团公司及张某两股东立即出资的股东出资纠纷。

得益于前期股东会召开阶段对程序的重视与风险的闭环,"诉讼组合拳"无一例外的全胜结案。电力工程公司持着前述"请求公司变更登记诉讼"等相关的胜诉判决,顺利实现了长岭光伏公司法定代表人、经理的工商变更手续,以及新的营业执照办理工作;在新的法定代表人的支持下,长岭光伏公司的银行U盾进行了更换,原实控人赵某持有的U盾"作废"。至此,电力工程公司实现了对长岭光伏公司的关键人员和财务的把控,获得了"实质控制权"。

(一)请求公司变更纠纷的疑难问题

本案中,长岭光伏公司在控股股东电力工程公司表决后作出了有效股东会决议,决议公司法定代表人由赵某变更为胡某。然而,要想完成相关的工商变更登记手续,必须要通过"请求变更公司登记诉讼"来实现。为此,我们帮助客户启动了"请求变更公司登记纠纷"之诉。① 该案中,电力工程公司起诉长岭光伏公司,要求长岭光伏公司按照已作出的股东会决议内容办理法定代表人变更的工商登记手续。法院的审查核心是"法定代表人的变更程序能否通过股东会决议变更、涉案的股东会决议是否有效"。经审理,法院判决认为,"2019年6月10日的股东会已提前合法告知其他股东,会议通过的决议内容不违反法律法规强制性规定,表决比例也符合我国公司法及被告章程的规定,故,被告于2019年6月10日所作出的临时

① 参见吉林省长岭县人民法院(2019)吉0722民初2888号民事判决书。

股东会决议应为有效;且公司法定代表人的变更应属公司内部治理事务,被告章程第二十九条已经明确规定了法定代表人由股东会选举产生……故,公司决议生效后,被告应依据公司决议办理相应变更登记”。

案件胜诉后,我们依据判决书办理工商变更登记时又遇到了现实障碍,这中间就体现出司法裁判机关与变更登记机关之间“脱节”的常见情形。当地市场监督管理局要求以法院发出的协助执行通知书作为变更依据,因此,我们又进一步就该请求变更登记诉讼案申请强制执行,最终在法院发出、送达关于法定代表人变更登记的协助执行通知书后完成了工商变更登记手续。上海市高级人民法院、上海市市场监督管理局联合发布的《关于进一步规范协助执行机制的会议纪要》中就对关于加强信息合作规范执行与协助执行的工作予以规定,并明确:“8. 关于明确协助人民法院办理变更登记(备案)和撤销情形:市场监督管理部门协助人民法院办理的变更登记(备案)和撤销情形包括:办理公司法定代表人变更登记,以及董事、监事、经理等高级管理人员变动备案;办理合伙企业合伙人、执行事务合伙人或其委派代表变更登记;办理撤销公司股东、法定代表人变更登记,以及董事、监事、经理等高级管理人员变动备案,恢复至变更(动)前的状态;办理撤销合伙企业合伙人、执行事务合伙人或其委派代表变更登记,恢复至变更前的状态等。”因此,这也提示律师在提供请求公司变更登记纠纷这类会涉及与其他行政机关协调的法律服务时,要充分预判法律服务的边界与范围,及时做好相关的支持与应对。

由上述案件引申来看,请求公司变更登记纠纷类案件,是指公司股东或法定代表人等对于公司工商登记中记载的事项请求予以变更而产生的纠纷,由公司住所地法院管辖,通常包括两种常见类型:一种是涉及公司的法定代表人。当公司股东会决议选任法定代表人或辞退法定代表人时,可能会涉及该事项的变更登记,比如,上述本案的情形。另一种则是公司股东或发起人,在公司设立、股权转让、公司增资时要求公司进行登记或变更登记。该类纠纷中,法院主要审查“要求变更的事实与依据”是否合法充分。

笔者关注到一个“有趣”的实务情形,现有的、挂名的法定代表人能否提起该类诉讼要求公司办理涤除登记事项呢?关键要看挂名人与公司之间是否还存在实质的关联性,一旦挂名的法定代表人与公司并无任何实质关联,那么,其还是有权提起该类诉讼要求涤除登记的。在最高人民法院(2020)最高法民再88号案件中,法院认为:根据王某所称其自2011年5月30日即已从赛瑞公司离职,至今已近9年,足见赛瑞公司并无自行办理法定代表人变更登记的意愿。因王某并非赛瑞公司股东,其亦无法通过召集股东会等公司自治途径,就法定代表人的变更事项进行协商后作出决议。若人民法院不予受理王某的起诉,则王某因此所承受的法律风险将持续存在,而无任何救济途径。因此,王某对赛瑞公司办理法定代表人变更登记的诉讼请求具有诉的利益,该纠纷系平等主体之间的民事争议,属于人民法院受理民事诉讼的范围。又如,上海市第一中级人民法院审理的(2017)沪01民终14399号案件也对该类问题作出解答,法院认为,法人在性质上属于法律拟制人格,其对外开展民事活动主要是通过其法定代表人进行,这就要求法定代表人与其所代表的法人之间存在实质关联性。就公司法人来说,其法定代表人与公司之间的实质关联性,就在于法定代表人要参与公司的经营管理,正如我国2013年《公司法》第13条的规定,公司法定代表人依照公司章程的规定,由董事长、执行董事或者经理担任。一个不参与公司经营管理的人不可能也不应成为公司的法定代表人,因其根本就不具备对外代表法人的基本条件和能力。本案中,沈某民既非蜜意公司的股东,亦非蜜意公司的员工,且除了在《公司登记(备案)申请书》的"法定代表人签字"栏目签过字外,蜜意公司没有任何证据能够证明沈某民实际参与过蜜意公司的经营管理,沈某民亦未从蜜意公司处领取任何报酬。另外,沈某民与蜜意公司之间构成委托合同关系,沈某民有权要求解除其与蜜意公司之间的委托合同关系,蜜意公司理应涤除其在登记机关登记的法定代表人事项。

(二)公司证照返还纠纷案中的司法审查逻辑

公司的证照对于公司来说如同自然人的"身份证",一般由公司授权的特定人员来保管,当其被他人侵占拒不返还时,就会引发公司证照返还纠纷。尽管民事案由规定中列明的是"公司证照返还纠纷",实际上,该类纠纷的标的范围很广,包括公司的公章、财务章、发票专用章等"印章",以及营业执照、银行开户许可证、特许经营批文等"证照",还包括房产证、土地使用证等其他特殊动产。本案中,因原实际控制人赵某在担任法定代表人及经理期间持有公司营业执照副本,在其被公司通过有效股东会决议免去相关身份后却拒绝返还相关证照,这就引发了长岭光伏公司提起的公司证照返还纠纷之诉。由本案进一步延伸,公司证照返还类纠纷案件中需要关注以下几个问题。

1.原告的诉讼主体资格

本案中,秋林光伏公司是在持有公章的情况下要求原法定代表人返还公司营业执照副本的,因此,起诉立案时倒没有遇到"起诉状无法盖章"的现实障碍。司法实践中有一种情况,公司的公章都由原法定代表人持有,那么,公司在以自己名义起诉要求原法定代表人返还证照之际,首先面临起诉立案无法盖章的"现实障碍",后续审理中又会遇到对方关于公司无诉讼主体资格的抗辩。我们引申来讨论,若公章、营业执照均缺位,公司法定代表人也已通过有效股东会决议进行变更,在没有完成工商变更登记的情况下,公司能否由新的法定代表人签字来起诉呢?实际上，一旦公司按章程或法定程序作出有效股东会决议变更法定代表人，即使尚未办理工商变更手续，新的法定代表人已获权生效，可以签字代表公司提起诉讼。例如，江苏省高级人民法院(2014)苏审三商申字第0247号案中，再审申请人主张，原告联众公司起诉时并没有出示任何材料以证明其原告资格，起诉状上未加盖公司印章，也没有其工商登记的法定代表人陈某高的签字，但法院认为，公司法定代表人的变更登记属于备案性质，未办理工商变更登记并不影响股东会决议确定李某进担任联众公司法定代表人的效力。李某进作为新任的公司董事长和法定代表人，有权代表联众公司提起诉讼。

当然，也存在股东以自己名义提起诉讼获得支持的个案。例如，广东省高级人民法院(2013)粤高法民二申字第734号案件中，法院认为，两位被申请人作为中山市富洲酒店的股东召开股东会并形成一致决议，明确变更公司的董事长(法定代表人)由黄某楷至黄某宏。虽然公司财产独立于股东财产而存在，但是鉴于本案对外代表公司意思表示的公章为黄某楷持有且黄某楷拒绝协助公司办理法定代表人的变更登记等实际情况，中山市富洲酒店要以公司名义提起诉讼在客观上存在一定障碍和困难，且公司股东利益亦受到一定程度的损害，因此，两位被申请人作为公司股东以自己的名义为自己和公司的共同利益提起返还之诉并无不妥。

2. 被告是否占有公司证照的事实问题

公司证照返还纠纷案中容易为原告公司所忽视的问题是：被告是否占有争议证照的举证问题。当然，本案中，法院通过询问的方式确认了被告赵某持有公司营业执照的基本事实，这也使本案的基础事实审查得以简单化。实际上，在日常协商交涉中，被告往往不会直接否认占有事实，一旦涉诉，原告不能寄希望于被告自认。基于“谁主张，谁举证”原则，通常需要公司充分举证被告持有证照的证据，否则存在因举证不能而被驳回诉请的风险。例如，天津市第一中级人民法院(2017)津民终946号案中，法院认为：“嘉里房地产主张郑某璇返还其侵占诉请的涉案物品，对此应负举证责任。侵占是一种事实行为，对嘉里房地产的举证责任要求较高，不应适用推定，应‘排除合理怀疑’。嘉里房地产虽然提交了众多的证据，但均未能直接证明嘉里房地产的主张。首先，嘉里房地产不能证明其主张郑某璇返还的公司印章、证照等涉案物品的真正丢失。嘉里房地产提交的报警记录，仅是嘉里房地产的单方意思表示，公安机关并未出具经过侦查得出涉案物品丢失的结论。嘉里房地产提交的补办涉案物品的证据，虽然具有客观性，能够证明补办涉案物品的事实，但并不能据此认定涉案物品丢失。其次，嘉里房地产提交的劳动合同及职位说明书等证据，均不能证明郑某璇工作职责包括保管公司印章、证照等涉案物品。最后，嘉里房地产未能直接举证证明郑某璇侵占公司印章、证照等涉案物品的事实。”

实践中，也存在推定被告持有证照而须由被告举证已交付原告公司的“举证责任倒置”的情形，实属个案。例如，吉林市中级人民法院（2014）吉中民三终字第213号案，法院认为：“原判决中将曲某是否向电气公司交还了本案讼争的相关公司证照的举证责任确认由被告曲某承担正确……原审法院经审理认为：曲某是电气公司的原法定代表人，在公司股权转让和法定代表人变更之前，对电气公司主张的证照及其他财产，具有占有和使用的事实。当曲某不再担任法定代表人并退出该公司时，负有将公司的证照等全部交给电气公司的义务。庭审中曲某没有提出电气公司主张的证照及财产不存在或已经交给了电气公司的证据，应当承担举证不能的法律后果。”

3. 被告是否有权占有公司证照的合法性问题

公司证照返还纠纷案中，一旦公司通过合法合规的程序解除持有主体的相关身份、收回授权，则持有主体丧失合法占有权限。因此，公司证照返还纠纷案中的另一个核心争议往往是，被告是否有权占有公司证照。法院在该类问题上的落脚点包括：公司章程有无明确规定证照的合法持有主体、被告最初持有证照的身份或依据有无丧失等。就本案来说，法院认为：“原告通过股东会决议解除了被告原法定代表人的身份，该股东会决议符合公司章程的规定和公司法的规定，因此，被告已无权占有原告公司的营业执照原件”，[①]很显然，法院审查被告是否有权继续持有证照的逻辑在于原先持有的条件是否发生变更。

当然，一旦持有主体完全丧失与公司的实质关联性（如离职），该种情况比较容易判定是否丧失持有的依据。但是，司法实践中也存在一些特殊情形的探讨，例如，实际控制人持有公司证照是否为有权，股东可否基于股权投资身份要求占有证照等。例如，最高人民法院（2018）最高法民申2951号案中，法院认为，对于公司中谁有权保留印章及证照，我国法律并无明确规定，现实中应当以公司章程相关规定为准。根据公司章程规定，公司印章及证照可由不同人员持有，在公司证照返还之诉中，应当以持有人非法侵占印章及证照为前提。本案中，根据已生效判决认定的事实，在禾山公司股权争议并未作最终认定的情况下，张某天作为禾山公司实际出资人控制该公司相关证照并不构成非法侵占。虽然张某强、林某琼系禾山公司原始股东，但其并未提交充分证据证明张某天是非法侵占持有禾山公司印章及证照，故其要求张某天返还公司证照于法无据，本院不予支持。又如，辽宁省高级人民法院（2015）辽审民申字第457号案中，法院认为，御膳酒楼作为独立企业法人，对公司的公章、法人章等享有所有权，公司的法定代表人是代表法人行使职权的负责人，

① 参见吉林省长岭县人民法院（2019）吉0722民初2887号民事判决书。

对证件和公章享有专用权和管理权。李某作为御膳酒楼的法定代表人,可以代表公司进行民事活动,对于公司的上述章证享有管理权。八达公司作为御膳酒楼的股东无权主持企业的生产经营管理工作,无权持有御膳酒楼的章证。

(三)股东出资纠纷案之出资期限利益的探析

股东的出资是公司经营的经济基础,也是外部主体与公司进行交易往来的信赖基础。通常情况下,股东在出资期限届满前享有"期限利益",尤其是2013年12月的《公司法》对公司资本制度的修订,将公司注册资本由"实缴登记制"修改为"认缴登记制",进一步去掉了股东枷锁,也大大降低了市场准入门槛。因此,"股东出资期限利益"在一定程度上也成为股东、公司、外部债权人博弈的地方。

通常情况下,股东违反了出资期限约定,理应纠正违约行为而及时向公司缴付出资,这是司法实践中股东出资纠纷最常见的情形,我们代理的案件正是这样的。如前所述,电力工程公司本轮的主要目标是实现对长岭光伏公司的"实际控制权",唯有组合拳出手,方能全面施压制胜。因此,为配合前述启动的"公司证照返还纠纷""请求公司变更登记纠纷",我们帮助客户启动了"股东出资纠纷"。① 因各方在债转股相关的股东会决议和公司章程中已明确某集团公司和张某合计600万元的现金出资期限为2019年1月30日,故电力工程公司依据《公司法司法解释(三)》第13条规定"股东未履行或者未全面履行出资义务,公司或者其他股东请求其向公司依法全面履行出资义务的,人民法院应予支持"在2019年7月提起诉讼,以某集团公司、张某为被告,同时列长岭光伏公司为第三人,要求二位股东立即向长岭光伏公司缴付合计600万元的出资。就判决结果来说,电力工程公司依然全面胜诉。

还有一种情况引发我们的关注,出资期限尚未届满,公司或者外部债权人能否要求股东出资加速到期?《企业破产法》第35条规定:"人民法院受理破产申请后,债务人的出资人尚未完全履行出资义务的,管理人应当要求该出资人缴纳所认缴的出资,而不受出资期限的限制。"《九民纪要》第6条规定:"在注册资本认缴制下,股东依法享有期限利益。债权人以公司不能清偿到期债务为由,请求未届出资期限的股东在未出资范围内对公司不能清偿的债务承担补充赔偿责任的,人民法院不予支持。但是,下列情形除外:(1)公司作为被执行人的案件,人民法院穷尽执行措施无财产可供执行,已具备破产原因,但不申请破产的;(2)在公司债务产生后,公司股东(大)会决议或以其他方式延长股东出资期限的。"显然,目前对股东出资期限利益的保护采用"肯定+例外"原则,也就是说,只有当公司出现破产、清算等

① 参见吉林省长岭县人民法院(2019)吉0722民初2889号民事判决书。

法定事由时,债权人才可以实现股东加速到期制度。最近,《公司法(修订草案)》让股东加速到期制度再度成为热议,该法第48条规定:“公司不能清偿到期债务,且明显缺乏清偿能力的,公司或者债权人有权要求已认缴出资但未届缴资期限的股东提前缴纳出资”,那么,这是否预示着公司在非破产或解散下也可能发生股东加速到期的情况?笔者认为,该条在尊重股东出资期限利益的前提下继续沿袭《九民纪要》所规定的具备破产原因前提下的出资加速到期制度,其有利于债权人尽快得到清偿,在股东与外部债权人之间不会造成权利义务的实质失衡。当然,债权人也要初步举证证明公司不能清偿到期债务且明显缺乏清偿能力的基本条件。但不管怎么说,股东加速到期制度的逐步完善也为外部债权人的权利救济提供了一条新的路径以供行使。

三、除名执行两不误,公司股权再净化(股东除名诉讼)

如前所述,经过第二回合的“对抗”,电力工程公司基本实现了从股权结构、到公司法定代表人及高管的任职、再到公司的财务管控等全方位的“实质控制权”。然而,在“碳中和”的大背景之下,又掀起了“光伏电站”投资转手的热潮。对于收购方而言,长岭光伏公司并不是一个“完美”的项目公司,单就股权结构而言,原实控人赵某控制的某集团公司及张某两个股东仍持有一定的股权,从管理上来说,股东之间已经形成了“实质的僵局”,只有电力工程公司实现了对长岭光伏公司的100%控股,这才能加大长岭光伏公司及相关电站出售的筹码与价值。因此,如何实现项目公司股权的最终“净化”,这是我们律师提供该回合法律服务的背景和目标。

经我们充分评估,根据某集团公司及张某对长岭光伏公司的出资及股权情况,我们设计的两套并行的方案以落实:

其一,针对某集团公司仍未履行的594万元出资及3.3%股权、张某仍未履行的6万元出资及0.03%股权,采取“召开股东会+诉讼除名股东”之路。先是召开股东会决议,以前述股东逾期未缴纳出资为由解除其持有的相关股权、且电力工程公司同意缴纳前述600万元出资,并作出有效的股东会决议。而后,我们以电力工程公司为原告,以长岭光伏公司为被告,起诉要求长岭光伏公司持前述股东会决议办理公司股东变更的工商登记,通过这样一个“请求公司变更登记”诉讼来实现最终的工商变更登记手续。

其二,针对某集团公司债转股实缴到位的113.625万元出资及0.62%的持股,唯一让其出局的方式就是考虑让其成为被告、让其该项对外出资的股权成为被执行财产、最终通过诉讼执行或其他方式将其逐出公司的“执行除名股东”之路。为此,经全面核查,在电力工程公司工商变更为控股股东、正式进驻公司之前,甚至在双方已经达成“债转股”,长岭光伏公司原实际控制人赵某通过某集团公司以及其他关联公司将长岭光伏公司的电费收入等以“借贷”形式套出公司,这成为我们启动诉讼的“切入口”。为此,我们以长岭光伏公司为原告,以某集团公司及其关联公司合计四家公司为被告,分别、同时启动了四个民间借贷诉讼,要求某集团公司及关联公司归还借贷款项。

通过“召开股东会+诉讼除名股东”,电力工程公司持着“请求公司变更登记”的胜诉判决顺利完成了工商变更登记手续,电力工程公司成为长岭光伏公司出资18,093.375万元、持股99.38%的绝对控股股东。另外,以某集团公司为被告的民间借贷纠纷胜诉后,长岭光伏公司已申请就某集团公司持有的长岭光伏公司0.62%股权进行执行拍卖,后续电力工程公司将会在拍卖中去“摘牌”该股权,以实现对长岭光伏公司的100%持股,见图3-2。

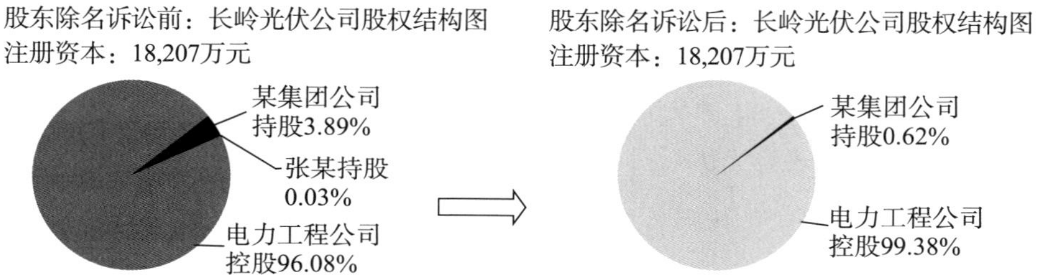

图3-2 2021年5月股东除名诉讼工商变更登记前后长岭光伏公司股权结构对比

1.股东除名诉讼之争议,未足额出资股东是否适用于除名制度

股东除名制度是指基于一定的事由,有限责任公司解除特定股东与公司之间的出资法律关系,使股东丧失资格退出公司的情况。很显然,该制度是解决公司内部冲突的一项基本制度,通过将“违约股东”逐出股东名册来实现公司股东之间的合力。

我国《公司法》没有规定股东除名制度,而后是在《公司法司法解释(三)》第17条“有限责任公司的股东未履行出资义务或者抽逃全部出资,经公司催告缴纳或者返还,其在合理期间内仍未缴纳或者返还出资,公司以股东会决议解除该股东的股东资格,该股东请求确认该解除行为无效的,人民法院不予支持。在前款规定的情形下,人民法院在判决时应当释明,公司应当及时办理法定减资程序或者由其他股东或者第三人缴纳相应的出资。在办理法定减资程序或者其他股东或者第三人缴纳相应的出资之前,公司债权人依照本规定第十三条或者第十四条请求相关当事人承担相应责任的,人民法院应予支持”中予以规定。显然,根据前述法律规定,当公司股东未履行全部出资义务或者抽逃全部出资时才能启动股东除名程序,这是股东除名制度的法定情形。那么,问题来了,若股东未足额出资,比如,只是部分出资实缴到位,该种情形是否适用股东除名制度呢?这就是股东除名纠纷多样性和差异性在司法实践中的疑难问题,也正好是我们代理的该起案件中的核心争议问题。

司法实践中主要存在两种常见的情形与结论:一种结论认为:解除股东资格这种严厉的措施只应用于严重违反出资义务的情形,即“未出资”和“抽逃全部出资”,未完全履行出资义务和抽逃部分出资的情形不应包括在内。例如,在北京市第三中级人民法院(2015)三中民(商)终字第10163号案中,法院认为,解除股东资格这种严厉的措施只应用于严重违反出资义务的情形,即未出资和抽逃全部出资,未完全履行出资义务和抽逃部分出资不应包括在内。广东省中山市中级人民法院(2018)粤20民终6736号案也作出了同样的裁判结论。另一种结论则是公司股东会可以解除抽逃出资部分对应的股权,而不是完全解除“瑕疵股东”的股东身份。最高人民法院审理的(2016)最高法民申237号案中,法院认为,尹某庆抽逃增资款事实存在,在公司催讨后并未补足,公司股东会可以解除其相应股权。公司股东会决议的效力应予认可。

回归本案,对于长岭光伏公司股东张某负担的6万元货币出资义务,张某自始都没有按期缴纳,属于典型的“未履行出资义务”情形,可以直接适用股东除名制度。但是,对于某集团公司而言,合计出资707.625万元,其中,113.625万元的出资已通过债转股的债权形式实缴出资到位,未出资到位的是其认缴的594万元货币出资义务,显然不属于股东除名制度项下的严格意义上的“未履行出资义务”。实际上,如若对某集团公司出资到位与否的股权作出区分处理,这也是符合立法本意和公平原则的。结合前述最高人民法院(2016)最高法民申237号案件给予的启示,我们帮助客户锁定了某集团公司未实缴到位的594万元出资问题,重点狙击该项违约行为。先是按照公司章程严格履行程序,召开股东会,作出了有效的股东会决议,内容是“解除张某的股东资格,解除某集团公司未出资额594万元对应的股权,电力工程公司缴纳前述合计600万元的出资”;而后,我们以电力工程公司为原告,以长岭光伏公司为被告,启动了请求公司变更登记诉讼。经当地法院审理后最终支持了电力工程公司的全部诉讼请求。①

当然,我们说法定的股东除名制度适用情形本身是相对严苛的,其无法解决司法实践中除了“未出资或抽逃出资”之外的其他情形,法院在司法判例与实践中进行探索,这也反过来引起了立法层面的关注,最新的《公司法(修订草案)》第

① 参见吉林省长岭县人民法院(2021)吉0722民初293号民事判决书。

46 条规定:“有限责任公司成立后,应当对股东的出资情况进行核查,发现股东未按期足额缴纳出资,或者作为出资的非货币财产的实际价额显著低于所认缴的出资额的,应当向该股东发出书面催缴书,催缴出资。公司依照前款规定催缴出资,可以载明缴纳出资的宽限期;宽限期自公司发出出资催缴书之日起,不得少于60日。宽限期届满,股东仍未缴纳出资的,公司可以向该股东发出失权通知,通知应当以书面形式发出,自通知发出之日起,该股东丧失其未缴纳出资的股权。依照前款规定丧失的股权,公司应当在六个月内依法转让,或者相应减少注册资本并注销该股权”,这不就是吸收了司法实践中关于未足额出资等非严重情形下的失权规定吗?当然,我们也期待最终修订后的《公司法》对该条规定的保留与落实。

2. 民间借贷纠纷之难点,立案难的情况下如何突破障碍完成立案

如前所述,为了施压原实际控制人赵某以及执行某集团公司实缴到位的股权财产,我们以长岭光伏公司为原告,分别以某集团公司及其几个关联公司为被告,同时在当地法院启动了四个民间借贷纠纷,合计标的额上千万元,要求某集团公司及关联公司归还借款。目前,该四个案件均已胜诉生效。其中,以某集团公司为被告的案件①正在由松原市中级人民法院执行,也将在执行过程中去解决某集团公司仍持有的长岭光伏公司股权财产执行问题。

当然,结果是光明的,过程也真是艰辛的,本来我们以为是法律关系非常简单的诉讼案件(4 起案件中的 3 起理应由长岭县人民法院受理的案件)却在“立案”时,而法院认为因某集团公司涉嫌非法吸收公众存款而不予立案。经充分的法律评估,以及与当地公安经侦部门充分沟通后,我们更是坚定了继续采取民事诉讼的解决目标。同时,我们认识到,笔者在发送给长岭县人民检察院的书面函中明确:第一,秋林光伏公司已于 2020 年 7 月 16 日提交了符合要求的诉状和起诉材料,其间多次催促立案,长岭法院至今未就本案是否立案作出决定,这是基本事实背景。第二,本案符合法定立案条件、材料齐全,就长岭法院超期不予立案的行为,请求检察院监督长岭县人民法院在 2020 年 9 月 28 日前完成立案,予以补正。最后,笔者明确提出了要求,依据最高人民法院《关于人民法院登记立案若干问题的规定》第 13 条规定,笔者要求检察院监督长岭县人民法院拖延立案的行为实行法律监督,依法向长岭法院提出检察建议,责令纠正拖延立案行为,并依法受理本案。最终,经过笔者团队的多番努力,长岭县人民检察院在尊重事实与法律的情况下向长岭县人民法院发出了“检察建议”,也根本性地破除了本案的立案障碍,最终完成立案。

---

① 参见吉林省松原市中级人民法院(2020)吉 07 民初 100 号民事判决书。

【实战策略】

一、准确把握客户商业目标,全局性思维下设计法律服务方案

由前述系列案件来看,电力工程公司清晰地经历了几个“斗争”阶段,先是工程款债权的诉讼催收,以谈判和解结案;再是成为控股股东后对目标公司关键任职、财务方面的“实际控制权”争夺,以变更了公司法定代表人、掌控公司财务结束;最后股东除名及相关诉讼,以公司股权变更登记结案。很显然,电力工程公司作为一个商业公司,代理团队在这个过程准确识别客户的商业目标,并能够真正站在商业角度帮助设计解决路径,这个路径包括有诉讼的、非诉的手段,这个路径不是随波逐流而必须具有前瞻性和全局性的,这也是本案中客户问题最终能够得到解决的真正内在驱动力。

二、变中求胜,及时调整步调,组合拳出手才能最终制胜

回顾我们办理的上述控制权系列纠纷案件,包括有证照返还纠纷、请求公司变更登记纠纷、民间借贷纠纷、股东出资纠纷等各种不同类型的诉讼案件,单就其中的一个个诉讼案件独立来看,本身涉及的法律关系并不过度复杂、争议焦点较为集中。然而,系列案件办理中最大的难题在于,如何实现“环环相扣”的全过程控制,启动哪几个诉讼案件、如何将诉讼案件进行组合、何时启动、立案遇到障碍了如何解决、诉讼中出现证据缺失风险如何化解、审结后如何协调执行以及其他程序,整个过程中我们没有一丝懈怠,稳打稳扎中又变中求胜,在控制每一环节的法律风险后才真正实现了步步为营。

实战案例 13

基于法律和财务视角下新能源项目并购交易中的未分配利润归属

——某陕西水电开发公司与陈某、杨某股权转让合同纠纷案①

股权转让是新能源项目并购中最常用的交易模式,转让方和受让方通常会对过渡期内的项目公司损益归属作出约定。比如,约定自某个基准日前或后项目损益归转让方或受让方所有,对项目公司进行延伸审计后,新老股东之间、转让方与原标的公司之间经常因为未分配利润的归属问题产生争议。转让方能否直接向项目公司索要分红,项目公司要进行利润分配要具备哪些条件,这些都是实践中经常碰到的问题。本文结合我们代理的一起案件,对此展开分析。

【案情简介】

某陕西水电开发公司(受让方)与陈某、杨某(以下简称原股东或转让方)于2010年12月20日签订了《股权转让协议》(以下简称《股转协议》),股权转让价以2009年12月31日为评估基准日的审计、评估报告为基础,按项目公司注册资本金1:1比例收购原股东持有的项目公司80%的股权,转让价为8957.336万元,收购后股权结构为水电开发公司占比80%、陈某占比10%、杨某占比10%。

《股转协议》第6.1.1款约定,2010年12月31日前项目公司所有收入(包括政府无偿拨款),核减双方确认的各项费用后归转让方所有;2011年1月1日后的包括发电在内的所有收入归新公司所有。各种费用指已投入运行的电站(机组)按照会计核算权责划分原则,承担当期各种费用支出(含机组运行期间分摊的贷款利息)及各种税费。

水电开发公司于2010年12月和2011年1月分两次支付完毕股权转让款8957.336万元,已完成股权变更工商登记、公司交割与交接工作。2011年1月项目公司委托审计机构以2010年12月31日为基准日进行了延伸审计,显示项目公司未分配利润年终余额为164万元。

原股东于2015年12月底向汉中市中级人民法院起诉,其诉讼请求第一项为请求支付股权转让前的未分配利润164.35万元,原股东后追加项目公司为被告要求共同支付未分配利润。经法院开庭审理后,原被告各方达成和解。

---

① 陕西省汉中市中级人民法院(2016)陕07民初6号民事调解书,浙江阳光时代律师事务所代理,案情略有删减。

【要点解析】

一、未分配利润的形成与表现形式

从概念上讲，未分配利润是企业未作分配的利润，在以后年度可继续进行分配，在未进行分配之前，属于所有者权益的组成部分，在分配之后，属于负债。从数量上来看，企业未分配利润是期初未分配利润加上本期实现的净利润，减去提取的各种盈余公积和分出的利润后的余额。期末未分配利润 = 期初未分配利润 ± 当期净利润(未弥补亏损) - 盈余公积 - 已分配股利，期末余额反应累计未分配利润或累计未弥补亏损。

从产权关系上讲，未分配利润属于股东所有，对应的可以是公司资产或负债和实收资本(股本)的减项，可以用于购买材料、固定资产、无形资产，对外投资，支付职工薪酬，缴纳各种税金，偿还贷款、借款，当然还可以用于分配股利。

《企业会计准则第 29 号——资产负债表日后事项》第 8 条规定："资产负债表日后，企业利润分配方案中拟分配的以及经审议批准宣告发放的股利或利润，不确认为资产负债表日的负债，但应当在附注中单独披露。"之所以作为非调整事项，是因为支付股利或利润的义务在资产负债表日尚不存在，不是资产负债表日的负债，不是公司承担的现时义务，未来流出公司的经济利益的金额不能够可靠的计量。

二、利润分配请求权的法律规定与行使条件

最高人民法院《关于适用〈中华人民共和国公司法〉若干问题的规定(四)》(以下简称《公司法解释四》)第 14 条："股东提交载明具体分配方案的股东会或者股东大会的有效决议，请求公司分配利润，公司拒绝分配利润且其关于无法执行决议的抗辩理由不成立的，人民法院应当判决公司按照决议载明的具体分配方案向股东分配利润。"第 15 条："股东未提交载明具体分配方案的股东会或者股东大会决议，请求公司分配利润的，人民法院应当驳回其诉讼请求，但违反法律规定滥用股东权利导致公司不分配利润，给其他股东造成损失的除外。"

从上述法律条文来看，利润分配请求权的行使应包括三个要件，即主体资格要件、实体要件和程序要件。

第一，就主体资格要件而言，股东因投资公司获得股东资格和身份，从而取得股利分配权。股利分配权是股权的重要内容，是股东最重要的自益权，凡合法股东均有权要求公司分配盈余。因此，通常要求原告于起诉时和审理中必须均保持公司股东身份，但现实中的纠纷又是多样的，比如瑕疵出资股东的利润分配请求，隐名股东的利润分配请求，还有就是本案中提及的转让股权退出公司的股东的利润分配请求权。从司法实践来看，瑕疵出资股东是否享有盈余分配请求权适用公司内部自治原则，其取决于公司章程或股东约定，如股东约定不依照实缴出资比例分

配利润,未对瑕疵出资股东作出权利限制的,则瑕疵出资股东也享有盈余分配请求权,瑕疵出资本身不能否认其拥有股权、享有股东权利的事实。对于隐名股东请求分配盈余,司法实践一般不予以支持。针对隐名出资情形,除非公司其他股东知晓隐名股东且对其行使股东权利无异议的,即满足《九民纪要》第28条中无须经其他过半数股东同意而显名的条件时,隐名股东可以直接对公司主张盈余分配。对于转让股权退出公司的股东能否享有利润分配请求权我们在下文将专章探讨。

第二,就实体要件而言,就是要求公司有可供分配的利润,正所谓"有盈有分,无盈不分"。很多人存在一个误区,以为企业有了巨额的未分配利润就可以分配股利。其实,只有未分配利润中含有现金的情况下,才能真正分配利润。判断"未分配利润"中有没有、有多少结转过来的现金利润,大致可以从现金流量表中的经营活动现金净流量判断出来。如果一家企业的经营活动现金净流量为负数,则可以初步判断这家企业的现金利润为负数,哪怕它的未分配利润再大也是不可能用来分红的。当然,它可以用来弥补以前年度亏损、提取法定盈余公积、提取任意盈余公积等,因为这些只是互换一个项目而已,但要分配股利,就另外一回事了,那是要拿出现钱来的。说到这里,大家应该明白为什么很多上市公司未分配利润数额很大,但一直不分红,被大家称为"铁公鸡"。

在江苏省淮安市中级人民法院(2011)淮中商终字第0002号案中,人民法院对公司无可供分配利润的前提和合法性基础而将决议分配利润给股东的做法给予了否定评价。人民法院认为:"《中华人民共和国公司法》第三十五条规定,'公司成立后,股东不得抽逃出资。'第一百六十六条第五款规定,'股东会、股东大会或者董事会违反前款规定,在公司弥补亏损和提取法定公积金之前向股东分配利润的,股东必须将违反规定分配的利润退还公司。'基于公司资本维持原则,股东盈余分配的资金来源不能是公司的注册资本金,而只能是公司的利润。仅具有股东会决议分配年度利润的形式要件不足以认定公司具有可分配利润,判断是否具有可分配利润,还必须有符合《公司法》规定的、依法经过审查验证的财务报表和利润分配计划的实质要件。在仅有形式要件而没有实质要件,从而导致股东与公司发生利润分配纠纷时,司法对有无利润的判断上可从公司在工商部门的年检报告(现在年检报告已经取消)、合法的会计年度终了时的财务会计报告、年度利润司法审计报告等证据审查中作出判断。公司无可供分配利润的前提和合法性基础而将决议分配给股东的利润份额以借据的形式载明,不能当然地转化为普通的债权债务关系。"

第三,就形式要件而言,必须存在合法有效的股东会决议。利润如何分配,属于公司意思自治范畴,股东可在法定范围内自主约定公司盈余分配比例、时间与形式等,司法一般不予干涉。对于公司尚未作出利润分配决议的,股东的盈余分配请求权仍属于抽象性的盈余分配请求权，是一种期待权，在诉讼法上表现为确认之诉，股东不能直接起诉公司要求分配利润。对于公司股东会（大会）作出利润分配决议的，股东的盈余分配请求权已转化为具体的盈余分配请求权，权利性质已从期待权转化为既得权，在诉讼法上表现为给付之诉。故对已经股东会决议通过的利润分配方案，原则上不可撤销，应无条件执行。股东会决议是公司意思的载体，但其须实体上和程序上均符合公司法等法律规定，才能产生相应的法律效力，股东会决议合法有效是请求公司给付利润的前提条件。

三、股权转让前未分配利润归属辨析

（一）转让方因转让退出不具有股东身份，不享有利润分配请求权

股东在转让股权后能否要求分配转让之前的公司利润，关键是看其是否还享有对之前利润要求分配的股利分配请求权。股权转让是指股东依照法律或公司章程的规定将自己的股权让与受让人，使受让人继受取得股权、成为公司股东的民事法律行为。股权转让最重要的特征是整体性和不可分割性，即股权转让是股东权利和义务的概括转让，新股东完全取代了原股东的地位，而不是部分权利和义务的转让。由于股利分配请求权是股东基于其股东资格和地位而固有的一项权利，是与股东身份密切相连的，股东转让股权后，其股东资格也随之丧失，附着于股东身份的股利分配请求权也随之丧失。

在四川省德阳市中级人民法院（2017）川06民终387号案中，人民法院认为："本案争议焦点是转让股份后公司决定对之前年度红利进行分配，原股东是否享有盈余分配请求权。上诉人认为喻某在股东会决议作出时已不是股东，不受决议拘束，也不依据其享有股利分配请求权，被上诉人喻某抗辩称其在2013年仍是公司股东，且转让合同未明确约定股利分配请求权由受让人享有。本院认为，股东的盈余分配请求权即股利分配请求权，是股东基于其股东身份所享有请求公司按自己的持股比例向自己分配股利的权利。《公司法》就利润分配予以明确规定，第38条第1款第6项规定，审议批准公司的利润分配方案是股东会的职权；第一百六十七条第四款规定：'公司弥补亏损和提取公积金后所余税后利润，有限责任公司依照本法第三十五条的规定分配'，可见，股东主张盈余分配，必须具备两个条件，一是实体要件，即公司必须具有可分配的税后利润；二是程序要件，即公司权力机关作出分配盈余的决议。股利分配请求权只是一种期待权，只有当公司具有可分配利润且股东会作出了分配股利的决议后，股东享有的利润才处于确定的状态，股东的股利分配请求权才会由期待的状态转变为现实的债权即股利给付请求权。结合本案查明的事实，喻某转让股份之时，天源公司股东会尚未作出分红决议，股利分配请求权还未转化为现实的债权，且喻某与何某海在《个人股份转让合同》中并未约定股利分配请求

权仍由喻某享有,根据股权概括转让原则,股权转让后,股东基于股东地位对公司所发生的全部权利均一并转让给受让人,故股利分配请求权应由受让人何某海享有。”

可见,若股东经股权转让退出公司,若转让前公司未形成利润分配方案,转让后退出股东请求公司支付未分配利润,不予支持。

(二)未经目标公司利润分配决议,转让方不得径行向受让方主张

根据《公司法》的规定,公司利润分配应符合一定的实质要件和形式要件。实质要件方面,公司利润应先用于弥补亏损并提取法定公积金后再进行分配。除可供分配利润外,在形式要件方面还要取决于公司的意思表示,公司的意思表示机关股东会审议批准公司的利润分配方案和弥补亏损方案。因此,公司是否分配利润属于公司董事会、股东会决策的范畴,股东会通过利润分配方案,使股东可享有的利润处于确定的状态,最终转化为利润分配请求权。

在安徽省合肥市中级人民法院(2015)合民二终字第00911号案中,人民法院认为:“长江石油公司股东会未就该审计期间的经营损益分配作出相关决议之前,白帝公司径行请求法院判令中国石油公司给付相关利润,不符合我国公司法的规定。同时,虽然产权转让合同中约定‘审计、评估基准日至《产权转让合同》生效期间,转让标的企业所发生的经营损益由甲方按其对转让标的企业的持股比例承担和享有’,但白帝公司并未提供证据证明长江石油公司就该期间的经营损益作出决议并实际分配,亦未提供证据证明中国石油公司及中国石油公司安徽分公司已经从长江石油公司实际取得了该期间的经营利润,现白帝公司主张分配《产权转让合同》项下审计评估基准日至合同签订日期间的经营损益价款人民币616,539.67元及其利息,证据不足,不予支持。”

可见,其间损益归属即便有明确约定,但未经标的企业利润分配决议且无证据证明受让方业已实际领取,不得径行向受让方请求。

(三)股权转让前通过分配方案,利润分配请求权已转化为股利给付请求权

从理论上讲,有学者将《公司法解释四》第14条规定的有分配方案情况下股东请求分红的权利称为“具体的盈余分配请求权”,将《公司法解释四》第15条规定的无分配方案情况下股东请求分红的权利称为“抽象的盈余分配请求权”或“强制的盈余分配请求权”。在实务界,也有相当数量的法官持此观点。

这种区分方式是从描述的角度出发进行的“理论划分”,其科学性值得商榷。所谓“具体的盈余分配请求权”,与无分配方案情况下股东行使盈余分配请求权相比,确实更具“具体性”,或者可以说,此时原告的举证责任更小,所主张的分配金额从证据角度上讲也更加“明确”。但将此种权利命名为“具体的盈余分配请求权”,不但没有任何理论上与实践中的必要,相反,还会引发歧义甚至错误理解。原因在于,如

果公司决策机构已经作出了明确具体的利润分配方案，此时公司向股东支付利润已成为确定的债务，股东自相关决议生效之日起即享有确定的债权，而不再是作为股东自益权一部分的盈余分配请求权，该权利可以独立存在，不再依附于股东资格。

将盈余分配请求权分为"具体的"与"抽象的"，仅仅起到了描述性作用，理论价值有限。但将股东对公司享有的利润支付之债权，定性为从属于股东权的盈余分配请求权，无疑抹杀了其债权的根本属性和独立性。

股利分配请求权是股东的自益权，股东能否实际分配到利润则要看公司是否盈利以及股东会是否作出分配决议。股利分配请求权是股东基于其股东资格和地位而固有的一项权利，是与股东身份不可分。但一旦股东会通过了利润分配方案，股东的股利分配请求权就具体化为股利给付请求权，该股利给付请求权性质为股东对公司享有的债权。该债权可以与股权分离而独立存在，不当然随同股权而转移。

在四川省成都市中级人民法院（2010）成民再终字第32号案中，人民法院认为："戴某林原为三益公司股东，且在其为股东时，三益公司的四股东就形成决议，明确了三益公司一期开发形成的全部成果，归原四位股东所有，并按股东实际投入比例进行分配。一期形成的债权、债务在股份变动后，仍由原四股东享有和承担。在股东会形成分配决议后，戴某林的股利分配请求权就为股利给付请求权，如果三益公司一期项目存在利润，即转为戴某林对三益公司的债权，该债权不随股权转移而转移，仍由戴某林享有。"

可见，如果股权转让前股东会已经决定分配的利润，转让股东虽然丧失股东资格，但仍然可以要求公司给付。

回到本文最初引用的案例可以看出，原股东陈某和杨某已将项目公司80%的股权转让给了水电开发公司，而在股权转让前项目公司并未作出任何分配利润的决议。虽然《股转协议》第6.1.1款约定，2010年12月31日前项目公司所有收入（包括政府无偿拨款），核减双方确认的各项费用后归转让方所有。但鉴于陈某和杨某已将80%的股权转让，并不符合主张已转让部分股权对应的利润的主体资格，且项目公司也没有召开利润分配的股东会决议，水电开发公司也没有从项目公司获取利润分配，故其也无法直接向水电开发公司请求支付未分配利润。但在案件调解过程中，各方达成一致同意项目公司向陈某和杨某支付未分配利润164万元，这相当于项目公司的全体股东意思表示一致并达到了召开股东会决议的相同法律效果，视为通过了利润分配方案决议，那么相当于陈某和杨某的利润分配请求权已转化为股利给付请求权，项目公司直接向其支付具有法律依据。

四、财务视角下股转前未分配利润的归属

（一）股权转让收入是否包含未分配利润

股权转让是股东将持有的公司股权全部或部分转让给他人，他人成为公司新股东的民事法律行为。股权转让的收入扣除股权成本是转让方的收益或损失。股权转让收入是转让方就转让股权收取的现金、非现金资产或权益等金额。股权的成本是指投资取得时的成本,是指取得长期股权投资时支付的全部价款,或放弃非现金资产的公允价值,或取得长期股权投资的公允价值。

国家税务总局《关于贯彻落实企业所得税法若干税收问题的通知》(国税函〔2010〕79号)第3条规定,"企业转让股权收入,应于转让协议生效、且完成股权变更手续时,确认收入的实现。转让股权收入扣除为取得该股权所发生的成本后,为股权转让所得。企业在计算股权转让所得时,不得扣除被投资企业未分配利润等股东留存收益中按该项股权所可能分配的金额"。依据上述规定,转让方的股权转让收入应包括被投资企未分配利润等股东留存收益中按该项股权所可能分配的金额。受让方支付的对价与转让方获取的对价是对称一致的。

(二)股权的价值是否包含了基准日的未分配利润

新能源项目并购中绝大部分的收购主体为具有国资背景的公司,依据相关规定,目标公司的股权价值必须经有资质的评估机构评估确定。通常转让方与受让方会确定一个评估基准日,目的是确定评估基准日目标公司净资产的公允价值,用评估后的公允价值(一般是净资产额)乘以出让的股权比例,即可以得出转让股权的大致参考价值。

股权转让基准日是双方确定股权转让价格的时点,双方不仅考虑公司的现时资产负债状况,还会考虑公司未来为股东创造价值的各种因素。从股权定价与未分配利润的关系看,评估机构在确定股权转让价格时,充分考虑了净资产的公允价值,既包括该股权在评估基准日未分配利润在内资产的真实账面价值,也包括该股权在评估基准日未来预期的收益与风险,与采用何种评估方法无关。在评估基准日,股权价值包含了股权投资成本以及按持股比例享有的留存收益。本案中以2009年12月31日为基准日的评估报告,既包括了该股权在评估基准日未分配利润在内的资产的真实账面价值,也包括该股权评估基准日后未来预期的收益(资产增值)与风险(资产贬值)。

审判实务中对此观点也是认可的。在江苏省高级人民法院(2015)苏执复字第00073号案中,江苏省高级人民法院认为:"恒瑞评估公司评估时已经考虑到资产负债表中显示的所有者权益及相应的2013年年初和年末的未分配利润,并按照市场法得出评估价值。即恒瑞评估公司评估时参考了姜堰农商行自成立至评估基准日的留存利益,评估结论包含了正达公司在姜堰农商行109万股权2013年度分红。《企业会计准则第29号——资产负债表日后事项》第八条规定:'资产负债表日后,企业利润分配方案中拟分配的以及经审议批准宣告发放的股利或利润,不确认为资产负债表日的负债,但应当在附注中单独披露’,故转让股东的转让股权收入应包括被投资企业未分配利润等股东留存收益中按该股权所可能分配的金额。受让股东支付的对价与转让股东获得的对价是一致的,也应包含未分配利润留存收益对应的部分。尽管医药公司于2014年11月5日竞得案涉股权,但其支付股权对价的参考依据是评估结论,故医药公司获得股权的价格包括了姜堰农商行109万股权2013年度相应的未分配利润。在2014年4月24日姜堰农商行2013年度的股东红利得到实际分配的情况下,该红利应当归属于受让股东医药公司所有。”

而回归到本文最初的案件,本案中2009年12月31日基准日时点的净资产账面额为12,713万元,某水电开发公司与陈某、杨某股权协议约定股权转让价格是以目标公司注册资本额11,196万元为基数计算的,并不是以评估的净资产额为基数。所以,并不能直接推定股权转让价中已包含了未分配利润的价值。而股权交割完成后,双方又重新对目标公司进行了延伸审计,基准日为2010年12月31日,此时公司的净资产额为11,640.5万元,已经低于股权转让时的注册资本12,713万元,且2010年度目标公司的净利润为–857万元,本身并无可供分配的利润。

因此,从财务角度来看,陈某、杨某并不能主张分配利润。本案中最终项目公司同意支付给陈某、杨某未分配利润164万元是基于整体和解方案的考量,因为未分配利润请求只是杨某、陈某的其中一项诉讼请求。

【实务建议】

一、股权转让时,出让股东应尽量在签订股权转让协议之前协调公司作出之前年度的股利分配决议

鉴于在股权转让之前公司尚未作出有效的股利分配股东会决议的,出让股东丧失股东资格后,不得再要求公司进行股利分配或要求公司向股东支付利润。所以,我们建议股东在股权转让前召开股东会会议可就转让事项及利润分配方案同步进行决议。如果目标公司确存在大量的现金,如何设计交易架构才能减少交易税负呢?如目标公司不进行分红,必然导致目标股权溢价上升,最终会使转让方多缴纳所得税。而《企业所得税法》第26条规定“居民企业之间的股息、红利等权益性投资收益”为免税收入。因此,一般在收购前转让方可以进行分红(或设置负债),从而减少所得税的负担。

二、股转协议应明确约定转让股权的未分配利润归属

若股权转让双方一致同意未分配的股利归出让股东所有的,则建议双方在股权转让协议中明确约定股权转让之前股利分配归属于出让股东所有,由公司直接支付给转让方,并由公司在该份股权转让协议上加盖公章。同时可以约定,目标公司不支付时应由受让方支付,这种担保效果在不违反法律、行政法规的强制性规定时,合法有效。

实战案例 14

新能源项目承债式股权收购模式下债权人撤销权的行使

——郭某与广西某新能源投资有限公司、上海某电力工程有限公司债权人撤销权纠纷案[①]

根据中国光伏行业协会2022年2月23日发布的《中国光伏产业发展路线图》[②]，在光伏市场方面，2021年全国新增光伏并网装机容量54.88GW，同比上升13.9%。累计光伏并网装机容量达到308GW，新增和累计装机容量均为全球第一。预计2022年光伏新增装机量超过75GW，累计装机有望达到约383GW。随着光伏发电全面进入平价时代，叠加"碳中和"目标的推动以及大基地的开发模式，集中式光伏电站有可能迎来新一轮发展热潮。如此庞大的新增和存量规模，为光伏项目投资并购的繁荣创造了前提条件。

近年来，以光伏为代表的新能源领域的基建与投资并购市场正呈现勃勃生机。虽然电力央企、国企近期基于更严格的合规性要求，对新能源项目的收购有收紧趋势。但笔者认为，新能源项目并购市场将持续受益于双碳目标的推动，新能源项目与国家低碳发展的大政方针相一致，加之新能源项目通过持续运营后可以获取相对稳定且可观的现金流，新能源项目必然受到市场投资主体的更多关注。而新能源领域的技术和行业日趋成熟，国家对新能源项目的大力补贴政策逐步取消，平价上网取而代之。许多持有新能源项目的中小型企业（以民营企业为多）积极寻求合作，通过出让项目公司的部分或全部股权实现退出，存量项目的并购也成为新能源行业目前的发展趋势。

本文将结合笔者办理过的一起债权人撤销权纠纷案件，梳理新能源项目的收购政策，评析新能源项目收购的主要风险，尤其是承债式股权收购模式中面临债权人行使撤销权的风险及其应对。

【案情简介】

原告郭某以广西某新能源投资有限公司、上海某电力工程有限公司为被告，以徐闻某能源投资有限公司为第三人，提起债权人撤销权之诉。

---

① 广西壮族自治区南宁市青秀区人民法院（2020）桂0103民初11797号民事裁定书，广西壮族自治区南宁市中级人民法院（2021）桂01民终4981号民事裁定书，浙江阳光时代律师事务所代理，案情略有删减。

② 参见中国光伏行业协会官方网，http://www.chinapv.org.cn/road_map/1016.html。

诉讼请求包括:(1)判决撤销被告广西某新能源投资有限公司与上海某电力工程有限公司于2019年7月17日对第三人徐闻某能源投资有限公司80%的股权转让;(2)判决被告广西某新能源投资有限公司、上海某电力工程有限公司、第三人徐闻某能源有限公司共同变更恢复登记广西某新能源投资有限公司占徐闻某能源投资有限公司100%公司股权。

事实和理由:原告与被告广西某新能源投资有限公司等因建设工程施工合同纠纷一案,于2018年12月26日经广西壮族自治区博白县人民法院(2018)桂0923民初1334号民事判决和2019年6月17日广西壮族自治区玉林市中级人民法院(2019)桂09民终818号民事判决,被告广西某新能源投资有限公司支付合作费用款5,200,000元给原告郭某;被告广西某新能源投资有限公司支付违约金(违约金的计算:以本金5,200,000元为基数,从2017年7月22日起至本案生效判决规定的履行期限最后一日止,按年利率24%计算)给原告郭某。2019年7月9日原告向广西壮族自治区博白县人民法院申请强制被告广西某新能源投资有限公司等履行已经发生法律效力(2018)桂0923民初1334号民事判决确定之给付义务。被告广西某新能源投资有限公司、上海某电力工程有限公司明知应当履行法院生效判决(除了本案,还有其他各省市法院判决)之义务,并且各省市多个案件正在强制执行中,却于2019年7月17日与被告上海某电力工程有限公司恶意串通,无偿将其出资占100%股份全资子公司徐闻某能源投资有限公司其中80%的公司股权共240万元出资额以0元无偿转让给被告上海某电力工程有限公司,并办理了股权变更工商登记,造成原告对被告广西某新能源投资有限公司每年在广东电网有限责任公司湛江供电局销售光伏发电所得约1600万元的款项无法执行。被告广西某新能源投资有限公司、上海某电力工程有限公司之间无偿转让财产行为,严重损害债权人原告权利。为了维护原告合法权益,原告提起本诉行使撤销权。

【裁判结果】

一、一审判决

一审法院认为,《合同法》(已废止)第74条第1款规定:"因债务人放弃其到期债权或者无偿转让财产,对债权人造成损害的,债权人可以请求人民法院撤销债务人的行为。债务人以明显不合理的低价转让财产,对债权人造成损害,并且受让人知道该情形的,债权人也可以请求人民法院撤销债务人的行为。"因此,行使债权人撤销权的要件之一是对债务人享有合法有效的债权,提起诉讼的主体应当具备债权人身份。本案中,确认债权数额的(2019)桂09民终818号案件已经被广西壮族自治区高级人民法院再审,郭某与广西某新能源投资有限公司之间的债权债务纠纷尚在法院审理过程中,故郭某据以起诉的债权状态和债权人身份不确定。现阶段，郭某提起债权人撤销权之诉，缺乏依据，其起诉应予驳回。郭某可在债权状态和债权人身份确定后，再依法主张权利。

二、二审判决

二审法院认为，首先，根据(2019)粤0825民初1742号民事裁定，广东省徐闻县人民法院裁定将该案移送南宁市青秀区人民法院管辖，则该案应在南宁市青秀区人民法院重新立案，符合法定程序。其次，在一审法院查明事实中已知，确认郭某与广西某新能源投资有限公司、上海某电力工程有限公司债权债务关系的(2019)桂09民终818号案件已由被上诉人向广西壮族自治区高级人民法院申请再审，广西壮族自治区高级人民法院于2020年3月24日作出(2019)桂民申4761号民事裁定，将由广西壮族自治区高级人民法院提起再审该案。郭某与广西某新能源投资有限公司、上海某电力工程有限公司的权利义务关系应由广西壮族自治区高级人民法院提审案件决定。根据2017年《民事诉讼法》第119条"起诉必须符合下列条件：(一)原告是与本案有直接利害关系的公民、法人和其他组织；(二)有明确的被告；(三)有具体的诉讼请求和事实、理由；(四)属于人民法院受理民事诉讼的范围和受诉人民法院管辖"的规定，郭某应在另案审结确定自身是否具备债权人身份后，另行起诉。一审法院认定事实清楚，适用法律正确，本院予以维持。综上，郭某的上诉请求不成立，本院不予支持。

【要点解析】

本案中，第三人徐闻某能源投资有限公司系光伏电站的项目公司，光伏电站由广西某新能源投资有限公司与上海某电力工程有限公司合作开发。双方合作协议约定，上海某电力工程有限公司在建设期作为EPC总包方垫资建设光伏电站，由广西某新能源投资有限公司联系洽谈项目出售事宜，若项目未能出售导致无法偿还工程款，则广西某新能源投资有限公司应将项目公司100%股权以1元象征性价格无条件转让给上海某电力工程有限公司。最终由于项目未能按合同顺利出售，则上海某电力工程有限公司依约有权受让项目公司100%股权。然因其中20%股权已质押给意向收购方且未办理解质，故广西某新能源投资有限公司遂将80%股权以0元价格转让给上海某电力工程有限公司。后续，广西某新能源投资有限公司的债权人郭某，根据工商内档反馈的股权转让合同情况，遂提起本案诉讼要求撤销广西某新能源投资有限公司和上海某电力工程有限公司之间80%股权的股权转让。

通过上述项目背景介绍可以看出，在新能源项目收购中，特别是在承债式股权收购模式下，存在出售方债权人以无偿转让为由申请撤销的现实风险。那么，下文将从新能源项目收购模式及其政策逐步展开，分析新能源项目承债式股权收购模式下债权人撤销权的行使。

一、新能源项目收购模式与相关政策介绍

(一)新能源项目收购有关规范性政策文件

除了自主开发、承包经营的模式,投资方合作获得新能源项目的主要方式是通过收购。为了规范新能源项目开发秩序,国家层面对新能源项目并网前的股权转让制定了非常严格的监管措施,从2013年起就出台了多份文件明确股权限制转让的要求,主要有如下相关规章。

1.《光伏电站项目管理暂行办法》(国能新能〔2013〕329号)

该办法第33条规定,项目单位不得自行变更光伏电站项目备案文件的重要事项,包括项目投资主体、项目场址、建设规模等主要边界条件。

2. 国家能源局《关于规范光伏电站投资开发秩序的通知》(国能新能〔2014〕477号,已废止)

该通知第4条规定制止光伏电站投资开发中的投机行为。申请光伏电站项目备案的企业应以自己为主(作为控股方)投资开发为目的,能够按照规划和年度计划及时开展项目建设。对于不以自己为主投资开发为目的,而是以倒卖项目备案文件或非法转让牟取不当利益为目的的企业,各级能源主管部门应规定其在一定期限内不能作为投资主体开发光伏电站项目。在光伏电站前期工作中企业间正常的技术服务和商业合作应依法合规进行。出于正当理由进行项目合作开发和转让项目资产,不能将政府备案文件及相关权益有偿转让。已办理备案手续的项目的投资主体在项目投产之前,未经备案机关同意,不得擅自将项目转让给其他投资主体。项目实施中,投资主体发生重大变化以及建设地点、建设内容等发生改变,应向项目备案机关提出申请,重新办理备案手续。

3. 国家能源局《关于开展新建电源项目投资开发秩序专项监管工作的通知》(国能监管〔2014〕450号)

该通知进一步规范新建电源项目投资开发秩序,坚决制止新建电源项目投产前的投机行为。对各省光伏发电、风力发电、生物质发电以及火电项目(以下简称电源项目)备案、核准和投资开发情况进行专项监管,重点包括以下内容:(1)所在省电源项目备案(核准)情况。(2)电源项目投产前各项工作进展情况,含项目申请、备案(核准)、开工、建设等各阶段的实际情况。(3)电源项目投产前的股权变动等情况。(4)电源项目建成投产情况等。

4. 国家能源局《关于下达2015年光伏发电建设实施方案的通知》(国能新能〔2015〕73号)

该通知规定,未经备案机关同意,实施方案中的项目在投产之前,不得擅自变更投资主体和建设内容。

5. 国家发改委、国家能源局《关于完善光伏发电规模管理和实行竞争方式配置项目的指导意见》(发改能源〔2016〕1163 号)

该意见规定,光伏电站项目纳入年度建设规模后,其投资主体及股权比例、建设规模和建设场址等主要内容不得擅自变更。已纳入年度建设规模、未进入实质性工程建设阶段的项目不得向其他投资人转让,投资主体无力建设,应向所在省(自治区、直辖市)发展改革委(能源局)申请从年度规模中取消,并向原备案机关申请撤销备案。在建设期确因企业兼并重组、同一集团内部分工调整等原因需要变更投资主体或股权比例的,或者调整建设规模和场址的,项目投资主体应向所在省(自治区、直辖市)发展改革委(能源局)提出申请,获得审核确认后方可实施变更,并向国家能源局派出机构报备,同时在国家可再生能源信息管理平台重新登记有关信息。在项目投产后变更投资主体,应向原备案机关进行变更登记,抄送国家能源局派出机构和当地电网企业,并在国家可再生能源信息管理平台变更登记信息。

从上述政策文件可以看出,国家能源局已经三令五申,上述文件规定可概括为:新能源项目在纳入年度建设规模后,并网投产前,未经备案机关同意,不得擅自将项目转让给其他投资主体。考虑到风电项目采取的是核准制,从项目筹备阶段就需要办理许多行政许可手续。根据《行政许可法》第 9 条的规定,依法取得的行政许可,除法律、法规规定依照法定条件和程序可以转让的外,不得转让。因此,无论是光伏项目还是风电项目,新能源项目均禁止买卖核准文件、擅自变更投资主体等行为。

(二)新能源项目收购与收购模式评析

按照传统的收购模式,即在项目已经建成并网投产后,投资方再行向建成项目的出售方收购项目公司或平台公司 100% 股权,取得新能源项目的控制权。然而,如此模式下,一般情况下无法对交割之前的项目行使控制管理权,无法把控项目的建设质量等,更无法锁定项目,在并购市场风生水起的当下,可能随时半路杀出个程咬金,看好的项目被其他收购方"截胡"。为此,市场创新性地出现了预收购模式、夹层收购模式两种特殊的收购模式,既能从表面上规避了严格的限制监管,也能更早地实现对拟收购项目的控制。

1. 并网投产前预收购模式

并网投产前预收购,不同于传统收购模式中项目建设并网投产后移交,而是在并网投产前就约定待项目建成且满足约定条件,投资方收购项目全部或部分股权,实务中双方通常签订《预收购协议》。在预收购协议下,由出售方负责筹集建设资金、获取项目用地、工程建设、办理审批备案手续,最终取得约定的审批备案文件且项目工程质量达标,而投资方有权对项目进行整体监管。协议条款也可能囊括后续收购价格或定价原则,故行业里也将这种收购模式称为附条件的 BT 模式。

该模式的优势在于,在一定程度上规避投资主体变更的限制。对于出售方而言,能够提前获得投资方的融资,并能够确定项目获利预期;而对于收购方而言,提前锁定收购机会,控制交易风险,如项目最终不满足约定条件可以拒绝收购,而无须承担违约责任。另外,出售方也可充分利用当地资源,协调政府关系,开展项目前期开发工作,促成项目顺利建成投产。

该模式的风险也非常突出,预收购在本质上仍属于预约合同。依据《民法典》第495条第2款规定:"当事人一方不履行预约合同约定的订立合同义务的,对方可以请求其承担预约合同的违约责任"的规定,若出售方在项目投产并网后据不配合签订股权转让协议、拒绝配合股权交割等,收购方虽可以依据预约合同承担违约责任,但无法直接要求出售方转让股权,一般情况也无法对股权收益等可得利益主张赔偿。

当然,实务中当事人之间有时也会签署一份具备全部合同要素的股转协议,直接约定是以实缴的注册资本金作为股权转让的价款,并明确约定项目并网后办理股权转让变更登记。该种协议实际上已脱离了预约合同的范畴,本质上是一种附履行条件或履行期限的本约合同。若项目并网后触发过户条件,而转让方不予配合情况下,受让方在履行转让价款后通常可以起诉项目公司和转让方,并以请求公司变更登记之诉为案由要求项目公司办理股权变更登记,转让方须配合等。

2. 夹层收购模式

夹层收购,系项目公司在其上层设立了夹层公司,收购方针对夹层公司进行股权收购实现间接控制项目公司的收购模式,区别于直接收购项目公司股权的模式(见图3-3)。通俗来讲,夹层收购就是收购项目公司股东的股权(见图3-4)。

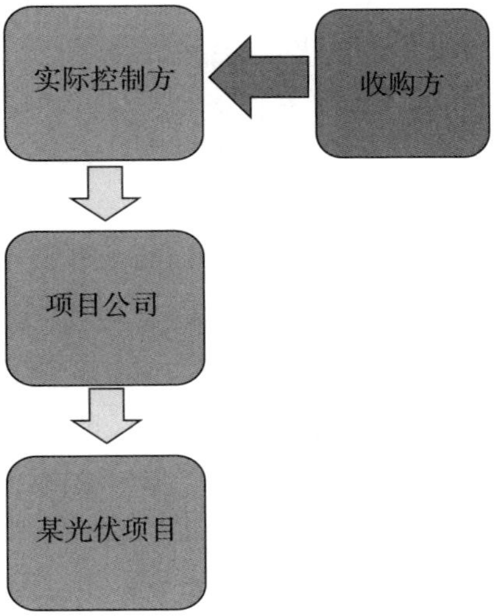

图3-3 直接收购

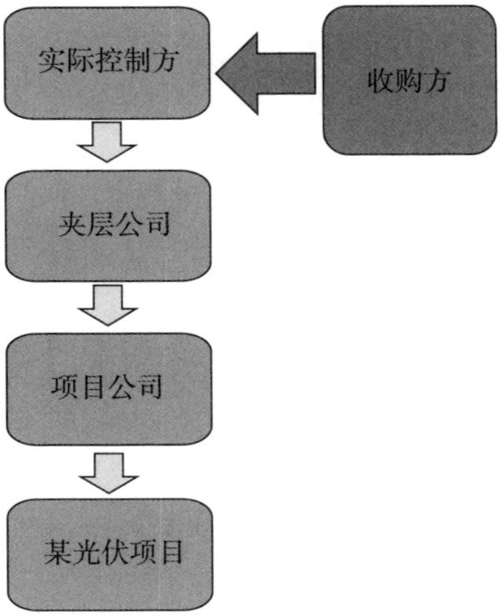

图3-4 夹层收购

该模式的优势主要在于,确保项目公司的直接股东(夹层公司)及股权比例没有发生变更,收购方又能通过持有夹层公司的股权,间接实现对新能源项目的控制,一定程度上规避了“倒卖路条”的风险。收购方理论上可随时入股夹层公司,实现对项目主体的控制,实施收购更加灵活自如。收购方通过股权控制关系介入项目管理,利于项目后续建设和运营。多层级公司架构还起到一定的风险隔离效果,一旦项目公司出现重大法律风险,也能降低收购方自身风险。

该模式的主要风险在于,收购方实施收购时,不仅要对项目公司及项目开发情况开展全面尽职调查,还要了解夹层公司的情况。夹层收购的前提是项目公司须作为项目备案的投资主体。若非如此,收购夹层公司无法规避“倒卖路条”的风险。实践中,不少项目备案的投资主体并不是项目公司,而将夹层公司甚至实际上实施项目投资的实际控制方作为项目备案的投资主体。在这种情况下,当夹层公司股权发生了变更,投资主体实质上也就发生了变化,依然会被认定为“倒卖路条”。此外,该模式下由于多了夹层公司的设置,虽然目前不违背政策规定,但如果能源监管部门穿透审核时,该模式下仍可能被认定项目投资主体发生变动。

3. 并网后股权转让(传统模式)

除却上述两种特殊收购模式,光伏电站投产并网后正常的股权转让这种传统模式在实务中也属常见情形。在这种模式下,股权转让的合同风险尤其值得关注,确定股权转让款支付合同条款时,建议收购方将股权转让款设置分期支付,并且每期付款条件的成就与转让方未完工作、股权交割等重要事项直接挂钩,以严格控制交易风险。收购方特别需要防范完成交割后目标公司出现新的债务,实务中我们经常遇到此类纠纷,因此,收购方应对目标公司盈亏处理和债权债务做好安排,特别注意要求转让方对所签订的合同与债权债务状况作出承诺和保证,并对股权交割日前目标公司产生的或有负债负责。股权转让过程中还涉及目标公司的财务审计,因此,就审计基准日至交割完成日之间的过渡期内目标公司的损益和经验管理等相关事项,合同条款也有必要予以明确约定。

二、新能源项目收购模式与涉嫌“倒卖路条”的相关问题

(一)“倒卖路条”合同是否无效,预收购或夹层收购合同效力如何

虽然从国家能源局层面的规定来看,明确禁止在备案/批准后并网投产前,以倒卖项目备案文件或非法转让牟取不当利益为目的进行光伏项目转让或变更投资主体的行为,典型的如直接将已备案的项目公司股权转让给其他主体,但对于该等转让合同的效力,相关规范性文件并未对作出明确规定。原《合同法》第 52 条(《民法典》实施后已废止)列举了合同无效的 5 种情形,包括违反法律、行政法规的强制

性规定的合同无效。[①] 未经备案/批准进行转让的,合同是否无效?

笔者认为,风电项目和光伏项目不应一概而论。对于风电项目,由于实行的是核准制,其取得核准文件属于行政许可范畴,依据《行政许可法》第9条规定不得转让。若不属于法律、法规规定依照法定条件和程序可以转让的例外情形,则风电项目中以直接转让项目公司股权方式,变更投资主体的,必然因违反法律的强制性规定导致转让合同无效。对于光伏项目,投资主体取得项目备案文件并不属于行政许可,而前述国家能源局所发布的有关规定文件如《光伏电站项目管理暂行办法》(国能新能〔2013〕329号)、《关于规范光伏电站投资开发秩序的通知》(国能新能〔2014〕477号),从效力层级上面来看属于部门规章,也并非法律或行政法规,故光伏项目转让备案文件不因"违反法律、行政法规的强制性规定"而导致合同无效,但不排除人民法院认为此类合同"恶意串通损害他人合法权益"或"违背公序良俗(扰乱国家正常的新能源开发的市场秩序)"来认定合同无效。综上,虽然风电、光伏项目无效的依据不同,但是新能源项目只要在备案/核准后并网投产前转让的,相应的转让合同在司法实践中大概率会被认定为无效。

从上述问题引申而来的问题是,预收购或夹层收购合同是否无效?夹层收购相对明确,由于夹层收购系通过收购夹层公司间接控制了项目公司,不涉及备案/核准文件的直接转让,因此,在目前监管政策不发生变化的情况下不会导致合同无效。但预收购相对复杂,有观点认为预收购存在"倒卖路条"之嫌,故其合同效力存疑。我们认为,由于预约合同系当事人约定在将来一定期限内订立合同的认购协议,虽然预约合同成立了,但是由于预约合同约定的是在将来一定期限后订立正式转让合同,并不必然违背了并网投产前不得转让的限制性规定。所以,预收购合同并不当然无效,但建议投资方在订立此类合同时,务必综合各种因素进行判断,避免被认定无效的风险。

(二)能否在并网投产前以零对价转让项目公司股权

国家能源局官方网[②]曾在2021年就"项目并网前进行股权转让是否涉及倒卖路条"这一问题进行答复,认为根据国家能源局《关于规范光伏电站投资开发秩序的通知》(国能新能〔2014〕477号,已废止)规定:"出于正当理由进行项目合作开发和转让项目资产,不能将政府备案文件及相关权益有偿转让。已办理备案手续的项目的投资主体在项目投产之前,未经备案机关同意,不得擅自将项目转让给其他

---

① 对应《民法典》第153条:"违反法律、行政法规的强制性规定的民事法律行为无效。但是,该强制性规定不导致该民事法律行为无效的除外。"

② 《国家能源局官方网针对该问题的答复》,载 http://www.nea.gov.cn/2021-03/12/c_139804603.htm。

投资主体。项目实施中，投资主体发生重大变化以及建设地点、建设内容等发生改变，应向项目备案机关提出申请，重新办理备案手续。”

国家能源局并未正面答复，但结合政策规定，笔者认为监管部门必然会综合各方面因素判断是否存在有偿转让“倒卖路条”的投机行为。虽然转让合同约定零对价转让是判断是否有偿转让的一个因素，但是无法知晓当事人之间是否通过其他途径转移输送利益。因此，在并网投产前以零对价转让项目公司股权，仍然存在被认定为有偿转让的风险。

（三）是否限制变更项目公司的股权比例

有观点认为，现有规定并不限制收购方参股项目公司，甚至认为收购方可以采取渐进方式，在建设期先以参股方式成为项目公司股东，建成投产后再成为控股股东。在项目公司未设立夹层公司的情况下，能够解决收购方无法提前介入项目开发管理的问题。其依据是国家能源局《关于规范光伏电站投资开发秩序的通知》（国能新能〔2014〕477 号），该通知明确规定：“申请光伏电站项目备案的企业应以自己为主（作为控股方）投资开发为目的，能够按照规划和年度计划及时开展项目建设。对于不以自己为主投资开发为目的、而是以倒卖项目备案文件或非法转让牟取不当利益为目的的企业，各级能源主管部门应规定其在一定期限内不能作为投资主体开发光伏电站项目。”故该通知并不禁止投资开发企业将部分股权转让给收购方，只要收购方的股权比例不超过 50%，未实质改变项目公司的控制权，就依然不会被认定为“倒卖路条”。

也有观点认为，在国家能源局《关于规范光伏电站投资开发秩序的通知》发布之后，国家能源局和国家发改委于 2016 年 5 月 30 日发布的《关于完善光伏发电规模管理和实行竞争方式配置项目的指导意见》（发改能源〔2016〕1163 号）已对原有规定打了补丁，增加了投资主体的股权比例也不得擅自变更的规定。由于该指导意见发布在后，根据“新法优于旧法”，故在项目备案后项目公司股权比例的变更仍然受到限制。

（四）被认定“倒卖路条”的风险与后果

2016 年国家能源局发布的《新能源新建电源项目投资开发秩序监管报告》明确，地方能源主管部门要按照“谁核准（备案），谁负责，谁处理”的原则，要求相关投资主体积极主动整改。对于限期拒不整改的，要对发现的问题进行严肃处理：一是对擅自变更项目重大事项等违规行为，采取通报、责令投资主体限期完善相关手续、暂停可再生能源电价补贴等方式处理；二是对倒卖“路条”及核准（备案）文件等违法违规行为，采取责令限期整改、将出让方投资主体纳入不良信用记录、取消可再生能源电价补贴、依法给予行政处罚并予公开通报等方式处理；三是对涉嫌犯罪的，依法移送司法机关。

上述惩戒措施在度电补贴时代是相当致命的，尤其是取消电价补贴一旦触发，对整个项目将造成颠覆性影响。但在平价上网时代上述处理措施在某些企业看来可能并没有那么严重，平价上网已不存在补贴一说，也就不存在暂停电价补贴的惩戒措施，而最大的后果可能是项目公司无法继续申请新的项目，但不排除投资人新设公司申报项目的可能性。因此，笔者建议国家能源局应尽快修订完善相关政策，及时打好补丁。

三、承债式股权收购的基本原理及法律风险

（一）承债式股权收购的基本原理

所谓承债式股权收购，指收购方承担或清偿目标公司的债务，从而以较低价格（或零对价）取得转让方的资产或股权。承债式股权收购的基本原理主要是债转股。承债式股权收购主要分为两种模式：实际支付型承债式股权收购和债务承担型承债式股权收购。

实际支付型承债式股权收购，具体是收购方实际清偿目标公司的债务作为其购买股权对价的部分或全部，即在股权转让完成前，收购方已经对目标公司的债权人进行了清偿。从债转股角度来看，由于收购方实际替目标公司清偿了债务或收购了相关债权，从而享有对目标公司的债权，最终获得了债转股的机会，从而可以此为对价控制目标企业。

债务承担型承债式股权收购，具体指收购方承担目标公司的债务作为其购买股权的对价，待将来达到一定条件时，收购方才对目标公司的债权人实际进行清偿。从债转股角度来看，虽然收购方并未实际清偿目标公司债务，但收购方将来始终需要去承担相关债务，并获得对目标公司的将来追偿权，而将来追偿权将转换为控制目标公司的对价。

（二）承债式股权收购的法律风险

1. 交易风险

在承债式股权收购中，对于收购方和出售方而言均存在一定的交易风险。如收购方在股权转让前先行替目标公司清偿债务，但出售方反悔不愿配合交割；或股权交割已完成，但是收购方不愿代为偿还债务；更为常见的是股权交割和代为偿债都顺利完成后，目标公司出现了新的债务，对于由谁承担债务存在争议。因此，需要收购各方在交易文件中做好风险控制。

2. 收购被撤销或无效的风险

由于承债式股权收购涉及目标公司、新老股东及相关的债权债务人，在进行股权交易时，法律关系错综复杂，目前诉讼实务中已出现原股东的债权人撤销股权转让诉讼、原股东为夺回目标公司而起诉确认承债式股权收购交易条款无效等案件，该等案件充分表明承债式股权收购股权暗藏汹涌，并购交易中应当谨慎安排和设计各方权利义务。例如,在柳州化工股份有限公司、柳州化工控股有限公司与贵州鑫悦煤炭有限公司(以下简称鑫悦公司)、贵州新益矿业有限公司(以下简称新益公司)、广西金伍岳能源集团有限公司合同纠纷案①中,最高人民法院认为:"《公司法》第 15 条规定:'公司可以向其他企业投资;但是,除法律另有规定外,不得成为对所投资企业的债务承担连带责任的出资人',该条是关于公司对外投资责任限制的规定。作为法人主体的公司,享有自主经营的权利,法律应保护其运用自己的财产进行对外投资,但投资具有风险性,如果允许投资的公司承担无限责任,有可能直接导致公司的破产或利益受到重大损失,进而损害公司股东和债权人的利益,直接危害社会经济秩序的稳定,因此在《公司法》范畴下,公司可以对其他企业投资,但不能在出资时约定对该企业的债务承担连带责任。但本案并不属于《公司法》第 15 条规定的情形,具体而言,《股权转让合同》第 2 条第 4 项约定鑫悦公司应采取措施促使新益公司在 2014 年 8 月 31 日前足额偿还全部债务,并就偿还债务承担连带保证责任。同日订立的《债务清偿协议》约定,鑫悦公司代新益公司偿还债务 2.4 亿元。根据本案事实可见,鑫悦公司对新益公司原债务承担连带清偿责任是其取得新益公司股权、成为新益公司出资人的条件之一,且该债务的内容、金额是明确的,鑫悦公司并非在成为出资人之后再行对新益公司将来的不确定债务承担连带责任。因此,鑫悦公司不属于《公司法》第 15 条规定的对新益公司的债务承担连带责任的出资人。三上诉人主张《股权转让合同》第 2 条第 4 项、《债务清偿协议》违反《公司法》第 15 条的规定,不能成立。"

又如,在招商银行股份有限公司东莞分行(以下简称招商银行东莞分行)与广东恒亿集团有限公司(以下简称恒亿集团)、东莞科裕实业投资有限公司(以下简称科裕公司)债权人撤销权纠纷案②中,招商银行东莞分行作为东恒公司老股东恒亿集团的债权人,依据《合同法》(已废止)第 74 条的规定,起诉主张恒亿集团实际以零对价转让其含巨额土地权益的东恒公司 55% 股权,严重损害招商银行东莞分行合法到期债权,请求判令确认股权转让行为无效,并恢复工商变更登记;恒亿公司辩称东恒公司当时现状已是资不抵债,股权价值为 0 或负数,同时科裕公司为获得 55% 股权,也提供约 1.8 亿元资金,即科裕公司已支付合理对价,本次交易恒亿集团并非无偿或低价转让。法院认为:首先,恒亿集团与科裕公司签订的《股权转让协议书》并非单独存在,而是作为《合作协议书》中涉及的合同履行的一份,科裕公司按照合同的约定履行项目地价款不超过约 1.8 亿元付款义务,其实际已支付相应对价,并非无偿取得东恒公司的股权。其次,在东恒公司名下的案涉土地已经设置抵

① 参见最高人民法院(2017)最高法民终 882 号民事判决书。

② 参见广东省东莞市中级人民法院(2018)粤 19 民终 11230 号民事判决书。

押情况下，科裕公司及益豪公司支付的款项代东恒公司解除该抵押，以使东恒公司名下的土地使用权得以开发，故科裕公司并非无偿取得东恒公司的股权。至于该资金是否以股东借款的方式提供，是科裕公司已经支出的成本的回报方式，且科裕公司亦是东恒公司的股东之一，东恒公司的负债增加了，则科裕公司的股东利益减少，故两者实际上是平衡的，另科裕公司亦承担着项目合作失败投资得不到收益的风险。综上，招商银行东莞分行请求撤销恒亿集团与科裕公司签订的《股权转让协议书》并进行股权变更登记，依据不足，不予支持。

四、债权人行使撤销权的法律要点

（一）债权人撤销权的成立要件

《民法典》对债权人行使撤销权，按照有偿和无偿两类情形，分别规定在第538条[①]、第539条。[②] 债权人对债务人行使撤销权，应具备的成立要件包括：（1）债权人对债务人存在合法有效的债权；（2）债务人存在无偿处分的行为或以不合理价格处分财产；（3）债务人诈害行为影响债权人债权的实现。其中后两者相对难以把握。

由于债务人实施了侵害债权人债权正当权益的行为，债权人依法律之规定得请求撤销债务人实施的侵害行为，故从侵权法角度来看，债务人须具备侵害债权的构成要件。最为关键的是债务人主客观问题。在无偿处分的财产权益情形中，推定债务人具有主观恶意，而不要求债权人对债务人的主观恶意进行举证。在以不合理价格处分财产情形中，需要对债务人和相对人均作是否存在恶意的判断。

对于相对人的恶意，相对客观的判断标准是相对人显然应当知道这是一个非正常的交易，也应知道如果债务人不是为了逃避债务一般不会不顾自己利益而明显不合理低价转让，相对人明知这种交易会减少债务人的责任财产，仍与债务人进行交易的，一般可推定认为该相对人具有主观恶意。

对于债务人恶意而言，债权人只要举证证明债务人存在“以明显不合理的低价转让财产”“以明显不合理的高价受让他人财产”“为他人的债务提供担保”的行为，就可以认定债务人主观上有恶意。那么何为“不合理”？在《民法典》施行前，最高人民法院《关于适用〈中华人民共和国合同法〉若干问题的解释（二）》（现已废止失效）第19条第2款曾规定：“转让价格达不到交易时交易地的指导价或者市场价百分之七十的，一般可以视为明显不合理的低价”，这也仅能作为一般的判断标准，而

① 《民法典》第538条规定：“债务人以放弃其债权、放弃债权担保、无偿转让财产等方式无偿处分财产权益，或者恶意延长其到期债权的履行期限，影响债权人的债权实现的，债权人可以请求人民法院撤销债务人的行为。”

② 《民法典》第539条规定：“债务人以明显不合理的低价转让财产、以明显不合理的高价受让他人财产或者为他人的债务提供担保，影响债权人的债权实现，债务人的相对人知道或者应当知道该情形的，债权人可以请求人民法院撤销债务人的行为。”

非一个绝对标准,现实生活中情况非常复杂,有时低于市场价 70% 也并非绝对不合理,故并应结合实际情况具体判断。

如何判断债务人诈害行为影响债权人债权的实现?笔者认为,只有债务人实施的诈害行为(如债务人减少财产行为),导致其清偿资力下降直至财产“无资力”,才可认为影响债权人的债权实现。通说将债务人财产状态“无资力”作为对债权人债权实现有影响的重要判定标准。而“无资力”的判断标准包括形式标准和实质标准。形式标准包括“债务超过”和“支付不能”。所谓“支付不能”,首先将债务人行为后的清偿资力状况与其一般债权总额进行比较,若行为后的清偿资力少于债权总额(债务超过),再看是否存在不能支付的情形(如经过强制执行仍不能清偿债权),若最后支付不能则认定无清偿资力。在审判实践中,最终认定是否有害于债权,不能仅依据形式标准(计算得出一个算术上的结论)进行判断,还应结合债务人是否具备行为动机的正当性、是否具备行为手段的妥当性等主客观情势因素作具体判断(见图 3 – 5)。

图 3 – 5 “无资力”形式标准

(二)债权人撤销权的行使期限

债权人行使撤销权,其行使范围以债权人的债权为限。根据《民法典》相关规定,撤销权自债权人知道或者应当知道撤销事由之日起 1 年内行使。自债务人的行为发生之日起 5 年内没有行使撤销权的,该撤销权消灭。债务人影响债权人的债权实现的行为被撤销的,自始没有法律约束力。上述期间系除斥期间,不适用诉讼时效中断、中止和延长的规定。

(三)债权另案诉讼中处于不确定状态,人民法院对债权人撤销权案件的裁判思路

若债权人的债权本身处于诉讼中,如在本案中,债权人的债权被其他法院裁定再审且再审结果尚未可知,面对这种情况,人民法院对债权人撤销权案件的处理究竟是中止审理,还是以债权人债权不明确裁定驳回起诉,待另案债权确定后再行起诉?

比较直截了当的做法当然是中止审理,依据 2017 年《民事诉讼法》第 150 条“有下列情形之一的,中止诉讼……(五)本案必须以另一案的审理结果为依据,而另一案尚未审结的”的规定,即本案(债权人撤销权案)必须以另案(债权再审案)

的审理结果为依据，由此中止本案审理，等债权再审案件尘埃落定后恢复诉讼。当然，还有一种不同的理解及处理方式。债权人撤销权属于一种债的保全，因此，债权人对债务人享有合法有效的债权是行使债权人撤销权的前提条件。若债权尚处于诉讼之中甚或已被裁定再审，则债权存续与否处于不确定状态，债权人这一前提条件便不具备。反映在诉讼程序中，即其无法满足作为原告应具备的“与本案有直接利害关系”的资格，那么法院有充分依据裁定驳回起诉，债权人待债权再审案件确认享有债权后再行起诉主张。

司法实践中，有观点认为，在不能确定债权人是否享有债权人资格时，应按照民事诉讼法规定中止审理。如在李某荣与谢某文、哈尔滨冠万经贸有限公司债权人撤销权纠纷案①中，牡丹江市中级人民法院认为：上诉人李某荣是否对被上诉人谢某文享有债权，河北省高级人民法院并未作出终审判决予以认定，因此，本案李某荣是否享有债权人资格应为待定事实，一审法院以李某荣不具备债权人的诉讼主体资格驳回上诉人李某荣的起诉不当。本案为债权人撤销权纠纷，如暂时不能确定李某荣是否享有债权人资格，应按照2017年《民事诉讼法》第150条第1款第5项的规定中止审理。

当然更多判决的观点是认为债权人行使撤销权，需首先具备“债权人身份确定”和“债权金额明确”两个条件，这也是《合同法》（已废止）第74条②（现已失效，相关内容规定在《民法典》第538条、第539条）关于债权人撤销权条款的应有之义。如在远洋地产（辽宁）有限公司[以下简称远洋（辽宁）公司]与辽宁国际建设工程集团有限公司（以下简称辽宁国际建工集团）、张某鹏债权人撤销权纠纷二审案③中，沈阳市中级人民法院认为：（上诉人/原审原告）二审提供沈阳市中级人民法院（2017）辽01民终7886号民事裁定书，拟证明确定远洋（辽宁）公司具有对辽宁国际建工集团合法债权的案件尚在法院审理过程中，依据《民事诉讼法》第150条之规定，申请将案件中止审理，等待该案判决结果。本院经审查，该民事裁定书并没有认定远洋（辽宁）公司对辽宁国际建工集团享有债权，因双方之间的债权争议尚在法院审理过程中，远洋（辽宁）公司并不是合法有效的债权人，其提起本次撤销权诉讼的债权人身份处于不确定的状态，因此，远洋（辽宁）公司未能提供证据证明其对辽宁国际建工集团享有债权且该债权受到了损害，故远洋（辽宁）公司的债权

---

① 参见黑龙江省牡丹江市中级人民法院（2019）黑10民终110号民事裁定书。

② 《合同法》（已废止）第74条：“因债务人放弃其到期债权或者无偿转让财产，对债权人造成损害的，债权人可以请求人民法院撤销债务人的行为。债务人以明显不合理的低价转让财产，对债权人造成损害，并且受让人知道该情形的，债权人也可以请求人民法院撤销债务人的行为。撤销权的行使范围以债权人的债权为限。债权人行使撤销权的必要费用，由债务人负担。”

③ 参见辽宁省沈阳市中级人民法院（2018）辽01民终4574号民事裁定书。

人主体资格并未确定,其提起的撤销权之诉不符合起诉条件。

又如,在潘某法、许某芳债权人撤销权纠纷案①中,台州市中级人民法院认为:债权人行使撤销权,应当以真实、合法的债权为前提。本案中,上诉人以其对被上诉人潘某晓享有债权为由行使债权人撤销权,但上诉人与被上诉人潘某晓之间借贷纠纷案件尚在审理中,双方之间的债权债务关系尚未确定,故上诉人尚不具备本案的主体条件,一审法院认定不符合起诉条件,驳回起诉并无不当,本院予以维持。

无论是中止审理还是裁定驳回起诉,二者都有其规范依据,但我们认为裁定驳回起诉更具合理性。因为这种情形下,债权人的债权存续与否涉及的是原告主体资格的问题,其实质是起诉条件是否满足问题,与一般意义上"(本案)须以另一案的审理结果为依据"的情况不同。人民法院审查案件本着先程序后实体的基本原则,那么首先从程序上看,原告债权处于另案诉讼不确定状态之中,那么原告作为债权人身份无法确定,而这是本案诉讼程序能否进行下去的前提条件,因此,如果不满足该前提条件就应裁定驳回起诉。其次,裁定驳回起诉与中止审理实际都是对本案撤销权纠纷"暂不作处理",那么,法院也应出于各方当事人的利益衡平去考虑,裁定驳回起诉并不会剥夺债权人的诉权,但可以让债务人与相对人暂时免受涉诉之累;中止审理或可省却债权人诉累,却使债务人与相对人的交易处于待定状态之中。从维护交易秩序稳定,保障诉讼当事人程序权益最大化的角度出发,裁定驳回起诉更为妥当。

【实战策略】

一、运用法官思维,引导案件走向

正如上文所述,债权人的债权因诉讼处于不确定状态下,法院既可以驳回起诉也可以中止审理,在此种情形下,作为代理人就要积极引导法官做出"最佳"的判决。回归本案,一审法院采纳我方观点裁定驳回郭某起诉,二审法院也维持了一审裁定。法官最终认同并采纳我方观点,得益于我们在本案代理中注意运用法官思维,为法官作出对我们有利裁判进行方向性引导。如开庭时我们向法官提交了提前制作好的观点清晰、格式规范的案例检索报告,对于法官而言,已有许多法院针对此类情况已作出裁判,那么当法官思考案件出判决时,必然会倾向选择有现成案例可参考的更"安全"的选择。又如,在庭后沟通中,我们从法官角度"分析利弊"向法官传达一个想法:裁定驳回起诉法律适用清晰,且不影响原告再行起诉主张,未对原告的合法权益造成损害,判决结果风险小。然而,如果中止审理,另案尚在再审之中,如果发回重审那本案可能一等就是两三年,而裁定驳回起诉的判决文书"太好写"了。同时,我们要抓住目前审判实践中基层法院年底案件结案率的考核

① 参见浙江省台州市中级人民法院(2018)浙10民终1542号民事裁定书。

指标，这对承办法官而言驳回起诉再适合不过。因此，法官思维的核心是从法官角度考虑案件，也是通常所说的换位思考。

二、通过可视化，有效传递信息

诉讼的本质是传递信息，即律师通过各种方式将想要传递给法官的信息有效送达法官。我们知道，有的律师喜欢讲故事，有的喜欢写文件，当然还有的喜欢做图表。从传达的信息量与信息深度角度来看，文字优于语音，图表则优于文字。人类天生喜欢图表胜于文字，且图表自带逻辑结构，在一定程度上能够使法律与事实关系一目了然。在本案中，笔者也提交了多份图表，其中一份是笔者针对债权人债权确立和股权收购过程制作了时间轴，该份图表能够有效向法院传达“早在债权人债权确立之前，债务人已与相对人进行合作并约定了股权无偿转让的交易条款”。因此，在诉讼案件代理中充分运用可视化图表，通过可视化图表有效传达信息，或是构成案件胜诉拼图中的不可或缺的一块。

实战案例 15

新能源项目股权转让中保证担保的效力认定与责任辨析

——北京某新能源公司与营口某光电公司、营口某实业公司及某科技股份公司股权转让合同纠纷案①

新能源项目中，投资公司通过前期投资建设、后期管理使项目平稳落地、有序发展后，通过股权转让的方式获利并退出项目十分常见。而越来越多的传统行业内的上市公司也纷纷开始进行战略转型，并购新能源项目、切入新能源行业，因此，目前新能源领域的并购火热。为降低股权转让风险，转让方通过要求第三方提供保证担保形式、为股权转让款兜底亦为通行做法。实践中，股权转让款一般均数额巨大，且转让款支付一般与股权交割事项相挂钩，分期支付，但股权交割中一般存在较多变数，容易引起当事人之间的纷争，那么，此时保证担保是否有效，攸关转让人的利益是否能得到稳妥保护。同时，受让人或担保人为一人公司的，该公司中的一人股东又是否要承担责任，均是值得关注的问题。对此，本文结合笔者代理的一起案件，对涉及股权转让中保证担保的效力认定及相关责任承担问题进行探讨。

【案情简介】

2017 年 1 月 22 日，某光伏公司（转让方）与营口某光电公司（受让方）签订《股权转让合同》。合同约定某光伏公司将其持有的项目公司 51% 的股权转让给营口某光电公司，股权转让价为 137, 721, 435. 3 元，首期价款为总额的 30%，计 4132 万元；其余价款 96, 401, 435. 3 元，应在合同签订之日起 6 个月内向光伏公司付清。同日，某光伏公司、营口某光电公司与某科技公司（A 股主板上市公司）共同签署《担保合同》，约定由某科技公司对股权转让合同中营口某光电公司应付的转让价款承担连带保证责任。营口某光电公司支付了首期股权转让款后，标的股权进行了工商变更登记。2017 年 2 月 27 日，北京某新能源公司与某光伏公司签署《债权转让协议书》，约定某光伏公司将其《股权转让合同》项下针对营口某光电公司的 96, 401, 435. 3 元的债权及其他合同权利转让给北京某新能源公司。同日，某光伏公司分别向营口某光电公司和某科技公司送达了《债权转让通知书》，要求其继续向北京某新能源公司履行义务，但营口某光电公司并未按约支付剩余股权转让款。

① 辽宁省高级人民法院（2017）辽民初 74 号民事判决书，浙江阳光时代律师事务所代理，案情略有删减。

北京某新能源公司遂要求某科技公司承担保证担保责任，某科技公司认为担保事项未经过公司内部决策程序批准，且《担保合同》要求法定代表人签字并加盖公章后才生效，案涉担保合同缺乏法定代表人签字因而未生效，拒绝承担担保责任。2017 年 8 月，北京某新能源公司起诉要求营口某光电公司支付剩余股权转让款；某科技公司承担连带担保责任；营口某实业公司作为营口某光电公司一人股东对营口某光电公司上述债务承担连带责任。

【裁判结果】

辽宁省高级人民法院判决认为，某科技公司作为上市公司，通过股东大会的形式对涉案担保事项进行审议通过并公告，且在以后的半年度报告中进行披露，可见某科技公司履行了内部决策程序和相关法定程序，足以证明签订《担保合同》是其真实意思表示，《担保合同》也不违反法律法规的强制性规定，合法有效。某科技公司关于合同无效的抗辩没有事实和法律依据，不予支持。而营口某实业公司只提供加盖公章、没有公司负责人和财务负责人签名签章的会计报表，形式上不符合财务报表的要求，内容上亦未按规定经会计师事务所进行有效财务审计，无法作为有效的会计凭证，证明其与营口某光电公司财务独立，故营口某实业公司应当对营口某光电公司的股权转让款债务承担连带责任。

【要点解析】

一、签字盖章与签字、盖章的不同表述对合同生效的影响

《民法典》合同编是吸纳了《合同法》（已废止）关于合同成立、生效的规定，如当事人签署书面合同的，自当事人均签名、盖章或者按指印时合同成立；除法定或另有约定情况下，合同自成立时即生效。实践中，当事人通常会约定“签字盖章”“签字、盖章”后生效的条件，但实际签署的合同只有签字或盖章。

案涉《担保合同》约定各方法定代表人签字并加盖公章后生效，某科技公司认为由于法定代表人并未签字，不符合合同约定的生效条件，因此《担保合同》并未生效。北京某新能源公司则主张，虽然法定代表人并未签字，但盖有印鉴，具备签字的同样效果。那么，生效条件的“缺失”能否成为一方当事人拒绝履行合同义务的理由？这两种看似只有顿号之差的约定，到底是签字与盖章择其一即促成合同生效，还是签字与盖章同时具备方可生效？是否存在法律上的不同解读？此类情形司法实践中法院又是如何认定的？

（一）个人印鉴代替签字是否影响合同生效

本案《担保合同》约定各方法定代表人签字并加盖公章后生效，某科技公司认为由于法定代表人并未签字，不符合合同约定的生效条件，因此《担保合同》并未生效。北京某新能源公司则主张,虽然法定代表人并未签字,但盖有印鉴,具备签字的同样效果。此类情形司法实践中法院又是如何认定的?

在上海施耐德日盛机械(集团)有限公司(以下简称施耐德公司)诉大连银行股份有限公司上海分行等金融借款合同纠纷案①中,上海市第一中级人民法院就认为,有双方当事人法人盖章和法定代表人盖章,按合同法规定一般应当认定合同已经成立。施耐德公司上诉认为,因合同对成立生效另有"必须签字并盖章方能生效"的约定,并认为合同中法定代表人的盖章尚不能满足生效条件,必须是法定代表人亲笔签字合同才能生效,本院认为,上诉人对合同条款的解释是错误的。按《合同法》(已废止)第32条规定:"当事人采用合同书形式订立合同的,自双方当事人签字或者盖章时合同成立。"本案合同当事人为法人,有法人盖章合同即告成立。在泰安市商业银行股份有限公司与沂南县农村信用合作社联合社(以下简称沂南信用联社)返还票据垫付款纠纷案②中,最高人民法院亦认为沂南信用联社所举证据不能证明在本案所涉保证合同上使用的杜某新个人印鉴是他人私刻的或者系他人盗窃后加盖的。因此,应当认定在本案所涉保证合同上使用的杜某新的个人印鉴是其真实印鉴,且系沂南信用联社的工作人员或者杜某新本人加盖的。基于上述分析,应当认定在本案所涉保证合同上加盖杜某新个人印鉴的行为并未违背沂南信用联社和杜某新的真实意思,本案双方当事人约定的特殊生效条件已经于本案所涉保证合同上加盖杜某新个人印鉴之时成就(加盖杜某新个人印鉴与其签字具有同等法律效力),本案所涉保证合同符合当事人约定的生效条件。当事人双方约定的特殊生效条件已经成就。

从上述案例可以看出,司法实践中一般认为对于法定代表人的私人印章而言,如果其与公章一并出现,法定代表人应证明该印章系他人私自篆刻或他人盗用,否则应当承担相应的不利后果,可以认定私人印章与亲笔签名具有同等效力。因此,若合同约定须经法定代表人签字并加盖公司公章,即使只有公章和法定代表人印鉴,也应认定合同约定的特殊生效条件已成就,合同生效。

(二)约定"签字盖章"对合同生效的影响

实践中,更为常见的情形是合同约定"签字盖章"才生效时,但实际只有签字或盖章,此时合同效力如何?在黄某、北京建工集团建设工程施工合同纠纷案③中,最高人民法院认为,北建海南分公司先后三次去函黄某,称其为第一分公司经理或涉案工程经理。原审法院据此认定北建海南分公司认可黄某为其涉案工程停工前的

① 参见上海市第一中级人民法院(2015)沪一中民六(商)终字第554号民事判决书。
② 参见最高人民法院(2005)民二终字第171号民事判决书。
③ 参见最高人民法院(2018)最高法民终611号民事判决书。

项目经理，具有事实依据。黄某既是涉案工程实际施工人，又是北建海南分公司项目经理，其与明光旅游公司等签订《停工前工程结算协议》，不违反法律规定。《停工前工程结算协议》第5条约定："协议自三方签字盖章之日起生效。"前述约定一般可以理解为签字或盖章后协议即属生效，而非必须同时具备签字与盖章两个条件后协议方生效力。因此，原审判决基于黄某其时身份及其签字行为认定《停工前工程结算协议》已经生效，并无不当。北京建工仅从前述协议条款表述的词语文字组合关系，即分析主张协议必须签字并加盖公章后方才生效进行抗辩，理据不足。

此观点亦在此后海南昌江鑫龙房地产开发公司（以下简称鑫龙公司）、陈某、××忠等民间借贷纠纷再审案①中再次为最高人民法院所坚持，最高人民法院认为案涉《借款合同》第4条约定"本协议一式六份，三方各执二份，自三方签字盖章之日起生效"，但纠纷发生后合同三方当事人对该条款理解产生了分歧。根据《合同法》（已废止）第125条第1款的规定，当事人对合同条款的理解有争议的，应当按照合同所使用的词句、合同的有关条款、合同的目的、交易习惯以及诚实信用原则，确定该条款的真实意思。首先，从合同的目的来看，《借款合同》约定鑫龙公司为了顺利履行与献林公司开发"山海黎巷"项目的《建设工程施工合同书》，向××忠借款2500万元，所以鑫龙公司需要该笔借款帮助其开发项目，其以不盖公章的方式否认合同的效力拒绝该笔借款不符合合同的目的。其次，从交易习惯来看，法定代表人在以公司名义进行民事活动时，其签字具有代表公司的法律效力，而并非必须同时具备法人公章。最后，从诚实信用原则来看，××忠已实际交付2200万元，鑫龙公司指定收款人陈某已收取借款2200万元，鑫龙公司也有意开发项目，因此，鑫龙公司向××忠借款符合当事人的真实意思表示，鑫龙公司应当忠实和善意履行合同，而不应不顾诚信轻易否认法定代表人代表公司的签字效力，破坏双方交易活动的稳定性。因此，将"签字盖章"解释为选择关系，更符合合同目的、交易习惯和当事人的真实意思表示，并能平衡当事人之间利益，从而维护民事交易的稳定性。根据《民法通则》（已废止）第43条"企业法人对它的法定代表人和其他工作人员的经营活动，承担民事责任"的规定，《借款合同》已具备三方当事人的签字或盖章，《借款合同》依法生效。

因此，从上述案例来看，约定"签字盖章"的生效条件，通常理解为"签字或者盖章"，满足其一即可促成合同生效。

（三）约定"签字、盖章"对合同生效的影响

相比较上一种情形"签字盖章""签字、盖章"在表述上的区别在于多了一个

① 参见最高人民法院（2019）最高法民申2570号民事裁定书。

"顿号",其对合同的效力影响如何?在浙江顺风交通集团有限公司(以下简称顺风公司)与深圳发展银行宁波分行(以下简称宁波分行)借款合同纠纷案①中,最高人民法院认为,宁波分行与顺风公司对还款协议的生效条件作出特别的约定,即协议"在双方当事人签字、盖章时生效"。关于该协议中"签字、盖章"之间的顿号应如何理解,即签字与盖章应同时具备还是具备其一即可认定协议生效,前面的"签字"与后面的"盖章"系并列词组,它表示签字与盖章是并列关系,只有在签字与盖章均具备的条件下,该协议方可生效。双方当事人该项约定意思表示清楚、真实,应认定为有效。另外,从双方当事人签订的《还款协议》内容看,其专门设定了双方加盖公章与负责人签字栏目,在该协议中宁波分行既签署了负责人姓名也加盖了单位印章,而顺风公司仅有法定代表人签名未加盖单位印章。由于顺风公司未在《还款协议》上加盖单位印章,不具备双方约定的生效条件,因此,宁波分行依据该协议主张权利,事实依据不足。在广东秋鹿实业有限公司与探路者控股集团股份有限公司等买卖合同纠纷再审纠纷案②中,北京市高级人民法院亦持有同样观点。

但在肖某与广州七喜集团有限公司(以下简称七喜集团)、关某股权转让纠纷二审案③中,广州市中级人民法院认为,涉案《股权转让协议书》第8条约定:"本协议书自甲乙双方签字、盖章后生效",该协议书已经由甲方法定代表人易某和乙方肖某签字,但未加盖甲方公章。对于协议书约定的生效条件,并未明确签字、盖章系择一即可还是缺一不可,双方存在争议,在合同约定不明的情况下,本院认为理应参照法律规定、按照社会公众的通常理解、采取有利于维护交易稳定和实现合同目的的方式来进行解释。《合同法》(已废止)第32条:"当事人采用合同书形式订立合同的,自双方当事人签字或者盖章时合同成立。"第44条第1款:"依法成立的合同,自成立时生效。"七喜集团据此法律规定认为涉案《股权转让协议书》自法定代表人签字后即成立生效并无不当。更何况,在协议签订后、诉讼发生前,肖某已向七喜集团支付了股权转让款,七喜集团也接受了肖某的履行,双方均认可协议的效力并依约进行了履行。在此情况下,肖某主张涉案《股权转让协议书》未生效显然没有事实和法律依据。至于肖某一方所提及的最高人民法院(2005)民一终字第116号民事判决与本案并无关联性和相似性。并且,该案系未盖章一方当事人主张其未盖章故合同尚未生效,并否认合同效力、自始至终拒绝履行合同。而本案中,七喜集团公司虽未在涉案《股权转让协议书》中加盖公章,但明确表示认可其法定代表人易某签字的效力,并在易某签订协议后接受了肖某的股权转让款,以实际履

---

① 参见最高人民法院(2005)民一终字第116号民事判决书。

② 参见北京市高级人民法院(2018)京民再40号民事判决书。

③ 参见广州市中级人民法院(2016)粤01民终14171号民事判决书。

行的行为进一步认可该协议已经发生法律效力。

因此，可以看出，约定“签字、盖章”的生效条件，通常理解为“签字且盖章”，必须同时具备方可生效，但也要考虑合同的实际履行情况。

综合从上述三种签章不符、不全的情形来看，司法裁判并非局限于个别签章的缺失与标点符号本身“咬文嚼字”般的机械解读，更多的都是在探寻合同生效与否在整个交易履行中的情况，这个探寻过程运用了法律解释的规则，关注了当事人的交易习惯，最终维护的是民事交易的稳定与公平。鉴于此，法院注重核查签字人员身份、盖章印文的真实性、争议合同签订及履行的证据链情况，这也为律师在发生该类争议时的证据搜集提供了思路。

二、《民法典》颁布后上市公司“无公告、不担保”的理解与适用

（一）上市公司“无公告、不担保”制度的内涵

《九民纪要》第22条规定：“债权人根据上市公司公开披露的关于担保事项已经董事会或者股东大会决议通过的信息订立的担保合同，人民法院应当认定有效。”也就是说，在《九民纪要》之前，对于上市公司的担保，债权人审查的对象与一般有限公司提供担保应提交决议并无不同，本案判决即此种思路，只要证明某科技公司作过同意担保的决议则保证合同应生效。

随着《民法典》的实施，根据最高人民法院《关于适用〈中华人民共和国民法典〉有关担保制度的解释》（以下简称《民法典担保制度解释》）第9条第1款的规定，相对人根据上市公司公开披露的关于担保事项已经董事会或者股东大会决议通过的信息（以下简称担保事项公告），与上市公司订立担保合同，相对人主张担保合同对上市公司发生效力，并由上市公司承担担保责任的，人民法院应予支持。相反，如果相对人并非根据上市公司公开披露的担保事项已经董事会或者股东大会决议通过的信息而与上市公司签订担保合同的，上市公司可不负担保责任或赔偿责任。可以看出，《九民纪要》第22条从正面规定了债权人根据担保公告事项签订担保合同的效力，《民法典担保制度解释》第9条继承和发展了《九民纪要》第22条，补充了若债权人没有根据担保事项公告而签订担保合同，担保合同对上市公司不发生效力的反向情形，从而确立了上市公司“无公告、不担保”制度。

（二）“无公告、不担保”是否具有溯及力

上市公司“无公告、不担保”制度深刻地影响担保合同中各方当事人的权利义务，决定着债权人的担保利益是否具有合同依据。那么，该制度是否可以溯及适用《民法典担保制度解释》施行以前的债权人与上市公司签订的担保合同？

我们知道司法解释并不创设规则，而是最高人民法院对审判工作具体应用法律的问题而制定的规范性法律文件，因此，在溯及力的问题上，《民法典担保制度解

释》应与《民法典》相同。由上文可知,《民法典担保制度解释》施行前,《九民纪要》第22条已从正向规定了有担保事项公告则担保合同对上市公司有效,那么,依据最高人民法院《关于适用〈中华人民共和国民法典〉时间效力的若干规定》(以下简称《民法典时间效力规定》)第4条"民法典施行前的法律事实引起的民事纠纷案件,当时的法律、司法解释仅有原则性规定而民法典有具体规定的,适用当时的法律、司法解释的规定,但是可以依据民法典具体规定进行裁判说理"之规定,是否可以理解为《民法典担保制度解释》施行前已有了相关原则性规定,并可以依据《民法典担保制度解释》第9条进行裁判说理,即可溯及适用"无公告、不担保"?

笔者认为,《九民纪要》第22条的条文内容具体明确,具有可操作性,并非原则性规定,溯及适用《民法典担保制度解释》的"无公告、不担保"制度属于不当扩张了条文原义,也违反了其立法政策背景。在《九民纪要理解与适用》一书中,最高人民法院认为:"上市公司违规担保问题是资本市场的'顽疾'和'毒瘤',多年来屡禁不止、影响恶劣。我们希望本纪要规定的裁判思路,能够倡导债权人看到上市公司公开披露的信息才与上市公司签订担保合同,对上市公司违规担保明确持否定态度,为资本市场持续健康发展提供巨大支持和制度保障",但此也仅仅是希望《九民纪要》第22条发挥其司法引领作用,不能等同解释为必须有担保事项的公告,担保合同才有效。《民法典时间效力规定》第3条规定"民法典施行前的法律事实引起的民事纠纷案件,当时的法律、司法解释没有规定而民法典有规定的,可以适用民法典的规定,但是明显减损当事人合法权益、增加当事人法定义务或者背离当事人合理预期的除外",上文已述《九民纪要》并未对无担保事项公告,与上市公司签订担保合同的效力进行规定。若债权人在担保事项已被公司董事会或股东大会依法审议通过的情形下,与上市公司签订担保合同,债权人应具有信赖利益,此也不会侵害公司自治,损害公司股东利益。而上市公司的担保事项公告制度只是为了防范公司大股东、实际控制人不当损害公司、小股东利益,通过公告起到监督作用,保护中小投资者利益。但"公告"本身从合同法角度并不会改变担保事项中各方就担保达成的合意,嗣后的"无公告、不担保"制度显然会增加债权人的法定义务、背离其预期。综上,我们理解为整治上市公司违规担保而确立的"无公告、不担保"制度,对《民法典担保制度解释》施行以前债权人与上市公司签订担保合同不应具有溯及力,否则,不当增加了债权人的义务,减损债权人了利益。

三、越权担保的合同效力认定及债权人的审查义务边界

(一)担保合同效力认定从效力判断到效果归属的回归

所谓越权担保,是指公司法定代表人超越权限代表公司对外签订担保合同,违反了《公司法》第16条关于各类担保情形的程序要求。但对于《公司法》第16条的

规范性质,有的人认为公司法定代表人未经决议程序签署的对外担保不影响合同本身效力。为此,《九民纪要》第17条明确“担保行为不是法定代表人所能单独决定的事项,而必须以公司股东(大)会、董事会等公司机关的决议作为授权的基础和来源。法定代表人未经授权擅自为他人提供担保的,构成越权代表,人民法院应当根据《合同法》(已废止)第50条①关于法定代表人越权代表的规定,区分订立合同时债权人是否善意分别认定合同效力:债权人善意的,合同有效;反之,合同无效。”

笔者认为,《九民纪要》直接以《合同法》(已废止)第50条作为评价担保合同效力的判断依据有失妥当,理由是从立法目的来看,《合同法》(已废止)第50条建立了我国的代表制度,其实质为越权代表行为效力归属规范,代表规范即为将代表人的行为所产生的法律后果归属于公司的规范;②另外,从条文文义来看,《合同法》(已废止)第50条所称的“该代表行为有效”,其含义应当是构成表见代表的情况下,“法定代表人、负责人超越权限订立的合同应当视为法人或其他组织的行为,法人或其他组织仍然应当承担责任,合同不因此而无效”③。也就是说,代表人行为的法律效果由法人承受,但是并不能直接等同于代表人所为的法律行为有效,亦即不能得出“担保合同有效”的结论。《合同法》(已废止)第50条解决的是越权代表的效果归属问题,其并不能直接解决合同本身的效力问题。亦即,条文规范涉及三方民事主体之间的关系调整时,只能解决合同法律效果归属的问题,并不能直接作为行为人所签署合同的效力判断依据。民事法律行为的效力判断规范和效果归属规范万不可混为一谈。

《民法典担保制度解释》第7条对于公司法定代表人超越权限代表公司与相对人订立担保合同的效力问题,明确人民法院应当依照《民法典》第61条和第504条等规定处理。《民法典》第61条第2款、第3款规定了“法定代表人以法人名义从事的民事活动,其法律后果由法人承受。法人章程或者法人权力机构对法定代表人代表权的限制,不得对抗善意相对人”。《民法典》第504条规定,“法人的法定代表人或者非法人组织的负责人超越权限订立的合同,除相对人知道或者应当知道其超越权限外,该代表行为有效,订立的合同对法人或者非法人组织发生效力”。因此,《民法典担保制度解释》第7条将法定代表人实施的交易行为所产生的法律后果放在民事主体和法律行为两个部分分别进行讨论,前者的讨论重点在于法人

---

① 《合同法》(已废止)第50条规定:“法人或者其他组织的法定代表人、负责人超越权限订立的合同,除相对人知道或者应当知道其超越权限的以外,该代表行为有效。”

② 参见高圣平、卢祖新、蒋佩佚、范佳慧:《公司担保问题的裁判路径与具体规则》,载《人民司法》2019年第10期。

③ 王利明:《合同法研究》(第1卷),中国人民大学出版社2002年版,第622页。

的责任问题,后者的讨论重点在于代表人的意思表示归属问题。① 《民法典》第 504 条相较于《合同法》(已废止)第 50 条,增加了"订立的合同对法人或者非法人组织发生效力",能够更贴切、明确地说明合同法律效果归属问题。所以,《民法典担保制度解释》对于公司法定代表人越权提供担保的效力问题,明确相对人善意的,担保合同对公司发生效力;相对人非善意的,担保合同对公司不发生效力。相较于《九民纪要》"债权人善意的,合同有效;反之,合同无效"的观点,《民法典担保制度解释》实现了越权担保的效力认定从效力判断到效果归属的回归。

(二)债权人的"合理审查"义务

上文已述《民法典担保制度解释》第 7 条明确了越权担保情形下,相对人善意的,担保合同对公司发生效力。具体何为善意,该解释第 7 条又明确是指相对人在订立担保合同时不知道且不应当知道法定代表人超越权限,相对人有证据证明已对公司决议进行了合理审查,但是公司有证据证明相对人知道或者应当知道决议系伪造、变造的除外。

笔者认为,由于针对上市公司存在"无公告、不担保"特殊制度,担保合同相对人在与上市公司、非上市公司签订担保合同时所应履行的审查义务自然也有所区别。具体为:第一,审查对象上,针对上市公司,应当审查上市公司公开披露的关于担保事项已经董事会或者股东大会决议通过的信息;针对非上市公司,应当审查公司决议文件。第二,审查标准上,《民法典担保制度解释》第 7 条已明确规定债权人应进行"合理审查",而并非形式审查。对于关联担保,债权人应当提供证据证明其在订立合同时对股东(大)会决议进行了审查,决议的表决程序符合《公司法》第 16 条的规定,即在排除被担保股东表决权的情况下,该项表决由出席会议的其他股东所持表决权的过半数通过,签字人员也符合公司章程的规定。对于非关联担保,债权人能够证明其在订立担保合同时对董事会决议或者股东(大)会决议进行了审查,同意决议的人数及签字人员符合公司章程的规定。此外,债权人也应当核查股东或者董事的身份是否属实等。而对于公司决议是否为法定代表人伪造或变造、股东(董事)签名是否真实,担保金额是否超过法定限额则不属于债权人合理审查的范畴。

需要指明的是,如果债权人签订担保合同前审查确认上市公司已公开披露担保事项经过董事会或股东大会决议通过,但实际上未经上市公司董事会或股东大会决议的,或决议未通过的,债权人是否已履行完成合理审查义务,担保合同是否对上市公司发生效力?笔者认为,此时是否秉持债权人信赖利益优先存在

① 参见周伦军:《公司对外提供担保的合同效力判断规则》,载《法律适用》2014 年第 8 期。

争议，毕竟《民法典担保制度解释》第9条的立法初衷是为了整治上市公司违规担保，而不是为了出于保护债权人信赖利益目的，较非上市公司，债权人的合理审查义务应当更重。当然，此有待最高人民法院未来作进一步解释或通过指导案例予以明确、指引。

四、一人股东与公司财产独立的举证标准

本案中营口某实业公司举证提交了加盖公司公章的会计报表以此证明公司财产独立于股东，但并未被法院认可。《公司法》第63条明确规定："一人有限责任公司的股东不能证明公司财产独立于股东自己的财产的，应当对公司债务承担连带责任"，那么，一人股东又该如何去证明公司财产独立于股东自身的财产？其又应举证到何种地步，才算完成举证责任？

（一）只提交审计报告并非一定免责

《公司法》第62条规定："一人有限责任公司应当在每一会计年度终了时编制财务会计报告，并经会计师事务所审计。"之所以要求一人公司必须形成经审计的财务会计报告，是由于一人公司完全处在一人股东的控制之下，更容易出现股东财产与公司财产混同、股东侵占公司财产的情形。为保证一人公司具备独立的责任财产，所以法律要求一人公司每年均须编制财务会计报告并经过审计。本案中营口某实业公司提交的财务会计报告形式上不符合要求，也未经审计，根本无法证明公司自身的财务状况，自然无法进一步去证明公司财产独立于股东财产。那么，若提交符合要求的经审计的财务报告，是否就一定能证明公司财产独立于股东自身的财产？

在案例黄某富、浙江欧罗针织有限公司房屋租赁合同纠纷案①中，浙江省高级人民法院认为，黄某富虽在二审中提交了一份其委托义乌市聚丰会计师事务所有限公司所作的审计报告，但该审计报告的审计意见为：艾虎公司财务报表在所有重大方面按照企业会计准则的规定编制，公允地反映了艾虎公司2017年11月30日的财务状况以及2017年11月的经营成果和现金流量。该份审计报告仅是反映了艾虎公司的财务状况等，并不能证明黄某富的财产与艾虎公司的财产独立。再审审理中，黄某富仍未能举证证明其个人财产与艾虎公司财产独立的事实，应承担举证不能的法律后果，黄某富应对艾虎公司的债务承担连带责任。在敬业集团有限公司（以下简称敬业集团）等与中国大唐集团新能源股份有限公司合同纠纷案②中，北京市高级人民法院同样认为，敬业集团提交的敬业集团和焦酸公司的审计报告

---

① 参见浙江省高级人民法院（2019）浙民再470号民事判决书。

② 参见北京市高级人民法院（2020）京民终548号民事判决书。

不足以证明二者财产独立。一审法院认为敬业集团就其财产独立于焦酸公司未尽举证责任，故判决敬业集团对焦酸公司的债务承认连带清偿责任并无不妥。以上两个案例可以看出，法院认为审计报告只是能证明截至某个时点的公司营成果和现金流量，是否在所有重大方面按照财务报告编制基础编制，并无法反映公司财产独立一人股东财产的情形。既然审计报告不足以证明，是否没有必要提交审计报告？

在韵某明、青海元鑫矿业有限公司、太原市明兴发煤业有限公司（以下简称明兴发公司）执行异议之诉案①中，最高人民法院就认为明兴发公司未依法进行年度财务会计审计，违反法律规定的强制性义务，足以令人对明兴发公司股东韵某明的个人财产是否独立于明兴发公司财产形成合理怀疑。可见，经审计的财务会计报告虽然不足以证明公司财产独立于股东财产，若无法提交经审计的财务会计报告，足以令人怀疑公司财产并未做到独立，并在很大程度上影响法官的裁量。

（二）证明公司财产独立于股东财产的举证程度

上文已述经审计的财务会计报告不足以证明公司财产独立于股东财产，且又必须提交，那么一人股东又该如何举证，才能满足司法实践的认定要求？

在中农发河南农化有限公司（以下简称河南农化）、河南立信阀门有限公司买卖合同纠纷案②中，河南省高级人民法院认为，一人公司的财产与股东的财产是否混同，应当审查股东财产与公司财产是否做到分别列支列收，单独核算，利润分别分配与保管，风险分别承担。河南农化在本案中仅提交了河南农化与颖泰公司部分年份的财务审计报告，而未能提供公司投资、经营、预决算、亏损弥补、股东分红等环节能够明确显示双方是否存在财产混同的相应证据，不能证明河南农化与颖泰公司财产相互独立，应当承担举证不能的责任。在北京福瑞公司（以下简称福瑞公司）、北京泰和锦益公司（以下简称泰和锦益公司）等信用卡纠纷案③中，湖南省高级人民法院亦认为一人公司股东可以从一人公司已经建立了独立规范的财务制度、拥有独立的银行账户、实施独立规范并且清晰的财务支付行为、具有独立的经营场所、一人公司的资金与财产没有进入股东的账户等角度来举证证明。

因此，一人股东若想证明一人公司财产独立于股东自身财产，必须举证公司建立了独立规范的财务制度，实施规范并且清晰的财务支付行为，做到分别列支列收，单独核算，利润分别分配与保管，风险分别承担。对应地，一人股东除提交审计报告外，还需提交公司施行的财务会计制度、财务账册、银行流水、经营管理信息、预决算材料、利润分配情况等证据材料，以做到充分证明公司财产独立于一人股东

① 参见最高人民法院（2019）最高法民终 1364 号民事判决书。

② 参见河南省高级人民法院（2019）豫民申 6455 号民事裁定书。

③ 参见湖南省高级人民法院（2021）湘民终 210 号民事判决书。

自身财产。

（三）提交审计报告的其他注意事项

由于一人股东财产与公司财产相混同可以发生在公司经营期限任何时间内，因此，在提交审计报告时，也应当做到完整提交公司自开业经营以来所有年度经审计的财务会计报告。如在上述北京福瑞公司、北京泰和锦益科技有限公司等信用卡纠纷案中，湖南省高级人民法院就认为判断一人公司财产是否独立于股东财产，应当考虑一人公司在整个经营期间是否具备独立的法律人格，仅凭2018年度一年的审计报告无法证明福瑞公司的财产始终独立于泰和锦益公司，始终具有独立的法人人格。在孙某民、山东益太达投资有限公司执行异议之诉案①中，山东省高级人民法院亦认为《审计报告》所附财务报表仅包括2020年7月31日资产负债表、2020年7月的利润表、现金流量表以及会计报表附注等资料，不包括公司成立以来即2016年7月20日至2019年9月3日的财务会计资料，该审计报告不能反映孙某民作为鲁恒公司唯一股东期间的公司财务状况，因此，现有证据不足以证明鲁恒公司财产独立于孙某民个人财产，应当由孙某民承担举证不能的不利后果。

实践中，一人公司由于资金问题，一般难以做到每年对公司财务会计报告进行审计。一旦涉诉，便匆忙委托审计机构出具审计报告，但此类在诉讼期间单方委托形成的审计报告，法院一般难以采纳。如在雷某新等与北京天马联合影视文化有限公司合同纠纷案②和岳阳市泽湘建筑劳务有限公司、张某波劳务合同纠纷案③中，北京市高级人民法院和广州市中级人民法院均认为涉案审计报告系被告在诉讼期间自行委托形成，法院无法确定其真实性、合法性和完整性，故对该审计报告不予采纳，当事人未完成一人公司财产独立于股东财产的举证责任。

（四）一人公司股东担责的几种非典型情形

由前文可知，司法实践中认定一人股东证明公司财产独立于股东自身财产较为严苛，一人股东的举证责任较重。为此，一人股东为了逃避责任进行了各种操作，由此出现了诸多变化情形，如加入“影子股东”转变公司类型、套取公司财产后出让股权。在这些情形中，一人公司股东又是否仍应承担责任？

1. 公司债务形成后，一人公司变更为一般有限公司

一人股东在债务形成后将其部分股份转给配偶或其控制的某个人，相当于公司再加入了一个“影子股东”，公司类型由一人公司转变为一般有限公司，意图从形

---

① 参见山东省高级人民法院（2020）鲁民终2119号民事判决书。

② 参见北京市高级人民法院（2021）京民申5657号民事裁定书。

③ 参见广州市中级人民法院（2020）粤01民终4950号民事判决书。

式上逃避责任。在北京宏涛建筑幕墙工程有限公司(以下简称北京宏涛公司)、马某买卖合同纠纷二审案①中,郑州市中级人民法院认为:北京宏涛公司于2020年4月23日将公司变更为有限责任公司(自然人投资或控股),增加梁某涛为该公司股东,公司变更登记发生于马某与梁某涛婚姻关系存续期间,且案涉债务发生于该公司系一个自然人投资设立的有限公司期间,根据《公司法》规定,在一人有限责任公司的股东不能证明公司财产独立于股东自己的财产的,应当对公司债务承担连带责任,故一审判令马某应对北京宏涛公司欠付恒美铝业货款、回炉费用及违约金承担连带责任,并无不当。

2. 公司债务形成后,一般有限公司变更为一人公司

当然,也存在一种反向情形,即债务形成于一般有限公司,后公司变更为一人公司。此时一人股东是否应承对公司债务承担连带责任?

在梁某、周某平船舶买卖合同纠纷二审案②中,浙江省高级人民法院认为:港润公司在拖欠债务期间发生股东变化,公司性质亦变更为一人有限责任公司,对此不影响港润公司对外承担债务的责任。因港润公司与周某平签订船舶买卖合同时,梁某即为港润公司的法定代表人且在上述合同中签字,其对公司上述债务及股东变更后其作为单独股东要承担的法律责任属完全知情且接受,故其上诉认为应按债务发生时港润公司的主体性质承担责任的理由于法无据,本院不予支持。港润公司现为一人有限责任公司,根据《公司法》第63条"一人有限责任公司的股东不能证明公司财产独立于股东自己的财产的,应当对公司债务承担连带责任"之规定,对此应实行举证责任倒置,即由一人有限责任公司的股东举证证明公司财产独立于股东自己的财产。

另外,在云南云福投资有限公司(以下简称云福公司)、徐某涛建设工程施工合同纠纷二审案③中,云南省高级人民法院认为:云福公司于2014年3月21日变更为徐某涛100%一人持股的公司。此前,案涉施工合同于2011年5月11日签订,案涉工程于2013年5月27日验收确认质量验收合格,并于同年7月22日就验收情况在宜良县住房和城乡建设局备案。但是,2015年10月20日造价公司出具结算审核说明,2015年11月24日四方当事人签订结算审核汇总表确认结算工程审核价为154,565,699.17元,以及2017年1月17日四方当事人进行对账确认尚欠工程余款为822,200元,均发生在云福公司于2014年3月21日变更为徐某涛一人100%持股的公司之后,且徐某涛均签字对工程审核价、尚欠工程机关进行了确认。并

① 参见河南省郑州市中级人民法院(2020)豫01民终8169号民事判决书。

② 参见浙江省高级人民法院(2020)浙民终244号民事判决书。

③ 参见云南省高级人民法院(2020)云民终241号民事判决书。

且,四方当事人于2017年1月17日确认尚欠工程款余额为822,000元时,也将贺某广、徐某涛个人之间的借款与案涉工程款进行了相应的抵扣结算。云福公司于2014年3月21日变更为一人有限责任公司后,应依法在每一会计年度结束时编制财务会计报告,并进行审计形成年度报告。一审依据公司法规定,确认徐某涛未能举证证明其财产独立于公司财产,由其承担举证不能的不利后果,进而判决徐某涛对公司债务承担连带责任并无不当。

3. 公司债务形成后,一人股东转让股权、退出公司

除了通过改变股权结构变更公司形式外,甚至存在一人公司股东将股权悉数转让给他人,试图金蝉脱壳。例如,在深圳裕昇科技有限公司、户某欢侵害集成电路布图设计专有权纠纷二审案①中,最高人民法院认为:在被诉侵权行为发生时,户某欢是准芯微公司的唯一股东,其作为一人有限责任公司的股东应对公司财产独立于股东自己的财产的事实负举证责任,否则应对其担任唯一股东期间准芯微公司应负的债务承担连带责任。户某欢并未就上述事实举证,应对准芯微公司的债务承担连带责任。户某欢提出,其已将准芯微公司的股权转让。本院认为,在一人公司的股东未能举证证明其在持股期间公司财产独立于自己财产的情况下,该股东对其持股期间产生的公司债务所承担的连带责任不因股权转让而消灭。准芯微公司因侵犯了赛芯公司的集成电路布图设计专有权而应当对赛芯公司承担赔偿责任,准芯微公司的被诉侵权行为系其债务形成原因,该债务发生于被诉侵权行为实施之时。户某欢作为准芯微公司实施被诉侵权行为时的唯一股东,未能举证证明公司财产独立于自己财产,其应当对准芯微公司因实施被诉侵权行为而产生的公司债务承担连带责任。

另外,在新疆桥新科技有限公司、新疆清华园房地产开发有限公司(以下简称清华园房产公司)与高某借款合同纠纷二审案②中,新疆维吾尔自治区高级人民法院认为:依照《公司法》第63条的规定"一人有限责任公司的股东不能证明公司财产独立于股东自己的财产的,应当对公司债务承担连带责任"。从高某向本院提供工商登记材料可以证实,自2011年5月10日高某持有清华园房产公司100%的股权,清华园房产公司为一人有限责任公司。2013年10月28日清华园房产公司股东及法定代表人由高某变更为李某东,而本案所涉债务是在高某作为清华园房产公司一人股东时公司所负债务,高某未能提供有效证据证明清华园房产公司的财产独立于股东自己的财产。同时,从实际履行情况显示,借支的款项基本上都是通

① 参见最高人民法院(2019)最高法知民终490号民事判决书。

② 参见新疆维吾尔自治区高级人民法院(2019)新民终35号民事判决书。

过高某个人账户进出。由此,可以认定股东高某的个人财产与清华园房产公司财产存在混同。

4. 公司债务形成后,一人公司股东发生变更

有趣的是,接盘一人公司后成为一人股东的,是否应对形成于原一人股东期间的公司债务承担连带责任呢?答案是肯定的。在广州市欣驰皮革有限公司(以下简称欣驰公司)、广州市洺扬贸易有限公司(以下简称洺扬公司)买卖合同纠纷二审案①中,广州市中级人民法院认为:根据洺扬公司的股权变更情况,涉案交易发生期间,洺扬公司系由陈某鸿一人持股的有限责任公司,根据《公司法》第 63 条的规定,一人有限责任公司的股东不能证明公司财产独立于股东自己的财产的,应当对公司债务承担连带责任。现陈某鸿并未就其持股期间公司与股东个人的财产状况提供相应证据证实,故陈某鸿应当对其持股期间发生的公司债务承担连带责任,且其作为连带债务人,并不因股权转让的事实而免除对债权人的债务负担。另外,姚某展于 2015 年 2 月 10 日受让陈某鸿的股权而成为洺扬公司的一人股东,此时洺扬公司与欣驰公司之间的债权债务关系仍然存续,故姚某展亦应按照《公司法》第 63 条的规定对洺扬公司的债务承担连带清偿责任。

因此,通过盘点上述案例不难发现,由于外部债权人无法掌握公司与股东是否财产独立的信息,相对处于弱势地位。面对此类纠纷,法院在权衡一人股东利益和外部债权人的债权时,通常倾向于保护外部债权人的债权。当然,前提条件是一人股东无法举证证明其与公司不存在财产混同。对于债权人而言,若能"按牢"一人股东则很大程度上能够保障债权人的利益实现。这也反过来给一人股东提了个醒,持股期间应依据《公司法》《会计法》的相关规定,充分完善公司财务和审计制度,规范经营,避免应诉时无法自证清白。

【实战策略】

一、债权人应对担保合同尽到"合理审查"义务,避免影响合同效力

本案笔者在代理时面临被告某科技公司抗辩认为《公司法》对公司对外担保有明确的内部决策程序要求,而客户在签订担保合同未按照法律规定审查担保事项是否经过其公司内部决策程序批准,因此案件一度陷入被动局面,但经过代理律师对被告某科技公司进行背景调查发现,其属于上市公司。而上市公司一般治理较为规范,于是我们通过查询其过往的公告,发现披露事项中就包括其关于涉案担保事项召开股东大会进行审议通过的内容,通过将该公告内容作为证据提交,有效地证明了涉案担保事项是履行过内部决策程序的,因此合同效力的

① 参见广州市中级人民法院(2017)粤 01 民终 16310 号民事判决书。

障碍得到解决。后续颁布的《九民纪要》《民法典担保制度解释》亦规定债权人根据上市公司公开披露的担保事项已经董事会或者股东大会决议通过的信息而与公司签订担保合同的,应认定担保合同对公司有效。而债权人在与上市公司、非上市公司签订担保合同时,合理审查义务略有不同,具体应审查哪些内容,我们在文中已一一提及。

二、合同生效条款表述应具体、明确,避免歧义

实践中,合同的签订存在各种不规范情形,如约定签字并盖章合同才生效的,实际上却像本案一样,只有公章及个人印鉴,或者只有单一盖章或签字等,此类形式瑕疵均会影响法官对于担保合同是否生效的判断。因此,我们在合同生效条款的表述上应尽量具体、明确,不要因为一个"顿号"产生歧义。为避免歧义,可以表述为"盖章并签字"或"盖章或签字"。同时,若却因生效条款发生歧义时,应当积极搜寻各类证据,如当事人表示签订担保合同的其他书面证据、当事人履行合同的证据等,协助法官查明各方当事人的真实意思表示,当然也包括通过广泛的案例调研方式明确类案的处理,减少法官裁判的障碍,以达到合同签订虽有形式瑕疵,但仍然可被认定有效的目的。

三、积极关注一人公司股东担责问题

在发现债务人为一人有限公司时,不管从诉讼策略还是实体受偿角度考虑,我们建议应一并将一人股东列为共同被告起诉,此时除公司明确规定的一人股东担责情形外,建议仍应核查一人股东的注册资本缴纳情况,若一人股东已充足举证独立于公司财产,但其出资未按期缴纳,其仍应对公司债务承担一定的责任。

如同前文所述,一人股东举证公司财产独立于股东财产时,须提交的审计报告属于必要但不充分的证据,但也是关键性证据。为此,我们应当仔细查证审计报告记录、反映的事项是否与基础性的财务账册资料一致。核查审计报告是否存在未全面如实反映公司财务状况,以及公司与股东个人是否存在不规范的资金往来的情形,从而降低审计报告的可信度与证明力。

最后,文中已经介绍了一人公司股东担责的几种非典型情形,故建议商事主体应诚信经营,不要设立以"逃废债"为目的的"夫妻店"或恶意转让股权,不要聪明反被聪明误。

实战案例16

新能源项目融资租赁核心要点解析与纠纷应对

——内蒙古某能源科技公司与河北某工贸公司等融资租赁合同纠纷案①

新能源属于典型的资本密集型产业，开发建设资金需求巨大。以2022年上半年投资装机容量约100MW的光伏电站为例，其静态投资就在4亿元以上。② 除企业自筹资金之外，新能源建设单位往往通过银行、融资租赁、信托等渠道进行融资。相较其他融资方式而言，融资租赁所具有的"融物+融资"双重属性与新能源项目自身特点十分契合，因此，自新能源项目在国内蓬勃发展后，融资租赁便进行了迅速跟进，许多大型能源电力公司甚至专门成立融资租赁公司从事行业内的租赁业务。本文将结合我们代理的一起以天然气输配管网作为租赁物的融资租赁合同纠纷案件，对融资租赁合同性质认定的影响、租赁手续费收取、增信措施要点等问题进行分析探讨。

【案情简介】

2017年9月，内蒙古某能源科技公司（以下简称能源科技公司）与河北某金融租赁公司（以下简称金租公司）签订《融资租赁合同》及配套《资产转让协议》，约定金租公司以7000万元的价格购买能源科技公司的天燃气输配管网，同时再将该资产作为租赁物出租给能源科技公司使用，租赁成本7000万元，年租赁利率7.5%，租赁手续费350万元，租金每三个月支付一次，租赁期限自2017年9月20日至2021年3月20日，共14期。同日，能源科技公司与金租公司签订《应收账款质押合同》，约定能源科技公司将名下城市管道燃气15年特许经营权及项下全部收益出质给金租公司；能源科技公司的股东某实业公司与金租公司签订《股权质押合同》，约定实业公司将所持能源科技公司的股权质押给金租公司；能源科技公司的法定代表人管某及其配偶高某与金租公司签订配套《保证合同》，约定管某与高某为能源科技公司的债务提供连带责任保证。担保类合同所担保债权均为金租公司在《融资租赁合同》项下的债权。

合同签订后，金租公司向能源科技公司支付租赁物购买款7000万元，同时通过签订《所有权转移证书》《租赁物确认验收单》对租赁物天然气管网的所有权进行取

① 河北省石家庄市中级人民法院(2019)冀01民初899号民事裁定书，浙江阳光时代律师事务所代理，案情略有删减。

② 参见光伏资讯：《大唐1GW光伏EPC中标候选人公示》，载微信公众号"PV-info"2022年4月30日，https://www.sohu.com/a/530012478_146940。

得然后交付。能源科技公司按照《融资租赁合同》支付了前3期的租金之后，因自身经营出现资金问题开始逾期。2019年7月，金租公司与河北某工贸公司（以下简称工贸公司）签订《债权转让合同》，将《融资租赁合同》下对能源科技公司的主债权及《应收账款质押合同》《股权质押合同》《保证合同》下对担保人的从债权一并转让给工贸公司。

2019年8月，工贸公司向法院提起诉讼，请求法院判令：能源科技公司支付欠付租金6500万元，租金迟延支付产生的违约金200万元，未支付租金计算至实际清偿之日的违约金；管某、高某对能源科技公司债务承担连带清偿责任；某实业公司以其所持能源科技公司股权价值为限对能源科技公司债务承担连带清偿责任，工贸公司有权就股权拍卖、变卖所得价款优先受偿；能源科技公司以所拥有的天然气管道15年特许经营权项下全部收益对其债务承担清偿责任，工贸公司有权就该权益优先受偿。

案件审理过程中，各被告围绕原告主体资格、债权转让通知、最高额担保债权确定前债权转让的效力、案涉交易的法律性质、合同约定违约金利率过高、融资租赁手续费变相利息应当抵扣本金、特许经营资产质权无法实现等方面全面提出抗辩。相关抗辩事项及理由基本涵盖了目前融资租赁纠纷承租人的全部抗辩理由，并辅以对金租公司融资租赁业务办理、债权转让过程中的瑕疵切入，向原告全面施压阻却其主张。最终，工贸公司主动寻求与出租人及保证人进行和解，对交易款项归还进行展期、违约金进行减免，双方和解后撤诉结案。

【要点解析】

一、合同性质认定对当事人权利义务关系之影响

一般而言，融资租赁的租赁利率会高于银行借款利率，并且同等情况下融资租赁合同的逾期违约金利率也高于一般金融贷款合同。因此，对出租人来说，因承租人逾期支付租金产生纠纷之后，基本的诉讼目标就是确保融资租赁合同性质不被推翻，从而维持合同约定的租赁利率及违约金利率。正因如此，有的租赁公司提前在合同中作出“若本合同被司法机关认定为无效或实质系其他法律关系，出租人的债权及承租人的违约责任仍参考合同执行”的特别约定。对于承租人而言，如果可以从交易实质情况出发对融资租赁合同性质提出否认并获支持，则可有力抗辩较高的租金利率或违约金利率，从而减小己方违约责任。司法实践中的融资租赁纠纷案件，动辄出现承租人提出双方交易“名为融资租赁，实为借贷”的抗辩意见，我们具体进行分析。

（一）交易合同性质的认定问题

《民法典》第735条①规定："融资租赁合同是出租人根据承租人对出卖人、租赁物的选择，向出卖人购买租赁物，提供给承租人使用，承租人支付租金的合同。"最高人民法院《关于审理融资租赁合同纠纷案件适用法律问题的解释》（法释〔2020〕17号，以下简称《融资租赁解释》）第1条规定："人民法院应当根据民法典第七百三十五条的规定，结合标的物的性质、价值、租金的构成以及当事人的合同权利和义务，对是否构成融资租赁法律关系作出认定。对名为融资租赁合同，但实际不构成融资租赁法律关系的，人民法院应按照其实际构成的法律关系处理。"根据上述规定，以"融资租赁合同"冠名并按照融资租赁模式进行交易的合同，可能会被认定为其他法律关系。认定合同性质或交易实质法律关系的标准在于"标的物能否作为租赁物""标的物价值是否与租赁款（买卖交易款）匹配""租金是否为租赁物成本加出租人合理利润""当事人之间权利义务关系是否符合融资租赁权利义务关系"等方面，司法解释的规定比较抽象，实践中则存在更为具体的情形。

（二）因标的物导致融资租赁名不副实的情形

根据《民法典》第735条的规定，融资租赁交易具有"融资"和"融物"的双重属性，二者缺一不可。标的物如果实际不存在或者不存在标的物所有权的转移，则交易实际不存在"融物"，只有资金空转。同时，根据《民法典担保制度解释》第1条②、第56条第2款③等典型条款的规定，司法明文认可融资租赁交易具有担保功能，交易标的物的价值如果明显偏低，失去对出租人债权担保的意义，同样该交易也会被认为缺乏融物属性。存在类似情况的，交易的法律性质可能会被认定为以融资租赁为名行借贷之实。需要强调的是，在具有出卖人、出租人（买受人）、承租人三方交易的直租模式下，对于交易标的物不属于租赁物的争议并不大，此问题较多发生在《融资租赁解释》第2条④所规定的承租人与出卖人系同一人的售后回租模式中，具体归纳分析如下。

1. 承租人（出卖人）无权处分标的物的影响合同性质认定

融资租赁交易的融物属性要求租赁物所有权必须发生实质有效的转移，售后

---

① 《合同法》（已废止）第237条。

② 因抵押、质押、留置、保证等担保发生的纠纷，适用本解释。所有权保留买卖、融资租赁、保理等涉及担保功能发生的纠纷，适用本解释的有关规定。

③ 前款所称出卖人正常经营活动，是指出卖人的经营活动属于其营业执照明确记载的经营范围，且出卖人持续销售同类商品。前款所称担保物权人，是指已经办理登记的抵押权人、所有权保留买卖的出卖人、融资租赁合同的出租人。

④ 承租人将其自有物出卖给出租人，再通过融资租赁合同将租赁物从出租人处租回的，人民法院不应仅以承租人和出卖人系同一人为由认定不构成融资租赁法律关系。

回租模式下的承租人若无权处分标的物，则所有权转移存在瑕疵，法院会以表象推定当事人交易的真实合意，是“融物＋融资”还是“仅有融资”。比如，在河源市油富风光水电站发展有限公司（以下简称油富公司）、深圳市园林集团有限公司借款合同纠纷案①中，法院认为：“因售后回租式融资租赁在承租人与出租人之间会发生物的所有权的变动，故双方交易的标的物必须是明确且可进行处分。本案中，虽然出卖人和承租人均为油富公司，但发票上所显示标的物的所有权人为紫金县东江风光沥口电站发展有限公司，无证据证明该设备为油富公司所有……由此可见，宝利天泽公司仅是通过与油富公司之间的协议安排，在租赁期内名义上享有机械设备所有权，宝利天泽公司没有取得机械设备所有权的真实意思。作为专业的融资租赁公司，宝利天泽公司对此应是明知的，故其真实意思表示并非融资租赁，而是出借资金；油富公司虽名为‘承租人’，但实际上仅是以出卖人之名从宝利天泽公司获得资金，并按合同约定支付利息，其真实意思表示也并非售后回租，而是借款。由此可以看出，案涉融资租赁交易，只是融资，没有融物，双方之间的真实意思表示名为融资租赁，实为借款。”

当然，基于《合同法》（已废止）第 51 条②、《民法典》第 311 条第 1 款③的除外规定，无权处分并非绝对导致所有权无法转移。故在法定特殊情形下，虽然承租人无权处分标的物，但只要承租人实际通过交易占有使用标的物，则交易的真实意思表示仍有融物之意，至于原所有权人，可向无权处分人请求损害赔偿。

2. 特许经营资产是否影响合同性质认定

在讨论承租人无权处分标的物的基础上，有必要进一步对“特许经营许可资产”作为租赁物的交易情形进行分析。根据住房和城乡建设部《市政公用事业特许经营管理办法》第 18 条④的规定，获得特许经营权的企业在特许经营期间不得擅自将所经营的财产进行处置或者抵押，常见的市政公用事业《特许经营合同》一般也会存在“特许经营权人无权将所经营财产进行处置和抵押”的约定。显然，由于特

① 参见广东省深圳市中级人民法院（2018）粤 03 民终 14074 号民事判决书。

② 无处分权的人处分他人财产，经权利人追认或者无处分权的人订立合同后取得处分权的，该合同有效。

③ 无处分权人将不动产或者动产转让给受让人的，所有权人有权追回；除法律另有规定外，符合下列情形的，受让人取得该不动产或者动产的所有权：（1）受让人受让该不动产或者动产时是善意；（2）以合理的价格转让；（3）转让的不动产或者动产依照法律规定应当登记的已经登记，不需要登记的已经交付给受让人。

④ 获得特许经营权的企业在特许经营期间有下列行为之一的，主管部门应当依法终止特许经营协议，取消其特许经营权，并可以实施临时接管：（1）擅自转让、出租特许经营权的；（2）擅自将所经营的财产进行处置或者抵押的；（3）因管理不善，发生重大质量、生产安全事故的；（4）擅自停业、歇业，严重影响到社会公共利益和安全的；（5）法律、法规禁止的其他行为。

许经营权人的选定一般都是经过特定的市政招投标方式严格审核后确定，经营权人的相关资质是特许经营得以成立运转的必要条件，不允许特许经营财产擅自处置抵押是授权人为了维护市政公用事业运行安全、保障民生的需要。从此观点出发，特许经营财产可能属于“承租人无权处分标的物”，以其作为租赁物进行融资租赁交易存在交易被认定为不存在“融物”的风险。

本案中，能源科技公司所出卖和承租的标的物是天然气输配管网，系能源科技公司与当地住建部门通过《城市管道燃气特许经营协议》取得特许经营权后投资建设的资产，故能源科技公司在本案答辩中即明确提出抗辩，指出交易双方明知承租人无权处分天然气输配管网，双方真实的意思表示不存在“融物”合意。由于案件最终调解处理，我们无法获知受理法院对此问题的裁判认定意见。从部门规章或地方性法规有关特许经营者处置、抵押特许经营项目资产的规定来看，我们认为其属于管理性规定而非效力性强制规定，故特许经营者以承租人身份利用特许经营财产进行融资租赁，并不当然导致合同无效。进一步而言，虽然出租人与承租人在订立合同时，对于特许经营财产作为租赁物发生所有权转移应当取得政府主管部门同意或许可存在预见，但是即便违反相关规定或者特许经营合同约定，其法律后果也应该限于特许经营合同被政府解除、特许经营权被收回。特许经营财产的所有权归属于特许经营权人并不受影响，则对于“融物”而言瑕疵较小，否定交易的融资租赁性质的法理并不充分。

通过案例检索，我们确实也未能找到法院明确以“特许经营资产不得作为租赁物”为由而去否定融资租赁交易性质的案例。与之类似的纠纷中，如浙江海亮融资租赁有限公司与新郑市中医院、新郑市第二人民医院融资租赁合同纠纷案，①杭州市中级人民法院并未采纳承租人新郑市中医院、新郑市第二人民医院提出的“租赁物系国有资产未经合法程序处置，构成无权处分损害国家利益及违反法律强制性规定”的抗辩，而是认定作为事业单位的医院以国有资产作为租赁物签订的融资租赁合同有效。由此推论，既然违规处分国有资产尚不足以导致融资租赁交易性质认定，那么以特许经营资产进行交易也难被司法否定融物的合意。

3. 标的物是否特定化

《民法典》第 737 条规定“当事人以虚构租赁物方式订立的融资租赁合同无效”，该条规定并不是沿用《合同法》（已废止）的条文，也与《融资租赁解释》第 1 条第 2 款“对名为融资租赁合同，但实际不构成融资租赁法律关系的，人民法院应按照其实际构成的法律关系处理”的处理方式不一致，对“虚构租赁物”的合同直接作

① 参见浙江省杭州市中级人民法院（2019）浙 01 民初 2420 号民事判决书。

无效处理。具体何种程度构成"虚构租赁物",是必须达到"凭空捏造不存在物"还是"有基本标的物存在情况下借壳虚构",立法和司法层面尚无明确的规定。这就要求融资租赁交易的租赁物一定要向"特定化"靠近,如果无法证明标的物"真实存在、客观可区分、确定可交易",则可能导致"融物"流于形式,进而影响融资租赁关系的成立。特别是在售后回租模式中,交易双方通过占有改定进行交付,缺乏转移占有和交付的权利外观,因此司法实践对租赁物交付的审查会更为严格。

典型案例如柳林县浩博煤焦有限责任公司、山西联盛能源投资有限公司融资租赁合同纠纷案①,法院认为:"租赁物客观存在且所有权由出卖人转移给出租人系融资租赁合同区别于借款合同的重要特征。作为所有权的标的物,租赁物应当客观存在,并且为特定物。没有确定的、客观存在的租赁物,亦无租赁物的所有权转移,仅有资金的融通,不构成融资租赁合同关系……《融资租赁合同》虽名为'融资租赁合同',并就租赁物及租金等问题作出了明确约定,且附有《所有权转移证书》及《租赁物清单》,但《所有权转移证书》仅载明租赁物所有权转移而未载明具体的租赁物名称及型号,《租赁物清单》仅列明了租赁物的供货商、租赁物名称、入账金额入账时间、已提折旧及账面净值。而入账金额、时间、折旧、账面净值系财务记账方式,供货商及设备名称尚不足以使得租赁物特定化……故仅凭《所有权转移证书》及《租赁物清单》尚不足以证明存在能与《租赁物清单》所列租赁物一一对应的特定租赁物,也不足以证明案涉《融资租赁合同》履行过程中存在租赁物的所有权转移,故现有证据不足以认定三方当事人之间系融资租赁合同关系。对兴业公司有关租赁物实际存在、案涉《融资租赁合同》系融资租赁合同的主张,因证据不足,本院不予支持。"

以本案为例,金租公司和工贸公司所主张所有权转移的证据在于《所有权转移证书》《租赁物确认签收单》,而本案的租赁物系承租人能源科技公司已经建设完成、埋藏于地表之下的天然气输配管网,无法实际明确查看。《融资租赁合同》附件《租赁物清单》只显示管网的名称、长度、规格型号、建设时间及账面价值。对于融资租赁合同交易所包含的买卖合同关系而言,仅作此约定并不能达到租赁物异议对应特定化的需求,作为买受人的金租公司,应当充分就租赁物的实际存在情况、详细资产情况、资产价值进行检视和勘察,如果其仅仅是通过审查形式材料、简单查看就予以确认,则交易是否有"融物"之实值得商榷。

4. 标的物是否存在低值高估

如前文所述,标的物如果存在低值高估,则融资租赁合同的担保意义将会流

① 参见最高人民法院(2016)最高法民终286号民事判决书。

于形式,“融物”属性将会大打折扣,因此交易存在此种情形的,司法认定不构成融资租赁合同关系。比如,在中兴天恒能源科技(北京)股份公司等与北京中港锦源融资租赁有限公司(以下简称中港公司)融资租赁合同纠纷案①中,法院认为“本案中虽存在租赁物,但根据查明的事实,在售后回租的模式下,租赁物的账面价值与评估价值相差达十倍之多,明显存在‘低值高估’的情况,租赁物未能起到物的担保作用,故案涉合同不符合融资租赁合同的法律特征,其法律关系性质应为民间借贷。对于中港公司主张本案为融资租赁合同法律关系,一审法院不予采信。”实践中,承租人提出此项抗辩的,一般会提交交易发生时租赁物的实际价值证明材料,比如资产评估报告,而出租人则应当证明租赁物价值足以覆盖融资租赁租金(实际从风险控制角度来说,租赁公司审批放款的金额是小于租赁物实际价值的)。

二、融资租赁综合利率、租赁手续费收取问题

承租人在与出租人就合同效力及性质进行交锋之后,会继续对于租金、违约金或利息方面提出各自主张及抗辩。根据商务部《融资租赁企业监督管理办法》(商流通发〔2013〕337 号)、中国银行业监督管理委员会《金融租赁公司管理办法(2014)》(中国银行业监督管理委员会令 2014 年第 3 号)、中国银行保险监督管理委员会《融资租赁公司监督管理暂行办法》(银保监发〔2020〕22 号)等部门规章的规定,我国对融资租赁公司、金融租赁公司的设立以及开展业务设置了金融行业的特殊门槛。因此,一般情况下,出租人关于租金、违约金、罚息的计算方式、起算时间等问题都会存在格式化的合同约定和专业财务计算,并无实质的较大争议。承租人就此方面提出的主要抗辩一般在于约定违约金利率过高、不应收取租赁手续费等方面。

(一)融资租赁综合利率是否可以调减至年利率 24%

最高人民法院《关于进一步加强金融审判工作的若干意见》第 2 条第 2 款规定,“严格依法规制高利贷,有效降低实体经济的融资成本。金融借款合同的借款人以贷款人同时主张的利息、复利、罚息、违约金和其他费用过高,显著背离实际损失为由,请求对总计超过年利率 24% 的部分予以调减的,应予支持,以有效降低实体经济的融资成本。规范和引导民间融资秩序,依法否定民间借贷纠纷案件中预扣本金或者利息、变相高息等规避民间借贷利率司法保护上限的合同条款效力”。由此可见,司法政策文件对于金融借款合同的综合利率上限存在认定保护上限,借款人以年利率 24% 作为调减上限的抗辩,应得到法院支持。该意见第 2 条第 4 款

① 参见北京市高级人民法院(2021)京民终 127 号民事判决书。

同时规定“对名为融资租赁合同、保理合同，实为借款合同的，应当按照实际构成的借款合同关系确定各方的权利义务，防范当事人以预扣租金、保证金等方式变相抬高实体经济融资成本。”由此可见，年综合利率不超过24%的规定仅适用于金融借款合同，融资租赁合同的综合利率大于24%的，请求调减的抗辩不一定会得到支持。具体在本案中，《融资租赁合同》约定的年利率为7.5%，逾期支付违约金为日万分之六（年利率21.6%），综合年利率明显超过24%，如果合同性质被认定为融资租赁，则请求条件违约金的抗辩不一定会获得法院支持。特别值得一提的是，司法实践确实存在法院按照最高人民法院《关于审理民间借贷案件适用法律若干问题的规定》调减融资租赁综合利率的案例，①故承租人提出此项抗辩具有现实和实践意义。

（二）融资租赁手续费收取能否得到司法认定支持

目前行业大部分融资租赁合同都存在“手续费”或“服务费”约定，部分交易则采取专门签订《咨询服务合同》的方式进行约定，由出租人按照融资本金的一定比例向承租人收取的费用。

《九民纪要》第51条规定了变相利息的认定原则：“金融借款合同纠纷中，借款人认为金融机构以服务费、咨询费、顾问费、管理费等为名变相收取利息，金融机构或者由其指定的人收取的相关费用不合理的，人民法院可以根据提供服务的实际情况确定借款人应否支付或者酌减相关费用。”前文所引最高人民法院《关于进一步加强金融审判工作的若干意见》（已废止）第2条第4款有“变相认可”非借款合同（如融资租赁合同）预扣租金、保证金合理性之嫌，可见对于租赁手续费的收取，立法层面并未明文禁止。但是，司法实践中对租赁手续费收取的认定意见却并不统一。

支持租赁手续费收取的典型案例如蛟河凯迪绿色能源开发有限公司（以下简称蛟河能源公司）、凯迪生态环境科技股份有限公司（以下简称凯迪生态公司）融资租赁合同纠纷案，②最高人民法院二审判决认为：“《融资租赁合同》第七条租赁手续费明确约定，承租人应当在起租日前按约定向出租人支付手续费。故大唐租赁公司收取租赁手续费有合同依据。第十五条提前履行中第15.3款约定如承租人提前支付全部或部分租金，出租人已收取的租赁手续费不予退还。蛟河能源公司、凯迪生态公司上诉请求在其应向大唐租赁公司支付的租金中扣除租赁手续费6,679,500元没有法律及合同依据，本院不予支持。”最高人民法院以合同明确约定

① 参见上海市松江区人民法院（2019）沪0117民初10337号民事判决书、上海金融法院（2020）沪74民终1038号民事判决书等。

② 参见最高人民法院（2019）最高法民终547号民事判决书，下文称“蛟河凯迪案”。

作为支持租赁费手续的依据,无疑会起到鼓励租赁行业继续按此模式进行手续费收取的后果,亦会对各地各级法院裁判起到示例作用。比如,海口美兰国际机场有限责任公司等与德海租赁(天津)有限公司融资租赁合同纠纷案,①一审和二审法院均认为由于《融资租赁合同》明确约定了租赁手续费的支付方式和支付金额,因此对于承租人提出的租赁手续费抵扣租金的主张不予支持。

与之相反,审慎认定租赁手续费收取的裁判观点则认为,出租人无法证明其提供了相应融资租赁服务的,无权收取手续费。支持此种观点的案例既有"蛟河凯迪案"判决前的裁判案例,②亦有即便最高人民法院侧重合同约定支持手续费收取后仍坚持相反观点的案例,比如在浙江新复大海洋生物科技股份有限公司与上海云城融资租赁有限公司(以下简称云城公司)、郑某光等融资租赁合同纠纷案③中,一审松江区人民法院认定"(出租人)云城公司未提供证据证明其提供了服务,故无权收取手续费",上海金融法院二审判决明确予以维持。

三、与融资租赁增信措施有关问题

本案中,工贸公司在主债权诉讼请求之外,另对各担保人或出质人提出相应的从债权相关诉讼请求。

与其他金融交易合同一样,出资方在基础合同之外还会要求资金需求方提供各种形式的担保。融资租赁交易中,租赁物所有权本身即具有担保债权之功能,出租人除债权之外还对租赁物享有物权,以及特定情形下的担保物权。但为了充分管理和控制风险,作为行业强势方和规则制定方的出租人,还为承租人准备了包括但不限于股权出质、自物抵押、第三人连带保证、应收账款权利质押等多种增信措施。处于弱势一方的承租人为了促成交易顺利融资,一般都会按出租人要求予以配合,但是实际办理情况会直接影响纠纷发生之后的权利义务认定。以本案为例,某实业公司在与金租公司签订《股权质押合同》之后,因各种原因实际未办理股权出质登记,因此出质人可直接提出质权尚未设立,金租公司/工贸公司不享有质权的抗辩。除此之外,我们着重分析如下问题:

(一)信用保证担保

在新能源项目融资租赁中,出租人经常会要求承租人的股东、实际控制人或承租人关联方提供保证担保。保证担保分一般担保和连带责任担保,一般担保的保证人享有先诉抗辩权,连带责任保证人则不享有该项权利。需要出租人注意的两

① 参见北京市第二中级人民法院(2021)京02民终2147号民事判决书。

② 参见广东省中山市中级人民法院(2017)粤20民终1464号民事判决书、(2017)粤20民终3102号民事判决书。

③ 参见上海金融法院(2020)沪74民终1038号民事判决书。

点：一是《民法典》下当事人对保证担保方式没有约定或约定不明的按一般保证承担责任，改变了《担保法》的相关规定；二是对于法人股东、关联方提供的担保依据《九民纪要》及《民法典》的中的规定，出租人要尽合理的审查义务，避免担保无效。关于这一点我们在此不展开，请大家参阅本书《新能源项目股权转让合同中保证担保的效力认定与责任辨析》一章。

（二）资产抵押

新能源项目融资租赁中，出租人通常会办理租赁资产的"自物抵押"或要求承租人提供其他动产、不动产抵押。随着《民法典》及《民法典担保制度解释》的实施，以及《关于实施动产和权利担保统一登记的决定》等配套制度的跟进，融资租赁所有权保留登记的法律效力得到了明确，未来是否还有必要进行"自抵押"登记存在争议。建议出租人可从保护自身权利出发，在进行融资租赁所有权保留登记后，视情况选择办理"自抵押"登记。

根据《民法典担保制度解释》第65条第1款①的规定，出租人在选择不解除合同、要求全部租金加速到期的情况下，得以同时主张实现融资租赁的担保功能，该规定一改《合同法》（已废止）第248条、2014年《融资租赁解释》第21条的"物权""债权"二选一规则，允许出租人在主张债权路径下同时主张物权。由于出租人对租赁物享有的权利既包括"所有权"又包括"担保物权"，因此在选择担保物权路径情况下，"所有权人以自己的不动产或动产为自己设立担保物权"的权利行使边界十分值得探讨。简单来说，如果出租人基于所有权对租赁物行使权利，则其自可主张取回租赁物；如果出租人基于前述司法解释规定赋予的担保物权行使权利，则其有权以拍卖、变卖租赁物所得的价款受偿（注意司法解释并未规定"优先受偿"）。这就出现出租人对租赁物享有的担保物权劣后于其他普通担保物权的局面。虽然所有权与担保物权属于并列的物权关系，但毕竟出租人对租赁物享有担保物权的同时享有所有权，出现无法对抗第三人担保权的情况难免让出租人陷入尴尬境地。

对此问题，最高人民法院民二庭在《最高人民法院民法典担保制度司法解释理解与适用》一书中论述认为："出租人能否主张就拍卖、变卖租赁物所得价款优先受偿，则取决于出租人对租赁物享有的所有权是否已办理登记。根据《民法典》第七百四十五条的规定，出租人对租赁物享有的所有权未经登记的，不得对抗善意第三人，因此在出租人对租赁物享有的所有权未办理登记时，对于出租人请求以拍卖、

① 在融资租赁合同中，承租人未按照约定支付租金，经催告后在合理期限内仍不支付，出租人请求承租人支付全部剩余租金，并以拍卖、变卖租赁物所得的价款受偿的，人民法院应予支持。

变卖租赁物所得价款优先受偿的请求，人民法院不予支持，而仅支持其请求以拍卖、变卖租赁物所得价款受偿的请求。”[①]由此可见，租赁登记是价款受偿权是否优先的核心审查因素，未经登记的融资租赁，出租人对租赁物价款的受偿权存在劣后于善意第三人（如对租赁物享有登记抵押权的金融机构）的风险。因此，出租人必须重视对租赁物的所有权登记。

（三）权利质押

新能源项目中的权利质押以股权质押和电费收益权质押为主，以光伏电站融资租赁交易为例，发电公司将电站项目的电费收益权质押给出租人作为租赁债务的担保在实务中十分常见。根据《物权法》（已废止）第223条[②]、中国人民银行《应收账款质押登记办法》（中国人民银行令〔2019〕第4号）第2条第2款[③]的规定，作为应收账款的电费收益权依法可以成为权利质押标的物，将电费收益权作为权利质押标的物进行质押具有明确法律依据，依法进行的质押行为应为有效。但前述旧法施行的过程中，存在电费收益权不属于应收账款的质疑观点。[④] 但之后，《民法典》第440条将《物权法》（已废止）第223条第6项“应收账款”修改为“现有的以及将有的应收账款”，这就打消了部分认为出质时电费应收账款尚不确定的疑虑观点。

此外，中国人民银行《动产和权利担保统一登记办法》于2022年2月1日正式施行，《应收账款质押登记办法》同时废止。新办法进一步明确权利担保登记和查询规则，规范人民银行征信中心统一登记系统运行，人民银行征信中心承担服务性登记工作，不开展事前审批性登记，不对登记内容进行实质审查。

本案中所进行质押的权利为天然气特许经营权，是指特许经营权人以管道输送形式向用户供应天然气，提供相关管道燃气设施的维护、运行、抢修、抢险业务服务，并获得相应收益，既包含权利又包括义务，不属于可转让的单一财产权利。特许经营权能否作“应收账款”理解从而认为属于可质押财产权利存在争议。笔者认为，质权的行使方式一般需要对权利进行折价、拍卖、变卖，然后由质权人对所得的价款优先受偿。由于特许经营权不属于可转让权利，其作为质物难以折价处理，故

---

① 最高人民法院民事审判第二庭：《最高人民法院民法典担保制度司法解释理解与适用》，人民法院出版社2021年版，第546页。

② 《物权法》（已废止）第223条规定：“债务人或者第三人有权处分的下列权利可以出质……（六）应收账款；（七）法律、行政法规规定可以出质的其他财产权利。”

③ 《应收账款质押登记办法》第2条第2款第1项规定：“本办法所称的应收账款包括下列权利：（一）销售、出租产生的债权，包括销售货物，供应水、电、气、暖，知识产权的许可使用，出租动产或不动产等。”

④ 参见中盛律师事务所：《中盛解答|电费收费权能否作为质押标的？》，载 http://www.zhongshenglawfirm.com/news/zsdt/272.html，最后访问日期：2022年5月6日。

特许经营权不宜简单按照应收账款理解作为质物。这并不是否认特许经营权的融资担保功能,特许经营权人显然可以将特许经营权项下经营收费权专门抽取出来进行质押,这样就符合单一财产权利质押的要求。

四、新能源项目融资租赁模式及风险防范

新能源项目建设如何与融资租赁交易结合,实践中存在不同的模式。本文案例的交易模式属于项目建设之后的售后回租,我们还代理过出租人根据项目建设方对供应商的选择购买电站设备进行直租的模式。简要介绍如下。

(一)建设前期的直租模式

直租模式适用于项目建设前期,并且主要涉及对设备的租赁。特别注意在项目建设阶段,由于 EPC 承包人对在建工程并不享有所有权,其无权对在建工程进行处置,因此,项目的土建工程部分是无法作为直租模式下租赁物的。直租模式下的"融物"主要为电站的设备,比如光伏电站的组件、支架、逆变器等,风电站的塔筒、风轮叶片、电机等。此模式下仍可细分两种情形,具体如下。

第一种是设备供应商作为交易主体参与的模式。相较于常规的 EPC 总承包模式下的承包人购买设备,在融资租赁进入电站前期建设融资后,设备的购买义务需要进行相应变更。首要解决的就是总承包人将 EPC 合同项下的设备购买义务及设备款收款权利,经发包人同意后转移给租赁公司,由租赁公司去购买设备。然后,由建设单位作为承租人选择设备供应商,与融资租赁公司签订《融资租赁合同》,出租人向供应商购买设备并租赁交付承租人。交易模式如图 3-6 所示:

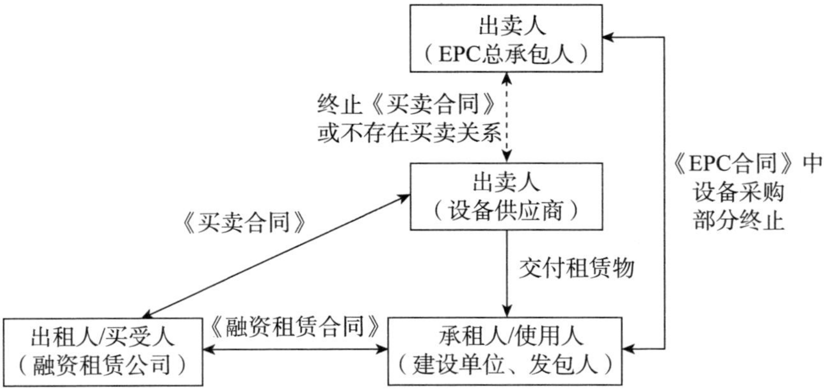

图 3-6　厂商作为出卖人的直租模式

第二种是总承包人直接作为租赁物出卖人的模式。EPC 总承包人在向设备供应商采购设备后,不再依据 EPC 合同将设备直接进行安装后与工程一并交付给发包人,而是终止 EPC 合同中设备采购部分,然后另行签订《买卖合同》将设备出卖给出租人，由出租人再与建设单位签订《融资租赁合同》。相较上一种模式，该模式下的总承包人与融资租赁中的出卖方系同一人。交易模式如图3－7所示：

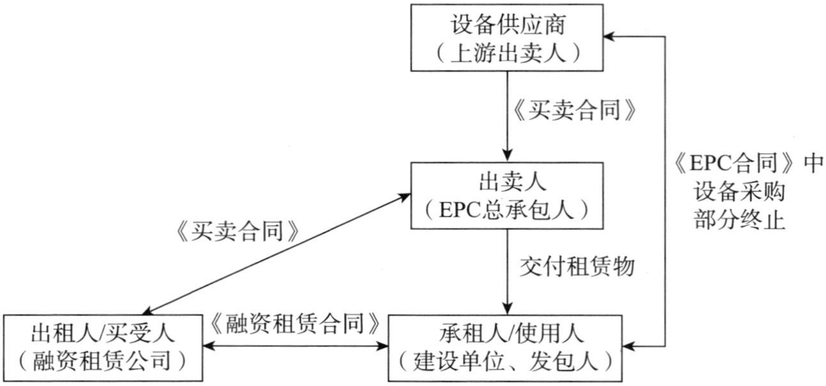

图3－7 总承包人作为出卖人的直租模式

由于新能源项目设备采购资金占总投资比例较大，直租模式能有效解决项目资金短缺问题。但如果建设方的大部分资金不是自筹，项目建设后会出现出租人、总承包人两大债权人，租赁款债务和工程款债务的不同债权人就同一项目行使债权难免存在冲突。对于出租人而言，此种模式应当注意承包人主张建设工程价款优先受偿权时对设备所有权的影响，由于电站设备附着于工程中，虽然出租人的所有权属依然是独立的，但是对于土建工程优先受偿权的实现，将会威胁到电站设备价值，从而影响出租人利益。

（二）项目建成后的售后回租模式

此种模式的"融物"可能不仅仅是电站的部分设备款，由于电站建设竣工完成之后即可以进行所有权（动产、不动产）的登记。项目的所有权已明确，故业主可以将电站整体作为租赁物进行融资租赁交易，当然这需要以租赁公司同意为前提。[①] 该模式下租赁公司与业主签订《售后回租合同》，出租人支付新能源项目租赁物的购置款，然后按占有改定方式完成租赁物交付，业主作为承租人按期支付租金。交易模式如图3－8所示：

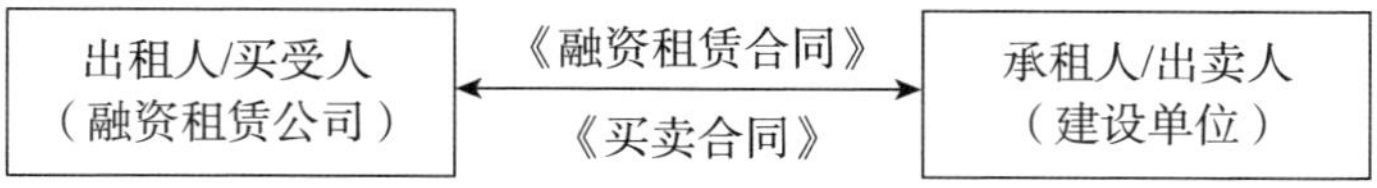

图3－8 售后回租模式

① 为避免租赁物融资租赁登记不便，以及实务中对于不动产融资租赁的一些争议，融资租赁公司不一定愿意将整个新能源项目作为租赁物进行交易，而是倾向于选择动产财产。

融资租赁公司办理此类业务，一般会注重对新能源项目投资总额、电站运行设计寿命、实际运营情况、上网电价等方面的审核，在测算经营收入后按一定比例折算作为融资租赁款。此种模式适合项目建设完成后的项目，可以为投产后的业主提供再次盘活资产的机会。由于行业打击倒卖路条政策的审查关键在于项目投产，①故项目建成并网后进行售后回租转移所有权并不违反相关政策规定。但由于回租模式对租赁物交付、租赁物价值、租赁物特定化的要求较高，故此模式操作的规范性对当事人提出了更高要求，业务办理过程中如果不注重交易形式、交易流转的固定，涉诉后可能被司法机关认定交易不构成融资租赁。

（三）其他模式

实务中有观点认为除上述模式之外，新能源发电融资租赁还包括另外两种“经营性”模式。② 第一种称为“经营性租赁模式”，指项目公司提供电站项目建设的合法批复文件，租赁公司提供全部建设资金，待电站建成投产后，租赁公司根据电站总投入比例取得对应股权，并在收取承租人缴纳的一定额度保证金后，将电站的经营权租给承租人。第二种称为“经营性售后回租”，指项目公司将已建成并已实现并网发电的全部资产转让给租赁公司，租赁公司将电站经营权租赁给承租人的模式。对此，笔者认为，所谓“经营性租赁模式”似乎并不存在租赁物所有权的转移，也不存在租赁物电站资产的买卖，并且经营性租赁本来就不包含融物之义，出租人始终拥有租赁物的所有权，因此，以该模式作为融资租赁交易模式的一种类型似乎值得商榷。而“经营性售后回租”实质是“售后回租模式”的简单变形，出租人获得电站所有权之后将“经营权”进行出租，与售后回租并无实质区别。故我们不再作此两种分类。

五、出租人取回权与建设工程价款优先受偿权冲突问题

根据《民法典》第807条③、最高人民法院《关于审理建设工程施工合同纠纷案

① 国家能源局《关于规范光伏电站投资开发秩序的通知》（国能新能〔2014〕477号）规定：“已办理备案手续的项目的投资主体在项目投产之前，未经备案机关同意，不得擅自将项目转让给其他投资主体。项目实施中，投资主体发生重大变化以及建设地点、建设内容等发生改变，应向项目备案机关提出申请，重新办理备案手续。”

② 参见《【微·太阳能】一张图看懂我国光伏发电融资租赁的四种运营模式》，载微信公众号“微能网”2015年4月13日，https://mp.weixin.qq.com/s?src=3&timestamp=1652793565&ver=1&signature=3-fjyd4guT3JClR0rTMJ4TzDz*CSckP4xBksYGfxtiHp0hgeTPR289INjx3i4xkT2jSHJgwpUx9OiSRK2z8aaniV8GiQ59B9ritxOGFiGQ7fpmZO9Cxe7HomF5SDHoul-03MRExCJp902vwdgIGIog==。

③ 发包人未按照约定支付价款的，承包人可以催告发包人在合理期限内支付价款。发包人逾期不支付的，除根据建设工程的性质不宜折价、拍卖外，承包人可以与发包人协议将该工程折价，也可以请求人民法院将该工程依法拍卖。建设工程的价款就该工程折价或者拍卖的价款优先受偿。

件适用法律问题的解释(一)》(法释〔2020〕25 号)第 36 条①的规定,建设工程价款优先受偿权是优先于抵押权和其他债权的“法定优先权”。在售后回租模式下,建设单位将拖欠工程款的新能源项目出售给租赁公司进行融资租赁,出租人取得项目所有权,这就会出现法定优先权与所有权冲突的问题。

对建设工程价款优先受偿权的性质,理论界存在法定抵押权的观点。② 且不论该观点是否为实务界所接受,笔者至少可以认为建设工程价款优先受偿权应当以“建设单位对项目享有所有权”为前提。因此,在融资租赁交易中,既然出租人已支付租赁物购买款(虽然租赁款一般都是项目评估价值折价后确定,购买款可能与项目价值存在差额)并取得项目的所有权,那么发包人的已经失去对项目工程的所有权而仅有经营使用的权利。从这个角度来看,出租人的所有权可以对抗承包人的优先受偿权。

但是融资租赁是具有担保功能的合同,出租人对租赁物享有的所有权并非旨在真正取得租赁物还是为了担保租赁债权实现。特别是在售后回租模式下,租赁物转让价款的价格是低于租赁物实际价值的,出租人的身份似乎应当更侧重于“债权人、担保权人”而非“所有权人”,如果简单按照“所有权人”理解和处理,可能会导致与建设工程价款优先受让权“保护承包人工程款、维护农民工权益”的本意不符。从这个角度来说,建设工程价款有限受偿权更值得保护。

【实战策略】

本案所涉融资租赁交易属于比较典型的新能源项目售后回租,原告起诉与被告答辩意见基本涵盖了融资租赁纠纷司法实践的大部分争议焦点。结合新能源项目自身的特点,对于融资租赁交易性质的主张或否认、所有权转移问题的查明与认定、租赁利率与金融借款合同综合利率上限的关系等问题均具有较强的探讨价值。通过案件办理及相关问题分析,值得总结经验,并通过实践提供建议。

一、涉诉后承租人宜围绕融资租赁及配套担保等全部业务,积极应诉以维护自身合法权利

如前文具体分析,交易过程中关于租赁物价值确定、租赁物所有权转移、租赁物特定化问题、手续费约定、增信措施办理、担保物权登记等任意一个环节都有可能存在争议。笔者在本案中代理承租人及担保人应诉,通过证据材料梳理还原案涉交易的法律事实之后,就交易中存在瑕疵、模糊、约定不明等情况,具体提出抗辩

---

① 承包人根据《民法典》第 807 条规定享有的建设工程价款优先受偿权优于抵押权和其他债权。

② 参见梁慧星:《合同法第二百八十六条的权利性质及其适用》,载《山西大学学报》2001 年第 3 期。

观点全面应诉。在当事人持“欠债还钱”的朴素、消极应诉态度下，积极从交易合同性质、手续费收取合理性、地下埋藏租赁物不具有特定化、租赁物价值与融资金额失衡、质权未经登记不成立等方面提出抗辩主张，从法律事实上充分应诉。案件办理过程中向出租人方面制造了极大的阻力和压力，有力促成案件最终以“免息展期”方式和解处理。专业法律问题的应诉抗辩特别注意应当做到依据充足，这既包括法律关系的论述，还包括类案裁判观点的归纳提炼。单纯地简单罗列常见抗辩观点，不一定会获得裁判者的采纳。

二、出租人应规范交易行为并全面主张债权，作为交易的优势方应避免自身权利的“主动丧失”

自《民法典》及配套司法解释颁布施行以来，中国人民银行同步对相关部门规章进行了更新。行业从业者除了关注业务政策变化之外，同样应当对相关融资租赁立法、司法变化保持一定的敏感。目前动产及应收账款质押新规已生效施行，正如最高人民法院在《对十三届全国人大四次会议第 9022 号建议的答复》中所述，目前我国已经建立起全国统一的动产和权利担保登记系统（包括中国人民银行征信中心融资租赁登记系统以及商务部融资租赁业务登记系统），融资租赁交易的登记具有统一的平台。建议出租人注重和完善交易时的租赁登记工作，以登记公示方式遏制承租人恶意处分租赁物的现象，从而规范交易市场，促进行业健康有序发展。

同时，这也是纠纷发生之后出租人向承租人、担保人主张权利的基础依据，疏于业务交易规范管理而导致权利行使受阻的实例并不鲜见。笔者就发现在《民法典担保制度解释》颁行之后，仍有部分租赁企业在起诉承租人时遗漏对租赁物享有受偿权的诉请主张，白白浪费了司法解释最新赋予的权利，殊为遗憾。此外，笔者还遇到一起由于出租人不积极、不完整办理融资租赁业务登记，从而导致相关担保权利主张未能全部获得司法支持的案件。

三、新能源项目办理融资租赁业务的特别关注问题

新能源项目办理融资租赁业务应特别关注如下问题：

第一，出租人应防范建设单位空手套白狼。在优惠政策的刺激下，[①]不少投机分子涌入新能源行业，这不但影响行业的健康发展，而且使许多投资人或出资方真金白银的投入打了水漂。因此，出租人必须重视对建设单位及其股东的资信审查，并妥善做好包括租赁物所有权登记、融资租赁交易登记、自物抵押登记、电费收费

---

① 无论是之前的一次性补贴、度电补贴，还是“双碳”目标下大型能源国企收购新能源项目的热潮涌动。

权质押及登记、收费账户监管、信用担保、股权质押及登记等增信措施的约定及办理。

第二,注意新能源项目融资租赁的"融物"实质。相较一般租赁交易,新能源项目资产不像交通工具或机器设备那样容易特定和明确,并且售后回租模式下电站资产所有权的转移采用的是"占有改定"方式,比较缺乏转移外观。因此,首先应当注意租赁物的特定化,项目建设阶段以设备作为租赁物交易的,须注意设备附着于土建工程之前名称、品牌、型号、数量的详细约定及查验;项目运行阶段的售后回租,应当注意以电站的"功能单位"(如风电站的某台风机或某条线路,光伏电站的某个阵列或某升压站)为限作为具体租赁物,同时将单元内的具体资产详尽描述。然后在此基础上注意所有权转移的协议、转移凭证、清单、发票等配套材料,固定所有权转移的事实。

经典案例 17

《民法典》实施后新能源项目保理合同纠纷疑难问题解析

——某商业保理公司与某光伏股份公司、
某新能源公司保理合同纠纷案

新能源项目中的设备厂商或 EPC 总承包方因延期收款而产生的大量应收账款,除了采用应收账款质押外,还可以通过将应收账款债权转让给保理商的方式获取销售收入,缓解流动资金不足的问题。与应收账款质押不同的是,国内保理是指借款企业将其应收债权转让给保理商,包括相应应收账款的账户管理、催收及信用风险控制等相关业务。通过保理业务,企业转移了应收债权的管理,获得了销售收入,降低了管理成本。由于法律的发展相较于保理业务的创新与发展具有一定的滞后性,《民法典》施行前,保理合同纠纷并无可援引的特别法律,保理纠纷中的一些典型问题各地司法实践也未形成统一认识。笔者从一起《民法典》实施前代理的案件入手,就其中涉及的一些疑难问题在《民法典》实施前后的不同评判进行解析。

【案情简介】

某光伏科技股份公司(以下简称光伏公司)是一家光伏组件制造商,2016 年 5 月光伏公司与某新能源投资公司(以下简称新能源公司)签订了《50MW 光伏组件买卖合同》,光伏公司已交付合同下的全部组件,但新能源公司仍有 6000 万元货款未支付,很大一部分货款按买卖合同的约定需要在光伏电站项目 2016 年 12 月 31 日并网发电后支付。《50MW 光伏组件买卖合同》约定的管辖是由新能源公司所在地法院管辖。2016 年 9 月,光伏公司与保理公司签订了《保理业务合同》,光伏公司将其对新能源公司的应收账款转让给保理公司,且明确约定了该次保理业务是有追索权保理,即发生某种违约情形时,保理公司可以要求光伏公司对转让的应收账款进行回购,回购范围包括保理融资余额、未获得支付的保理费、罚息、追索费用等。《保理业务合同》特别约定,在任何时候,保理公司是否行使一种追索权并不影响其对另一种追索权的行使。而且,保理公司有权要求光伏公司或新能源公司支付未付全部款项,光伏公司不得因保理公司行使追索权而免除自己的法律责任。《保理业务合同》约定的诉讼管辖地是合同签订地人民法院,即保理公司所在地。

《保理业务合同》签订后,保理公司向新能源公司发送了《债权转让通知书》,要求新能源公司后续直接向保理公司清偿债务。同时,为保障保理合同的顺利履行,新能源公司的两位自然人股东 A 和 B 分别将持有的新能源公司的全部股权质押给了保理公司并办理了质押登记,新能源公司投资建设的电站资产抵押给保理公司,新能源公司后续的电费收益权质押给保理公司。保理公司向新能源公司放款3600万元。

光伏项目于2016年12月31日并网发电,因新能源公司未能及时向保理公司付款,保理公司经多次催款无果后,向保理公司所在地人民法院起诉,请求新能源公司支付应付款项及违约金等,光伏公司在回购范围内履行回购义务,并对相应的质押、抵押等优先受偿。法院经审理支持了保理公司的诉讼请求。案件胜诉后光伏公司亦未主动清偿债务,且在2018年被其他债权人申请破产并进入破产清算程序。

【要点解析】

随着保理业务的逐渐规模化,涉及保理合同的纠纷也逐渐显现。由于保理合同的纠纷主要是由于债权人运用应收账款进行融资产生的纠纷,且一般涉及保理合同项下保理商与应收账款债权人之间、基础合同项下应收账款债权人和债务人之间的两份合同、三方当事人,故对于涉及保理合同纠纷的处理从案由、管辖、主体至实体权利义务的处理都有一个渐进的认知成熟过程,对其定位经历了从隶属借款合同纠纷或无名合同纠纷,到共识定位为无名合同纠纷,并逐渐显名化的过程。最高人民法院《关于印发修改后的〈民事案件案由规定〉的通知》(法〔2020〕347号)已将保理合同纠纷作为独立的案由。《民法典》已将保理合同作为独立的一章,共有9个条款。

一、保理业务分类

参照原中国银行业监督管理委员会公布的《商业银行保理业务管理暂行办法》(中国银行业监督管理委员会令2014年第5号)、银行保理业务规范及国际条约、国际惯例的相关规范,目前保理业务按不同条件区分为5种基础类型,涉及不同的权利义务关系。

第一种国际保理与国内保理。依基础交易当事人及基础交易行为是否跨境分类,保理可分为国内保理和国际保理。国内保理(domestic factoring)指债权人和债务人均在境内的保理。国际保理(international factoring)指债权人和债务人中至少有一方在境外(包括保税区、自贸区、境内关外等)的保理,分为进口保理和出口保理。

第二种公开型保理和隐蔽型保理。按照是否将应收账款转让的事实通知债务人,可分为公开型保理和隐蔽型保理。公开型保理应将应收账款转让的事实通知债务人,隐蔽型保理中应收账款转让的事实暂不通知债务人,但保理商保留一定条件下通知的权利。

第三种商业保理和银行保理。依保理商数量不同,保理分为单保理与双保理。

单保理(single-factor)指由一家保理商单独为债权人、债务人双方或一方提供服务的保理。双保理(two-factor)指由两家保理商分别向债权人、债务人双方或一方提供服务的保理。再保理业务是指受让其他保理商的再转让应收账款的保理业务。

第四种有追索权保理和无追索权保理。依保理商是否承担债务人的信用风险分类,保理可分为有追索权保理(回购保理)和无追索权保理(买断保理)。有追索权保理又称非买断保理、回购保理,指保理商不承担为债权人提供信用风险但保义务的保理。无论应收账款因何种原因不能收回,保理商都有权向债权人索回已付融资款项并拒付尚未收回的款项。无追索权保理又称买断保理,指保理商承担债务人付款风险的保理。如债务人发生信用风险,保理商不能向债权人追索已发放的融资款,并应履行全部付款义务。

第五种依保理商是否预先付款,保理分为预付保理与到期保理。预付保理指保理商在受让债权人转让的应收账款时,支付一定比例的预付融资,剩余款项于按期从债务人处收回后支付,或者由于债务人发生信用风险,保理商在一定期限内向债权人支付余款的保理。到期保理又称定期保理,指保理商在受让债权人转让的应收账款时,不向债权人提供融资,而是在按期收到债务人付款后,向债权人支付账款,或者由于债务人发生信用风险,保理商在一定期限内做出担保付款的保理,即无融资功能的无追索权保理。

本案中,保理公司与光伏公司之间属于公开型的具有追索权的预付保理业务关系。

二、未来应收账款能否操作保理

未来应收账款能否操作保理,《民法典》实施前争议较大。《商业银行保理业务管理暂行办法》(中国银监会令 2014 年第 5 号)规定未来应收账款是指依据合同项下卖方的义务未履行完毕的预期应收账款。这里的"未来应收账款"与"现有应收账款"的区别在于该合同项下的卖方义务尚未履行完毕,致使买方的付款条件并未完全成就,如货物或服务尚未完全交付及验收,基于基础交易合同、交易安排下应收账款的债权债务双方、债权金额、付款时间均是相对确定的,但应收账款的收回仍依赖于卖方的义务履行。《民法典》第 761 条规定:"保理合同是应收账款债权人将现有的或者将有的应收账款转让给保理人,保理人提供资金融通、应收账款管理或者催收、应收账款债务人付款担保等服务的合同。"尽管我们暂无法判断《民法典》中的"将有应收账款"与《商业银行保理业务管理暂行办法》中的"未来应收账款"内涵是否一致,但可以肯定的是未来应收款可以操作保理。

至于可以操作保理的未来应收账款应具备何种资格,笔者认为,可转让性是其基础和前提,首先应不存在《民法典》第 545 条第 1 款不得转让的三种情形。除此之外，未来应收账款应具有“合理可期待性”及“确定性”。在上海市第一中级人民法院(2015)沪一中民六(商)终字第640号案件中，法院认为，“并非所有民事主体之期待均受法律保护，期待如缺乏合理性的，则民事主体不能因此种期待而生相应期待利益，其行为效力不应被法律所承认。故特定将来债权是否具备期待利益，其转让行为是否受法律保护，应以该特定将来债权是否具有足够合理可期待性为判断依据”。基于此，法院认定佳兴农业公司转让至卡得万利保理公司的POS机上形成的所有应收账款及其收款权利系双方基于佳兴农业公司此前经营状况“并以此为基础推算出可转让将来债权金额”“仅就所涉将来债权作了期间上的界定，对于交易对手、交易标的及所生债权性质等债之要素均未提及，亦无其他可对该将来债权予以确定的约定”，最终认定该案件所涉将来债权并不能产生合理期待，亦不具备将诉争将来债权转让他人之基础。

就新能源项目而言，光伏、风电项目的发电收益权也是一种未来应收账款，其本身符合“可转让性”、“合理可期待性”及“确定性”，可以用于操作保理。

三、保理合同纠纷的诉讼管辖

司法实践中，因保理商起诉对象不同则诉讼管辖也有不同。若保理商单独起诉债务人，通常按照基础合同确定管辖法院，主要是由于保理合同是以基础合同债权转让为前提，债权转让后基础合同中的管辖约定对债务人仍有效，这在审判实务中已经取得一致意见。因此，笔者认为，基础合同有约定的，按照其约定确定管辖。同时，若应收账款转让通知中对管辖作出了变更，而债务人予以确认的，则按变更后的约定确定管辖。如基础合同中无管辖约定或者约定不明的，依照《民事诉讼法》的相关规定确定管辖。

若保理商若单独起诉债权人，具体权利义务内容往往在保理合同中有明确的合意，应根据保理合同确定管辖权，保理合同有约定且不违反法律规定的，从其约定；保理合同没有约定的，依照《民事诉讼法》的相关规定确定管辖。

若保理商同时起诉债权人和债务人，如何确定管辖是实务中的疑难点。一种观点认为应按债权转让的规定处理，《民诉法解释》第33条规定，“合同转让的，合同的管辖协议对合同受让人有效，但转让时受让人不知道有管辖协议，或者转让协议另有约定且原合同相对人同意的除外”。故涉保理合同纠纷中，债权转让后依然应当受到基础合同的管辖的约束，按照基础合同处理管辖问题。天津市高级人民法院在《关于审理保理合同纠纷案件若干问题的审判委员会纪要(一)》(津高法〔2014〕251号)中即持此种观点。另一种观点认为应依保理合同的条款确定管辖，保理合同并非简单的债权转让，其实质是一种融资，各方当事人的权利义务均基于该《保理合同》及其附属协议，应收账款转让系保理合同的组成部分，各方当事人均应受保理合同约定的管辖约束。深圳前海合作区人民法院《关于审理前海自贸区保理合同纠纷案件的裁判指引》即持此种观点。

《民法典担保制度解释》第66条第2款规定："在有追索权的保理中，保理人以应收账款债权人或者应收账款债务人为被告提起诉讼，人民法院应予受理；保理人一并起诉应收账款债权人和应收账款债务人的，人民法院可以受理。"该条也仅仅规定了保理商可以一并起诉债权人和债务人，但对管辖问题并未有进一步的规定。笔者认为，有追索权的保理合同是一种非典型担保的融资合同，保理商同时起诉债权人和债务人时，保理合同是案件纠纷的主要起因，以保理合同作为管辖确定依据符合以主要法律关系确定管辖的要求。同时，考虑到保理合同项下可能涉及多笔应收账款，以保理合同作为确定管辖的依据，也符合诉讼经济原则。

四、债权虚构对保理合同效力及性质的影响

《民法典》第763条规定，"应收账款债权人与债务人虚构应收账款作为转让标的，与保理人订立保理合同的，应收账款债务人不得以应收账款不存在为由对抗保理人，但是保理人明知虚构的除外"。从该条的理解来看，一般情况下应收账款债务人是不得以不存在应收账款作为抗辩，除非保理人明知虚构，也就是存在应收账款债权人与债务人具有通谋虚伪行为时，需要对保理合同效力进行重新的评判。

通谋虚伪行为的要件包括4个：(1)须有意思表示；(2)须表示与内心目的不一；(3)须有虚伪故意；(4)须行为人与相对人通谋实施。北京市第二中级人民法院课题组在《保理合同纠纷疑难问题研究》一文中指出："在考察保理商和应收账款债权人是否存在虚伪故意时，不应仅限制在保理商明示的故意，只要其在订立合同的过程中，其未尽到适当的审核义务，放任债权人以虚假应收账款申请保理融资的，都可以认定为构成虚伪意思表示。对于这一事实的认定，法院应当审查在开展业务的过程中，保理商是否尽到了适当的审核义务，比如是否要求应收账款债权人提交了与基础合同相关的文件材料，相关应收账款是否符合常理；是否曾经对应收账款债务人进行了相应的尽职调查。如果在保理业务开展过程中，保理商全程未开展相关的审核义务，则可以认定双方存在相互串通的事实。对于这样的保理，将合同按照双方当事人隐藏的真实法律关系进行处理。"

笔者认为，对于保理人明知虚构应收账款的事实，本质上是保理人对应收账款的"适当性审查"或"审慎性审查"的边界问题，但司法实践中对此却没有一个统一的标准。

《商业银行保理业务管理暂行办法》第14条规定："商业银行受理保理融资业务时，应当严格审核卖方和/或买方的资信、经营及财务状况，分析拟做保理融资的应收账款情况，包括是否出质、转让以及账龄结构等，合理判断买方的付款意愿、付款能力以及卖方的回购能力,审查买卖合同等资料的真实性与合法性。对因提供服务、承接工程或其他非销售商品原因所产生的应收账款,或买卖双方为关联企业的应收账款,应当从严审查交易背景真实性和定价的合理性。”第15条规定:“商业银行应当对客户和交易等相关情况进行有效的尽职调查,重点对交易对手、交易商品及贸易习惯等内容进行审核,并通过审核单据原件或银行认可的电子贸易信息等方式,确认相关交易行为真实合理存在,避免客户通过虚开发票或伪造贸易合同、物流、回款等手段恶意骗取融。”

结合银行保理业务审查标准,我们认为商业保理人一般应就下列内容进行“审慎性审查”。

(一)主体审查

审查基础交易合同的债权人和债务人的主体资格、资信状况及经营情况等是审核保理项目必不可少的审查内容。目前查询主体资格的工具较多,如国家企业信用信息公示系统、天眼查、企查查等。主体审查重点在于核实合同当事人是否有从事业务经营的相关资质或许可,审查企业注册资本缴纳情况,是否列入经营异常名录,审查股权结构以判断债权人和债务人是否存在关联关系,防范虚构基础交易合同。

(二)基础交易合同审查

基础交易合同的审查主要关注基础交易合同形式真实性,是否已实际履行(供货单、出库单、收货单、入库单、验收证明等),应收账款的数额(结合双方的对账单、供货单、收货单、开具的增值税发票等),付款条件,基础交易合同是否对债权转让有限制性条款等。

在湖北航天医院与北京腾飞高科医学技术有限公司等其他合同纠纷案①中,上诉人湖北航天医院在诉讼中主张被上诉人平安租赁公司在签订保理合同时未审慎核实基础合同事实,案涉保理合同无效。上海金融法院认为,法律规定中未苛责保理人对应收账款基础交易进行全面核验的责任。结合平安租赁公司核验了与基础交易相关的一系列文件(包括仁馥医疗与上游的采购合同、付款凭证,与下游湖北航天医院的招投标的中标通知书、销售合同、首付款、凭证、设备安装验收证明,以及湖北航天医院向被上诉人出具的承诺函、确认函等),并对基础交易合同履约的场所进行了现场查验等事实,表明平安租赁公司已尽到了审慎审查义务,案涉保理合同有效。该案中法院对保理人审慎审查义务的范围认定,对保理人审查基础合同有借鉴意义。

---

① 参见上海金融法院(2021)沪74民终1330号民事判决书。

（三）其他增信合同或协议的审查

其他增信合同或协议主要审查担保合同约定是否合法有效、担保范围是否能覆盖主合同的债权范围、保证期间是否约定明确、是否已经办理相应的抵押或质押登记。这里尤其注意对越权担保的审查义务要结合《民法典》以及《九民纪要》中对外担保的规定和要求。

五、有追索权保理下关于回购义务的理解

《民法典》第766条规定："当事人约定有追索权保理的，保理人可以向应收账款债权人主张返还保理融资款本息或者回购应收账款债权，也可以向应收账款债务人主张应收账款债权。保理人向应收账款债务人主张应收账款债权，在扣除保理融资款本息和相关费用后有剩余的，剩余部分应当返还给应收账款债权人。"

"回购"本身并不是一个法律概念，有学者认为回购是在债务人履行不能时债权人的付款责任，是一种补充赔偿责任；也有学者认为回购是保理商对债权人的一种权利，并不以债务人履行不能为条件，是一种并列的给付责任。

笔者认为，对于回购的理解首先应当遵照意思自治原则，应当按照当事人合同约定进行理解。如果当事人在合同中对回购的定义有明确约定的，法院应当尊重当事人的约定，按照约定确定各方当事人的权利义务。如本案的《保理业务合同》中对回购义务就进行了具体明确的约定，保理公司可以要求光伏公司对转让的应收账款进行回购，回购范围包括保理融资余额、未获得支付的保理费、罚息、追索费用等。《保理业务合同》特别约定，在任何时候，保理公司是否行使一种追索权并不影响其对另一种追索权的行使。而且，保理公司有权要求光伏公司或新能源公司支付未付全部款项，光伏公司不得因保理公司行使追索权而免除自己的法律责任。从上述约定来看，光伏公司与新能源公司之间对保理公司是连带给付责任。最终法院在判决中也是认可了这种观点。

若保理合同对回购没有明确约定时，应从保理业务的内涵出发。《民法典担保制度解释》第1条规定"因抵押、质押、留置、保证等担保发生的纠纷，适用本解释。所有权保留买卖、融资租赁、保理等涉及担保功能发生的纠纷，适用本解释的有关规定"。该条实质上是将保理涉及担保的功能定性为非典型担保，应收账款债权人的回购相当于为债务人的债务清偿能力提供了担保，这一担保的功能与放弃先诉抗辩权的一般保证相当，参照一般保证的规定，债务人应当就其所负债务承担第一顺位的清偿责任，对其不能清偿的部分，由债权人承担补充赔偿责任，这也与保理合同是以应收账款为第一还款来源的内涵一脉相承。另外，若应收账款虚构，结合《民法典》第763条对于虚构应收账款情形下债务人责任承担的规定，应收账款债权人也不得以应收账款不存在为由对抗保理商的回购请求。

六、债权人破产，保理商受让的应收账款是否属于破产财产

在无追索权的保理业务中，因应收账款的转让为让与买断，也就不存在债权人破产情形时，保理商受让的应收账款属于破产财产的可能。

而有追索权的保理中，保理商对于有追索保理项下受让的应收账款是否属于破产财产有一定的担忧。最高人民法院《关于适用〈中华人民共和国企业破产法〉若干问题的规定（二）》第3条第1款规定："债务人已依法设定担保物权的特定财产，人民法院应当认定为债务人财产。"《民法典》第388条第1款规定："设立担保物权，应当依照本法和其他法律的规定订立担保合同。担保合同包括抵押合同、质押合同和其他具有担保功能的合同。担保合同是主债权债务合同的从合同。主债权债务合同无效的，担保合同无效，但是法律另有规定的除外。"另外，《民法典担保制度解释》第1条规定："所有权保留买卖、融资租赁、保理等涉及担保功能发生的纠纷，适用本解释的有关规定。"

从以上条文推出，有追索权的保理合同是一种功能性担保合同，一旦应收账款债权人破产，被认定为是破产财产的担忧不无道理。此时应收账款债务人对保理人的清偿行为是否可撤销，甚至是无效个别清偿，是影响保理人权利实现的一个重要问题。首先，从债权转让角度看，保理人要求债务人清偿是保理的应有之义。其次，就已有司法实践来看，即使债权人进入破产程序，相关法院也会支持保理人向债务人要求清偿应收账款的主张。例如，在珠海华润银行股份有限公司（以下简称珠海华润银行）与江西省电力燃料有限公司（以下简称江西燃料公司）合同纠纷案①中，最高人民法院就认为："因本案判决的执行涉及广东省珠海市中级人民法院就（2015）珠中法民二初字第21号判决的执行，以及广东省广州市中级人民法院受理的广州大优公司的破产清算程序，在执行本案判决的时候应当注意，广州大优公司、珠水能源集团有限公司、李某、李某洁等保证人或江西燃料公司任何一方对债务的清偿或部分清偿，都应相应免除另一方的清偿义务，以避免珠海华润银行就同一债权双重受偿。二审判决关于在有追索权保理业务中，保理银行对应收账款转让方享有追索权，其有权依据保理合同约定选择向应收账款债权人或债务人主张权利，应收账款债权人或债务人一方对保理银行履行义务，则另一方免除相应的清偿责任的认定正确，本院予以确认。"从该判决可以看出，最高人民法院在查清应收账款债权人已进入破产清算程序的情况下，并未就保理商受让的应收账款是否是破产财产进行认定，而是支持债务人向保理商清偿，并特别提及在执行程序中要避免保理商双重受偿。其次，具有功能性担保的有追索权的保理合同设立的担保权

---

① 参见最高人民法院（2017）最高法民再164号民事判决书。

利与担保物权有本质区别,保理业务中债务人的还款义务是保理商的第一还款来源,应收账款无法清偿时,应收账款债权人承担责任是债权人为应收账款清偿提供的担保,而不是应收账款为债权人提供担保,其中逻辑与担保物权完全不同。

回归到本案执行中,尽管光伏公司已进入破产程序,但新能源公司作为债务人直接向保理公司清偿债务并不会被视为无效个别清偿,破产管理也无撤销权。

【实务建议】

一、保持管辖的一致性

《民法典》已明确规定保理人可以一并起诉应收账款债权人和债务人,但审判实务中对同时起诉时的管辖问题仍未统一,因此,保理人在签订保理合同时应尽量保持与基础合同管辖的一致,或者在向债务人发送《债权人转让通知书》时变更管辖并取得债务人同意的回复。

二、保理人对基础合同应尽审慎审查义务

鉴于《民法典》第 763 条的但书条款,对债权虚构事实的审查,保理人应引起足够的认识。保理人应加强对基础合同的审查,若通过对相关文件的核查,发现存在逻辑不通、事实矛盾的情形,保理人应进一步通过其他材料或者途径对基础交易真实性进行深入核查。

三、保理合同对回购的约定要具体明确

应收账款债权人的回购义务首先应以保理合同的约定为准,保理人应尽量在保理合同中对此加以明确,建议参照本案保理合同中关于回购义务的约定,确保应收账款债权人的回购非补充赔偿责任。

第四篇　新能源项目侵权类纠纷

实战案例 18

新能源项目侵权纠纷中发包人与承包人的损害赔偿责任辨析

——攀枝花某矿业公司与攀枝花某光伏发电公司、上海某工程咨询公司财产损害赔偿纠纷案①

林光互补类的新能源光伏项目一般都建设在地势较高的区域，项目建设与周边其他工厂可能形成相邻关系，施工过程中若未做好防护工作或乱堆乱放光伏建筑垃圾，一旦发生暴雨等自然灾害，极易导致土壤松动并携带雨水冲刷光伏区垃圾向下游冲击。此时，损失的因果关系是法院关注的要点，而对于建设单位而言，已将项目整体以 EPC 模式发包给了承包人，是不是仍需要承担责任，在何种条件下承担责任都是实务焦点问题。笔者以亲身代理的一起财产损害赔偿纠纷案件展开分析。

【案情简介】

攀枝花某 50MW 光伏发电项目工程由攀枝花某光伏发电公司（以下简称光伏发电公司）经公开招标后由上海某工程咨询公司（以下简称咨询公司）中标。咨询公司中标后于 2015 年 7 月 29 日与光伏发电公司签订了《攀枝花光伏发电项目（一期）50MW 工程 EPC 总承包合同》（以下简称《EPC 总承包合同》），约定由咨询公司以 EPC 模式承包光伏发电项目 50MW 工程，工程总承包范围包括但不限于 50MWp 工程总承包（含 110kV 升压站）的勘测设计、设备采购供货、土建及安装施工含施工用水、施工用电辅助工程）、本工程内所有设备和系统的供货（除甲供设备）安装等全部工作。

攀枝花某矿业公司（以下简称矿业公司）系涉案光伏项目下游生产石灰石的主

① 四川省攀枝花市西区人民法院（2017）川 0403 民初 1656 号民事裁定书，浙江阳光时代律师事务所代理，案情略有删减。

体,2016 年 9 月项目所在地下暴雨导致就近排洪山沟内形成大量泥石流,冲向矿业公司的矿区,将矿区厂房、基础设施、设备、道路、场坪冲毁,并将其堆放的矿产品以及备品、备件全部冲走。矿业公司认为是光伏项目工程建设中将大量建筑垃圾、包括石块、泥土、砍下的树枝、树木等倾倒在排洪沟内,导致水流不畅,系光伏发电公司施工人为因素导致的损失,故向人民法院起诉要求赔偿损失 900 余万元,并提交了其单方委托第三方机构出具的《地质灾害调查报告》。光伏发电公司收到应诉通知书后向人民法院追加某工程咨询公司为被告。笔者受光伏发电公司委托参加庭审,首先对《地质灾害调查报告》的证明力提出了质疑,后从侵权责任构成要件出发全面提出抗辩要点,经过第一次庭审,矿业公司申请重新鉴定,法院委托的鉴定机构派人对现场进行了踏勘,矿业公司最终放弃继续鉴定并申请撤诉。

【要点解析】

一、涉案《地质灾害调查报告》的证据效力

(一)单方委托的鉴定报告的证据资格认定

鉴定意见,是指鉴定人运用自己的专业知识对案件中的有关专门性问题进行鉴别、分析所作出的结论。单方鉴定是指民事诉讼中的一方当事人,在未取得另外一方的同意或者知晓情况下,单方委托鉴定机构进行的鉴定。以往司法机关委托鉴定机构鉴定所得的结论都习惯性地叫作“鉴定结论”,2005 年全国人民代表大会常务委员会《关于司法鉴定管理问题的决定》施行后,“鉴定意见”便取代了“鉴定结论”。2012 年《民事诉讼法》修正时,将证据形式中长期沿用的“鉴定结论”改为“鉴定意见”。这样似乎更有利于摆正这类证据在诉讼中的位置。

根据《民事诉讼法》第 66 条第 1 款规定了法定证据形式,证据包括:(1)当事人的陈述;(2)书证;(3)物证;(4)视听资料;(5)电子数据;(6)证人证言;(7)鉴定意见;(8)勘验笔录。最高人民法院《关于民事诉讼证据的若干规定》(法释〔2019〕19 号,以下简称《证据规定》)第 41 条规定:“对于一方当事人就专门性问题自行委托有关机构或者人员出具的意见,另一方当事人有证据或者理由足以反驳并申请鉴定的,人民法院应予准许。”

可见,司法解释认可单方鉴定的证据资格,同时赋予另一方反驳的权利。

(二)单方委托的鉴定报告的证据性质认定

诚然,笔者对单方鉴定意见的证据资格持肯定态度,但实务中对单方委托的鉴定报告具体属于何种证据形式,存在较大争议。

首先,单方鉴定不属于法律意义上的鉴定意见。依据《证据规定》,法律意义上的鉴定意见一般须满足 6 个条件:(1)是案件查明事实的专门性问题;(2)各方当事人协商或者法院指定鉴定机构;(3)鉴定人(鉴定机构)具备资质;(4)接受鉴定的检材应当经过质证;(5)鉴定人应当提出书面鉴定意见,在鉴定书上签名或者盖章;(6)当事人对鉴定意见有异议或者人民法院认为鉴定人有必要出庭的,鉴定人应当出庭作证。而单方委托鉴定接受鉴定的检材没有经过质证,鉴定人多数是在委托方提供的材料基础上进行,容易出现被委托人误导的问题;拟鉴定事项所涉鉴定技术和方法往往由单独委托的一方与鉴定机构进行沟通协商,是否具有科学可靠性没有经过审查,给出的鉴定意见容易出现不是针对专门性问题的意见。因此,单方鉴定本质上绝非是法律意义上的鉴定意见。

其次,单方鉴定通常被认定为书证。书证从证据的形成以及制作主体区分,大致可以分为两类:一类是公文书,另一类是私文书。公文书由国家机关或具有一定社会管理职能的相关组织在法定职权范围内制作的文书。除此之外,其他的书证都属于私文书的范畴。实务中笔者发现在很多案件审判阶段的质证程序中,大多数均把单方鉴定作为一种书证进行质证,包括一些实务文章中也多数认为单方鉴定是一种书证的证据形式,其法律依据是《民诉法解释》第 115 条:"单位向人民法院提出的证明材料,应当由单位负责人及制作证明材料的人员签名或者盖章,并加盖单位印章。人民法院就单位出具的证明材料,可以向单位及制作证明材料的人员进行调查核实。必要时,可以要求制作证明材料的人员出庭作证。单位及制作证明材料的人员拒绝人民法院调查核实,或者制作证明材料的人员无正当理由拒绝出庭作证的,该证明材料不得作为认定案件事实的根据。"

笔者更倾向于认为单方鉴定是属于当事人陈述。《民诉法解释》第 122 条第 2 款规定,具有专门知识的人在法庭上就专业问题提出的意见,视为当事人陈述。单方鉴定即是具有专门知识的鉴定机构人员就专业问题提出的意见并以书面形式供当事人提供法院予以参考,更接近于当事人陈述。

在上诉人深圳市海鹏信电子股份有限公司与被上诉人四川中光防雷科技股份有限公司(以下简称中光公司)、原审被告成都加恩科技有限公司侵害发明专利权纠纷一案①中,最高人民法院认定:"民事诉讼法第七十六条第一款规定,当事人可以就查明事实的专门性问题向人民法院申请鉴定。当事人申请鉴定的,由双方当事人协商确定具备资格的鉴定人;协商不成的,由人民法院指定。本案中,中光公司提交的《司法鉴定意见书》未经上述程序,不属于法律意义上的鉴定意见。本案《司法鉴定意见书》是当事人单方委托有关机构出具的意见,可以视为当事人陈述。认定被诉侵权产品是否落入涉案专利权的保护范围属于司法判断权,当事人陈述是合议庭认定技术事实的参考意见之一。当事人充分的、含有专家辅助人专门知

① 参见最高人民法院(2020)最高法知民终 329 号民事判决书。

识的意见陈述有助于合议庭全面查清技术事实,合议庭应当综合在案证据对技术事实进行独立的判断和认定。原审法院关于该项问题适用法律有误,本院予以纠正。”

(三)单方鉴定的证明力解析

笔者讨论单方鉴定的证明力问题需讨论其前提条件,即单方鉴定的鉴定机构和鉴定人员具备相应资质、鉴定程序应合规正当、鉴定意见中有关待证事实的论述不存在背离常理、逻辑失当或相互矛盾的情况。

首先,我国对鉴定机构和鉴定人员设定了准入制,通常应当具备《司法鉴定许可证》和《司法鉴定人员执业证》。

其次,鉴定程序应合规正当,鉴定人员不存在回避情形,单方委托人也应履行必要的通知义务,保证另一方当事人的参与权。

最后,鉴定意见应公正客观。鉴定意见所依据的检材或基础材料的来源应合法,鉴定所依据的技术标准、规范和方法应当是公开的且在行业内得到广泛认可的,另外鉴定意见的结论应逻辑清晰,不存在与其他证据相互矛盾的情形。

在具备上述前提条件下,单方鉴定是具备证明效力的。最高人民法院在东港市盐场、赵某夫合同纠纷案①中认为:“《最高人民法院关于民事诉讼证据的若干规定》第二十八条规定,一方当事人自行委托有关部门作出的鉴定结论,另一方当事人有证据足以反驳并申请重新鉴定的,人民法院应予准许。根据该规定,当事人单方委托有关部门所作鉴定意见,在对方当事人没有反驳证据且无新的鉴定意见予以推翻的情况下,应当作为认定案件事实的依据。本案争议发生后,赵某夫在告知东港市盐场鉴定时间并通知东港市盐场到达鉴定现场的情况下,委托营口宏信海洋水产资源资产评估有限公司进行海蜇损失鉴定,鉴定过程由公证人员陪同,程序合法。该鉴定机构具有海蜇损失价格的鉴定资质,虽存在跨地域执业行为,但不足以否定其所作评估报告的真实性。东港市盐场没有提交充分证据对该评估报告予以反驳,其申请重新鉴定也因已无鉴定基础而不具有现实可能性。在此情况下,原审判决对涉案海蜇损失评估报告予以采信符合本案情况。东港市盐场申请再审称当事人无权单方委托鉴定以及涉案海蜇损失鉴定报告程序违法不应采信的主张于法无据,不能成立。”

本案中,笔者对矿业公司单方委托的《地质灾害调查报告》提出了诸多反驳意见,最终人民法院未直接采纳矿业公司单位委托的调查报告。

首先,《地质灾害防治条例》第35条规定:“因工程建设等人为活动引发的地质

---

① 参见最高人民法院(2017)最高法民申2672号民事裁定书。

灾害,由责任单位承担治理责任。责任单位由地质灾害发生地的县级以上人民政府国土资源主管部门负责组织专家对地质灾害的成因进行分析论证后认定。对地质灾害的治理责任认定结果有异议的,可以依法申请行政复议或者提起行政诉讼。”本案中,矿业公司向光伏发电公司及咨询公司提出诉讼请求的主要理由是因攀枝花光伏发电项目(一期)50MWp 工程施工过程中的垃圾被丢弃于就近的排泄山沟内,在大雨情况下形成大量泥石流冲向下部矿业公司矿区内,导致矿业公司财产受损。而矿业公司提出的支持其诉讼主张的主要证据是《攀枝花矿业公司有限责任公司石灰石矿水毁地质灾害详细调查报告》(以下简称《地质灾害调查报告》),该报告将事件定性为“地质灾害”,并认为“2016 年 9 月 28 日发生的攀枝花矿业公司有限责任公司石灰石水毁地质灾害系小型暴雨沟谷型泥石流……本次灾害诱因为集中连续多天强暴雨,主要原因为上游人类工程活动频繁,导致沟床堵塞严重造成”。然而,根据《地质灾害防治条例》第 35 条的规定,地质灾害的责任人应由地质灾害发生地的县级以上人民政府国土资源主管部门负责组织专家对地质灾害的成因进行分析论证后认定。矿业公司在本案提交的《地质灾害调查报告》,系其单方委托非法定认定单位四川某地质工程勘测院,按照非法定程序制作的,因此该《地质灾害调查报告》的制作主体、程序均不符合规定,不具有证据效力。

其次,四川某地质工程勘测院制作的《地质灾害调查报告》无论在形式上还是内容上都存在众多瑕疵。其一,《地质灾害调查报告》的编写主要依据的是专业技术人员对现场情况的调查,但整个报告并未披露哪些技术人员参与了现场调查,报告编写人员是不是就是现场调查人员都不得而知,若报告编写人与现场调查人员不一致,那么该报告的真实性和客观性就无从谈起;其二,报告编写人员的签字从笔迹上看,明显感觉系一人所签;其三,报告中引用的现场照片无法确认就是矿业公司遭受损害的现场事后照片,并有部分照片明显不是事发时段当地的照片,而且照片与所对应的文字描述明显不符;其四,据调查单位提供的剖面图和照片显示,建设光伏发电设施的废弃物只出现在 ZP77 点的上游,而未出现在下游和场区,说明场区泄水涵洞的堵塞与光伏场地建设的丢弃物无关。

最后,矿业公司主张的损失包括恢复工程款、产品损失、生产线损失、维修设施设备损失以及恢复生产损失等,这其中既有直接损失又有间接损失(预期可得利益损失),但无论哪种损失目前均是矿业公司单方的口径,其并没有提供证据证明损失存在。

综合上述抗辩,法院综合认定涉案《地质灾害调查报告》不能作为定案依据,并释明矿业公司应重新申请鉴定。

二、侵权行为与损害结果之间因果关系的认定

侵权的因果关系是指违法行为和损害事实之间的因果关系,即若不存在这种违法行为，损害就不会发生，则该行为是损害结果发生的原因；反之，即使不存在该行为，损害也会发生，则该行为就不是损害发生的原因。

侵权责任法因果关系认定的目的是判断造成损害的后果是否是被告所为，该行为不论是作为还是不作为，都属于法官需要考量的范围。在对因果关系进行认定时，我们不仅要根据原告所举的证据判断是否成立因果关系，还要全面分析原告提供的证据是否必然导致损害结果的发生。如认定被告的行为与原告所受损害存在事实因果关系，则认定二者之间因果关系成立；如客观事实上被告的行为并非原告所受损失的原因，则二者之间不存在因果关系，侵权责任的认定到此为止，除非法律另有特殊规定。因法官业务能力的局限性，在认定事实因果关系的基础上，应当最大限度地排除主观性的法律政策因素，将认定的这一过程交由一般人的通常观念或交由专业领域内的专家证明，法官只要对原告主张导致损害事实发生的被告人行为进行符合证据规则的判断即可。①

本案中，笔者认为矿业公司的损失与光伏发电公司和工程咨询公司不存在直接的因果关系。《地质灾害调查报告》描述是暴雨携带大量的粗砂、粒石、建筑垃圾堵塞了矿区排水涵洞，但经对矿业公司《水土保持报告》的核查，水保报告已提到矿业公司当时的排水措施不足且绿化不足，并提出了应当建设的是排水沟渠并栽种相关植被。从《地质灾害调查报告》中可以看出，矿业公司未严格按照水保报告的要求建设，擅自将矿区排水沟渠变为了排水涵洞，导致遇集中强暴雨天气时，采矿场的废弃物直接堆积在沟谷右侧，并堵塞泄水涵洞堵塞，加之由石灰岩采矿场自己的采矿废弃物饱水滑塌和冲沟内的急流冲刷废弃物坡脚造成失稳形成小型泥石流，并冲入矿区。可见，即便暴雨将光伏区的建筑垃圾冲刷至矿区，根据现场留存的光伏区垃圾种类及体积等，若矿区按《水土保持报告》的要求设计了排水涵洞而不是自行变更为排水沟渠的话，并不会有任何影响，也就是矿业公司的过错才是导致其遭受损失的根本原因。

三、侵害违章建筑是否可作为免责抗辩事由

本案中，矿业公司单方申报的各项损失中有一部分是建筑物、构筑物损失，而这些建筑物并未经规划许可，均属于违章建筑，矿业公司对违章建筑享有的权益具有非法性，那么在其遭受侵害时，能否主张赔偿？如果赔偿，与合法权益的损失赔偿范围又有何不同？侵权人能否以此提出免责抗辩？下面来一一进行分析。

（一）违章建筑受侵害人的诉权

目前，我国法律对于违章建筑的法律性质规定尚未明确，所以法院处理违章建

① 参见孔繁灵：《侵权行为因果关系分析与认定》，载中国法院网2014年8月16日，https://www.chinacourt.org/article/detail/2014/08/id/1358979.shtml。

筑侵害案结果迥异。有的法院认为,违章建筑人没有起诉权,对案件不予受理;有的法院认为,违章建筑人因主张的为非法权益,因此没有胜诉权;有的法院认为,无论被损害标的是否属违章建筑,法院均应受理,但侵权人是否承担责任,如何承担责任却处理不一。

笔者认为,违章建筑的损害也属于法律调整范围,违章建筑人享有就违章建筑被私力侵害提起民事诉讼的权利。

首先,违章建筑人起诉符合2017年《民事诉讼法》第119条关于起诉和受理的条件。

其次,基于物权理论,占有是主体对于物基于占有的意思进行控制的事实,占有首先是对物的一种事实上的控制。占有可以是基于所有权的占有,也可以是无本权的占有。《民法典》第462条第1款规定:"占有的不动产或者动产被侵占的,占有人有权请求返还原物;对妨害占有的行为,占有人有权请求停止侵害、排除妨碍或者消除危险;因侵占或者妨害造成损害的,占有人有权请求损害赔偿。"违章建筑人对违章建筑不享有所有权,但由于其实际的控制、支配,也形成了一种事实占有状态。

最后,法律不保护非法权益并不是说非法权益人得不到后果,而是得不到预期的后果,如对被损害物恢复原状等。违章建筑虽系非法权益,但也是法律所调整范围之内。对违章建筑进行法律保护,是维护社会秩序的需要。法律之所以要保护对违章建筑的占有,并不一定为了寻求对真正权利的保护,而是为一种维护财产秩序和生活秩序的稳定。

(二)违法建筑受侵害人可主张的赔偿范围

理论界对违法建筑受侵害人具备诉权并起诉后能否主张赔偿或赔偿范围等均有不同的观点。第一种观点认为,违章建筑不属于法律保护的合法财产权益,损害赔偿的诉讼请求应驳回。第二种观点认为,虽然违章建筑是非法的,但私力侵害利益,对损失应承担补偿责任,而不是赔偿责任。第三种观点认为,虽然违章建筑具有非法权益,但基于其材料来源的合法性,全部不予保护则侵害了违章建筑人应有的合法财产,所以只能赔偿其材料损失,而施工费用是用于支付不合法的行为和目的,则不应赔偿。

笔者同意上述第三种观点。合法的建筑物与违章建筑同样受到侵权时,对于赔偿范围应当有所区别。因为违章建筑的施工等费用是用以支付非法目的而产生的,故赔偿的范围仅限于违章建筑人花费的建筑材料损失,这也符合公平原则。

既然违章建筑受侵害同样可以获得赔偿,那么侵权人以违章建筑具有非法权益进行的抗辩也就站不住脚。

四、发包人是否对承包人的侵权行为承担连带责任

《民法典》第1168条规定了共同侵权，即二人以上共同实施侵权行为，造成他人损害的，应当承担连带责任。第1170条则规定得了共同危险行为，即二人以上实施危及他人人身、财产安全的行为，其中一人或者数人的行为造成他人损害，能够确定具体侵权人的，由侵权人承担责任；不能确定具体侵权人的，行为人承担连带责任。

新能源项目大多数采取EPC总承包模式，总承包人实施的是交钥匙工程，正常情况下发包人与总包人之间不存在实施共同侵权或共同危险行为的表象。发包人是否对承包人的侵权行为承担连带责任，审判实务中切入点不同，审判的结果也会有所不同。

（一）总包方对整个建筑工程施工安全负有管理、协调的法律义务，不应由发包人承担责任

江苏省高级人民法院在（2016）苏民再7号一案中认为："虽然万达广场系本起涉案建筑的所有人，但事发时涉案建筑尚在施工中，并未竣工交付，万达广场并不负有施工安全履行管理职责，且作为建筑项目的业主，万达广场已将该工程发包给具备相应建筑资质的中建二局，中建二局对建设工程合同享有相应的经营收益，而非万达广场，故作为工程的总承包商在建筑物竣工交付前对整个建筑工程的施工安全负有管理、协调职能的法律责任，而不应由发包人承担责任。"

该种裁判着眼于建设单位和承包人之间的总承包关系，总承包人应对施工期间整个建筑工程的施工安全负有管理责任，而不去考虑建设单位是否存有过错或过失。

（二）建设单位只有对损害发生存在过错才需要承担赔偿责任

重庆市第一中级人民法院在（2004）渝一中民终字第3680号一案中认为，首先，轨道公司作为轻轨较新线工程的建设单位，其基本职责就是选择并委托施工单位进行工程施工，作为工程项目业主，不可能成为该工程的施工单位，故本案所涉施工围墙和脚手架等致害物的设置人和管理人并非轨道公司，而应是施工人。其次，侵权行为转承责任是责任人为他人的侵权行为和为人之行为以外的事实所致损害负有的赔偿责任，其外延包含了法律所明确规定的特殊侵权行为赔偿责任。而此种转承责任的产生，须以责任人与致害人或致害物之间存在特定关系为前提。这种特定关系，在责任人与致害人之间，表现为隶属、雇佣、监护、代理等身份关系；在责任人与致害物之间，应表现为所有、占有、管理等物权关系。本案中，轨道公司与施工单位之间的关系是基于建设工程施工合同而成就的合同关系，并非身份关系；轨道公司与本案所涉施工围墙和施工脚手架等致害物之间，因施工围墙和脚手

架不属轻轨工程本身的一部分,该致害物既非轨道公司设置和所有,亦非轨道公司占有和管理,故两者之间并无任何物权关系。因此,不论本案系人的行为即施工围墙和脚手架的设置行为致人损害还是人的行为以外的物即施工围墙和脚手架本身致人损害,轨道公司均不应承担本案侵权行为转承责任。最后,侵权责任人承担侵权责任的归责原则采无过错原则的,须以法律、行政法规明确规定为要,否则只应采用过错原则。由于法律法规并未明确规定工程建设单位应对施工单位的施工或施工物所致损害适用无过错原则承担赔偿责任,故轨道公司要承担本案赔偿责任就应当对损害的发生具有过错。本案中,轻轨工程是重庆市重点公用事业建设工程,其施工单位和监理单位均应具备相应资质和相关专业知识、能力,而轨道公司作为工程项目业主,一般不可能具备对施工设施是否影响行洪等方面专业知识,轨道公司对施工设施也无管理义务,因此该公司对本案兴达公司所受财产损害并无过错,加之该公司又无致害行为,故因缺乏一般侵权行为构成要件,轨道公司亦不应承担一般侵权行为赔偿责任。综上,由于轨道公司既不应承担侵权行为转承责任,又不构成一般侵权行为,轨道公司不是本案实体意义上的正当被告,不应承担本案侵权赔偿责任。

该种裁判法院落脚点在于转承责任以及发包人是否具有明显的过错,无过错则无须承担责任。

(三)无证据证明业主在施工方选任或指示上有过失,则无须承担责任

清远市中级人民法院在(2016)粤18民终2189号一案中认为:"荣景公司将时代倾城七期项目发包给电白公司总承包,双方成立建设工程施工合同。建设工程施工合同是特殊的承揽合同。承揽人在完成工作过程中对第三人造成损害的,定作人一般不承担赔偿责任。但定作人对定作、指示或者选任有过失的,应当承担相应的赔偿责任。本案中,荣景公司将其建设工程发包给具有资质的建筑企业施工,未直接参与施工,本案现有证据无法证明荣景公司具有指示过失,黄藤峡公司请求荣景公司承担责任,缺乏事实依据,原审法院认定荣景公司无须为此承担责任并无不当。"

此种判决落脚于发包人对承包人的选任及工作指示是否存在过失,若有过失则需承担相应的赔偿责任。

(四)建设单位未履行合同下的安全生产检查义务,存在一定过错应承担相应的赔偿责任

四川省高级人民法院在(2016)川民终451号一案中认为:"根据《施工合同》及《安全生产合同》的约定,三合堰水利站应组织对金达公司的施工现场进行安全生产检查,监督金达公司及时处理安全隐患,三合堰水利站未对施工现场进行安全生

产检查，未监督金达公司及时处理安全隐患，存在一定的过错，对海特尔彩印厂在事故中的损失应承担相应的赔偿责任。”

此种判决落脚点在于发包人是否履行了合同中的安全生产检查义务，若未履行相应的合同义务则承担相应的过错责任。

笔者认为，发包人是否要对承包人的侵权行为承担连带责任应首先基于双方的合同约定，发包人是否对承包人的施工行为负有安全检查义务，若合同对此并无约定，则看发包人对承包人的选任上是否存在过错或过失，以及对损害结果是否有过错等来综合判定。

本案中，光伏发电公司通过公开招标方式确定工程咨询公司为总包方，工程咨询公司具备承揽涉案光伏项目的资质，双方签订的EPC总承包合同及附件安全协议约定了光伏发电公司要监督施工的安全，故笔者及时提交了监理例会会议纪要、监理月报以及转发关于安全生产的相关邮件，用以证明光伏发电公司非常重视光伏电站的现场的施工安全，并对潜在可能发生的汛期灾害等都采取了有效的预案，在作为业主方的日常指示上也没有任何的过失。因此，即便存在损害赔偿情况下光伏发电公司也不应当承担赔偿责任。

【实战策略】

一、削弱单方鉴定的证明力，引导法院重新鉴定

鉴于矿业公司起诉时就提交了具有相应资质的鉴定机构出具的《地质灾害调查报告》，对损失原因及损失金额都进行了单方鉴定，以此达到让承办法官有先入为主的想法。笔者着重对《地质灾害调查报告》的制作主体及启动程序，以及报告内容及结论失真等方面提出了质疑，并邀请相关专家论证提交了专项意见，最终法院并未认可该份报告的证明力，迫使矿业公司不得不在诉讼程序中重新申请鉴定。在法院通过公开摇号方式确定最终的鉴定机构后，笔者对鉴定机构的鉴定方案提出了多项意见，并请求鉴定机构先进行现场踏勘确定鉴定难度以及是否具备重新鉴定的条件，这项工作恰恰起到了关键性作用，在现场踏勘后，鉴定机构认为现场条件较为复杂，工作量极大，鉴定费用极高，在此情况下经法院释明，矿业公司最终不再申请鉴定并撤回起诉。

二、设置防火墙，割断因果关系

本案若继续对损失原因及损失数额进行鉴定，我们只能退而争取割断因果关系，确保光伏发电公司不承担任何赔偿责任。这里的工作要点是确定如果存在侵权行为谁是真正的侵权责任人，光伏发电公司作为建设单位在工程项目管理中是否存在过错或重大过失（包括总包方的选任以及施工管理），矿区损失系矿业公司自身过错导致等。

实战案例 19

新能源项目 EPC 总包方成功"刺破公司面纱"实现债权的法律疑难点

——某光伏公司与北京某节能科技公司、某节能环保集团公司、郭某某股东损害公司债权人利益责任纠纷案①

新能源项目 EPC 总承包模式下,总包方垫资建设成为一种常态,一旦项目业主无力支付工程款,总包方无奈只能通过诉讼方式主张债权,此类工程款结算纠纷通常较为简单,胜诉概率极高。EPC 总包方胜诉后所面临的困境是如何顺利回收债权,通常情况下电站资产的拍卖困难重重,也就意味着债权直接获得清偿的难度极大。此时,债权人应转换思路寻求其他能够回收债权的路径,如"刺破公司面纱"。"独立人格"犹如罩在公司头上的"面纱"(the veil of the corporation),用以区别公司人格与股东人格,也用以切割股东与债权人的直接关联,旨在平衡出资人和债权人之间的利益。然而,当公司的独立人格丧失,公司资产被恶意掏空转移,"面纱"能否再继续保护公司背后的出资人呢?笔者从代理的一起股东损害公司债权人利益责任纠纷案入手,对人格混同及实际控制人的证据认定规则进行剖析。

【案情简介】

某光伏有限公司(以下简称光伏公司)作为总承包方垫资建成了业主北京某节能科技有限公司(以下简称节能科技公司)的 20MWp 光伏金太阳示范项目,项目于 2013 年 12 月并网发电。然而,业主再三拖欠工程款,光伏公司遂以节能科技公司为被申请人向北京仲裁委员会提起仲裁,经裁决确认节能科技公司应向光伏公司支付 70,422,379.66 元工程款本息等。而后,经北京市第二中级人民法院强制执行,节能科技公司仅还款 20,117,682.28 元,光伏公司最终仍对节能科技公司享有工程款本金债权 50,304,697.38 元及利息(以下简称基础债权),工程款追讨案以执行终结收场。

基础债权追偿之路面临"山穷水尽",为进一步实现回款目标,2018 年,光伏公司在无锡市中级人民法院提起股东损害公司债权人利益责任纠纷之诉,以节能科技公司的股东某节能环保发展集团有限公司(以下简称节能环保公司)、北京某机关后勤有限公司(以下简称后勤公司)、郭某某为被告,以节能科技公司为第三人,要求节能环

① 江苏省无锡市中级人民法院(2018)苏 02 民初 78 号民事判决书,江苏省高级人民法院(2019)苏民终 1528 号民事判决书,最高人民法院(2020)最高法民申 5116 号民事裁定书,浙江阳光时代律师事务所代理,案件事实略有删减。

保公司、后勤公司、郭某某对第三人节能科技公司欠付的应付款50,304,697.38元工程款本金及自2016年12月23日起按年化5%计算的利息债务连带清偿。

【裁判结果】

一、一审判决①

无锡市中级人民法院经审理后认为,根据《公司法》第20条规定,节能科技公司三股东对涉案债务承担连带责任的前提是该三股东有滥用法人独立地位和股东有限责任逃避债务额的情形。现综合分析如下:

第一,节能环保公司、后勤公司与节能科技公司的工商信息报告等均显示三公司的住所地、联系方式、高管人员等存在混同或者交叉的情形。

第二,在有初步证据怀疑节能科技公司股东滥用法人独立地位逃避债务的情况下,节能科技公司及其股东均不配合财务审计,应当承担举证不能的法律后果。认定公司人格与股东人格是否存在混同,最根本的判断标准是公司是否具有独立意志和独立利益,最主要的表现是公司的财务或者财产与股东的财务或者财产是否混同。本案中,光伏公司提供了工商公示信息初步证明前述三公司均由郭某某实际持股控制,结合第一点所列的情形,光伏公司申请调取节能科技公司的银行账户流水,符合法律规定;在查阅的银行流水反映出节能科技公司与股东存在频繁、大额往来之际,节能科技公司及三股东均无法明确资金往来的性质,对此,光伏公司申请司法审计,而对财务进行审计是最终判断节能科技公司及三股东是否存在财务混同的最有效手段。那么,节能科技公司及三股东在法院释明的情况下仍未同意财务审计并配合提供财务账册,应当就此承担不利的法律后果,即现有证据认定节能环保公司、后勤公司与节能科技公司人格混同。

第三,郭某某以直接控股的方式控制后勤公司、再通过后勤公司控股节能环保公司的方式控制节能科技公司。因此,郭某某系上述关联公司的实际控制人,对三公司之间不能明确性质的资金往来直至人格混同负有直接责任,其本身作为节能科技公司的股东也使得公司意志与其个人意志混同。

第四,前述三股东的行为导致节能科技公司对外结欠光伏公司的大额债务无法偿还,严重损害了光伏公司利益,上述三股东应就此承担连带责任。

因此,一审无锡市中级人民法院最终判决支持了光伏公司的诉请,即节能环保公司、后勤公司、郭某某对节能科技公司欠付的应付款50,304,697.38元工程款本金及自2016年12月23日起年化5%的利息承担连带清偿责任。

---

① 本代理案件在2020年11月被无锡市中级人民法院收录于《无锡法院"公司类"纠纷案件典型案例(2019—2020)》。

二、二审判决

一审判决后，节能环保公司、后勤公司、郭某某均提起上诉，江苏省高级人民法院审理后认为，根据《公司法》第 20 条第 3 款，股东滥用法人独立地位和股东有限责任的行为包含人格混同、过度支配与控制、资本显著不足等。

第一，节能环保公司、后勤公司与节能科技公司存在人格混同，应对节能科技公司的案涉债务承担连带清偿责任。(1)光伏公司已初步证明三公司住所地、联系方式、高管人员、业务范围等存在混同或交叉，节能环保公司等未能提供证据予以有效反驳，故一审法院的该项认定正确。(2)一审法院对本案举证责任的分配符合法律规定。一审法院是在光伏公司初步证明存在住所地、业务等混同的情况下同意光伏公司调取银行账户流水的申请，该项取证并不违反法律规定；调取银行流水反映出频繁的资金往来后，对节能科技公司及股东进行审计有利于进一步判断是否存在财务混同，一审法院继而要求节能科技公司及股东提供财务账簿并配合光伏公司提出的司法审计申请，具有合理性、必要性，节能科技公司及股东拒绝配合则应承担不利的法律后果。(3)根据现有银行账户的流水证据，以及节能科技公司和股东拒绝审计且未能提供反驳证据的情况，一审法院依据举证责任最终认定财务混同正确。

第二，郭某某系三公司的实际控制人具有高度可能性，节能环保公司、后勤公司、郭某某上诉否认郭某某的实际控制人身份，但没有提供相应的反驳证据，应承担举证不能的法律后果。因此，郭某某作为三公司的实际控制人，对公司过度控制使公司丧失独立性，严重损害了公司债权人利益，应对公司债务承担连带责任。

因此，二审江苏省高级人民法院判决，驳回上诉、维持原判。

三、再审裁定

二审判决后，节能环保公司、后勤公司、郭某某均申请再审，最高人民法院审理后认为，原审法院关于公司与股东人格混同和实际控制人郭某某过度支配与控制公司的事实正确、举证责任分配得当，且节能环保公司等主张节能科技公司有清偿能力而未损害光伏公司利益的举证责任不充分。

因此，再审最高人民法院最终裁定驳回申请人的再审申请。

【要点解析】

一、人格混同的含义及司法沿革

公司人格混同又被称为“公司人格形骸化”，它是指公司与股东或关联公司之间完全混同、无法区分，公司本身完全丧失独立性，沦为其背后股东或关联公司的傀儡。

“公司人格否认制度”源于美国判例，系在 1905 年由美国的桑伯恩法官在密尔沃基冷藏运输公司纠纷案中提出，而后在英美法系的其他国家逐步推广确定。我国的“人格否认制度”主要是通过《公司法》确定适用原则的，最初源于2005年修订的《公司法》，辗转至2018年修订的《公司法》，始终通过第20条予以规定，“公司股东应当遵守法律、行政法规和公司章程，依法行使股东权利，不得滥用股东权利损害公司或者其他股东的利益；不得滥用公司法人独立地位和股东有限责任损害公司债权人的利益。公司股东滥用股东权利给公司或者其他股东造成损失的，应当依法承担赔偿责任。公司股东滥用公司法人独立地位和股东有限责任，逃避债务，严重损害公司债权人利益的，应当对公司债务承担连带责任”。当然，在《公司法》以及《民法总则》(已废止)的基础上，《民法典》第83条第2款进一步规定：“营利法人的出资人不得滥用法人独立地位和出资人有限责任损害法人债权人的利益；滥用法人独立地位和出资人有限责任，逃避债务，严重损害法人债权人的利益的，应当对法人债务承担连带责任。”全国人大常委会于2021年12月24日发布的《公司法(修订草案)》第21条第2款规定：“公司股东利用其控制的两个以上公司实施前款规定行为的，各公司应当对任何一个公司的债务承担连带责任。”这就是我国法律层面对于人格否认制度的规定，相对笼统及原则的法律规定难以直接解决现实中纷繁复杂的法律情境，何为滥用，如何滥用，又怎样界定债权人利益严重受损？这些就成为司法审判实践中的难点。

当然，各地法院也都在司法实践中积极探索，试图通过司法判例、司法文件等为该类纠纷提供一定的裁判规则。值得一提的是，最高人民法院在2013年公布的第15号指导案例，确立了关联公司人格混同的横向混同类型，对《公司法》第20条的参照适用实属突破性解读，为维护债权人正当利益树立了很好的标杆。再有，《九民纪要》中对人格混同诉讼作出了专章解读，该文件虽不是司法解释，也不能作为裁判依据进行援引，但对人格混同的认定情形具有重要指导意义。另外，其他法院也在为此探索，如上海市高级人民法院民二庭曾于2009年6月发布了《关于审理公司法人人格否认案件的若干意见》，为该类案件的审理提供具体的指导意见。

实践中，人格混同通常被划分为以下三种类型：

纵向人格混同，即公司股东对子公司之间的利益输送行为，过度支配与控制导致母子公司人格混同，公司股东(主要为公司股东，还包括其他责任主体)需要对公司的债务承担连带责任。《公司法》第20条第3款和《民法典》第83条第2款的规定均是指纵向人格混同。

横向人格混同，即股东利用设立的多个公司主体之间，互相对外经营，业务高度相似，多个公司主体之间业务不分的混同模式，公司关联公司需要对公司的债务承担连带责任。最高人民法院2013年公布的第15号指导案例(徐工集团工程机械股份有限公司诉成都川交工贸有限责任公司等买卖合同纠纷案),即横向人格混同的典型案件。

逆向人格混同,在股东与公司人格混同的情形下,公司亦可为股东债务承担连带责任。在(2020)最高法民申2158号案件中,最高人民法院认为:“公司法第六十三条的规定虽系股东为公司债务承担连带责任,但目前司法实践中,在股东与公司人格混同的情形下,公司亦可为股东债务承担连带责任。”该案裁判观点对于公司人格逆向混同的认定提供了裁判思路。

二、人格混同的认定标准

如前所述,我国法律确定了公司与股东混同的纵向混同类型,最高人民法院相关司法判例确定了横向、逆向混同类型,从诸多的司法判例中进行提炼、归纳,不难发现人格混同认定的底层逻辑与标准。具体如下:

(一)是否具备财产混同的核心构成要件

在人格混同的认定上,审判实践中人民法院经常提及“三同原则”,即人员、财产、业务的混同。实际上,在每一起人格混同纠纷中都得以实现“三同”,这种所谓的“完美犯罪”也不现实。“三同”之间本身就是有优先序列的,其中,财产混同是核心和根本,人员及业务混同是补充和补强。换言之,一旦出现财务混同构成要件的缺位,即便存在人员、业务混同,法院也最终不会得出人格混同的裁判结论。这一点在《九民纪要》里也得到印证:“在出现人格混同的情况下,往往同时出现以下混同:公司业务和股东业务混同;公司员工与股东员工混同,特别是财务人员混同;公司住所与股东住所混同。人民法院在审理案件时,关键要审查是否构成人格混同,而不要求同时具备其他方面的混同,其他方面的混同往往只是人格混同的补强。”

财产混同是指公司与股东或者关联公司之间的财产归属不明、资金混用、收益不加区分、财产随意调用,难以区分各自的财产。很显然,一旦出现该种混同,这意味着公司独立承担责任的独立财产已经丧失独立边界,继而会直接影响公司的偿债能力,这正是财产混同是人格混同核心构成要件的底层逻辑。常见的财产混同的情形包括:(1)股东无偿使用公司资金或者财产,不作财务记载的;(2)股东用公司的资金偿还股东的债务,或者将公司的资金供关联公司无偿使用,不作财务记载的;(3)公司账簿与股东账簿不分,致使公司财产与股东财产无法区分的;(4)股东自身收益与公司盈利不加区分,致使双方利益不清的;(5)公司的财产记载于股东名下,由股东占有、使用的等,这些正是《九民纪要》中作出的归纳与规定。

(二)是否具备人员、业务混同的其他构成要件

第一,是否存在人员混同。人员混同主要是指公司与股东或关联公司之间在

组织机构和人员上存在严重的交叉、重叠，特别是在董事、总经理、财务负责人等高级管理人员的任职上出现交叉或同一，最典型的就是“一套人马，多块牌子”。究其根本，之所以在认定人格混同时关注人员混同这一要件，底层逻辑正是：“公司组织机构混同的外在表征主要有，公司的股东、董事、经理、负责人与其他公司的同类人员相混同，其本质则是组织机构混同情形导致公司不能形成独立的完全基于本公司利益而产生的意志，致使公司的独立性丧失，独立承担责任的基础丧失。”①

第二，是否存在业务混同。业务混同主要是指公司与股东或关联公司之间从事相同交叉的业务活动，经营范围基本重合，经营过程中不分彼此，最典型的就是，同一业务有时以一家公司名义开展，有时又以另一家名义进行，直接导致债权人无法分清到底与哪家公司交易。究其根本，之所以关注业务混同这一要件，底层逻辑在于：“公司业务混同的外在表征主要有，公司之间的经营业务、经营行为、交易方式、价格确定等持续混同，其本质则是业务混同情形导致公司失去了经营自主权和独立人格。”②

（三）是否具备严重损害公司债权人利益的结果要件

人格混同必须达到严重损害债权人利益的后果时，法院才会去否认公司的独立人格，让股东或者关联公司去连带担责，这也是在公司独立人格被滥用时给予债权人的利益补偿。若债权人利益没有受损，则不需要否认公司独立人格去纠正并没有失衡的利益关系。司法实践中，双方通常聚焦在是否构成人格混同的问题上“激烈抗争”，反倒在人格混同是否严重损害债权人利益的结果要件上“模糊处理”。

就以笔者代理的这起案件来说，直到再审阶段，节能环保公司、后勤公司等股东才重点强调“第三人节能科技公司的现有资产完全足以清偿全部债务”继而主张股东没有损害债权人利益，最高人民法院审查后也仅以“节能环保公司等主张节能科技公司有清偿能力而未损害光伏公司利益的举证责任不充分”这样一句话来轻描淡写带过。再如，最高人民法院的（2008）民二终字第55号的公报案例，也是聚焦在论证被告三公司的行为如何构成人格混同，几乎没有去说明“严重损害债权人的利益”，该案一审判决仅写明“装饰公司无法偿还到期大量债务，损害了贷款人的合法权益”，这表明法院认为债权人的债权未得到清偿本身就证明其利益受到损害，也根本没有去阐释装饰公司无法偿还债务的事实依据、是否丧失清偿能力以及无法偿还是不是人格混同引起的，都没有进一步阐释。

因此，司法实践中对于是否严重损害公司债权人利益的结果要件通常都是推

① 参见最高人民法院（2013）民二终字第66号民事判决书。

② 参见最高人民法院（2013）民二终字第66号民事判决书。

定成立的。法院的基本态度是,债权人只会在债务无法履行、利益严重受损的情况下才会诉诸法院,即便股东及债务人均以自己具备清偿能力抗辩(未来具有还钱的可能性),法院也主要会从有无清偿的现实状态出发去推定债权人利益是否受损的结果要件。

三、人格混同案件的举证责任分配

举证责任分配是程序正义在诉讼制度上的一个基本内容。我们知道,一人有限公司混同与否的举证责任在于公司的股东,若股东自己不能证明公司财产独立于股东自己财产的,那就应当对一人有限公司的债务承担连带责任,这是法定的举证责任倒置,也是立法者以期通过该等举证责任的分配原则来逆向敦促一人有限公司的股东注重管理经营规范化。除此之外,我国法律对其他类型公司的举证责任分配并没有特殊规定,适用"谁主张,谁举证"的基本原则。然而,考虑到原告作为外部的债权人,毕竟无法进入公司内部来准确洞悉的实际运营情况,只有股东才更有条件获取公司证据以举证公司独立。这样看来,若一味贯彻"谁主张,谁举证",显然就是在过度苛责债权人,也是在帮助公司及股东利用举证责任逃避责任。举证责任倒置一般基于法律的明文规定,那么,人格混同案件中能否适用举证责任转移,何种情况下启动举证责任转移的规则?这可以在最高人民法院审理的(2015)民二终字第85号中寻找到参考答案,法院认为,根据2008年最高人民法院《关于民事诉讼证据的若干规定》第7条关于"在法律没有具体规定,依本规定及其他司法解释无法确定举证责任承担时,人民法院可以根据公平原则和诚实信用原则,综合当事人举证能力等确定举证责任承担"的规定,在审理法人人格否认案件时,考虑到债权人处于信息劣势而举证困难等因素,人民法院通常会根据上述规定合理分配举证责任,在债权人用以证明股东滥用公司法人独立地位和股东有限责任的证据令人产生合理怀疑的情形下,将没有滥用的举证责任分配给被诉股东。但上述举证责任调整的前提,应是作为原告方的债权人已举出盖然性的证据证明股东存在滥用公司法人独立地位和股东有限责任的行为以及由此产生了损害的结果,而不是当然的举证责任倒置。可见,人格混同纠纷案中是可以适用举证责任倒置原则的,法官对此也是有自由裁量权的。那么问题来了,原告债权人如何推动案件达到举证责任转移的"临界点"呢?

本文也对比引用两个案例帮助大家构建对于这个"临界点"的认识。

先就笔者代理的这起案件来说,精华之处就在于举证责任的激烈博弈。该案中,第一个博弈的局面是,现有证据是否构成混同迹象,能否启动调查取证?案件初期,光伏公司只能够通过公开的渠道去搜集混同的证据,主要集中在人员、业务混同,具体包括:股权结构的高度关联性(实际控制人通过金字塔式的持股架构);

公司与股东公司在法定代表人、董事、总经理、监事等高级管理人员的混同；工商住所地、实际办公地点的同一；公司与股东公司在对外宣传、招聘上的同一。正是这样的混同迹象成为笔者申请调查取证的基石，法院在已产生“初步混同”的基础上同意了光伏公司关于被告银行流水线索的调查取证申请，法院也相信，进一步的调查取证有助于查明案件事实、作出判断。第二个博弈的局面是，现有的银行流水证据已初步甚至高度证明存在财务混同可能，能否直接认定财务混同？实际上，已调取的银行流水线索可明显看出，公司与股东之间存在大量的资金往来、公司一旦有收入会被股东快速转移、公司包括发工资支付员工报销费用等日常经营的支出依靠股东的定期汇入，已然形成了“盖然性”的证明程度，而法院在询问被告前述银行流水“疑点”时，被告仅以正常的资金往来为由搪塞一番。因此，笔者判定，最后“施压”的时机已然成熟，故进一步提出了司法审计的鉴定申请。至此，这就完全将本案股东及公司拖入到两难境地，同意审计意味着更多的公司财务线索的暴露，不同意审计就意味着需要承担举证不能的法律后果。显然，被告“被迫”拒绝审计，法院最终以被告持有证明自己不混同的证据而拒绝提交为由判定被告承担举证不能的法律后果，实质上这也是运用了举证责任转移。很显然，光伏公司在案件中从最初的人员混同的初步举证、到申请调查取证成功后银行流水线索的财务混同举证、最后到申请司法鉴定锁定举证责任的步步推进，这才最终实现了举证责任转移规则的完全适用。

再来看最高人民法院审理的(2015)民二终字第85号案件，原告嘉宸公司在该案中申请调取债务人通海公司的账册而未获同意，法院认为：海马公司作为通海公司的股东，没有义务向法庭提供通海公司的相关账册调取存在明显障碍：根据涉案的审计报告内容显示，子公司自2001年起长期处于停产状况，目前已无留守人员，其资产、档案保存情况不明，且嘉宸公司申请调取的账册时间跨度大，距今已有十多年之久，在调取上存在明显障碍；嘉宸公司申请对上述通海公司的材料予以调查收集，本质上是要求海马公司向本院提交上述通海公司的财务资料，则海马公司事实上承担了该财务资料的举证责任，将导致举证责任由嘉宸公司移转至海马公司。在原告嘉宸公司所举证据尚未达到法人人格混同可能性的合理怀疑程度，不符合适用举证责任倒置的情形，嘉宸公司申请调取的证据属于无调查收集必要的范畴。最终，法院以原告举证不能为由驳回其对股东的诉请。

对比来看，法院在人格混同诉讼中的举证责任分配是谨慎的，原告想要转移举证责任也是要步步推进的。第一步，由主张人格混同的原告初步举证存在混同迹象，主要就是混同的办公场所、共用电话、母子公司股东有亲属或其他亲密关系、共同的雇员和银行账户、共同的网页等，让法官构成了合理性怀疑。第二步，在构建混同迹象的基础上继续推进，债权人不能寄希望于举证责任完全转移，也不能寄希望于要求对方提交账册等方式举证，而是为自身设定一个举证的可行性路径（如提供具体的银行账户线索申请调取）来进一步完成举证，只有在财务混同方面形成了高度盖然性的基础上债权人才能大胆地提出举证责任转移的最终要求。

四、特殊主体——实际控制人的认定标准及承担连带责任的法律基础

公司“实际控制人”本身是一个中性身份，然而，一旦公司的有效治理被打破、出现混同，出现公司资产被恶意掏空而造成外部债权人利益受损等不良局面时，就有必要揪出背后的“实际控制人”向其追责。然而，由于实际控制人的“隐蔽性”以及法律适用的疑难，审判实务中在人格混同类案件中作出突破的认定判例极为罕见。

笔者认为，债权人要求实际控制人承担责任也有其制度基础。比如，在最高人民法院《关于适用〈中华人民共和国公司法〉若干问题的规定（三）》第 14 条第 2 款前半段规定：“公司债权人请求抽逃出资的股东在抽逃出资本息范围内对公司债务不能清偿的部分承担补充赔偿责任、协助抽逃出资的其他股东、董事、高级管理人员或者实际控制人对此承担连带责任的，人民法院应予支持。”最高人民法院《关于适用〈中华人民共和国公司法〉若干问题的规定（二）》第 19 条规定：“有限责任公司的股东、股份有限公司的董事和控股股东，以及公司的实际控制人在公司解散后，恶意处置公司财产给债权人造成损失，或者未经依法清算，以虚假的清算报告骗取公司登记机关办理法人注销登记，债权人主张其对公司债务承担相应赔偿责任的，人民法院应依法予以支持。”因此，实际控制人在人格否认案件中担责，与抽逃出资、解散清算程序中的实际控制人责任没有本质上的冲突。

我国法律对于实际控制人的规定主要在于《公司法》第 216 条第 3 项规定：“实际控制人，是指虽不是公司的股东，但通过投资关系、协议或者其他安排，能够实际支配公司行为的人”，相对比较宽泛。透过复杂纷繁的表象去识别实际控制人，厘清司法实践中关于实际控制人的证据认定规则，这势必会为债权人行权提供了另一个现实空间。鉴于绝大部分公司为有限责任公司，且其封闭性的特征增强了实际控制人的隐蔽性，笔者也在本文中重点探讨有限责任公司的实际控制人认定规则。

先就笔者代理的这起案件来说，最有价值的之处在于光伏公司成功套牢了实际控制人郭某某（自然人），法院裁判郭某某对节能科技公司的债务连带清偿，本案后期执行中最主要的回款就是源于该实际控制人郭某某。一审、二审及再审各个环节，双方都在“郭某某是否为公司的实际控制人、是否存在过度控制公司的行为”

问题上激烈对抗，法院也万分谨慎。激烈源头在于，尽管法院调取的公司银行流水线索可以看到公司与股东公司之间大量的异常往来线索，可是，上千笔的银行流水往来中几乎没有一笔与实际控制人有关联。换言之，根本看不到公司及股东公司的资金最后是走向实际控制人郭某某，这就成为郭某某上诉及申请再审时最有利的抗辩。对此，光伏公司从多个维度进行有效举证，明确提出郭某某通过"金字塔式的股权结构"①实现对三公司的股权控制来实现股权表决权控制，以实际管控公司的经营为手段方法，最终实现对节能科技公司等三公司的过度控制，该等抗辩最终获得了法院的采纳与支持。尤其是最高人民法院再审裁定中看到："是否有资金往来并不是过度支配与控制的主要考量情形。郭某某持有后勤公司 97. 83% 股权，为法定代表人。后勤公司持有节能环保公司 99. 69% 股权，为控股股东，节能环保公司持有节能科技公司 93. 75% 股权，为控股股东，郭某某为节能环保公司和节能科技公司的股东并同时担任公司高管。原判决认定郭留成存在过度支配与控制情形的高度可能性，并无不当。郭某某主张公司有其他实际控制人，但并未提供证据，不予采信。"很显然，法院以股权关系结构作为基本出发点，对郭某某的实际控制人身份进行认定，最后也是落脚到举证责任，实控人郭某某无法就其不是实控人、无法就其主张不存在过度控制与支配完成反驳的举证责任，继而以举证不能为由作出最终认定。

由本案引申，对是否为实际控制人、有无控制权的审查与判断，主要应当以表决权的行使为基本线索，辅之以基于当事人之间因其他安排而形成的支配性影响力的审查判断。关键是，具体要从哪些角度去识别、固定实际控制人的证据线索呢？笔者从司法实践中归纳了如下几种常见情况：

(1)关注公司工商公示信息及章程中表决权行使的证据线索，核查公司的权力机构、谁在权力机构中行使持有绝对的控制权。例如，最高人民法院的(2018)最高法民申 5598 号案件就是一个典型的原告未准确举证表决权行使的败诉案件。该案中，潘某持有邦辉集团(系邦辉大酒店持股 50% 股东)96. 4% 的股权，根据邦辉大酒店股东签订的《中外合资邦辉大酒店合同》，董事会是该公司的最高权力机构，决定邦辉大酒店的一切重大事宜，对一般性事宜由董事会表决多数通过或简单通过决定，邦辉大酒店董事会成员共 7 人，其中邦辉集团委任 3 人。至于原告提交的《邦辉集团有限公司法定代表人履历表》，并不足以证明邦辉大酒店营业执照被吊销之时以及此后，潘某系邦辉大酒店另一股东香港邦辉的股东。基于此，潘某并不具有控

① 参见周伦军：《上市公司实际控制人案件若干问题研究》，载《人民司法》2008 年第 11 期。文中陈述"先投入一定比例的资金来控制第一层公司，再由第一层公司控制第二层子公司，第二层子公司控制第三层子公司，以此类推。对这种持股结构，学界一般称之为金字塔型持股结构"。

制邦辉大酒店的能力，最终法院也没有认定潘某是实际控制人。

(2)关注公司的法定代表人、董事等关键职位上任职人员的证据线索，这些人员通常是直接实控人或是实控人的“傀儡”。当然，若仅以担任法定代表人为由主张认定是实控人存在很大的风险。例如，最高人民法院(2018)最高法民申2686号中，法院认为：根据《公司法》第216条第3项规定，康富公司并未提交证据证明郭某宏通过投资关系、协议或者其他安排能够实际支配康富公司行为，其以签订落款日期为2013年3月18日的《借款协议》时郭某宏担任康富公司法定代表人为由，主张郭某宏在该期间系康富公司实际控制人，无事实和法律依据。

(3)关注公司经营项目对接人或公司异常变动的证据线索，因为实际控制人在公司成立之初往往还是会“显名化”，到后期为了“脱责”而选择变更为自己可控制的人员去担任、背后坐镇指挥。例如，广东省高级人民法院的(2020)粤执复530号案件中，法院认为：刘某作为三被执行单位的全资控股公司的控股股东，与三被执行单位存在关联关系，其通过爱彼公司与三被执行单位的投资关系，能够通过支配爱彼公司的行为进而达到实际支配三被执行单位的经营行为的目的，可以认定刘某为三被执行单位的实际控制人。且刘某在本案二审判决作出之前，长期同时担任三被执行单位的法定代表人、执行董事、总经理等职务，在二审判决作出前，一审败诉的三被执行单位的法定代表人、执行董事、总经理等高管人员均由40余岁正值壮年的刘某平同期变更为年逾80的耄耋老人刘某淑，在无证据证明确因经营管理需要及刘某淑本人的正常履职能力的情形下，该变更显然不符合企业经营管理之常理，有规避承担判决不利后果及规避执行之嫌。因此，最终认定刘某是实际控制人。

(4)关注公司其他关联案件中实际控制人“有利”的自认证据线索，若实控人在其他关联案件中曾自认其身份，也可以作为证据。例如，宁夏回族自治区高级人民法院(2017)宁民终177号案件中，因在2015年6月9日银川市公安局直属分局对马某所做的询问笔录中，马某明确表示其系恒瑞公司的实际控制人，故认定马某是能够实际支配恒瑞公司的实际控制人。

五、人格混同的延展——夫妻二人公司能否认定为实质一人公司

如前所述，根据《公司法》第63条的规定，“一人有限责任公司的股东不能证明公司财产独立于股东自己的财产的，应当对公司债务承担连带责任”，一人有限责任公司有别于其他公司类别，对于是否存在混同的问题上适用于举证责任倒置规则。基于此，具备一定的“风险规避意识”的主体则会“精心设计”出不完全的一人公司，比如，夫妻二人同为股东共同出资设立“夫妻店”公司。那么，在《公司法》只规定“一人有限责任公司是指只有一个自然人股东或者一个法人股东的有限责任公司”的情况下,“夫妻店”公司是否会被认定为实质一人公司、能否适用于举证责任倒置规则,这就引发了司法实践对于法律文义的解释限度,也存有争议。

一种观点是贯彻“实质一致原则”,将“夫妻店”公司认定为实质一人公司、适用于举证责任倒置规则。理由在于,夫妻二人出资成立的公司,注册资本来源于夫妻共同财产,公司的全部股权属于双方共同共有,即公司的全部股权实质来源于同一财产权,并为一个所有权共同享有和支配,股权主体具有利益的一致性和实质的单一性。在此情况下,该公司与一人有限责任公司在主体构成和规范适用上具有高度相似性,系实质意义上的一人有限责任公司。基于此,应参照《公司法》第 63 条规定,将公司财产独立于股东自身财产的举证责任分配给作为股东的夫妻二人。该类观点在最高人民法院审理的(2019)最高法民再 372 号案件中有详细的说理,笔者还特别关注到该则案例中提及的利益衡平,法院认为,从法律效果和社会效果角度出发,“夫妻店”公司对债权人的利益保护存在天然缺陷,导致债权人与“夫妻公司”发生纠纷时,得不到法律的有力保护,此情况尚待立法及法律适用的完善。但依照我国《婚姻法》确立的夫妻财产共同共有原则,夫妻股东持有的全部股权应构成不可分割的整体,而公司实质充任了夫妻股东实施民事行为的代理人,如果按照法人有限责任制度认定夫妻股东设立的公司承担有限责任的同时,不对夫妻股东其他义务予以强化和规制,则有违民法的公平原则,也不利于对交易相对方利益的平等保护。

另一种观点是坚持“形式要件原则”,认为“夫妻店”公司不符合法律关于一人公司的明确规定。例如,最高人民法院审理的(2020)最高法民申 6688 号案件中,法院认为,依据《公司法》第 57 条第 2 款的规定,一人有限责任公司明确规定为只有一个自然人股东或者一个法人股东的有限责任公司,那么,涉案的鸿诺公司作为有限责任公司,即使如新地龙中心所述是由股东贾某、梁某琳以夫妻共同财产出资设立,将其定性为“一人有限责任公司”,仍缺乏法律依据。

尽管关于“夫妻店”公司的认定结论存在争议,但可以看到司法实践中关于“一人有限公司”内涵的重大突破,而该种突破的力量来源于法院立足基本的民法公平原则去寻找一种外部债权人与公司股东、夫妻之间的一种利益平衡,这也给外部债权人主张权利提供了一条新的路径。

【实战策略】

一、重视管辖问题,从程序开始布局

管辖问题通常是诉讼案件中的一个程序性问题,对原告而言,应当综合评估后选定自己的起诉法院。关于股东损害公司债权人利益责任纠纷案的管辖法院如何确定管辖呢?当然,如若债权人同列公司、股东为被告,要求公司作为债务

人偿还债务、公司股东因人格混同而连带担责，该种情况下，案由也通常按照基础法律关系来确定，自然也就适用基础法律管辖规则。但债权人单独就股东提起的股东损害公司债权人利益责任纠纷案，这系由公司股东的侵权行为而引发的诉讼，主要适用于侵权纠纷的管辖规则，即被告所在地或者侵权行为发生地管辖。既然可以选择，又该如何选择管辖法院呢？除了考虑诉讼便利，同类纠纷的司法裁判倾向与司法环境也是我们选择法院时会考量的因素。最高人民法院在2013年公布的第15号指导案例正是出自江苏省高级人民法院，江苏地区是有敢于“刺破公司面纱”的司法土壤，因此，笔者最终选择以债权人住所地作为侵权结果发生地提起诉讼，并在立案审查、被告的管辖权异议及上诉各个环节都有效地守住了本案最初设定的管辖目标。

二、注重证据收集，巧用举证责任

如前所述，股东损害公司债权人利益责任纠纷案难就难在债权人作为原告方面临着外人无法“潜入公司”的取证、举证的重大障碍，如何在无法进一步举证的情况下成功说服法院调查取证，如何最终实现举证责任的转移，这都是胜诉道路上很难逾越的障碍，也是对诉讼律师专业水平和诉讼技巧的高度考验。代理律师在这个过程中，一方面，要打开思路穷尽手段收集基础证据，并通过可视化的方式让主审法官构建合理怀疑；另一方面，切忌躺平于“举证责任”之上，如若可能，务必要通过调查取证、司法审计等策略进一步完成举证，只有在形成“高度盖然性”证明力的情况下才可以放心大胆地主张“举证责任转移”。当然，结合笔者同步对大量同类司法判例展开的研究。总的来说，法院对于该类案件的认定还是比较谨慎的，代理律师要做的就是努力争取法官内心的天平、突破举证责任的“临界点”。

三、国有企业尤其要注重公司治理规范化工作，规避混同风险

国有企业因其特殊的治理模式，也容易引发司法实践中的混同争议。比如，用人方面，国有企业时常会出现委派或任免下级企业的董事、高管或关键工作人员的行为、国有企业与上下级企业以及关联企业在诉讼中委托同一位的情况；业务方面，上、下级企业之间共用同一办公地点或者共用同一业务人员参与交易；财务方面，上级企业直接干预下级企业的财务管理、下级财务支出必须“事事审批”。这些都会成为国有企业被认定混同的风险所在。因此，笔者也提示国有企业要尤其注重完善公司治理体系，重视章程制定，健全公司决决策机制，规范决策程序，落实用人机制，尤其要注意保持上、下级企业或者集团公司的财务独立性。

实战案例20

从生态影响类环境公益诉讼案件看新能源项目的环境合规

——某NGO环保组织与某风电公司生态破坏民事公益诉讼案①

近年来,生态影响类环境公益诉讼案例频发,光伏、风电等新能源项目对自然保护区、野生动植物、水土保持等生态环境方面的影响成为公益诉讼的热点之一。风能发电项目属于清洁能源,是国家大力提倡的项目,但绿色项目也需要绿色建设,对于建设中肆意破坏生态环境的行为,企业也要承担相应的法律责任。笔者在代理的一起风电项目生态破坏民事公益诉讼案件中,积极引导法院在审理过程中避免"一刀切"式地叫停项目,而是努力寻求损害最小化的生态修复方案,妥善处理环境保护与经济发展二者的关系,取得良好的法律效果、经济效果和生态环境效果。

【案情简介】

某鹅掌楸自然保护区于1989年由当地人民政府正式批准建立,目前辖区范围84公顷,功能区划分为:核心区750亩,缓冲510亩。海拔最高点为尖尖坡顶1626米,海拔最低点1056米。保护区内分布着鹅掌楸、常绿阔叶林、竹林、灌丛、草丛等植被类型,区内森林覆盖率高达93.7%。2015年至2016年,某风能有限责任公司(以下简称风电公司)在风电场项目建设过程中,未经批准非法占用林地,在山脊上修建公路,对自然保护区内的国家二级保护植物鹅掌楸及其生境造成破坏。据相关部门调查,风电公司挖倒、毁坏林木,造成鹅掌楸死亡13株、压坏9株,伤17株、被泥土沙石掩埋185株、均为自然林、另有85株人工栽培掌楸被损坏。

2017年1月,某NGO环保组织(以下简称环保组织)向贵州省黔南布依族苗族自治州中级人民法院(以下简称黔南中院)以风电公司为被告提起诉讼,要求:(1)判令风电公司立即停止对剑河县鹅掌楸自然保护区及周边生态环境造成破坏的施工行为,消除对生态环境的危险;(2)判令风电公司在6个月内对其施工所破坏的剑河县鹅掌楸自然保护区及周边生态环境进行修复,逾期未修复承担修复费用;(3)判令风电公司赔偿生态环境受到损害至恢复原状期间的生态服务功能损失,具体数额以鉴定评估结论为准;该赔偿金用于剑河县鹅掌楸自然保护区的管理和保护工作。

2017年2月3日,环保组织向黔南中院提出鉴定申请书,申请依法委托鉴定机

① 该案入选《2019年贵州法院环境资源审判十大典型案例》,浙江阳光时代律师事务所代理,案情有删减。

构或专家对破坏的鹅掌楸自然保护区及周边生态环境修复费用以及自损害之日起至恢复原状期间的生态服务功能损失费进行鉴定或评估。2018 年 9 月鉴定机构出具《鹅掌楸自然保护区生态环境损害鉴定评估报告》。2018 年 11 月,案件首次开庭,并当庭达成如下主要和解内容:

(1)风电公司自愿按照前述鉴定评估报告认定的工程量,进行工程设计以及工程招标,履行修复责任。该施工设计经征求环保组织的意见并经人民法院审核后,向当地鹅掌楸自然保护区相关主管部门履行报批手续。该修复措施包括基本恢复和替代性修复,由此产生的工程设计费、招投标相关费用均由风电公司承担。并且该公司每年应将修复情况报告环保组织,修复完成后的验收报告书面告知环保组织。

(2)风电公司于 3 个月内须向人民法院提交工程设计方案;方案经当地鹅掌楸自然保护区相关主管部门认可后 1 年内工程开工,违反以上任何时限均视为拒绝履行自行修复。

(3)如风电公司未按评估报告的方案履行前述修复责任,由此因强制执行而产生的工程修复费 236.50 万元以及重新招投标等费用,均由风电公司承担。

【要点解析】

一、生态环境损害赔偿金管理方式

(一)生态环境损害赔偿金的范围

中共中央办公厅、国务院办公厅于 2017 年 12 月 17 日发布了《生态环境损害赔偿制度改革方案》,界定了生态环境损害赔偿的范围,包括清除污染费用、生态环境修复费用①、生态环境修复期间服务功能的损失、生态环境功能永久性损害造成的损失、生态环境损害赔偿调查、鉴定评估等合理费用。②

2020 年 12 月 29 日发布的最高人民法院《关于审理环境民事公益诉讼案件适用法律若干问题的解释》第 20 条第 3 款规定,生态环境修复费用包括制定、实施修复方案的费用,修复期间的监测、监管,以及修复完成后的验收费用、修复效果后评估费用。

目前,关于生态环境损害赔偿金的赔偿标准尚未明确,制定修复方案适用推荐方法和标准比较单一,专业性仍显不足。在计算具体生态环境修复费用数额中,部分法院采纳专家意见及鉴定结论,实践中主要依据的有原环境保护部《关于开展环

---

① 生态环境修复费用包括但不限于修复费用、替代性修复费用、修复方案编制费用、监测费用、监管费用和验收费用等。

② 鉴定评估等费用可包括生态环境损害赔偿调查、勘查、检验、鉴定、评估等费用。

境污染损害鉴定评估工作的若干意见》(环发〔2011〕60号)和《环境损害鉴定评估推荐方法》(第Ⅱ版)的“虚拟治理成本法”计算具体损害数额。

(二)生态环境损害赔偿金的支付和管理

经法律调研及经验汇总,实践中环境公益诉讼赔偿金的管理和使用主要有以下3种模式。

1. 政府设立专项账户对环境公益诉讼损害赔偿金进行管理和使用

实践中比较通行的做法是在财政主管部门设立专项资金账户,统一接收公益诉讼赔偿金,以行政部门监管为主,法院和相关部门参与的模式。各省市(包括贵州省)设立专项账户对环境公益诉讼损害赔偿金进行管理和使用的经验如下:

(1)2012年无锡市中级人民法院与市财政局联合制定了《无锡市环保公益金管理暂行办法》,设立环保公益金,由无锡市中级人民法院负责统一收缴,全额上缴市财政专户。

(2)2014年12月福建省漳州市政府制定了《漳州市生态环境损害修复资金管理办法》,成立漳州市生态环境损害修复资金管理工作领导小组,依托市中级人民法院环境资源庭负责日常工作,生态修复资金暂时依托中级人民法院标的款专户,实行分账管理、专款专用。

(3)2015年6月3日发布的贵州省高级人民法院《关于推进环境民事公益诉讼审判工作的若干意见》第20条规定,各集中管辖法院应与财政等部门协商设立环境民事公益诉讼资金账户,并建立完善的资金管理办法。法院判决被告支付的赔偿金或者生态修复等费用的,应指定其向环境民事公益诉讼资金账户支付。未设立环境民事公益诉讼资金账户的,判令被告向指定账户支付,并作专款管理,监督使用。

(4)2015年8月浙江省绍兴市环境保护局和绍兴市财政局共同印发了《绍兴市生态环境损害赔偿金管理暂行办法》,市环保局在财政统一账户下设立“生态环境损害赔偿金”专户,实行专款专用,统一核算。市财政局提供资金收缴的相应票据。由市环保局负责生态环境损害赔偿金的收缴、管理和使用,市财政局负责对收支情况的监督。

(5)2016年3月江苏省泰州市政府制定了《泰州市环境公益诉讼资金管理暂行办法》,成立资金账户。由资金使用方向泰州市环保局提出申请,环保局审核后,经市政府同意由市财政局拨付,并报市中级人民法院、市检察院备案,市审计局负责对环境公益诉讼资金使用进行监督。

2. 公益基金会对环境公益诉讼损害赔偿金进行管理和使用

基金会是利用自然人、法人或者其他组织捐赠的财产,以从事公益事业为目的成立的非营利性法人。由于基金会具有公益性质,实践中,亦有采用公益基金会对环境公益诉讼损害赔偿金进行管理和使用、司法部门进行监督的模式。

2016年上半年，中国绿色发展与生物多样性保护基金会（以下简称绿发会）与贵州省清镇市人民法院共同进行相关制度探索，专门成立生态环境修复（贵州）专项基金，用于贵州部分地区环境公益诉讼案件的资金收益。绿发会成立了生态环境修复专项基金（贵州）管理委员会，委员会管理的资金来自贵州省清镇市人民法院的一起环境公益诉讼案件。该笔生态环境修复专项基金专用于贵州当地的环境治理与修复。经过管委会做出使用决议、司法确认、拨款公示后方可使用该笔资金。

3. 设立慈善信托，由专业信托机构作为资金管理者

现有的生态环境损害赔偿金管理规范中对赔偿金管理使用的监督都是在行政系统内部的监督，并未纳入社会监督。为了充分调动民间力量深度参与环境公益诉讼赔偿金的后续管理及使用，已有设立慈善信托对环境公益诉讼损害赔偿金进行管理的有益尝试。

2016年自然之友诉江苏中丹化工水污染环境公益诉讼中，被告自愿出资100万元，设立慈善信托，信托的目的是保护生态环境。由专业信托公司对资金进行管理，信托公司对此慈善信托仅收取低额管理费用。该慈善信托由专门的决策委员会负责资金的使用，同时设立监察人对资金的使用进行监督。这是加强社会环保组织对生态环境损害赔偿金管理方式的一种尝试。

二、本案所涉法律问题解析

（一）涉案鉴定报告能否作为定案依据

原告环保组织在庭审中提出《鉴定评估报告》确认的生态环境恢复费用236.5万元过低。笔者认为，该鉴定报告的编制方是国内环境损害鉴定评估领域的权威机构，报告编制过程规范、结论科学合理，应予采纳。依据该鉴定评估报告，基本恢复和补偿性恢复阶段共需恢复生境面积2.6公顷，其中补偿性恢复措施的规模为0.71公顷，生态恢复总费用约为236.5万元。

笔者认为环保组织并未考虑到如下因素对生态环境恢复费用的影响：

首先，《鉴定评估报告》2.5“植被资源”中指出，根据《中国生物多样性红色名录－高等植物卷》，鹅掌楸濒危等级为无危。2013年为贯彻落实国务院批准发布的《中国生物多样性保护战略与行动计划（2011—2030年）》，加强生物多样性保护，原环境保护部和中国科学院联合编制了《中国生物多样性红色名录－高等植物卷》[①]，其中借鉴了IUCN关于濒危等级的分类：绝灭（Extinct，EX）、野外绝灭

① 参见生态环境部网，http://www.mee.gov.cn/gkml/hbb/bgg/201309/t20130912_260061.htm，最后访问日期：2018年11月21日。

(Extinct in the Wild, EW)、地区绝灭(Regional Extinct, RE), 极危(Critically Endangered, CR)、濒危(Endangered, EN)、易危(Vulnerable, VU)、近危(Near Threatened, NT)、无危(Least Concern, LC)、数据缺乏(Data Deficient, DD), 具体见图4－1。

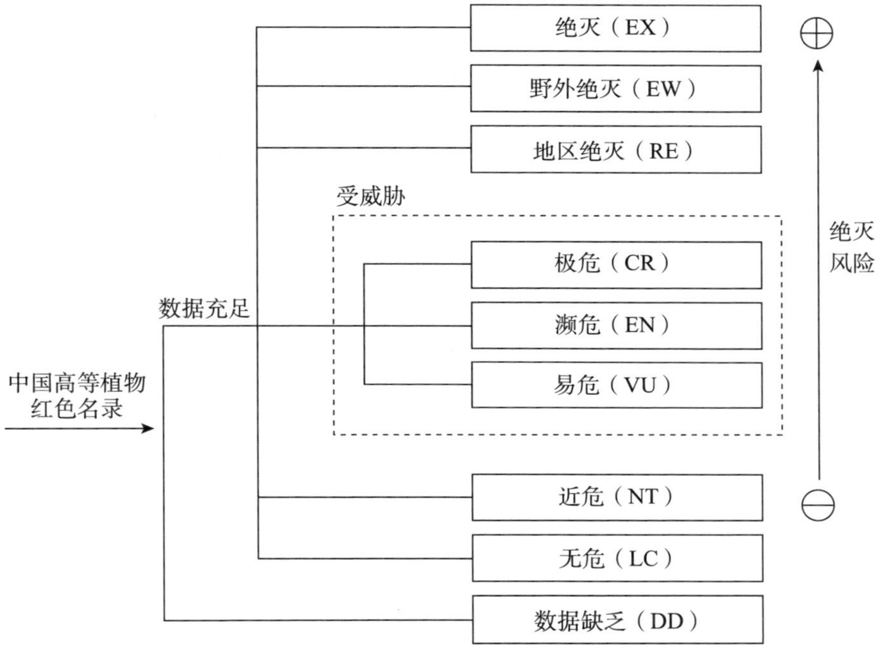

图4－1　红色名录登记划分结构

可见,鹅掌楸属于该名录等级划分中濒危风险最低的等级——无危,该名录对无危的含义解释为"无危(LC)当一分类单元被评估未达到极危、濒危、易危或近危标准,该分类单元即列为无危。广泛分布和种类丰富的分类单元都属于该等级"。鹅掌楸虽具有独特的生态价值,但属于常见的园林绿化品种,即使在四季分明、冬季寒冷干燥的北京也有大片种植的鹅掌楸绿化林(如北京东长安街建国门地铁站外的广场)。因此,鹅掌楸本身的广泛分布决定了其生态服务功能价值无法与其他近危或者濒危植物相比。

其次,案涉项目在剑河县鹅掌楸自然保护区内造成损害的原因是修建了一条宽7米、长912.3米的路,计算得出实际损害生境面积仅为1.89公顷,这也是案涉生态恢复费用并不高的原因。

(二)生态服务功能的期间损害是否需要另行计算和支付

依据《鉴定评估报告》中生态恢复方案说明的表述:"参照《环境损害鉴定评估推荐方法》(第Ⅱ版)(环办〔2014〕90号)和《生态环境损害鉴定评估技术指南总

纲》(环办政法〔2016〕67号),植被损害的评估采用恢复费用法,即通过设计植被恢复方案(包括基本恢复和补偿性恢复),计算恢复方案实施费用,以恢复方案费用作为植被的损失……从生态破坏开始到生态环境恢复到基线水平期间的生态系统服务期间损失,通过补偿性恢复措施的实施进行补偿,补偿性恢复的规模通过等值分析法计算得到,补偿性恢复措施能提供的服务应该等于期间损失。”

也就是说,实施补偿性恢复措施就等于补偿了从生态破坏开始到生态环境恢复到基线水平期间的生态系统服务期间损失。对于本案而言,实施0.71公顷补偿性恢复措施就等于补偿了生态系统服务期间损失,且0.71公顷的补偿型恢复措施与1.89公顷的基本恢复措施是一个整体工程,不能割裂。

同时,依据《环境损害鉴定评估推荐方法》(第Ⅱ版)8.3.1.3 生态环境损害评估方法的选择原则(第15页),“优先选择替代等值分析方法中的资源等值分析方法和服务等值分析方法……如果替代等值分析方法不可行,则考虑采用环境价值评估方法”。可见,本案优先选取替代等值分析法,通过确定补偿性恢复措施的规模,以补偿生态系统服务期间损失,是符合评估规范要求的。

综上,本案所涉的生态系统服务期间损失是以补偿性恢复措施来呈现的,而不是采用环境价值评估法计算时以货币形式呈现,这符合评估规范,也符合科学规律。

(三)补充性恢复费用是否需要支付

原告环保组织在庭审中提出现阶段应依据《鉴定评估报告》的要求确定150万元的补充性恢复用。

笔者认为,《鉴定评估报告》已经明确地指出建议制定针对恢复实施效果的跟踪调查方案,如无法达到预期效果,应及时开展补充性恢复。可见,实施补充性恢复措施应当具备两个前提条件:一是实施了恢复实施效果跟踪调查;二是跟踪调查结果显示,生态环境恢复工程没有达到预期效果。

现实情况是,上述两个前提条件均不具备,现阶段无法明确本案是否需要补充性恢复。即便要确定补充性恢复费用,也需要专业人员进行调查和评估来确定。环保组织提出的150万元补充性恢复费用只是主观想法,没有相关评估支撑,也不具备评估的前提条件。经过我们的努力,在后续调解过程中原告放弃了提出的增加100万~150万元作为补充性恢复资金的要求。

三、新能源项目中的其他环境合规领域

(一)生态保护红线环境合规

新能源项目的选址一旦涉及自然保护区、风景名胜区等禁止性区域,轻者被处以巨额罚单,重者拆屋还地,用地选址合规性是新能源项目的核心问题。

随着国家发展改革委等九部委《关于加强资源环境生态红线管控的指导意见》(发改环资〔2016〕1162号),中共中央办公厅、国务院办公厅《关于划定并严守生态保护红线的若干意见》(以下简称2号文)的先后发布,生态保护红线成为项目选址的“紧箍咒”,文件对红线保护要求是:“原则上按禁止开发区域的要求进行管理。严禁不符合主体功能定位的各类开发活动,严禁任意改变用途”。

依据前述2号文,划定生态红线指导思想是用“一条红线”来管控所有空间,根据原环保部生态司张文国处长的解释,就是把国土空间划分为城镇、农业和生态空间(最近修订的《土地管理法》第18条也对国土空间存有这样的规定),其中“生态保护红线”在生态空间中是重要组成部分,不再单独划定森林、草原、湿地等领域红线,实现用一条红线来管控重要生态空间。

《生态保护红线划定指南》(环办生态〔2017〕48号)规定,生态保护红线划定主要范围应涵盖两部分:国家级和省级禁止开发区域以及其他有必要严格保护的各类保护地,具体如下。

1. 国家级和省级禁止开发区域

这部分几乎涵盖了现行法律法规所规定的禁止开发区域,包括:国家公园、自然保护区、森林公园的生态保育区和核心景观区、风景名胜区的核心景区、地质公园的地质遗迹保护区、世界自然遗产的核心区和缓冲区、湿地公园的湿地保育区和恢复重建区、饮用水水源地的一级保护区、水产种质资源保护区的核心区、其他类型禁止开发区的核心保护区域。

2. 其他有必要严格保护的各类保护地

依据《生态保护红线划定指南》的规定,该部分由各地结合实际情况,根据生态功能重要性,将有必要实施严格保护的各类保护地纳入生态保护红线范围。主要涵盖:极小种群物种分布的栖息地、国家一级公益林、重要湿地(含滨海湿地)、国家级水土流失重点预防区、沙化土地封禁保护区、野生植物集中分布地、自然岸线、雪山冰川、高原冻土等重要生态保护地。

熟悉新能源项目投资开发的从业者都清楚,在项目前期工作中,需要反复前往各个部门盖章拿证明文件,以确认项目不处于前述国家公园、自然保护区、风景名胜区、水源保护地等禁止开发区域。现国家大力推行生态保护红线划定工作,按“一条红线”来管控所有空间的指导思想,将分散的信息汇集一处,以往的多部门联络转变为单个部门(环保部门或者国土生态空间管控部门)核实,将极大地减少前期工作量,从容应对项目用地排雷工作,有效降低项目非技术成本。

(二)前期或在建项目落入生态保护红线的应对

由于各地生态红线划定工作正在进行中,很多前期项目或在建项目就遇到了项目选址可能会落入生态保护红线范围的问题。

1. 项目落入生态保护红线是否应当拆除

不同于自然保护区、风景名胜区、动植物保护区等已有法规规定，生态保护红线的法律渊源是国务院的上述若干文件规定。如果生态保护红线与自然保护区、风景名胜区等保护区域重合，行政机关可以依据上述单行规定作出责令拆除的行政行为，大概率事件是应当拆除；如果不属于任何上述单行法规规定的范畴，仅依据中央文件作出强制拆除的规定，合法性存在一定的疑问。

从实践情况来看，在目前环保高压态势下，各地方政府宁可冒着行政违法的风险，大概率也会拆除在生态保护红线内的建设项目。

2. 政府批文办理深度对补偿的影响

一旦发生建设项目违反生态保护红线被政府强制拆除，紧随而来的问题就是行政赔偿（补偿）问题。很多新能源项目为了抢工期，在仅仅获得政府开展前期工作的原则性意见，而未获得实质意义上的行政许可（如用地预审、林地占用审批、草原占用审批等）情况下便贸然大量投入建设，导致项目拆除后获得赔偿（补偿）的概率急剧降低。

拆除后政府是否应当补偿，应考察行政相对人（项目建设单位）是否具有行政法上的信赖保护利益。《行政许可法》第 8 条第 2 款规定：“行政许可所依据的法律、法规、规章修改或者废止，或者准予行政许可所依据的客观情况发生重大变化的，为了公共利益的需要，行政机关可以依法变更或者撤回已经生效的行政许可。由此给公民、法人或者其他组织造成财产损失的，行政机关应当依法给予补偿。”因此，信赖利益保护的前提是行政行为（行政许可）已经成立并生效。在相关行政批文未能办理的情况下（仅有项目核准/备案，不能被认定为已经履行了相关行政部门的审批手续），项目本身存在“未批先建”问题，很难有“信赖利益保护”原则的适用。

3. 地方政府承诺对补偿的影响

是否适用“信赖利益保护”原则，还应考察行政机关是否给行政相对人（项目建设单位）予以足够的承诺。在微山县汇能光伏电站有限公司诉微山县政府违法强制拆除一案①中，山东省高级人民法院认为：县政府向上级政府要求调整保护区规划，（县政府）并认定项目所占区域不具有保护价值的行为，导致了“项目建设单位有理由相信县政府已经允诺其在约定的地点建设光伏发电项目”。因此，项目建设单位存在信赖利益保护。由此可见，地方政府对项目建设单位作出的种种承诺/允

① 参见山东省高级人民法院 2018 鲁行终 2900 号行政判决书。

诺,并不构成项目不会被拆除的“保证”,而是构成了信赖利益保护的正当理由。

(三)野生动植物环境合规

《野生植物保护条例》将国家重点保护野生植物分为国家一级保护野生植物和国家二级保护野生植物。建设项目对国家重点保护野生植物和地方重点保护野生植物的生长环境产生不利影响的,建设单位提交的环境影响报告书中必须对此作出评价;环境保护部门在审批环境影响报告书时,应当征求野生植物行政主管部门的意见。本文案件即是一起涉及野生植物保护的生态影响类环境公益诉讼案件。

依据《野生动物保护法》,机场、铁路、公路、水利水电、围堰、围填海等建设项目的选址选线,应当避让相关自然保护区域、野生动物迁徙洄游通道;无法避让的,应当采取修建野生动物通道、过鱼设施等措施,消除或者减少对野生动物的不利影响。建设项目可能对相关自然保护区域、野生动物迁徙洄游通道产生影响的,环境影响评价文件的审批部门在审批环境影响评价文件时,涉及国家重点保护野生动物的,应当征求国务院野生动物保护主管部门意见;涉及地方重点保护野生动物的,应当征求省、自治区、直辖市人民政府野生动物保护主管部门意见。

提及野生动物公益诉讼案件,就不得不提“绿孔雀案”。绿孔雀预防性保护公益诉讼案作为我国首例珍稀野生动植物保护预防性环境民事公益诉讼案件,成功入选“新时代推动法治进程2021年度十大案件”。该案突破了“有损害才有救济”的传统理念,贯彻环境保护法“保护优先、预防为主”原则,明确了“具有损害社会公共利益重大风险”的判断标准,为生物多样性特别是濒危物种的预防性保护提供了有益借鉴。因此,该案的判决结果应引起新能源项目各投资主体的关注,一旦因此导致项目停工,直接导致前期建设投资付诸东流。若已建成项目则面临拆除风险,这在“长岛候鸟案”①中得到了印证。山东省长岛自然保护区是经国务院批准建立的国家级自然保护区,保护区总面积达到5015.2公顷,其中砣矶岛保护区布置图上标注,核心区面积690.1公顷,附属七处岛屿核心区面积727.6公顷,位于候鸟迁徙的必经之路。联凯公司在位于砣矶镇南岭、北岭至双顶山的自然保护区核心区共建有7台风电机组。中华环境保护基金会于2016年4月向烟台市中级人民法院提起环境民事公益诉讼,要求联凯公司拆除机组并承担环境修复责任。

烟台市中级人民法院受理案件后,组织双方当事人进行了多次调解、协商,促使双方最终达成调解:联凯公司拆除涉案7台风机及配套设施;联凯公司承担生态环境修复义务,由长岛保护区管理局对其修复过程进行监管,如果联凯公司未按时

① 中华环境保护基金会诉长岛联凯公司候鸟迁徙生态保护公益诉讼案,入选山东省高级人民法院发布全省环境资源审判十大典型案例(2017年)。

将生态环境修复到损害发生之前状态,则由管理局负责实施修复行为,费用由联凯公司承担。

(四)水土保持环境合规

在贵州省青年法学会诉深圳博达公司等水土保持民事公益诉讼案中,某风电场占地面积约24平方公里,安装24台风机。该工程项目所在地属贵州省生态功能区划中喀斯特脆弱生态区,以及国家级水土流失重点治理区。根据该风电场2015年、2016年《水土保持监测报告表》记载,项目建设过程中存在以下主要问题:(1)风机基础开挖面积大,未对周边扰动的区域布设水土保持措施;(2)道路区在施工过程中未采取任何水土保持措施,造成了较大的水土流失;(3)扰动的建设区域,未做好剥离表土的临时堆放,经雨水冲刷,易造成大量的水土流失。贵州省青年法学会据此认为建设单位未严格按照环境保护法、水土保持法规定的“三同时”制度采取有效的水土保持防治措施,加剧项目所在地水土流失,加大后期水土流失治理难度,降低生态系统服务功能,增大生态环境受损风险。为此,该会向法院提起环境民事公益诉讼,请求判令建设单位立即进行整改,消除生态损害危险,并承担生态损害赔偿责任。经遵义市中级人民法院主持调解,双方达成由建设单位按照第三方制定的修复方案加紧实施水土保持植物措施整改工程,防止发生水土流失、山体滑坡风险的调解协议。

综上,新能源项目建设过程中应严格按照“三同时”制度(水土保持措施应当与主体工程同时设计、同时施工、同时投入生产使用)施工。建设项目竣工验收,应当验收水土保持设施;水土保持设施未经验收或者验收不合格的,项目不得投产使用。因此,新能源项目在涉及水土保持时,应当严格按照规定编制水土保持方案、报批、建设、验收,在建设过程中和验收完成后及时对水土流失进行治理。建设单位还应当与施工单位签订相关协议,要求施工单位严格按照水土保持方案进行施工,尽可能减少水土流失。

【实战策略】

一、环境公益诉讼调解结案,充分维护客户权益

本案代理中,笔者经过对案件事实的深入研究并结合对《鉴定评估报告》的评估,提出调解结案的处理方式。在调解过程中,依据《鉴定评估报告》将本案的生态环境恢复费用和生态环境功能损失合二为一,均以生态环境恢复费用的形式体现和使用。环保组织在调解过程中放弃了在庭审中提出的增加100万~150万元作为补充性恢复资金的要求。风电公司没有因调解承担《鉴定评估报告》确认的恢复责任以外的其他补偿责任。

另外,笔者为风电公司争取到了合理的实施节点和验收标准,只需在恢复工程重要节点以及每年一次定期向环保组织告知执行情况，避免恢复工程的实施和竣工受到原告的牵制、质疑或者反复纠缠，避免在执行过程中因实施问题与原告产生纠纷。风电公司自行实施各方认可的恢复方案，在管理和使用恢复费用方面取得了主动权，无须一次性支付大额资金。

除了上述有形的有利点之外，相比通过判决被动地承担生态环境恢复责任，风电公司通过调解结案得以树立主动承担环境社会责任的形象，降低本案带来的负面社会影响。

二、光伏、风电新能源公司应建立环境合规意识

通过该案，类似的新能源公司应提升项目经理和高级管理人员的环境合规意识，扭转重项目开发、轻生态环境保护的观念；根据现行适用的法律法规以及项目经验，系统识别新能源项目开发过程中的合规风险，并形成合规风险清单。根据上述风险清单，完善新能源项目合规管理程序，妥善处理项目开发与生态红线、自然保护区以及当地社区之间的关系；定期开展新能源项目合规审核，及时发现和纠正问题，必要时，修订上述风险清单和新能源项目合规管理程序。同时，建立环境公益诉讼公关危机应对与响应计划，理性、科学地应对环境公益诉讼引起的公关危机、报道舆论，将此类事件对公司正常运营的风险和影响降到合理可行的程度。建议定期演练该计划，并根据演练情况修订计划。

第五篇　新能源项目其他典型纠纷

实战案例 21

EMC 模式下屋顶光伏项目纠纷中不同给付义务的履行抗辩与抵销

——山东某工艺公司与某光伏科技公司租赁合同纠纷案[①]

在开发、运营屋顶分布式光伏项目过程中，光伏电站建设单位一般通过与用电单位签订合同能源管理协议来约定双方有关供用电服务的权利和义务。同时，作为屋顶业主的用电单位还会与建设单位签订屋顶租赁合同来对双方之间有关电站场地租赁的权利和义务进行约定。实践中同时存在建设/供电单位与屋顶/用电单位只通过一份屋顶光伏发电项目合作协议，将租赁合同关系和用电服务合同关系一并进行约定的情形。由于当事人之间存在的这种“混合合同”及其所包含的不同法律关系，导致有关分布式光伏项目的争议中往往出现不同于普通双务合同的抗辩事由。比如，屋顶出租方以承租方欠付屋顶租金为由抗辩电费的支付，或者供电方以用电方欠付电费为由抗辩屋顶租金的支付。此种“跨越式”的抗辩在司法实践中能否得到支持，履行抗辩无法行使情况下能否主张抵销，笔者通过代理的一起案件展开分析。

【案情简介】

2016 年 10 月 30 日，山东某工艺公司（以下简称工艺公司）与某光伏科技公司（以下简称光伏公司）签订了《屋顶租赁合同》，约定工艺公司将其拥有独立产权的屋顶出租给光伏公司用于建设分布式光伏发电项目，租期 20 年，并且约定签订租赁合同的同时应签订《合同能源管理协议》。租赁合同第 4.6 款特别约定：“如 A 方（工艺公司）拖欠 B 方（光伏公司）任何款项（包括不限于电费、赔偿金、违约金等），B 方（光伏公司）有权直接从其应付 A 方的租金或其他款项中扣除。”

---

① 山东省曹县人民法院（2020）鲁 1721 民初 1269 号民事判决书，浙江阳光时代律师事务所代理，案情略有删减。

同日，双方签订了《合同能源管理协议》，光伏公司投资建设光伏电站所发电力由工艺公司优先使用，效益分享期20年，工艺公司白天使用的每度电为0.7元。实际履行中，工艺公司未能按期支付电费，而光伏公司也拒绝支付租金，双方陷入僵持状态。

2020年1月，光伏公司向人民法院起诉要求工艺公司支付电费160万元（电费案）。2020年2月工艺公司向同一法院起诉要求光伏公司支付租金73万元（租金案）。笔者代表光伏公司参与两案的审理，并在租金案中提出抵销抗辩。

【裁判结果】

依据《合同法》（已废止）第99条，当事人互负到期债务，该债务的标的物种类、品质相同的，任何一方可以将自己的债务与对方的债务抵销，但依照法律规定或者按照合同性质不得抵销的除外。当事人主张抵销的，应当通知对方。通知自到达对方时生效。抵销不得附条件或者附期限。第100条规定，当事人互负债务，标的物种类、品质不相同的，经双方协商一致，也可以抵销。本案中（租金案），双方签订的《屋顶租赁合同》第4.6款约定，如工艺公司拖欠光伏公司任何款项（包括不限于电费、赔偿金、违约金等），光伏公司有权直接从其应付的租金或其他款项中扣除，故光伏公司主张债务抵销有合同事实和法律依据，予以支持。判决驳回工艺公司的诉讼请求。而在同期判决的电费案中，法院在抵销租金案中的租金后支持了光伏公司的诉讼请求。

【要点解析】

一、合同能源管理（EMC）下屋顶光伏项目各方主体之间关系解析

根据国务院办公厅转发发展改革委等部门《关于加快推行合同能源管理促进节能服务产业发展意见的通知》（国办发〔2010〕25号）的规定，合同能源管理是通过服务公司与用户签订能源管理合同，为用户提供节能诊断、融资、改造等服务，并以节能效益分享方式回收投资和获得合理利润的节能服务机制。

合同能源管理模式下的屋顶光伏项目中，一般可能涉及三方主体，即节能服务公司（通常是电站的投资人也是屋顶的承租人）、用电单位（通常是屋顶出租人）和电站的承包人。三方之间的法律关系如图5－1所示：

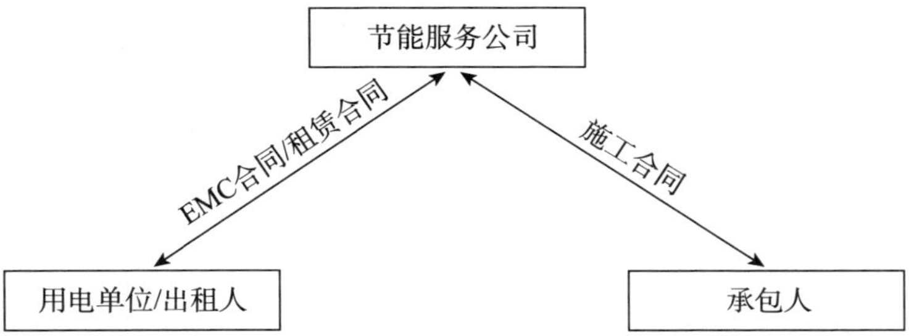

图5－1 屋顶光伏项目各方主体法律关系

(一)节能服务公司与出租人——租赁合同关系

节能服务公司投资屋顶分布式光伏,首先需要的就是寻找具备光伏建设条件的厂房屋顶,而后需要与出租人签订《租赁合同》,选择屋顶时一般要注意以下问题:

1. 建筑物建设手续及产权的合法性

《城乡规划法》第64条规定:“未取得建设工程规划许可证或者未按照建设工程规划许可证的规定进行建设的,由县级以上地方人民政府城乡规划主管部门责令停止建设;尚可采取改正措施消除对规划实施的影响的,限期改正,处建设工程造价百分之五以上百分之十以下的罚款;无法采取改正措施消除影响的,限期拆除,不能拆除的,没收实物或者违法收入,可以并处建设工程造价百分之十以下的罚款。”由此可知,未取得建设工程规划许可证或者未按照建设工程规划许可证的规定进行建设的,属于违章建筑,县级以上城乡规划部门有权要求限期拆除。《消防法》第13条第3款规定:“依法应当进行消防验收的建设工程,未经消防验收或者消防验收不合格的,禁止投入使用;其他建设工程经依法抽查不合格的,应当停止使用。”

若建筑物存在上述瑕疵,不仅涉及租赁合同的效力问题,日后光伏电站建成后运营中还会面临巨大的风险。因此,承租人在签署租赁合同之前,应首先要求房屋业主提供四证,即建设工程规划许可证、竣工验收证明、消防验收证明、房屋产权证明等。

2. 是否存在被抵押、查封等权利受限情形

《民法典》第397条规定:“以建筑物抵押的,该建筑物占用范围内的建设用地使用权一并抵押。以建设用地使用权抵押的,该土地上的建筑物一并抵押。抵押人未依据前款规定一并抵押的,未抵押的财产视为一并抵押。”若抵押权人行使抵押权对建筑物进行拍卖、变卖,则屋顶光伏项目面临被拆除的风险。因此,建议承租方在签订屋顶租赁协议前,前往当地的不动产登记部门对出租方提供房屋、土地的产权进行调查,了解房屋、土地上是否存在抵押权。在屋顶租赁协议或能源管理协议中增加因抵押权人实行抵押权的特别赔偿条款,或者与抵押权人约定在其行使抵押权后继续维持租赁合同效力。

3. 出租人是否有权出租

业主对建筑物专有部分享有单独所有权,即对该部分享有占有、使用、收益和处分的排他性的支配权;业主对建筑物专有部分以外的共有部分,享有权利并承担义务;共有部分为相关业主所共有,均不得分割,也不得单独转让。对于住宅楼、大型市场等建筑物的屋顶,由于产权较为分散,其屋顶的出租、利用需要按照业主委

员会或业主大会的议事规则，经过合法有效的民主决策程序后方可进行租赁。建议事先做好建筑物产权权属的调查，规避相关风险。

承租方在签订租赁合同时应确认转租人的出租行为是否经过出租人的同意，要求出租人出示房屋所有权人允许其转租房屋的授权委托书，并在租赁合同中明确约定转租人违反上述规定时应承担的违约责任。

4. 拆迁补偿问题

房屋被征收、拆迁，作出房屋征收决定的市、县级人民政府对被征收房屋"所有权人"给予的补偿包括：(1)被征收房屋价值的补偿；(2)因征收房屋造成的搬迁、临时安置的补偿；(3)因征收房屋造成的停产停业损失的补偿。显然，补偿是给房屋所有权人的，屋顶承租人并不是征收补偿的直接主体。实践中，各地对于房屋征收的补偿标准存在差异。有按赔偿款比例补偿，有按面积补偿，有按前三年的平均效益补偿，等等。

因此，在屋顶租赁合同中，对其停产、停业损失是需要预先与出租人进行约定，并明确房屋面临征收时的停产停业损失的计算方式、征收补偿的分配比例，以保护自身的合法权益。

(二)节能服务公司与用电单位——能源管理关系

屋顶光伏的生命周期一般是25年，而租赁合同按法律规定最长不超过20年，那么若租赁合同和能源管理合同分开签署时，可以在租赁合同20年的基础上增加租赁期届满自动续租5年的条款。实践中，通常的做法是将租赁关系并入能源管理合同而形成"混合型合同"，此种模式下是否受最长20年租赁期的影响，目前仍存在一定的争议。为稳妥起见，笔者建议在能源管理合同中约定项目周期为20年，并同时约定协议到期之后，能源管理协议以补充协议形式续签5年。

(三)节能服务公司与承包人——发承包关系

屋顶分布式光伏通常采用EPC总承包模式建设，节能服务公司与承包人之间实际是一种受《建筑法》调整的发承包关系。节能服务公司应确保发承包关系中不存在法律规定的合同无效情形。

二、非同一法律关系下互负债务能否行使履行抗辩权

《民法典》第525条和第526条分别对同时履行抗辩权和先履行抗辩权①进行了规定，那么本案中若工艺公司以光伏公司欠付屋顶租金为由抗辩电费的支付，或者光伏公司以工艺公司欠付电费为由抗辩屋顶租金的支付。此种"跨越式"的抗辩在司法实践中能否得到支持呢？笔者认为，这种抗辩是不成立的，理由如下：

---

① 分别对应《合同法》(已废止)第66条和第67条。

第一,工艺公司和光伏公司的抗辩权基于不同法律关系而提出。工艺公司抗辩拒绝支付电费的理由是光伏公司欠付屋顶租金构成违约,实质是以光伏公司违反租赁合同项下的合同义务为由而提出的"同时履行抗辩",而并非依据双方的供用电合同关系。与之相对应的是,光伏公司抗辩支付租金的依据为工艺公司在能源管理合同项下违反电费支付的在先合同义务,其行使所谓"先履行抗辩权"并非基于双方的租赁合同关系。

第二,工艺公司和光伏公司基于不同的法律关系所产生的权利义务并不具有关联性。一般认为,双务合同是指双方当事人互相承担义务和享有权利的合同,合同的当事人既是债权人又是债务人,当事人所承担的义务与所享有的权利相互关联,互为因果。工艺公司与光伏公司之间的供用电合同、租赁合同均为双务合同,但两个合同虽然基于同一光伏电站项目而订立,但各自合同项下的权利义务并不具有关联性。具体而言,工艺公司支付电费的合同义务与使用电力的权利相互关联,对应光伏公司收取电费的合同权利与发电供电义务的关联。光伏公司支付屋顶租赁费的义务与占有使用屋顶的权利相关联,对应工艺公司交付屋顶的合同义务与收取租金的合同权利相关联。工艺公司支付电费与光伏公司支付租赁费之间并无关联,分属于不同的法律关系。当事人在同一双务合同下才享有法定的同时履行抗辩权与先履行抗辩权。

第三,当事人在同一双务合同下才享有法定的同时履行抗辩权与先履行抗辩权。双务合同的本质特征在于合同双方义务存有对价关系,双方之间存在"你与则我与,你不与则我亦不与"的对待给付义务。基于这一理论基础,《民法典》第525条和第526条所规定的合同当事人的同时履行抗辩权及先履行抗辩权均应基于同一双务合同。一方当事人行使上述抗辩权的构成要件之一在于另一方当事人未履行债务或履行债务不符合约定,该违约行为限于行使权利一方抗辩履行的合同义务所对应的另一方当事人合同义务。

因此,工艺公司行使同时履行抗辩权/先履行抗辩权拒付电费,须光伏公司存在违反《合同能源管理项目协议》项下供电义务的行为。光伏公司行使同时履行/先履行抗辩权拒付租金,须工艺公司存在违反《屋顶租赁合同》项下提供交付屋顶义务的行为。

三、《民法典》下抵销权的行使与效力

前文提及,工艺公司与光伏公司以非同一合同项下且法律关系无关联的支付抗辩是无法得到支持的,那么,换个思路从债权债务抵销的角度是否可行呢?《民法典》第557条规定,抵销是债权债务终止的情形之一。

(一)抵销权的法律规定与分类

《民法典》第568条:"当事人互负债务,该债务的标的物种类、品质相同的,任何一方可以将自己的债务与对方的到期债务抵销；但是，根据债务性质、按照当事人约定或者依照法律规定不得抵销的除外。当事人主张抵销的，应当通知对方。通知自到达对方时生效。抵销不得附条件或者附期限。”该条规定的是法定抵销及其行使规则。

《民法典》第569条：“当事人互负债务，标的物种类、品质不相同的，经协商一致，也可以抵销。”该条是关于约定抵销的规定。

行使抵销权的人为抵销人；抵销人的债权，即主动用于抵销的债权，为主动债权；被抵销的债权为被动债权。法定抵销依一方意思表示行使而导致双方的债权债务在相应范围内消灭，故是一种形成权。下文无特别说明，笔者讨论的均是法定抵销情形下的相关法律问题。

（二）法定抵销行使条件

依据《民法典》第568条第1款的规定，抵销权行使需满足以下要件：（1）双方当事人必须互负债务；（2）债务的种类、品质相同；（3）主动债权已届清偿期；（4）双方债务都是可以抵销的债务。上述要件也是通说的抵销权行使的积极要件。这里需要注意的是，《民法典》修改了《合同法》（已废止）关于“互负到期债务的”规定，而只要求“主动债权到期”，在被动债权（抵销人作为债务人）未届清偿期时抵销人进行抵销，相当于抵销人提前清偿自己的被动债务，放弃了期限利益，法律不予以干涉。

现行法律中规定不得抵销的情形有：

（1）破产程序。根据《企业破产法》第40条的规定，有下列情形之一的，不得抵销：其一，债务人的债务人在破产申请受理后取得他人对债务人的债权的。其二，债权人已知债务人有不能清偿到期债务或破产申请的事实，对债务人负担债务的；但是，债权人因为法律规定或有破产申请1年前所发生的原因而负担债务的除外。其三，债务人的债务人已知债务人有不能清偿到期债务或破产申请的事实，对债务人取得债权的；但是，债务人的债务人因为法律规定或有破产申请1年前所发生的原因而取得债权的除外。

（2）合伙企业债务。根据《合伙企业法》第41条的规定，合伙人发生与合伙企业无关的债务，相关债权人不得以其债权抵销其对合伙企业的债务。

（3）农村土地承包收益或经营权流转收益。最高人民法院《关于审理涉及农村土地承包纠纷案件适用法律问题的解释》第17条规定，“发包方或者其他组织、个人擅自截留、扣缴承包收益或者土地经营权流转收益，承包方请求返还的，应予支持。发包方或者其他组织、个人主张抵销的，不予支持”。

（三）法定抵销行使方式

《民法典》第568条第2款规定了抵销权的行使方式为通知，通知到达对方时生效。《九民纪要》第 43 条又规定了抵销权既可以通知的方式行使,也可以提出抗辩或者提起反诉的方式行使。本案中,光伏公司在租赁案中即以抗辩的方式提出抵销并获得法院的支持。

行使抵销权时不得附条件或者附期限,是因为附有条件会引起法律关系的纷扰,以单方的意思使对方的法律地位限于不安定状态;附有期限则使抵销的溯及效力失去意义。①

(四)法定抵销的效力

《九民纪要》规定,抵销的意思表示自到达对方时生效,抵销一经生效,其效力溯及自抵销条件成就之时,双方互负的债务在同等数额内消灭。双方互负的债务数额,是截至抵销条件成就之时各自负有的包括主债务、利息、违约金、赔偿金等在内的全部债务数额。行使抵销权一方享有的债权不足以抵销全部债务数额,当事人对抵销顺序又没有特别约定的,应当根据实现债权的费用、利息、主债务的顺序进行抵销。

《九民纪要》规定抵销具有溯及力,系因为在当事人怠于行使抵销权的场合,若抵销的意思表示不具有溯及力而只向将来(抵销通知之后的将来)发生效力,在两个债权的迟延损害赔偿金的比例不同时,将会导致不公平的结果,因此规定抵销的效力溯及自抵销条件成就之时。②

为方便大家理解溯及力问题,在此举例说明。A 对 B 负有 5 万元债务,应于 7 月 1 日归还,逾期未还需每月支付1000 元违约金。同时 B 对 A 负有 5 万元债务,应于 8 月 1 日归还,逾期未还需每月支付 3000 元违约金。双方到期后均未及时清偿。直到 9 月 1 日,A 通知 B 以其对 B 的债权抵销其对 B 的债务。若抵销不具有溯及力,则此时 A 承担的债务共:5 万元 +1000 元 ×2 个月 =5.2 万元,B 担负的债务共:5 万元 +3000 元 ×1 个月 =5.3 万元,抵销后 B 尚欠 A 有 1000 元债务。若抵销溯及至抵销条件成就之时,即 A 对 B 的主动债权到期之时的 8 月 1 日,则此时 A 承担的债务共:5 万元 +1000 元 ×1 个月 =5.1 万元,B 负担的债务只有本金 5 万元,经过抵销后 A 尚欠 B 只有 1000 元债务。

(五)《民法典》第 549 条债务人向受让人主张抵销的理解

《民法典》第 549 条规定了债务人可以向受让人主张抵销的两种情形:

1. 债务人接到债权转让通知时,债务人对让与人享有债权,且债务人的债权先于转让的债权到期或者同时到期,债务人可以向受让人主张抵销。

---

① 参见韩世远:《合同法总论》(第 4 版),法律出版社 2018 年版,第 709 页。

② 参见最高人民法院民事审判第二庭编著:《〈全国法院民商事审判工作会议纪要〉理解与适用》,人民法院出版社 2019 年版,第 298 页。

此种抵销情形共涉及三方当事人。举例:甲和乙之间有100万元人民币的借款合同,甲依照借款合同享有请求乙还本付息的债权,履行期为2020年10月5日。后来,乙和甲订立房屋买卖合同,乙依约对甲享有200万元的购房款请求权,履行期为2020年4月10日。甲与丙之间于2020年6月3日成立100万元的债权转让合同,约定甲将其对乙的100万元债权转让给丙。在上述案例中,如果适用《民法典》第568条第1款的规定,乙是不能向丙主张抵销的,只能向甲主张抵销;但是,如果适用《民法典》第549条第1项的规定,只要经过2020年4月10日,乙就有权根据《民法典》第549条第1项的规定,向丙主张抵销100万元人民币的债权。

尽管《民法典》第549条第1项的规定背离了《民法典》第568条第1款的规定以及关于抵销的积极要件的通说,不要求抵销关系中的双方当事人必须是被抵销债权形成时的双方当事人,却具有合理性:债务人乙和债权人甲之间可能存在若干交易关系,甚至配有担保法律关系,可能存在信赖,特别是乙和甲互负债务、互享债权,存在抗辩及时效完成等抗辩权和抵销权等法律手段,形成制衡态势,这样乙的合法权益就有保障,抵销权系有效的保障手段之一。但是,甲将其对乙的债权转让给丙之后,乙可能失去对于甲的抵销权,在与甲的关系上不再有抵销权这种有效的保障手段,一旦甲的责任财产不足以清偿数个债权,乙对甲的债权就难以全部实现甚至完全无法实现。乙和丙之间可能无其他交易关系来制约,乙对丙可能无抗辩及抗辩权,依《民法典》第568条第1款的规定及通说,乙对丙也不享有抵销权。在这样的背景下,在丙请求乙清偿时,乙只剩满足丙请求的"责任",而无保障自己权益的法律手段。一句话,无论是对甲还是对丙,乙均无抵销权这种有效保障自己权益的法律手段,处于不利的境地。为改变乙所处的这种不利格局《民法典》设置特则即第549条第1项,赋予乙对丙享有抵销权,以达利益平衡是正当的。关于这种制度安排,换个角度说,乙本来拥有的抵销权不得因其债权人转让债权而消失,而是继续保有。

2. 债务人的债权与转让的债权是基于同一合同产生,债务人可以向受让人主张抵销。

这一规定不同于《民法典》第549条第1项所设案型中的两项债权分处于两种法律关系之中。如果说《民法典》第549条第1项所涉案型中的两项债权不具有产生和存续上的牵连性,那么,《民法典》第549条第2项所设案型的两项债权则在产生和存续上均有牵连性。由此牵连性带来了履行抗辩权、时效完成的抗辩权以及有关抗辩,甚至抵销权,使债务人的债权及其利益就有实现的法律保障。但是,债权人将其债权转让给他人,债务人与该他人之间不见得存在前述有关保障措施,只得"乖乖地"满足该他人关于清偿债务的请求。更为糟糕的是,当债务人请求转让人(原债权人)履行债务时,转让人却无足够的责任财产予以清偿,使债务人在财产上只“出”不“进”。帮助债务人摆脱这种不利境地的措施之一是,赋权债务人对受让人享有抵销权,并且降低该抵销权产生和行使的“门槛”,不再要求债务人的债权先于转让的债权到期或者同时到期,也不要求抵销关系中的双方当事人必须是被抵销债权形成时的双方当事人。这就是《民法典》第549条第2项的设计理由。[①]

四、抵销权与时效抗辩权的冲突与化解

抵销权作为一种形成权,其行使似乎并不应受诉讼时效之限制。但如果一方当事人以自己已超过诉讼时效的债权主张抵销与对方当事人的债权,实质意味着主张抵销的当事人通过抵销的方式实现自己已超过诉讼时效的债权,而对方当事人被迫履行了已超过诉讼时效的自然之债,失去了不履行义务的时效抗辩权。

司法实践中,主动债权人一般在涉诉之后才会明确主张行使抵销权,以此对抗被动债权人的诉讼请求。如果主动债权存在诉讼时效问题且被动债权人提出时效抗辩,司法机关还能否支持主动债权人的抵销权主张。对此,司法实践存在不一致的裁判观点。

(一)否定说

否定说认为,主动债权超过诉讼时效的不应受到法律保护,被动债权人提出的时效抗辩应予支持,否则将会剥夺被动债权人的时效利益,使其被强迫履行自然之债。该观点着重强调诉讼时效制度的立法精神。例如,最高人民法院在(2017)最高法民申854号案中,首先认定主动债权已被另案生效判决认定超过诉讼时效的事实,超过诉讼时效的债权法院不予保护,然后进行说理:“对于超过诉讼时效期间的鼎鑫公司3051万元债权,债务人成都制药一厂并未提出自愿履行的意思表示,人民法院也不能强制其履行,如果允许以超过诉讼时效的债权行使抵销权,无异于赋予超出诉讼时效债权法律强制力,不符合抵销权和诉讼时效制度的法律精神。”该院另在(2018)最高法民终282号案中指出:“根据《中华人民共和国合同法》第九十一条的规定,债务相互抵销是合同权利义务终止的情形,与债务已经按照约定履行具有相同效力。诉讼时效届满的,义务人可以提出不履行义务的抗辩,当然也可以提出不同意抵销的抗辩,喜福实业公司主张即使反诉超过了诉讼时效期间,其也可以直接行使抵销权,无法律依据。”

(二)肯定说

肯定说认为,法律所规定的债务抵销并无诉讼时效的规定,只要满足法定抵销的积极构成要件且不存在法定的消极情形,即可认定债务抵销。例如,江苏省高级

---

① 参见崔建远:《论中国民法典上的抵销》,载《国家检察官学院学报》2020年第4期。

人民法院在(2015)苏民终字第00272号案件中说理认为:“金泰公司就工期违约提起的反诉请求系行使法定抵销权。《中华人民共和国合同法》第九十九条第一款规定,当事人互负到期债务,该债务的标的物种类、品质相同的,任何一方可以将自己的债务与对方的债务抵销,但依照法律规定或者按照合同性质不得抵销的除外。该条中所称的债务应理解为不论该债务是否超过诉讼时效,只要具备了该条款中规定的情形,任何一方可以将自己的债务与对方的债务抵销,即只要满足标的物种类、品质相同、已届清偿期,且不属于依照法律规定或者按照合同性质不得抵销的债务,都可列入允许行使抵销权的债务范围,包括超过诉讼时效的自然债务。”浙江省高级人民法院在(2013)浙民提字第1号案件持相似观点:“根据《中华人民共和国合同法》第九十九条‘当事人互负到期债务,该债务的标的种类、品质相同的,任何一方可以将自己的债务与对方的债务抵销,但依照法律规定或按照合同性质不得抵销的除外。当事人主张抵销的,应当通知对方。通知自到达对方时生效。抵销不得附条件或附期限’的规定,虽然大地公司主张的债权15万元已过诉讼时效,但大地公司与张日平之间互负债务均为金钱给付之债,也不存在依照法律规定或按照合同性质不得抵销的情形,现大地公司和张日平均提出双方互负的债务进行抵销,依法应予支持。”

(三)区分说

前述两种裁判观点并没有对主动债权与被动债权二者的“得为抵销”时间点进行论述,而是直接肯定或者否定抵销权的行使。随着相关纠纷日益凸显,司法实践逐渐引入和吸收了理论界观点,将抵销适状(符合法定抵销权成立要件的状态)产生的时间作为区分标准。典型案例为最高人民法院(2018)最高法民再51号案,该判决书被刊载于《最高人民法院公报》(2019年第4期),判决厘清了法定抵销权的行使条件,对司法实践有较强的指导意义。

最高人民法院裁判说理认为,对已超过诉讼时效的主动债权能否主张抵销,应当具体分析“抵销权的形成”与“抵销权的行使”两个问题。

第一,关于抵销权的形成问题。法定抵销权作为形成权,只要符合法律规定的条件即可产生。法律规定了法定抵销权的形成条件,即当事人互负到期债务,该债务的标的物种类、品质相同的,任何一方可以将自己的债务与对方的债务抵销,但依照法律规定或者按照合同性质不得抵销的除外。对于双方债务均已到期应作如下理解:“……双方债务各自从履行期届至,到诉讼时效期间届满的时间段,应当存在重合的部分。亦即,就诉讼时效在先届满的债权而言,其诉讼时效届满之前,对方的债权当已届至履行期;就诉讼时效在后届满的债权而言,其履行期届至之时,对方债权诉讼时效期间尚未届满。在上述时间段的重合部分,双方债权均处于没有时效抗辩的可履行状态,‘双方债务均已到期’之条件即已成就,即使此后抵销权行使之时主动债权已经超过诉讼时效,亦不影响该条件的成立。反之,上述时间段若无重合部分,即一方债权的诉讼时效期间届满时对方之债权尚未进入履行期,则在前债权可履行时,对方可以己方债权尚未进入履行期为由抗辩;在后债权可履行时,对方可以己方债权已过诉讼时效期间为由抗辩。如此,则双方债权并未同时处于无上述抗辩之可履行状态。即使在此后抵销权行使之时在后债务已进入履行期,亦难谓满足该条件。因被动债权诉讼时效的抗辩可由当事人自主放弃,故可认定,在审查抵销权形成的积极条件时,当重点考察主动债权的诉讼时效,即主动债权的诉讼时效届满之前,被动债权进入履行期的,当认为满足双方债务均已到期之条件;反之则不得认定该条件已经成就。”简言之,该观点认为主动债权与被动债权应当存在“均届履行期限且均未超过诉讼时效”的时间段重合,否则法定抵销权自始未能成就。

第二,关于抵销权的行使问题。法院认为:“通知仅系法定抵销权的行使方式,抵销权成立后当事人是否及时行使抵销权通知对方,并不影响抵销权的成立。本案中,源昌公司行使抵销权之时虽已超出诉讼时效,但并不妨碍此前抵销权的成立。抵销通知亦为单方意思表示,意思表示只要到达对方,无须其同意即可发生抵销的法律后果,作为形成权抵销权的行使不受诉讼时效限制。”简言之,只要抵销适状产生于主动债权诉讼时效届满前,即便其后主动债权超过诉讼时效,也不会影响抵销权行使。

在最高人民法院(2018)最高法民再51号公报案例发布后不久,《九民纪要》第43条中明确规定:“抵销的意思表示自到达对方时生效,抵销一经生效,其效力溯及自抵销条件成就之时,双方互负的债务在同等数额内消灭。”最高人民法院进一步表明了其对抵销溯及力观点的赞同,这也对新产生的纠纷具有直接指导意义。

值得注意的是,《民法典》修改了《合同法》(已废止)关于抵销权的积极构成要件,不再要求当事人“互付到期债务”,而只要求“主动债权到期”。这一点实际不难理解,因为主动债权人主张抵销的,视为其放弃了被动债权的期间利益,依据处分原则,法律不应干预。因此,司法实践对于抵销权与时效抗辩权的冲突问题,将会逐步统一至“区分说”观点,审查主动债权诉讼时效届满前是否达到抵销适状。

【实务建议】

一、关注 EMC 模式下屋顶光伏项目各方的法律关系及潜在风险点

合同能源管理模式下的屋顶分布式光伏新建项目涉及多方主体且交杂着多种法律关系,法律关系存续时间较长,应关注其中存在的法律风险。尤其是节能服务公司作为投资方在选择屋顶时务必尽到审慎的尽职调查义务,并在能源管理合同或租赁合同中细化相应条款,充分保证权益,而对于施工方的选择上也要尽责,保证合同效力。

二、关注不同支付义务下的抵销权行使

抵销是债权债务终止的方式之一,具有简化清偿之作用。通过抵销,双方当事人无须切实履行各自的债务即可达到清偿各自债务的目的,避免当事人分别请求以及分别履行带来的不便与成本。由于法律及司法解释所规定的抵销权行使方式较为简便,动辄会影响到另一方的诉讼时效抗辩权,二者之间很容易发生冲突,司法实践对于该类纠纷的裁判观点趋于统一,应予关注。如果一方当事人的履行能力较差,尤其应注意积极行使抵销权,避免出现相对方通过诉讼迫使己方履行债务,等到己方积极主张债权时对方早已"金蝉脱壳"的被动和不利局面。

三、关注抵销权行使的方式

《民法典》规定了抵销权的行使方式为通知,通知到达对方时生效。《九民纪要》第 43 条又规定了抵销权既可以通知的方式行使,也可以提出抗辩或者提起反诉的方式行使。因此,在诉讼中若符合抵销条件,应积极以抗辩形式提出或与其他反诉请求一并提出。

实战案例 22

光伏新能源项目用地模式与合规性分析

——长岭县某村委会与吉林省某集团公司确认合同无效纠纷案①

光伏新能源项目用地问题始终是光伏项目开发建设中绕不过的话题。众所周知，我国实行土地用途管制制度，根据土地用途土地可分为农用地、建设用地和未利用地。使用土地的单位和个人须严格按照土地利用总体规划确定的用途使用土地。光伏新能源项目用地亦不例外，因此，依照法律法规合法用地至关重要。若在项目开发建设中没有理顺用地问题，甚至存在非法用地，那么有可能对整个项目造成颠覆性影响。本节结合我们代理的一起涉及光伏项目用地纠纷案件，围绕光伏用地政策的沿革、光伏新能源项目用地取得方式、光伏项目用地中常见的风险与纠纷类型、未履行民主程序合同效力的认定若干维度作具体梳理和探讨。

【案情简介】

2014 年 7 月 9 日，长岭县某村委会（以下简称村委会）与吉林省某集团公司（以下简称集团公司）签订了《牧业小区合同书》和《租赁草原合同书》，约定村委会将村集体土地发包给集体经济组织以外的集团公司用于建设牧业小区，期限 50 年，承包价格按每平方米 1 元计。合同还约定不得改变土地用途，并且合同应报镇人民政府批准通过。但集团公司并未按照《牧业小区合同书》约定建设牧业小区，发包行为未取得镇人民政府批准。2016 年 6 月 20 日，集团公司再与村委会签订《协议书》，将草场用途变更为建设光伏项目加肉羊养殖。由于《协议书》变更了原有发包方案、变更发包土地用途，但是并未经过村民主决议程序表决同意并报镇人民政府批准。

另外，光伏项目在取得地方能源主管部门项目开发核准和备案文件后，已实际建成并投入运营发电。

2021 年，村委会遂依据 2009 年《农村土地承包法》第 48 条第 1 款“发包方将农村土地发包给本集体经济组织以外的单位或者个人承包，应当事先经本集体经济组织成员的村民会议三分之二以上成员或者三分之二以上村民代表的同意，并报乡（镇）人民政府批准”的规定，向当地人民法院起诉，请求判令确认村委会与集团公司 2014 年 7 月 9 日签订的《牧业小区合同书》和《租赁草原合同书》和 2016 年 6

① 吉林省长岭县人民法院（2021）吉 0722 民初 2217 号民事判决书，浙江阳光时代律师事务所代理，案情略有删减。

月 20 日签订的《协议书》无效。

庭审中，集团公司答辩认为：其已履行《牧业小区合同书》和《租赁草原合同书》，承包费已结清。《协议书》所涉改变土地用途已经过村民代表和村民签字同意，而乡镇政府批准手续应由村委会负责。

【裁判结果】

本案经过法院开庭审理，法院判决认为：村委会按照民主议事程序经村民同意与集团公司签订的《牧业小区合同书》和《租赁草原合同书》及经村民代表同意村委会与集团公司签订的《协议书》，约定村委会将放牧场转包给集团公司用于开发光伏项目建设加肉羊养殖，是双方当事人的真实意思表示，不违反法律、行政法规的强制性规定，且双方均履行了各自义务，光伏加肉羊养殖项目已经吉林省能源局、吉林省发展和改革委员会、长岭县发展和改革委员会、松原市环境保护局、吉林省国土资源厅等批准、备案、审核，已建设完毕，并已运营，应认定《牧业小区合同书》、《租赁草原合同书》及《协议书》合法有效。最高人民法院《关于适用〈中华人民共和国合同法〉若干问题的解释（二）》（已废止）第 14 条规定"合同法第五十二条第五项规定的'强制性规定'，是指效力性强制性规定"，而《农村土地承包法》第 48 条规定的是管理性强制性效力，不能导致合同的无效。村委会主张《协议》未经过村民会议民主决议程序，而集团公司提供了村民代表大会民主评议会议记录证明了《协议书》是经村民代表同意的。因此，村委会主张《牧业小区合同书》、《租赁草原合同书》及《协议书》未报镇政府批准，违反《农村土地承包法》的强制性规定而无效，本院不予支持，判决驳回村委会要求确认《牧业小区合同书》、《租赁草原合同书》及《协议书》无效的诉讼请求。

【要点解析】

本案中，村委会与集团公司先后签订了《牧业小区合同书》、《租赁草原合同书》及《协议书》3 份合同。村委会以这 3 份合同违反《农村土地承包法》的强制性规定主张无效，那么焦点问题至少包括两点：

第一，《农村土地承包法》第 48 条规定是否属于效力性强制性规定？

第二，若属于效力性强制性规定，这 3 份合同是否履行了民主决议程序并办理了镇政府批准手续？

审查清楚上述问题，本案的判决应该就已清晰明朗了。结合笔者代理的光伏新能源项目用地纠纷的实践经验，光伏用地政策、用地取得方式对于此类纠纷也是至关重要。本文以该案例为引子，具体梳理如下。

一、光伏项目用地政策的沿革

《土地管理法》和《农村土地承包法》系针对土地管理利用的原则性规定，并未针对光伏等新能源项目用地作直接规定。而光伏新能源项目用地的具体政策，散见于国务院各部门规范性文件和地方性政策文件。

2015年9月，原国土资源部等六部委联合印发《关于支持新产业新业态发展促进大众创业万众创新用地的意见》(国土资规〔2015〕5号)，其中规定："光伏、风力发电等项目使用戈壁、荒漠、荒草地等未利用土地的，对不占压土地、不改变地表形态的用地部分，可按原地类认定，不改变土地用途，在年度土地变更调查时作出标注，用地允许以租赁等方式取得，双方签订好补偿协议，用地报当地县级国土资源部门备案；对项目永久性建筑用地部分，应依法按建设用地办理手续。对建设占用农用地的，所有用地部分均应按建设用地管理。"

2015年11月，国家林业局印发《关于光伏电站建设使用林地有关问题的通知》(林资发〔2015〕153号)，其中规定：对于森林资源调查确定为宜林地而第二次全国土地调查确定为未利用地的土地，应采用"林光互补"用地模式，"林光互补"模式光伏电站要确保使用的宜林地不改变林地性质。采用"林光互补"用地模式的，电池组件阵列在施工期按临时占用林地办理使用林地手续，运营期双方可以签订补偿协议，通过租赁等方式使用林地。

2015年12月，原国土资源部发布《光伏发电站工程项目用地控制指标》(国土资规〔2015〕11号，现已失效)。该文件依据光伏发电项目的功能分区规定了4个单项指标，分别是光伏方阵用地指标、变电站及运行管理中心用地指标、集电线路用地指标和场内道路用地指标。其中，光伏方阵用地指标中，根据方阵排列的不同方式，分别列出了固定式、平单轴跟踪式、斜单轴跟踪式和双轴跟踪式4种方阵用地指标表；变电站及运行管理中心用地指标中，根据不同升压等级，分别列出了5种等别的用地指标表；集电线路用地指标中，根据塔杆类型，列出了水泥杆和铁塔杆用地指标表。值得注意的是，用地指标所指的土地包括农用地、建设用地和未利用地，无论占用哪种类型的土地，都要按指标来确定用地规模。

2016年10月，原国土资源部办公厅针对天津市国土资源和房屋管理局光伏发电用地有关问题的请示作出《关于光伏发电用地事项的函》(国土资厅函〔2016〕1638号)，主要规定：对于使用农用地新建光伏发电项目的，包括光伏方阵在内的所有用地均应按建设用地管理，依法履行规划、计划、转用、征收、供应手续，其中农用地的类型按照土地调查成果认定，光伏方阵的面积按照《光伏发电站工程项目用地控制指标》(国土资规〔2015〕11号)核定。

2017年9月，原国土资源部、原国务院扶贫办、原国家能源局联合印发《关于支持光伏扶贫和规范光伏发电产业用地的意见》(国土资规〔2017〕8号)，主要增加规定了光伏扶贫项目和光伏复合项目。所谓"光伏扶贫项目"，是指对深度贫困地区脱贫攻坚中建设的光伏发电项目，以及国家能源局、国务院扶贫办确定下达的全国村级光伏扶贫电站建设规模范围内的光伏发电项目，而“光伏复合项目”通常包括“渔光互补”和“农光互补”。渔光互补项目一般是指渔业养殖与光伏发电相结合，在鱼塘水面上方架设光伏板阵列，光伏板下方水域可以继续进行鱼虾养殖，继续保持原有土地用途，光伏阵列还可以为养鱼提供良好的遮挡作用，形成“上可发电、下可养鱼”的发电模式。“农光互补”自然也指的是光伏发电与农业种植相结合的方式。上述意见规定：光伏方阵使用永久基本农田以外的农用地的，在不破坏农业生产条件的前提下，可不改变原用地性质；采用直埋电缆方式敷设的集电线路用地，实行与项目光伏方阵用地同样的管理方式。

2019 年 4 月，自然资源部出台《产业用地政策实施工作指引》（自然资办发〔2019〕31 号），一是鼓励光伏、风力发电等项目使用未利用土地；二是积极保障光伏扶贫项目用地，对符合要求的光伏发电项目，按建设用地管理的，在编制规划和用地计划中予以重点保障，并依法办理建设用地审批手续；三是规范光伏复合项目用地管理，对使用永久基本农田以外的农用地开展光伏复合项目建设的，由省级能源、自然资源主管部门商同级有关部门，在保障农用地可持续利用的前提下，研究提出本地区光伏复合项目建设要求、认定标准，并明确监管措施，避免对农业生产造成影响；四是推广节地技术和节地模式。

从上述规定可以看出，国家层面鼓励光伏项目用地采取复合型方式，并不再强制要求农用地转用手续。此外，全国各省在上述政策基础上也相应出台了光伏发电项目用地的地方性规范文件，以指导项目建设规范用地，此处不再一一列举。

光伏项目用地可以分为四类区域，即光伏方阵用地、变电站和运行管理中心用地、集电线路用地和场内道路用地。结合上述政策规定，可以总结如下：对于光伏电站项目中的永久性建筑用地部分，如变电站、综合楼和生活服务设施、运行管理中心等，应依法按建设用地办理手续。对于该部分项目占地，不区分占用土地性质，均应依法办理建设用地手续，此后方可通过划拨、出让、租赁的方式取得项目用地。

对于光伏项目中非永久性建筑用地部分如光伏方阵用地，占用未利用土地的，即不占压土地、不改变地表形态的用地部分，可按原地类认定，并允许以租赁等方式取得，无须改变土地用途，若属于未利用地属于集体所有的，须与集体经济组织签订补偿协议，并报当地县级国土资源部门备案。特别是光伏扶贫项目和光伏复合项目，非永久性建筑用地部分还可使用永久基本农田以外的农用地，在不破坏农业生产条件的前提下，可不改变原用地性质。

二、光伏新能源项目用地取得方式

(一)以划拨方式取得用地

根据《土地管理法》及《划拨用地目录》的规定,光伏项目作为国家重点支持的新能源发电项目,是可以通过划拨方式取得项目建设用地的,特别是针对光伏扶贫项目和光伏复合型项目,部分地方政府明确出台了相关支持政策,项目公司可以争取通过划拨方式获得项目建设用地。《划拨用地目录》中特别规定了电力设施用地[包括新能源发电工程电机,厢变、输电(含专用送出工程)、变电站设施,资源观测设施]可以划拨方式提供土地使用权。前述国土资规〔2015〕5 号文也提及,新产业项目用地符合《划拨用地目录》的,可以划拨供应。

根据国务院《关于促进光伏产业健康发展的若干意见》(国发〔2013〕24 号),光伏发电项目使用未利用土地的,依法办理用地审批手续后,可采取划拨方式供地。可见,光伏发电项目中建设永久性建筑用地部分,依法按建设用地办理审批手续后,可以通过划拨方式取得土地。

综上,以划拨方式取得用地,是光伏电站项目建设中一项重要用地方式。

(二)以出让方式取得用地

国有土地使用权出让是有偿使用国有土地的一种方式。建设出让是国有建设用地供应的主要方式,国有土地使用权出让除依法可以采取协议方式外,应采取招标、拍卖、挂牌等竞争性方式出让。

以出让方式取得国有土地使用权的,市、县自然资源主管部门依据规划条件编制土地出让方案,经依法批准后组织土地供应,将规划条件纳入国有建设用地使用权出让合同。项目公司在签订国有建设用地使用权出让合同后,市、县自然资源主管部门核发建设用地规划许可证。

因此,光伏电站项目需要使用国有土地的,也可以出让方式取得。

(三)以租赁国有土地方式取得项目用地

从光伏发电项目用地政策可以看出,国家鼓励优先使用未利用地及存量建设用地等作为光伏项目用地。根据政策规定,在不占压土地、不改变地表形态的前提下,建设光伏方阵用地可以通过租赁方式取得。在项目开发建设中通过租赁的方式取得项目用地,也能够大幅降低项目前期成本。因此,土地租赁成为一种较为常见的取得项目用地的方式。

租赁国有土地开展项目建设的不在少数,但对于国有土地租赁的法律规范较少,最主要就是 1999 年原国土资源部印发的《规范国有土地租赁若干意见》(国土资发〔1999〕222 号,以下简称《租赁意见》)。《租赁意见》第 2 条规定:“国有土地租赁,可以采用招标、拍卖或者双方协议的方式,有条件的,必须采取招标、拍卖方式。采用双方协议方式出租国有土地的租金,不得低于出租底价和按国家规定的最低地价折算的最低租金标准,协议出租结果要报上级土地行政主管部门备案,并向社会公开披露,接受上级土地行政主管部门和社会监督。”可见,《租赁意见》对于国有土地租赁采取较为宽松的管理方式,是可以采取“协议方式”进行交易的。

2021 年公布的《土地管理法实施条例》收紧了国有土地租赁的交易方式,其中第 18 条规定:“国有土地使用权出让、国有土地租赁等应当依照国家有关规定通过公开的交易平台进行交易,并纳入统一的公共资源交易平台体系。除依法可以采取协议方式外,应当采取招标、拍卖、挂牌等竞争性方式确定土地使用者。”由于“依法可以采取协议方式”目前尚无明确规定,因此,将国有土地租赁统一纳入公共资源交易平台体系,采取和国有土地出让相同的管制要求。

按照规定,租赁国有土地应当与县级国土资源部门或国有土地权利主体签订国有土地租赁合同。在实践中,有的地区出租主体为城管执法局、水务局;出租方式大多为新能源项目公司与主管单位直接签署租赁协议。随着《土地管理法实施条例》于 2021 年 9 月 1 日实施,上述问题都需要根据新条例的规定予以规范。

实践中,在光伏项目建设中,利用划拨土地的情况也较为常见,经常会有利用划拨的矿场、盐场、垃圾填埋场等土地建设光伏项目的情况,也有一些分布式光伏项目租用的屋顶房屋的土地属于划拨性质。在利用划拨土地建设光伏项目时,除了应当按照一般光伏建设项目履行必要的审批程序以外,还须按照国家有关划拨土地特有的要求办理审批手续。划拨土地只有达到一定条件后才能进行出租并且具有严格的程序要求,未经土地管理部门的审批同意,不得擅自转让、出租或抵押。使用划拨土地具有严格的限制条件。划拨土地出租时,承租人不得新建永久性建筑物、构筑物。需要建造临时性建筑物、构筑物的,必须征得出租人同意,并按照有关法律、法规的规定办理审批手续。基于上述特定要求,在签订土地租赁合同时,应当经市、县人民政府土地管理部门和房产管理部门批准,否则将面临被认定为无效的法律风险。

(四)以承包集体土地方式取得用地

实务中,很多观点将从农村集体经济组织取得项目用地纳入土地租赁的范围,在项目开发建设实践中,项目公司通常签订的也是名为“农村土地租赁合同”的合同。但由于国家对农村土地实行土地承包经营制度,农村集体土地性质较为特殊,因此,项目公司与集体经济组织或承包人(土地承包人)签订的农用地租赁合同严格意义上均非法律上的“租赁法律关系”,而是土地承包经营权发承包关系和土地经营权流转关系。

根据租赁土地的来源分为两种情况：一是通过村集体经济组织或者村民委员会发包取得土地承包经营权，项目公司与发包方之间构成土地承包经营权发承包关系；二是通过与作为承包人的集体经济组织成员签订租赁合同的方式取得，项目公司与承包方之间构成土地经营权流转关系。

1. 土地承包经营权发承包关系

根据《农村土地承包法》第52条的规定，发包方将农村土地发包给本集体经济组织以外的单位或者个人承包，应当事先经本集体经济组织成员的村民会议2/3以上成员或者2/3以上村民代表的同意，并报乡（镇）人民政府批准。由本集体经济组织以外的单位或者个人承包的，应当对承包方的资信情况和经营能力进行审查后，再签订承包合同。本案中集团公司即直接从村委会承包集体土地，双方之间构成发承包合同关系。

依据上述规定，项目公司若需取得集体土地，需要与土地所有权人（集体经济组织，一般为村委会）签订土地发承包合同。承包合同的期限不能超过法定承包期。根据《农村土地承包法》第21条的规定，耕地承包期为30年，草地的承包期为30～50年，林地的承包期为30～70年，项目公司承包农用地时应注意相关承包期限的规定，超过法定的承包期限，将被认定为无效。

2. 土地承包经营权流转关系

根据《农村土地承包法》《农村土地承包经营权流转管理办法》的相关规定，承包方与受让方达成流转意向后，以转包、出租、互换或者其他方式流转的，承包方应当及时向发包方备案。

在此情形下，项目公司用地须注意以下几个要点：采取转让方式流转的，应当经发包方同意。采取转包、出租、互换或者其他方式流转的，应当报发包方备案。流转土地再流转的，需取得原承包方同意。土地承包经营权采取互换、转让方式流转，当事人要求登记的，应当向县级以上地方人民政府申请登记，未经登记，不得对抗善意第三人。

上述两种方式，土地承包经营权发承包关系和土地承包经营权流转关系的区别及其流程可归纳为如图5－2所示。

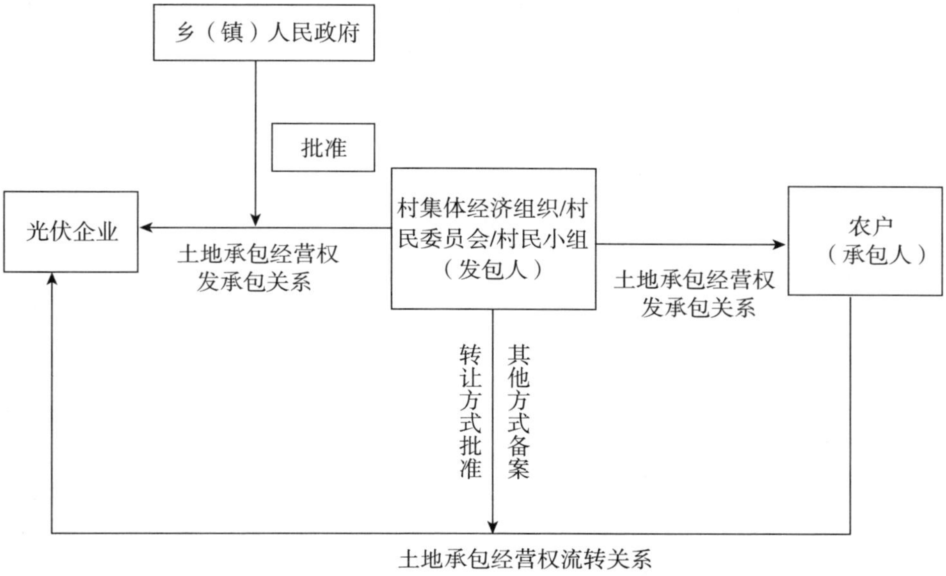

图 5－2　土地承包经营权发承包关系与流转关系流程

三、光伏项目用地中常见的风险与纠纷类型

（一）未核实项目用地类型被依法拆除

光伏项目作为基础设施项目，应当遵守我国《土地管理法》规定的基本用地原则。针对光伏等新能源项目，需要谨慎核实项目用地类型，不能仅以政府批文判断项目用地是否合法。对于尚未开工建设的光伏项目，应在建设前审慎核实项目在各个部门科室登记的用地类型，以及选址内的用地现状，避免产生各部门认定不一致的情况；已开工建设但尚未并网投产的光伏项目虽然已经取得了相关主管部门的选址意见或审批意见，但由于该等审批权限多集中于县区级，而国家级、省级新型土地政策层出不穷，建议项目公司向当地主管部门核实最新土地数据，同时在取得政府批文后仍应严格按照土地管理法等相关要求办理项目用地规划手续的调整，依法、依规办理用地合规手续，避免出现后续项目用地合规性的风险。

在最高人民法院（2020）最高法行申 7063 号一案中，光伏项目全部位于山东某自然保护区实验区内，涉案光伏项目取得了项目所在地县级发展和改革局、环境保护局、水利局、规划局、林业局、国土资源局六部门的审批，此后项目建设完成且并网发电并经环保验收合格。项目公司已经取得建设用地预审批复，但是由于没有办理项目用地规划手续的调整，导致涉案项目所占用的土地仍处于自然保护区内。项目地县政府办公室作出认定涉案项目系违建，涉案项目后被强制拆除。

回头看这个案件,《自然保护区条例》早已明确规定,在自然保护区的核心区和缓冲区内,不得建设任何生产设施。特别是国家林业局 2015 年 11 月发布《关于光伏电站建设使用林地有关问题的通知》(林资发〔2015〕153 号)再次明确:“一、各类自然保护区、森林公园(含同类型国家公园)、濒危物种栖息地、天然林保护工程区以及东北内蒙古重点国有林区,为禁止建设区域。其他生态区位重要、生态脆弱、地形破碎区域,为限制建设区域。”项目公司没有对《土地管理法》及《自然保护区条例》的相关规定予以足够重视,在取得政府批文后未严格按照相关法律规定办理项目用地规划的调整,仅因信任政府部门的批复而导致项目最终被判定为违法直至拆除。

值得注意的是,自然资源部 2022 年 3 月 9 日发布《关于以“三调”成果做好建设用地审查报批地类认定的通知》,并自 2022 年 4 月 15 日起实施。该通知要求建设项目用地审查报批的地类要以“三调”为基础的最新年度国土变更调查现状地类为准。由于过往的一些光伏项目用地存在土地性质界定不清晰的问题,随着该通知的出台,将引起不少项目用地方面的争议。

(二)一地二租的法律后果

一地二租,即出租人将同一块土地出租给了两个不同承租人。两份承租合同各自独立生效。在光伏开发项目用地中,这种情况并不罕见。作为项目用地方,尤其应当注意土地是否存在在先的权利负担。如在分布式光伏的情形下,即同一块屋顶签订有多份租赁合同。在原告馆陶县银诚新能源科技有限公司诉被告河北垚钥阀门股份有限公司租赁合同纠纷一案①中,原告系屋顶承租人,与被告屋顶方签订有合法有效的屋顶租赁合同。然在此之前,屋顶方已与案外人签订了租赁协议,并且已将租赁物屋顶交付给案外人。因此,在本案中,屋顶方无法向原告履行交付。原告无奈只能将屋顶方诉至法院,以合同目的不能实现要求解除合同并返还订金。法院最终虽判决支持,但案外人承租屋顶后已完成相关备案手续,原告也面临着无法获取合法备案手续的根本性障碍。

农村集体土地也常常因为村委会的换届、村委会合同管理不善、村民矛盾的升级等导致“一地二租”情况的出现,即同一块土地先后签订有两份土地发承包合同。那么,该如何确认哪个承包人实际取得土地承包经营权呢?最高人民法院《关于审理涉及农村土地承包纠纷案件适用法律问题的解释》第 19 条规定:“发包方就同一土地签订两个以上承包合同,承包方均主张取得土地经营权的,按照下列情形,分

---

① 参见馆陶县人民法院(2019)冀 0433 民初 634 号民事判决书、河北省邯郸市中级人民法院(2019)冀 04 民终 5107 号民事判决书。

别处理:(一)已经依法登记的承包方,取得土地经营权;(二)均未依法登记的,生效在先合同的承包方取得土地经营权;(三)依前两项规定无法确定的,已经根据承包合同合法占有使用承包地的人取得土地经营权,但争议发生后一方强行先占承包地的行为和事实,不得作为确定土地经营权的依据。"当然,上述规定的认定方式并非绝对。司法实践中法院更倾向于保护实际合法用地方。例如在王某光、周某祥、冯某武与刘某春、魏某营、垦利县红光渔业办事处老十五村村民委员会土地承包经营权确认纠纷申请再审一案①中,最高人民法院结合该案具体情况分析认为,案涉土地承包合同均未登记,刘某春、魏某营等人与老十五村委会签订合同时,已经实际占有案涉土地并进行投资,老十五村委会也公告与王某光、周某祥、冯某武签订的承包合同作废,王某光、周某祥、冯某武只是在事后通过司法裁判恢复了其与老十五村委会所签承包合同的效力,这表明刘某春、魏某营与老十五村委会签订承包合同时并无恶意。因此,本案土地承包经营权的归属不能简单地以合同生效时间的先后予以确定。一审、二审判决结合本案实际情况,依据最高人民法院《关于审理涉及农村土地承包纠纷案件适用法律问题的解释》第 20 条第 1 款第 3 项之规定,认定合法占有使用承包地的刘某春、魏某营享有案涉土地承包经营权并无不当。在发包方就同一土地签订两个以上承包合同的情况下,在依法认定土地承包经营权归属时,应当注重保护实际合法使用土地一方的权利,以利于土地状态的相对稳定,提高土地的利用价值。

那么,土地承包合同订立在后的承包人是否有权适用善意取得?根据《民法典》第 311 条的规定,善意取得需具备三个要件:受让人受让该不动产或者动产时是善意的;以合理的价格转让;转让的不动产或者动产依照法律规定应当登记的已经登记,不需要登记的已经交付给受让人。但是,如果土地承包合同订立在先的承包人也依法办理了登记并且取得土地承包经营权证,那么显然能够排除其他承包人的善意取得。

上述案例足以警示项目用地方及投资方,务必审慎核查项目用地的权利状态,从而确保项目用地合法性。

(三)转租承包土地的法律风险及后果

取得农村土地承包经营权的承包人能否转租承包土地,也是许多光伏项目公司关注的问题。司法实践中,不乏因擅自转租承包土地致发包人要求解除承包合同的案例。纵使承包合同中约定有不得转租或者擅自转租发包人有权解除合同的条款,但合同约定不得对抗法律对于土地承包经营权的权利界定,否则发包人有滥

① 参见最高人民法院(2015)民申字第 3623 号民事裁定书。

用权利之嫌。

实际上,承包人转租承包土地属于土地承包经营权流转关系的一种常见情形,《农村土地承包法》第36条明文规定:承包方可以自主决定依法采取出租(转包)、入股或者其他方式向他人流转土地经营权,并向发包方备案。由此可见,承包人转租承包土地得到法律的认可,承包人有权自主决定是否转租,并向发包人备案即可而无须经得发包人同意。因此,发包人无权仅以未经同意转租为由解除承包合同。即便承包人没有进行备案,转租合同也不当然无效。因此,承包人未经发包人同意即将所承包土地转租给第三人,不能成为发包人主张解除合同的法定理由。

在光伏项目公司承租了承包人的承包土地后,若因承包人未支付承包费等原因导致发包人欲解除承包合同,光伏项目公司该如何妥善解决用地问题。对于项目公司而言,承包合同被解除,则意味着基于承包合同的土地转租合同则丧失合同基础。笔者认为,作为实际使用土地的光伏项目公司,可与发包人开展协商依据《民法典》第524条第1款①关于第三人清偿规则的规定,代承包人向发包人先行支付承包费。

在笔者代理的案件中,虽然案件纠纷发生于集团公司与村委会之间,但站在光伏项目公司的角度来看,集团公司取得土地承包经营权后实际又将土地出租给光伏项目公司,由此在集团公司和光伏项目公司之间构成土地转租合同关系。

(四)用地政策变化导致的法律风险

2022年5月24日,水利部印发《关于加强河湖水域岸线空间管控的指导意见》,文件明确提出:光伏电站、风力发电等项目不得在河道、湖泊、水库内建设。在湖泊周边、水库库汊建设光伏、风电项目的,要科学论证,严格管控,不得布设在具有防洪、供水功能和水生态、水环境保护需求的区域,不得妨碍行洪通畅,不得危害水库大坝和堤防等水利工程设施安全,不得影响河势稳定和航运安全。各省(自治区、直辖市)可结合实际依法依规对各类水域岸线利用行为作出具体规定。

这一规定对于华东华南西南地区的项目影响非常大。此前水库,包括小一、二型或者中型水库以及湖泊,只要不是生态保护区水源保护地等都可以开发建设光伏电站。根据新规定,基本是"一刀切"了,只剩下坑塘水面,但规模非常有限。除了水面之外,国土、林草等建设光伏的政策也在收紧。尤其中东部地区一般农用地建设光伏的政策也在逐步收紧,新能源未来的发展看似风光无限,实则步履维艰。

---

① 《民法典》第524条第1款规定:"债务人不履行债务,第三人对履行该债务具有合法利益的,第三人有权向债权人代为履行;但是,根据债务性质、按照当事人约定或者依照法律规定只能由债务人履行的除外。"

四、未履行民主决议程序和未报政府批准的承包合同效力

针对发包给集体经济组织以外的承包合同,若未依法经过民主决议程序和报乡(镇)人民政府批准,土地承包合同效力该如何认定呢?

与2009年《农村土地承包法》第48条第1款规定类似的是2004年《土地管理法》第15条第2款"农民集体所有的土地由本集体经济组织以外的单位或者个人承包经营的,必须经村民会议三分之二以上成员或者三分之二以上村民代表的同意,并报乡(镇)人民政府批准"。此外,《村民委员会组织法》第24条也规定土地承包经营方案涉及村民利益,经村民会议讨论决定方可办理。

《合同法》(已废止)第52条(《民法典》实施后已废止)列举了合同无效的5种情形,包括违反法律、行政法规的强制性规定的合同无效。[①] 此处的强制性规定指的是效力性强制性规定,而非管理性强制性规定。因此,判断合同是否无效,须首先解答的问题是2009年《农村土地承包法》第48条第1款和2004年《土地管理法》第15条第2款规定是否属于效力性强制性规定。对此,审判实践中的裁判口径并不统一。

在贺某贵与土默特右旗明沙淖乡贺成泉村村民委员会土地承包经营权确认纠纷再审一案[②]中,内蒙古自治区高级人民法院认为:"《村民委员会组织法》第二十四条关于土地承包经营方案涉及村民利益的事项,经村民会议讨论决定方可办理的规定属于管理性强制性规范而非效力性强制性规范,目的为规范村委会基层自治组织内部依法行使权利,对外不得对抗善意第三人与村委会负责人代表村集体签订并享有的正常土地承包权利。"

在东莞市樟木头镇石新社区居民委员会(以下简称石新居委会)与黄某波、东莞市观音山森林公园开发有限公司承包经营合同纠纷二审[③]一案中,最高人民法院认为:"石新居委会基于其法律地位,石新居委会在和黄某波签订《联合开发合同》时,应保证对内就《联合开发合同》的签订已经经过了民主议定程序,此为其基于诚实信用原则而应负担的缔约义务,不因居委会换届而有所改变。现石新居委会作为缔约主体以《联合开发合同》未经过民主议定程序为由主张合同无效,是将自己没有尽到缔约义务而可能造成的法律后果让对方当事人承担,有违诚信原则。"

从上述不认定合同无效的判例可以看出,主要从民主决议程序系村委会/居委会一方合同义务基于诚信原则不应认定无效、有关规定属于管理性强制性规范等

---

① 对应《民法典》第153条第1款:"违反法律、行政法规的强制性规定的民事法律行为无效。但是,该强制性规定不导致该民事法律行为无效的除外。"

② 参见内蒙古自治区高级人民法院(2019)内民再5号民事判决书。

③ 参见最高人民法院(2013)民一终字第44号民事判决书。

方面进行论述。笔者所代理的案件一审判决既是此例。

在珲春市春化镇西土门子村村民委员会与被申请人赵某阳林业承包合同纠纷再审一案①中，吉林省高级人民法院认为：将集体所有的林地发包给村集体经济组织以外的人，必须要经过2/3以上的村民代表的同意，同意的村民代表人数不够，且林业承包合同又未按法律规定报乡镇人民政府批准，该合同违反了法律规定，损害了西土门子村的集体利益，故该林业承包合同应属无效。

在杨某才等38人与李某元排除妨害纠纷再审一案②中，吉林省高级人民法院认为：《林地承包合同》是否履行法定的民主议定程序是关键。从李某元提供的证据看，不能认定南老奋村将林地发包给李某元时履行了法定的民主议定程序。且李某元系非农业户口，《林地承包合同》应经梨树县胜利乡人民政府批准才能发生法律效力，但李某元未提供证据证明《林地承包合同》已报经梨树县胜利乡人民政府。因此，《林地承包合同》因违反法律的强制性规定应认定为无效合同，李某元未依法取得争议林地的合法经营权。

从上述判例又可看出，法院通常将民主决议程序的规定认定为效力性强制性规定，并从村集体利益出发，认定未经民主决议程序且未报乡镇人民政府批准损害了村集体利益，从而认定承包合同无效。

笔者认为，土地制度是我国的根本制度，土地立法旨在保护合法的土地承包关系，切实维护集体经济组织成员根本利益，防范损害国家、集体和社会公共利益的土地承包行为。未经2/3以上的村民代表同意，也未取得乡镇人民政府批准，必然严重侵害国家、集体和社会中大多数人的公共利益，因此，法律有必要介入对当事人意思自治行为予以干预，对违反该条规定的行为从法律效力层面予以否定性评价。

【实务建议】

一、光伏复合项目用地，务必提前核查土地情况

复合型光伏项目在用地方面有天然的优势，但复合型光伏项目用地风险仍然值得关注。除了常规的审批文件外，复合型光伏项目中的投资主体应在当地县级自然资源部门、林业部门对项目占用基本农田、生态红线、林地等情况进行套图核查。渔光互补项目由于存在涉水的特殊性，还应在水务局套图核查项目选址是否涉及水利工程管理和保护范围或河道管理范围，如确有涉及应提前规避。

二、承租流转而来的集体土地，项目公司如何规避风险

如转租承包土地的法律风险及后果一节所述，若项目公司承租的土地是从承

① 参见吉林省高级人民法院(2015)吉民提字第40号民事判决书。

② 参见吉林省高级人民法院(2016)吉民再143号民事判决书。

包人手上转租而来的，时刻面临着承包人未向发包人支付承包费导致发包人解除承包合同的风险，如同悬在项目公司头顶的达摩克利斯之剑。因此，笔者建议项目公司在与承包人订立土地租赁合同之时，明确约定该种情形下的代付条款和抵扣追偿条款，即当承包人无法支付承包费时，项目公司有权基于合同利益代承包人先行向发包人支付承包费，并在该范围内从应向承包人支付的土地租金中扣除，不足部分有权继续追偿。

此外，为防范“一地二租”的风险，项目公司还应注意向承包人和村集体核查包括集体土地所有证在内的土地权属证明和相关文件，以及确认出租人系该块土地合法有效的承包人（如承包人取得土地已履行民主决议和批准程序等）。

三、签订承包合同如何防范因未经民主决议和批准致合同无效的风险

未经民主决议和镇政府批准是否必然导致合同无效，虽然在审判实践中存在争议，考虑到土地承包合同无效对项目造成的巨大影响，故项目公司作为用地方应采取措施极力避免。

项目公司与村委会签订承包合同前，应跟踪村委会落实《村民委员会组织法》和《农村土地承包法》相关规定，就集体用地发包用于光伏建设召开村民会议，取得2/3以上成员或者2/3以上村民代表的同意，并办理报乡（镇）人民政府批准手续。第一，就民主决议程序而言，履行村级重大事项决策的议事程序，即“四议两公开”，包括党支部提议、村“两委”联席会议商议、党员大会审议、决议公告、村民会议或者村民代表会议决议、结果公布。据笔者了解，部分地区村集体最终形成的是《村级重大事项民主决策台账》等文件，项目公司应留意核查该文件原件，并了解决议程序是否真实履行、表决同意人数是否超过2/3（应掌握村集体和村民代表成员人数）。第二，就决议内容方面，注意应明确所涉用地范围、面积、期限及承包费等项目，如有用地红线图更好。

签订土地承包合同时，目标土地的面积、范围、期限及承包费应与决议内容保持一致，并将前述已取得的民主决议文件、乡（镇）人民政府批准文件、项目用地红线图作为合同附件。实践中还曾出现村委会个别干部出于个人私利，并未真实履行决议程序甚至伪造签名的不法情形，为此，可在合同条款中明确村委会对村集体的土地权属、民主决议程序及文件、乡（镇）人民政府批准文件的真实性进行承诺保证，设定违约赔偿责任，即使后续因合同效力问题出现争议，也有利于人民法院作出有利的判决。

实战案例 23

新能源项目发电量损失索赔纠纷的疑难复杂问题解析

——苏州某科技股份公司与某设计院工程公司、无锡某太阳能电力公司发电量损失索赔纠纷案①

新能源项目投产后,投资方最关心的就是电站的收益,而电站的收益多少则取决于发电量,若发电量不达标,就会由此引发相关的纠纷争议。何为应发电量,何为实发电量,是否存在发电量损失差额事实?造成发电量损失的原因为何?这些都是索赔方与应诉方激烈博弈的地方。可以说,发电量损失索赔纠纷是新能源项目纠纷中囊括有法律、技术、行业等问题的集大成者,极其考验代理律师的经验与水平。笔者代理的多起发电量损失索赔纠纷案中,既有代表业主成功索赔的案例,也有代表承包方设置层层障碍导致业主索赔不成的情况。以浙江阳光时代律师事务所近期代理的一起金太阳光伏示范项目业主成功索赔发电量损失的案件为基础,引申剖析该类纠纷的几个重大核心争议问题,为大家逐一解读新能源项目发电量损失索赔纠纷案中的疑难所在。

【案情简介】

业主苏州某科技公司(以下简称科技公司)投建有 10MW 分布式光伏电站项目,且属于国家金太阳示范项目。该项目中,总包方为某设计院工程公司(以下简称工程公司),双方签署有《光伏发电集中示范项目总承包合同》(以下简称总包合同)等,约定由工程公司负责光伏电站的设计、并网接入涉及、设备采购、土建施工、机电及设备安装、系统调试等总包服务。其中,电站所用组件是工程公司向某太阳能电力有限公司公司(以下简称太阳能公司)采购。案涉电站于 2013 年 12 月通过国家验收,并于 2014 年 6 月 30 日全面并网发电。然而,电站运营中发现光伏组件存在衰减过高问题继而影响发电量。经科技公司、工程公司和太阳能公司多次协商解决,包括共同委托第三方检测机构抽检确认案涉组件是否存在质量问题。最终,各方在组件存在质量问题的范围比例、发生质量问题的原因以及损失赔偿金额上均产生重大争议。

最终,科技公司委托笔者启动诉讼,以工程公司和太阳能公司为被告,要求二者对因组件衰减不达标质量问题而造成的发电量损失共同赔偿。

---

① 江苏省无锡市滨湖区人民法院(2019)苏 0211 民初 8949 号民事判决书、江苏省无锡市中级人民法院(2021)苏 02 民终 5903 号民事判决书,浙江阳光时代律师事务所代理,案情略有删减。

【裁判结果】

一、一审判决

本案一审中,基于各方诉前的共同抽检结果以及我方关于现有证据已充分证明组件衰减不达标的意见,法院未再就组件是否存在衰减的问题进行鉴定,仅组件衰减不达标的原因启动了司法鉴定,且鉴定结论显示存在积尘、隐裂等造成组件衰减的原因。经审理,一审法院认为:

第一,涉案三种不同型号的组件均存在衰减不达标的事实问题。三方曾共同抽测,且三方对抽测数值并无异议,争议主要是对衰减率合格是否使用平均功率评判,但是平均功率的说法显然并不符合通常认知,且从鉴定人陈述来看评判组件衰减率合格也是按件。

第二,关于因组件衰减率不合格导致发电量减少的损失。组件衰减率不合格,必然会导致发电量减少,科技公司确实会存在电费损失……电费损失赔偿额只能由本院根据具体情形综合判断。本院结合科技公司单方测算的损失、各项原因力的大小、双方过错程度、某工程公司在《会议纪要》中间接自认的赔偿金额等因素综合考量,酌定工程公司向科技公司赔偿电费损失 328.9 万元。

第三,关于主张的光伏组件剩余生命周期发电量损失,该损失应待实际发生后起诉,且不排除各方后续会选择更换组件等更为经济、合理的方式解决,故在本案中本院不予支持。

因此,一审法院判决支持了科技公司自项目并网至 2019 年 10 月(截至起诉前)的 328.9 万元电费损失这一核心诉请。

二、二审判决

一审判决后,因科技公司及工程公司上诉,本案二审由无锡市中级人民法院审理。经审理,二审法院认为,涉案组件衰减不合格的原因是多种复合因素导致的,且一审法院结合造成问题原因力大小、各方过错程度,各项因素综合考量,酌定了赔偿金额,具有正当性及合理性。故二审法院最终判决驳回上诉、维持原判。

至此,业主科技公司已明确取得了最近三年的发电量损失赔偿依据和结果,本案生效判决也为科技公司继续主张后续年度发生的发电量损失奠定了基础。

【要点解析】

一、常见的发电量损失索赔情形

新能源项目的发电量损失通常包括两个维度的损失,一个是因发电量减少而引发的发电收益损失,另一个就是由此引发的补贴收益损失。发电收益和补贴收益的多少通常都与发电量直接挂钩,故一旦发电量减少,业主的相关收益都会受到影响。因此,本案例所用的“发电量损失”概念是包括了前面两种损失收益的。由上文分析的案例进一步来看,司法实践中,到底有哪些常见的发电量损失索赔的情形呢?

1. 核心设备质量问题引发的发电量损失索赔

新能源项目的运营周期通常都较长,影响发电量的因素多且复杂,但是,核心设备的技术参数、性能状况对发电量的影响关键而长远。以光伏项目为例,生命周期长达25年,作为核心设备的组件本身是允许逐年在合理的指标范围内衰减的。然而,若衰减过快甚至“报废”,这就是非正常情况下的发电量损失问题。因此,因承包人或供货商提供的设备及工程质量不符合国家标准和行业标准或者合同约定标准的情形下,承包人或供货商不仅应承担更换、维修、减少价款等违约责任,还可能需要承担业主发电量损失的赔偿责任,这就是常见的因核心设备性能不达标而引发的发电量损失索赔争议。

例如,笔者在上文中提及的无锡市中级人民法院(2021)苏02民终5903号一案中,涉案发电量损失的原因就在于核心设备光伏组件的衰减过高,各方争议的问题在于,造成组件衰减不达标的原因到底为何,是质量本身问题造成,还是存在业主清洗运维不当造成,抑或多种因素共同作用的结果。最终,该案中,法院在认为造成组件衰减的原因系多方因素综合导致的基础上酌定总包方向业主赔偿了近三年的电费损失300余万元,并为业主继续主张后续年度发生的发电量损失奠定了基础。

2. 工期延误引发的发电量损失索赔(包括核心设备延期供货)

新能源项目的发电收益与电价紧密相连,而电价的高低适用则往往取决于项目的并网时间。以光伏发电项目为例,曾经的“630”就引发过多轮抢装潮,能否在6月30日前并网将直接影响一个光伏电站整个运营期的电费收益,而风电等其他新能源项目也会面临并网时间影响电费收益的压力。因此,一旦设备实际供货晚于约定供货,或者项目工程发生逾期完工事件,这就是延误引发的发电量损失索赔问题。例如,在黑龙江省大庆市中级人民法院(2017)黑06民初102号一案中,业主因设备供应商的延期供货而提起发电量索赔,法院认为,供货商在订立合同时对其本身出售的设备用途、对风电公司的经营业务及设备用途应当是知晓的。因风力发电的产出与效益具有明显的季节性,对货物如延期交付将会给风电公司造成的发电量损失应当给予足够的预见。风电公司主张的减少发电量损失虽然尚未实际发生,但应当属于可期待利益的范围,并不违反合同法关于违约赔偿损失的立法精神,具有事实和法律依据,酌情认定。

3. 发电量考核不达标引发的发电量损失索赔

发电量损失的计算相对复杂,司法实践中也没有一个绝对统一的标准,“强势且精明”的业主可能会在签署总包合同时就设置“发电量考核条款”,如约定工程的首年发电量和25年平均发电量考核指标以及不达标时的违约赔偿金或损失计算方法等。一旦出现发电量不达标,业主会直接援引合同条款要求承包人就实际发电量与考核发电量的差额承担损失赔偿责任。例如,在北京仲裁委员会(2018)京仲案字第4583号仲裁案,笔者代理总包方应诉业主的索赔。该案中,业主方就与总包方在《总承包合同》中锁定了发电量考核条款:“光伏电站首年发电量不低于2200万kWh,25年平均年发电量不低于2000万kWh”“承诺人承诺发电量达到最终设计的发电量,发包人进行发电量逐年考核,考核统计时间为一年整,如果运行考核值低于招标文件中规定的发电量,承包人支付违约金,补齐其承诺发电量所达到的最终设计发电量对应的同期电费金额损失。”故业主援引前述约定条款、以实际结算电量少于约定的承诺电量为由要仲裁请求差额的发电损失。这就是最为典型的因发电量考核不达标而引发的发电量损失索赔。

4.收购并购中的保电量条款引发的发电量损失索赔

除了业主与总包方之间可能存在的发电量考核外,还存在一种“保电量”条款。在新能源收购交易中,收购方倾向于由转让方承诺保证项目发电量,通过此“保电量”条款控制交易风险。实际上,保电量条款有两种情况,一种是明保,在条款中明确约定转让方保证的最低发电量,基本与笔者提及的业主与总包之间的发电量考核条款类似;另一种是暗保,把项目发电量作为订立协议的基础,通常放在“鉴于”条款中。其中,暗保条款对收购方的风险系数及索赔难度都更大。例如,在北京市第一中级人民法院(2018)京01民终5540号一案中,涉案《股权转让合同》第2条约定“标的公司项目介绍……项目一期、二期现状……项目25年的平均年发电量2960万度”,第13条约定“甲方保证‘标的公司认为对于乙方做出购买股权的决定会产生重大影响的全部信息,并保证,甲方向乙方提供的信息、资料以及文件均真实、准确,无任何虚假、误导性陈述或重大遗漏’”,基于此,收购方以转让方未向其披露电站发电量受限制一事违反合同约定为由而提起发电量不足的损失赔偿诉讼。经审理,法院认为,《股权转让合同》中关于年均发电量的表述并非保证性承诺,且国务院颁布的《电网调度管理条例》均规定发电量需要统一调度、收购方对此理应知晓。因此,最终未支持收购方的诉讼请求。这就是典型的暗保,最终未能被法院认定为转让方对收购方作出发电量承诺。

二、合同效力问题对发电量损失索赔的影响

任何合同纠纷案件中,法院审查的第一个实体问题通常就是“合同效力问题”,发电量损失索赔纠纷案也不例外。合同是否合法有效,这是认定当事人相关民事权利义务的基本前提。法院应当依职权主动审查,不受当事人是否主张的限制。

换言之,即便另一方不以合同无效抗辩,法院也应当主动审查合同的效力,并就相关问题进行释明。例如,《九民纪要》对“合同无效时的释明问题”进行了专章规定:“在双务合同中,原告起诉请求确认合同有效并请求继续履行合同,被告主张合同无效的,或者原告起诉请求确认合同无效并返还财产,而被告主张合同有效的,都要防止机械适用‘不告不理’原则,仅就当事人的诉讼请求进行审理,而应向原告释明变更或者增加诉讼请求,或者向被告释明提出同时履行抗辩,尽可能一次性解决纠纷。”当然,司法实践判例也体现了合同效力的“主动审查权”,在最高人民法院(2014)民一终字第277号一案中,法院认为,对合同效力的审查,属于人民法院裁判权的范围,虽然当事人未提起确认合同无效的诉讼请求,但人民法院仍应依职权进行审查。《合同法》(已废止)第58条系合同无效法律效果的规定,人民法院在依据《合同法》(已废止)第52条认定合同无效的情况下,应主动援引该法第58条的规定,对合同无效的法律后果进行处理,而不需要当事人另行提起诉讼。

既然合同效力问题无法回避,那么,在新能源项目发电量索赔纠纷案中,合同效力对发电量损失索赔到底有何影响呢?一方提出的发电量损失主张到底是合同有效下的损失,还是合同无效下的损失,是有本质区别的,需要结合合同无效的法律后果及基础法理来进一步剖析。

(一)合同有效情况下的发电量损失本质上是可得利益损失,具有主张基础

若涉案合同有效,发电量损失主张本质上是违约导致的损失。《民法典》第577条规定:“当事人一方不履行合同义务或者履行合同义务不符合约定的,应当承担继续履行、采取补救措施或者赔偿损失等违约责任。”第584条规定:“当事人一方不履行合同义务或者履行合同义务不符合约定,造成对方损失的,损失赔偿额应当相当于因违约所造成的损失,包括合同履行后可以获得的利益;但是,不得超过违约一方订立合同时预见到或者应当预见到的因违约可能造成的损失。”结合最高人民法院《关于当前形势下审理民商事合同纠纷案件若干问题的指导意见》[法发(2009)40号]中的论述:“9.在当前市场主体违约情形比较突出的情况下,违约行为通常导致可得利益损失。根据交易的性质、合同的目的等因素,可得利益损失主要分为生产利润损失、经营利润损失和转售利润损失等类型。生产设备和原材料等买卖合同违约中,因出卖人违约而造成买受人的可得利益损失通常属于生产利润损失。”可见,基于有效合同的发电量损失主张,该损失实际上是一种可得利益的损失。

司法实践中支持发电量损失的判例通常也是在合同有效前提下的认定。例如,在江苏省镇江市中级人民法院(2021)苏11民终857号一案中,法院认为,江苏太阳能公司提供的证据,能够证明涉案电站的业主方海东中新能光伏发电有限公司具备光伏发电资质。其提供的变压器因故障导致电站停运,业主方要求江苏太

阳能公司承担发电量损失的函，以及相应的扣款证据等，能够证明业主将在项目工程结算款中扣除发电量损失。该损失属于业主方与江苏太阳能公司合同关系中的可期待利益范围，并不违反合同法关于违约赔偿损失的立法精神，具有事实和法律依据。又如，在江苏省南京市中级人民法院（2019）苏01民终7300号一案中，法院认为，采购合同约定，若因大盛公司交付的货物质量问题导致光伏电站停运或部分停运的，大盛公司应赔偿中核公司全部损失，包括发电量损失；技术协议约定，大盛公司提供的箱变设备年故障率超过1%造成中核公司的工期延误、劳务费用、发电量和信誉等损失，由大盛公司负责赔偿。根据已查明事实，大盛公司所供设备的年故障率已超过1%，故中核公司主张大盛公司的发电量损失具有事实和合同依据。

（二）合同无效时，损失赔偿范围限于信赖利益，发电量损失难获支持

若涉案合同无效，一方当事人向另一方主张损失本质上是因一方过失而产生的信赖利益损失问题，而信赖利益损失赔偿的范围通常限定在实际损失上，而不包括可得利益损失，该种情况下，发电量损失往往难获支持。例如，在甘肃省高级人民法院（2019）甘民终622号一案中认为，“案涉合同的签订因高山公司未依法履行招投标程序而导致无效……根据《合同法》（已废止）第五十八条规定：‘合同无效或者被撤销后，因该合同取得的财产，应当予以返还；不能返还或者没有必要返还的，应当折价补偿。有过错的一方应当赔偿对方因此所受到的损失，双方都有过错的，应当各自承担相应的责任。’该条中有过错方应赔偿的损失限于信赖利益，并不包括在合同有效情形下通过履行可以获得的利益。而高山公司举证主张的800万元电价损失属于如许继公司按约定完成施工任务后其能获得的发电收益部分，故其该项诉请不予支持”。另外，在新疆吉木萨尔县人民法院（2020）新2327民初1311号一案中，笔者代理业主昌吉州某电力公司向原总包方索赔其延期开工导致的发电量损失。经审理，法院认为原告作为工程发包方，在未取得规划许可证的情况下将涉案工程发包给被告施工，违反法律强制性规定，故双方签订的《EPC工程合同》应认定为无效。继而法院最终未支持业主主张的发电量损失。

综上，合同是否有效属于一种比较“客观”的事实查明问题，在该问题上“过度纠缠”的意义不大。若合同无效，作为可得利益损失的发电量损失通常是不被支持的。换言之，合同无效会直接导致发电量损失索赔丧失了主张基础。因此，发电量损失索赔纠纷中，核查是否存在影响合同效力的因素，这是笔者代理该类纠纷中的必备动作。导致新能源项目合同无效的常见情形包括，属于法定招标项目而未招标导致合同无效、未及时取得建设工程规划许可证导致合同无效、承包人缺乏资质导致合同无效等，只有对合同效力问题作出准确的核查认定后才有后续的损失主张一说。一旦涉案合同存在可能无效的争议，这就成为双方当事人最激烈的博弈

阵地,需要对当事人事先做好充分的风险提示,就索赔方而言,这是败诉的最大风险所在,对应诉方而言,则是最有利的防护屏障。

三、可行性研究报告相关数据能否作为应发电量主张的依据

发电量损失的计算确实比较复杂,通常与损失的电量、电价、期间几个因素直接关联。单就电量而言,主要就是实发电量与应发电量的差额问题。若双方之间未事先约定应发电量的数据,那么以何种数据作为应发电量数据的问题就成为争论所在。当然,如何认定发电量损失的电量,司法实践中通常有两种做法,具体来看:

一是直接通过鉴定锁定,包括锁定造成发电量损失的各项因素。例如,在最高人民法院(2017)最高法民终 845 号一案中,法院认为,就一审判决对里程公司的发电量损失鉴定申请不予准许的问题,里程公司提供的初步证据能够证明新誉公司提供的涉案风力发电机组存在质量问题,如经查实,则由此导致里程公司相应的发电量损失应作为可得利益损失。一审审理期间,里程公司亦申请对发电量损失予以鉴定。风力发电机组的发电量固然受电力行业部门的限电指标、发电厂自身的产能设置及管理、维护措施、风场的风力等多种主、客观因素影响,但上述因素与涉案风力发电机组故障因素对里程公司发电量的影响如何区分属于专门性问题,需经鉴定确认,一审判决对于里程公司发电量损失鉴定申请不予准许,径行认定发电量损失不具备鉴定条件没有证据支持,实为不当。

二是由法院直接“酌定”。司法鉴定仅是法院用以查明事实的手段之一,而不能过度依赖鉴定,当事人在鉴定中所面临的时间、金钱成本也是很高的,并非所有的事项都要通过司法鉴定的方式去锁定。如若想要简化案件或者引导法院采纳业主方主张的发电量损失差额,主张方又该如何引导呢?“实发电量”的数据通常与结算电量相关凭证挂钩,较为客观,关键在于应发电量数据的引导。能否以《可行性研究报告》中的预估发电量数据作为“应发电量”数据,这是本章重点探讨的问题。

讨论这个问题前,需要认识到,除非双方明确将《可行性研究报告》中的预估发电量数据约定为“应发电量”,否则,业主很难直接将该数据作为总包方的发电量承诺约定而据此要求赔偿。例如,在青海省高级人民法院(2020)青民终 138 号一案中,法院认为,案涉《总承包合同》与其他合同对电站应达到的发电指标无明确约定,海南光科公司一审提交的《可行性研究报告》上标明为“送审稿”而非“审定稿”,海南光科公司未提供其他证据证明该报告中载明的发电量标准最终被双方当事人确认,故现有证据无法证明案涉电站发电量未达到双方约定或者相关规定的标准。且海南光科公司提交的证据不能证明案涉电站建设质量问题与发电量不达标之间存在因果关系，亦不能因发电量不达标就推定案涉工程存在质量问题。仔细研读该判例，业主海南光科公司并非完全败诉于《可行性研究报告》中预估发电量数据本身是否科学、客观，根本原因在于其没有初步举证证明存在质量问题导致发电量不足的基本事实，那么，法院就会认为根本没有必要进一步审查到底以哪个数据作为应发电量数据、是否存在应发电量损失的问题。

综上，若能初步证据证明是一方原因导致发电量损失（如供货质量问题），那么，《可行性研究报告》中的预估发电量数据是可以作为应发电量数据的。以光伏组件衰减造成的发电量损失为例，在业主能够举证证明存在质量问题导致发电量损失的情况下，结合组件衰减率、电站每年实际发电量、电站获批的电价，法院还是会采纳《可行性研究报告》中的预估发电量数据作为应发电量数据继而酌定发电量损失的赔偿金额。例如，在最高人民法院（2014）民二终字第71号一案中，业主邹城赛维公司以供货方赛维光伏公司所供组件存在质量问题为由反诉要求违约损失电费赔偿，其提供了两组证据：第一组，邹城赛维公司与山东电力集团济宁供电公司签订购售电合同；第二组，济宁供电公司营业部出具的2012年8月25日至2013年8月25日一年发电上网结算统计表。按照上海电力设计院出具的可研报告应当每年每瓦发电量不低于1.27度/瓦，证明每年少发电量比为13.16%，全部太阳能光伏组件一年发电量损失为139万元。对此，法院认为，考虑到因质量原因确实存在其他损失，酌定赛维光伏公司赔偿邹城赛维公司自入网发电之日至本判决生效之日按每年139万元赔偿其损失。

四、发电量损失索赔纠纷中的鉴定机构能否外聘专家的问题

新能源项目发电量索赔纠纷中所涉及的争议问题，往往都体现出更高的专业性和技术性，法院则需要借助司法鉴定来进一步判断是否启动鉴定、鉴定什么，这些都属于鉴定中的“实体问题”争议，在不同案件、不同案情中考验代理律师的具体经验。本章则立足鉴定中的“程序问题”角度，从笔者代理组件供应商应诉业主的一起涉外光伏电站发电量索赔纠纷案出发，聚焦质量司法鉴定程序中鉴定机构能否外聘专家这一争议问题，为大家剖析司法部“独家”回函、定分止争背后的底层逻辑。

该案就涉案组件有无质量问题及造成质量问题的原因启动了司法鉴定，法院在双方当事人各自推荐的名单中摇号选定了我方推荐的鉴定机构。然而，鉴定机构提交了一份全部由外聘专家组成的鉴定人员名单，引发争议。对方当事人明确提出异议并要求撤换鉴定机构，理由在于：本案作为一个司法鉴定，应当适用《司法鉴定程序通则》，该通则第18条规定“司法鉴定机构受理鉴定委托后，应当指定本机构具有该鉴定事项执业资格的司法鉴定人进行鉴定”。对此，我方也明确指出：产品质量鉴定不属于法定的四大类司法登记管理制度规制的鉴定类型，不受《司法鉴定程序通则》约束;而且,关于产品质量鉴定的规定也没有禁止外聘专家,故新能源项目的质量鉴定以及其他非法定四大类的鉴定程序中,鉴定机构是可以外聘专家的。考虑到涉案标的大且在海外等各项复杂因素,法院最终决定咨询司法部来平息争论,司法部回函:你院关于产品质量鉴定的《咨询函》收悉。经认真研究,我局提出如下意见建议,供参酌。《司法鉴定程序通则》是部门规章,调整的对象是经司法行政机关审核登记的司法鉴定机构和司法鉴定人。根据《全国人民代表大会常务委员会关于司法鉴定管理问题的决定》和《司法部关于印发〈物证类司法鉴定执业分类规定〉〈声像资料司法鉴定执业分类规定〉的通知》(司规〔2020〕5号)的规定,司法行政机关登记管理的司法鉴定执业类别中不包含产品质量鉴定。产品质量鉴定的程序,以及参与鉴定的专业机构是否可以聘请专家作为鉴定人进行鉴定,建议咨询该专业机构的相关管理部门。从根源上肯定了我方及鉴定机构对争议问题的准确解读。

当然,上述回函言简意赅,实际却对新能源项目的司法鉴定程序都极具指导意义,该回函背后的底层逻辑又是如何?笔者就结合发表的质证意见来为大家逐一剖析。

(一)只有法定的四大类鉴定属于司法鉴定登记管理制度的规制范畴

根据全国人民代表大会常务委员会《关于司法鉴定管理问题的决定》第2条:"国家对从事下列司法鉴定业务的鉴定人和鉴定机构实行登记管理制度:(一)法医类鉴定;(二)物证类鉴定;(三)声像资料鉴定;(四)根据诉讼需要由国务院司法行政部门商最高人民法院、最高人民检察院确定的其他应当对鉴定人和鉴定机构实行登记管理的鉴定事项。法律对前款规定事项的鉴定人和鉴定机构的管理另有规定的,从其规定",以及最高人民法院、最高人民检察院、司法部《关于将环境损害司法鉴定纳入统一登记管理范围的通知》(司发通〔2015〕117号),目前,仅有"法医类、物证类、声像资料、环境损害"也就是俗称的"四大类"鉴定属于司法鉴定登记管理制度的规制范畴。为进一步落实司法鉴定登记管理制度,司法部又先后通过《司法鉴定机构登记管理办法》《司法鉴定人登记管理办法》《司法鉴定程序通则》等部门规章进行细化规范。至此,以司法鉴定登记管理制度为核心的相关法律规范体系得以构建,且它们具有严格的适用范围——法定的"四大类"。

(二)产品质量鉴定不属于法定的四大类,不受司法鉴定登记管理制度及相关法律的规制

综上,解读相关法律规定,实际上已经可以推理出质量鉴定不属于四大类司法鉴定登记、继而不适用《司法鉴定程序通则》的结论。笔者前期还检索到一些更有利的论证,包括最高人民法院办公厅对十二届全国人大三次会议第1084号建议的

答复(法办函〔2015〕433号)。该答复明确提到:“诉讼中涉及的司法鉴定事项范围相关广泛,司法鉴定的范围也不断扩大,因此不可能将所有进行司法鉴定的机构和鉴定人员都纳入司法鉴定登记管理的范围。实行统一登记管理的,应当限于诉讼中经常涉及的主要鉴定事项,对于社会通用性较强的鉴定事项,如产品质量鉴定、建筑工程质量鉴定等,有关法律、行政法规对鉴定机构和鉴定人的条件已有规定,依照有关法律、行政法规的规定执行即可,不必纳入司法鉴定登记管理的范围”,该答复直接明确了产品质量鉴定不属于司法鉴定登记管理的范围。

当然,质量鉴定是否使用《司法鉴定程序通则》、能否外聘专家的问题,司法实践中也有准确的认定参考。比如,在浙江省高级人民法院(2019)浙民再562号一案中,浙江省人民检察院的抗诉意见是:涉案鉴定程序违法,因该案鉴定人周某、朱某的登记注册单位均显示不是鉴定机构所属的鉴定人,鉴定程序违法。对此,浙江省高级人民法院认为,根据全国人民代表大会常务委员会《关于司法鉴定管理问题的决定》第2条、第3条的规定,2005年10月1日以后,对从事法医类、物证类、声像资料鉴定以及司法部商最高人民法院、最高人民检察院后确定纳入司法鉴定登记管理范围的鉴定人和鉴定机构实行登记管理制度,对相应鉴定机构、鉴定人员颁发《司法鉴定许可证》《司法鉴定人执业证》,相关法律、法规对鉴定机构和鉴定人的管理已有规定(如产品质量鉴定、建筑工程质量鉴定、工程造价、会计审计、评估等各类鉴定)的鉴定事项,属于全国人民代表大会常务委员会《关于司法鉴定管理问题的决定》所称“法律另有规定的从其规定”的范畴,不纳入司法鉴定登记管理范围。司法部颁布的《司法鉴定程序通则》只适用于上述四大类鉴定的鉴定人和鉴定机构。本案鉴定并不属于纳入司法鉴定登记管理范围的鉴定,不适用《司法鉴定程序通则》等规定。

(三)产品质量鉴定的相关规定中也没有禁止外聘专家的规定

产品质量鉴定虽非“四大类”,但也需要保障鉴定程序的合法合规性。因此,笔者进一步从产品质量鉴定的相关规定中去做“排除法”,确定了没有关于外聘专家的禁止性规定,这也与司法部回函中“建议咨询该专业机构的相关管理部门”的开口内容相一致。

产品质量鉴定最初的法律依据是国家质量技术监督局1999年制定的《产品质量仲裁检验和产品质量鉴定管理办法》(已失效),该办法就没有禁止外聘专家。而后随着《最高人民法院对外委托鉴定、评估、拍卖等工作管理规定》(已废止)的出台,该规定明确“法医、物证、声像资料三类鉴定的专业机构名册从司法行政管理部门编制的名册中选录编制。其他类别的专业机构、专家名册由相关行业协会或主管部门推荐,按照公开、公平、择优的原则选录编制”,这使产品质量鉴定过渡到一个所在行业及行业协会主管的阶段。如今,产品质量鉴定的规范主要是中国质量检验协会2020年发布的《产品质量鉴定程序规范总则》(T/CAQ1 96—2019),该规范吸纳了国内关于产品质量鉴定规范一贯的思路,“产品质量鉴定,是鉴定组织单位组织鉴定专家,运用科学技术或者专门知识对争议产品的质量专门性问题进行调查、分析、鉴别、判断,并提供鉴定意见的活动”,那么,既然是组织专家进行专业判断,同样没有也不可能有外聘专家的禁止性规定。

当然,能否外聘专家只是笔者这起案件中双方的争议问题,法院当然还要审查鉴定机构、鉴定人员本身的资质。笔者在上文中提到的(2019)浙民再562号案件中,法院最终也对鉴定机构及鉴定人的相关资质进行审查,法院认为,根据鉴定机构提交的相关材料,鉴定机构具有浙江省质量技术监督局颁发的“浙江省产品质量鉴定组织单位确定证书”,并在本院“对外委托机构信息平台”中备案,其作为产品质量鉴定组织单位,为本案鉴定选聘的3位鉴定人均有浙江省产品质量监督管理办公室颁发的鉴定专家证书,且均具有与汽车、机械工程相关的高级职称,应当认定具有相应鉴定资质。

【实战策略】

一、熟悉对抗空间,做好起诉或应诉准备

如前所述,发电量索赔纠纷可以说是新能源项目中最为疑难、复杂的纠纷类型之一。因此,熟悉对抗空间、储备有行业技能、具备同类实战经验,这就是能够在案件中制胜的内核。以业主因组件衰减不达标原因而启动的发电量索赔纠纷案为例,该类案件的实体争议空间往往就在于:有无组件衰减不达标的质量问题,发生质量问题的原因,因质量问题而导致的损失大小核算。因组件衰减是否达标总体来说算是一个相对客观标准,那么,代理承包商应诉的律师应当以“将问题复杂化”为导向,设计发电量、实际发电量、关口表读电量之间是何种关系,系统效率是如何计算的,组件的衰减因素有哪些及各项因素如何解读、各项主张又如何举证,只有熟悉,方能进行有效抗辩。

二、重视鉴定程序,不失一兵一卒

新能源项目发电量索赔纠纷的代理律师中所涉及的争议问题,往往都体现出更高的专业性和技术性,法院则需要借助司法鉴定来进一步判断,如设备有无质量问题,质量问题与发电量损失之间的因果关联,甚至发电量损失多少的核查,这些都是最终责任判定的基础。可以说,鉴定环节至关重要。作为业主要启动鉴定,鉴定什么,如何表述鉴定范围尤为重要,否则可能造成即便启动并获得鉴定结论、但因当初提出的鉴定申请范围有误而导致败诉的情况。对于承包方而言,如何有效阻却鉴定,如何在业主申请的鉴定范围基础上增加或减少某项鉴定内容都是十分有讲究的。就像笔者上文提及的司法部独家回复，那也是对代理律师针对争议问题准确解读的肯定。不同案件考验代理律师的具体经验，也需要在动态的举证博弈中及时调整策略，务必要关注该类案件中的鉴定情况。

三、当事人与律师做好配合与支持，代理律师尤其要发挥“行家型律师”的特长

如前所述，发电量索赔纠纷案的疑难不仅体现在其中的法律适用，更难在如何在有限的时间内引导法官真正从行业维度对案件作出公正的裁判。笔者代理的多起案件中或多或少都面临过主审法官对行业背景不熟悉的实际情况，那么，代理律师又该如何糅合法律、行业、技术知识，并用法官听得懂的“话语”来引导案件，这也离不开当事人对案件背景资料的搜集与支持。代理工作始于当事人、升华为代理律师工作、最终又回归到当事人合法利益之上，这其中也同步考验代理律师与当事人之间的良性互动，更考验代理律师运用自己的实战经验来最终帮助当事人实现由商业层面向诉讼战场的最终胜利。

经典案例 24

从碳排放权被强制执行看新能源项目 CCER 凭证的可执行性

——榕昌公司与农行顺昌支行碳排放权强制执行案①

碳排放权，即国家分配给重点排放单位的规定时期内的碳排放额度，重点排放单位需在规定时限内清缴上年度的碳排放配额。碳排放配额（CEA）交易，即通过碳排放权交易系统，碳排放配额有结余的企业将其配额通过交易转让给其他企业，配额不足的企业则需购买配额以履行清缴义务。企业拥有的碳排放权，其法律属性是什么？是否跟其他财产、权利一样具有价值呢？是否能被法院强制执行呢？既然碳排放权可以被强制执行，那么作为抵销配额的 CCER 也具有经济价值且也可在碳交易市场交易，而 CCER 凭证大多源于清洁能源，如风电、光伏项目。因此，债权人对新能源企业申请强制执行时，除执行传统意义上的资金、不动产、车辆、股权等财产外，需要留意 CCER 此类新型财产，并通过执行保障权益。

【案情简介】

福建榕昌化工有限公司（以下简称榕昌公司）因经营需要向中国农业银行股份有限公司顺昌县支行（以下简称农行顺昌支行）申请贷款 6000 万元，以其位于顺昌县大干镇富新路 3 号 A、E、I 地块不动产作抵押，福建省（屏南）榕屏化工有限公司（以下简称榕屏公司）承担连带保证。后榕昌公司未能还款，农行顺昌支行起诉至法院。经调解，榕昌公司应偿还农行顺昌支行贷款本金 6000 万元及利息、罚息、复利，榕屏公司承担连带责任；若未还款，农行顺昌支行有权拍卖、变卖抵押财产，并优先受偿。调解书生效后，榕昌公司等未履行，农行顺昌支行申请执行。执行中，福建省南平市顺昌县人民法院查封了被执行人榕昌公司抵押财产，并依法进行拍卖、变卖，均因无人竞买而流拍。榕昌公司作为知名化工企业现仍在正常生产经营，但因关联企业联保债务纠纷而陷入多起诉讼，若其抵押财产拍卖成交，势必影响企业生产经营。

榕昌公司因前几年技改及节能减排，尚有未使用的碳排放配额，但考虑到后续生产经营及之后年度碳排放配额清缴需要（由省生态环保厅监测该企业前三年的生产量和排放量，核算当年度该企业的碳排放配额，当年度未使用配额可结转使用），被执行人对处置未使用的碳排放配额有顾虑。顺昌县人民法院为贯彻

① 参见《2021 年度福建法院十大执行案件》，载微信公众号“福建省高级人民法院”。

善意文明执行理念，多次走访该企业，详细了解企业生产经营情况及司法需求，阐明执行法律法规及碳排放配额的可执行性，并于2021年9月14日作出执行裁定，依法冻结榕昌公司未使用的碳排放配额10,000单位（10,000吨二氧化碳当量），并通知榕昌公司将被冻结的碳排放配额挂网至福建海峡股权交易中心（以下简称海峡交易中心）进行交易，成交款项转入法院账户。榕昌公司收到冻结碳排放配额的执行裁定及履行义务通知书后，积极配合执行，将其未使用的碳排放配额挂网交易。10月20日，顺昌县人民法院向海峡交易中心送达执行裁定书及协助执行通知书，扣留交易成交款。

【要点解析】

一、碳排放权的产生背景与含义

（一）碳排放权的产生背景

自人类社会开启工业革命以来，在社会生产生活过程中，大量向大气排放以二氧化碳为主的温室气体，致使全球温度不断升高，气候极端异常情况时常发生，威胁着人类社会的可持续发展，其促使人们开始关注碳排放问题。英国经济学家庇古认为环境污染成本由全体社会成员承担的外部性特征，致使环境资源利用者未承担利用环境资源的成本，形成环境资源利用的无序与失衡，为此，有必要设计一种制度促使外部成本内部化，而庇古提出以收税方式来解决。美国经济学家科斯在批判庇古观点的基础上，提出在环境资源使用权归属确定的情况下，通过交易同样可以做到环境资源使用成本的内部化，且比简单的收税更为有效。科斯的观点为碳排放权交易制度的建立提供了理论依据。①

1992年联合国政府间谈判委员会达成《联合国气候变化框架公约》，公约规定发达国家保证2000年温室气体排放量与1990年持平。而1997年达成的《京都议定书》开始对发达国家的温室气体排放进行具有强制性的公约约束，并规定了温室气体排放量减少义务履行三机制：发达国家相互间的联合履约机制；发达国家与发展中国家之间的清洁发展机制；发达国家间的碳排放权国际贸易机制。上述三机制标志着国际碳排放权交易制度的形成。而碳排放权交易制度形成的前提是根据环境对温室气体的承载量，依据环境发展目标而设定温室气体排放总量，从而进一步向各排放参与者授予排放额度。排放参与者实际排放量低于授予额度的，可以将多余排放额度售卖给实际排放额度超过授予额度的其他排放参与者。

---

① 参见胡海春、吕林：《我国碳排放权交易的法律制度研究——以建立环首都经济圈交易市场为例》，载《生态经济》2015年第2期。

（二）碳排放权含义

碳排放权一般指向大气排放温室气体的权益，排放的多少须依照可享有的碳排放额度。根据“共同但有区别”碳排放原则，碳排放额度首先在不同国家间进行分配，之后各个国家依据自身国情、国家内各地域、各行业发展情况为参与排放的企业确定具体排放额度。自然人的碳排放权属于自然权，不需要法律赋予，自然人因生存、发展的需要向大气排放温室气体，属于人权范围，不应加以限制。①

1.《京都议定书》中的碳排放权

《京都议定书》中并没有明确何为“碳排放权”，不过，在之后的《马拉喀什协定》中则明确规定《京都议定书》没有为附件 B 国家创设任何类型的财产权，《京都议定书》框架下的分配数量单位（Assigned Amount Units，AAUs）不等同于大气资源财富的分配，这是因为将大气资源在各国之间进行分配属于一种变相的私有化之举。② 而大气资源理应属于全体人类的共同享有的资源，亦与大气资源的流动性不符合。同时，一旦将 AAUs 视为财产，可能导致全球出现规模较大的财富再转移，有违公平原则。从《京都议定书》对 AAUs 的规定来看，一方面，附件 B 国家拥有与其碳排放总量相等的 AAUs，便视为履行了《京都议定书》所规定的碳减排义务；另一方面，拥有剩余 AAUs 的国家，可以向其他国家有偿转让多余的 AAUs，获得经济上的收益。可见，根据《京都议定书》《马拉喀什协定》，碳排放权既不是传统的财产权，也不是行政授权。

2. 美国法中的碳排放权

美国的区域温室气体减排行动计划所发布的模范规则第 1.2 条规定，碳排放权是政府管理机构依据二氧化碳预算交易机制向企业发放的可以排放二氧化碳的授权，这一有限的授权不可视为财产权。在美国联邦气候变化立法层面，《气候变化安全法案》第 201 条和《美国清洁能源与安全法案》第 701 条（c）均明确规定碳排放权并不是传统的财产权。

3. 欧盟法中的碳排放权

目前欧盟具有全球发展最为快速、规模最为庞大、法规最为完备的碳排放权交易市场，但欧盟本身并没有对碳排放权的法律本质进行具体的界定。欧盟委员会最早的排放交易指令草案建议将碳排放权视为行政授权，但遭到欧盟法律事务部的反对，其认为欧盟委员会应当遵从辅助性原则，碳排放权的法律属性应当由各个成员界定。目前法国、德国、意大利和西班牙等将碳排放权视为商品，受金融法律

---

① 参见黄亚宇：《低碳经济下碳排放权的法律属性探讨》，载《时代金融》2013 年第 32 期。

② 参见王慧：《论碳排放权的法律性质》，载《求实学刊》2016 年第 6 期。

的规制，荷兰、丹麦等国将碳排放权视为无形资产，瑞典则将其视为金融机制，受金融服务管理机构管理。近年来，欧盟有将碳排放权作为金融工具看待的趋势，其公布的《反市场操作指令》《透明度指令》《金融工具市场指令Ⅱ》均明确提议应将欧盟排放交易体系下的碳排放权现货交易纳入金融工具监管体系之内。

4. 新西兰法中的碳排放权

2002 年，新西兰颁布了《气候变化应对法》，并在 2008 年、2009 年和 2012 年不断进行修订，2009 年经修订的《气候变化应对法》对碳排放权的法律性质进行了明确规定，即其为《个人财产安全法》所调整的投资证券型财产。可见，新西兰认为碳排放权属于一种金融工具，这种金融工具是法律应该保护的私人财产。

5. 澳大利亚法中的碳排放权

2008 年，澳大利亚政府发布气候变化白皮书时便明确指出，就碳排放权的法律性质而言，其有两种选择：一是将碳排放权视为守法手段或行政许可，在这种规定情形下，政府可在无须补偿企业的情况下即可使相应的碳排放权失效；二是赋予碳排放权以个人财产地位，政府如使相应碳排放权失效，必须进行补偿。最终，澳大利亚选择了后者。在 2011 年开始实施的澳大利亚碳污染削减计划中，明确碳排放权属于个人拥有的私有财产，政府影响碳排放权价值之时，需要对碳排放权持有者进行补偿。澳大利亚政府认为，如不给予碳排放权以财产权地位，那么企业对于政府的行为无法预测，丧失进行碳排放权交易的热情，整体上不利于碳排放交易的发展。

二、碳排放权的法律属性

（一）对国外关于碳排放权法律定性的评析

笔者认为，从以上国外关于碳排放权法律性质的规定来看，主要分为两类：一类是不作明确规定；另一类是定性为一种财产。碳排放权及其交易理论发展成型于英美法系国家，这导致产生于经济学领域中的碳排放权与英美法学领域中财产权概念在构造上的互通。英美法系基于实用主义原则，并不讲究严谨的理论衔接和完善的逻辑体系，其财产理论关注的是每一个主体可以作出何种具体行为，并不注重某种权利在整个财产权体系中的定位和归类，而是侧重于制度本身与权利主体行为的内在关联的研究，更讲究个体正义，认为只有对行为主体同时具备激励和约束功能的，才是好的产权制度。[①] 而以上国外关于碳排放权的法律定性，均符合其各自国情，并据此有效促进了以上各国的碳交易与碳减排，达到了相应的立法目的。

---

① 参见杜晨研、李秀敏：《论碳排放权的私法逻辑构造》，载《东北师大学报（哲学社会科学版）》2016 年第 1 期。

但大陆法则向来以严谨的理论和完善的立法逻辑而著称，建构了分类详细的权利体系，强调全面的定义与精致的分类。在研究问题时，习惯性要把具体问题归入权利体系，并对其进行定性。而碳排放权作为一种新型权益，给以成文法为主体的大陆法系国家带来了不小难题。

（二）我国现行各类碳排放权学说及评析

1. 环境权说及评析

所谓环境权，指环境法律关系的主体享有健康和良好生活环境以及合理利用环境资源的基本权利。环境权的权利客体是各种环境资源要素，大气便是典型的环境资源要素。碳排放权就是环境权的一项重要内容，是单位和个人在生产和生活中向环境排放必须和适量温室气体的权利。在环境学说看来，碳排放权一方面承载了生态保护功能，即碳排放权能够确保温室气体处于合理的排放水平，它要求限制碳排放行为；另一方面承载了财产权利保护的功能，即碳排放权是一种合法的权利，它要求保护单位和个人的碳排放行为。

笔者认为，碳排放权涉及碳排放额度初始分配与碳排放交易两个环节，环境权说在内容上比较抽象，在碳排放交易实践中无法提供切实可行的指导。相比之下，国内更多是从物权法的角度来讨论碳排放权的法律属性问题。

2. 发展权说及评析

发展权说认为，碳排放权是发展权的一项重要内容，是不可剥夺的人权。无论是维持个人生存还是发展社会生产，都不可能不向大气排放温室气体。碳排放权与经济社会发展联系紧密，直接关系一国的经济社会发展、未来发展潜力。同理，碳排放额度也决定了企业在当前技术条件下的产值上限，影响到盈利能力与发展前景。因此，碳排放权属于发展权。

笔者认为，发展权说的论证过程并未实现逻辑自洽。发展权说是通过分析碳排放额度与经济总量的内在关系，得出碳排放权属于发展权的论断，其更多的是在道德伦理层面讨论碳排放权的法律属性，并未涉及碳排放权法律属性的核心内容，同环境权说类似，不足以用来解释碳排放权相关法律制度的构建问题。① 社会的发展无法避免碳排放，但排放更多的碳不等同于能获得更多的发展。实际上，碳排放只是社会经济发展的副产品，碳排放与社会经济发展并不存在必然的联系。一旦过度强化这种联系，便会得出碳排放属于发展权的荒谬论断。用发展权来理解碳排放权，无法促进企业通过技术革新、管理升级的方式减少碳排放，企业

① 参见陈真亮、项如意：《碳排放权法律属性的公私法检视及立法建议》，载《武汉科技大学学报（社会科学版）》2022年第1期。

将缺乏减排的内在动力。另外,发展权说更关注碳排放额度初始分配的社会正义、区际正义,但对于碳排放权的交易制度的构建却并无作用,因此该说也存在较大的局限性。

3. 准物权说及评析

所谓准物权,是指虽非民法上规定的物权,但在法律上将其视为物权而准用民法有关规定之权利。因物权采法定主义,准物权性质上虽以物权视之,但民法上并无规定,故以准物权称之。首先,准物权所调整的对象是自然资源,而碳排放权所针对的大气环境容量资源是自然资源的组成部分,因此,碳排放权在客体上与准物权有相似之处。其次,准物权的价值目标在于实现准物权人对附属于物质载体之上的自然资源的利用价值,而并非对物质载体本身的占有与控制。而碳排放权寻求对大气环境容量资源的高效利用与准物权制度的价值目标高度契合。① 同时,随着科技的进步及人类理性的发展,借由技术手段的使用以及法律的拟制,大气环境资源容量也可被定型化、度量化,具备物权的可感知性、可支配性的部分特征。② 因此,碳排放权可视为准物权。

笔者认为,准物权不是属性相同的单一权利的称谓,而是一组性质有别的权利的总称,按照通说,包括矿业权、水权、渔业权、狩猎权等。碳排放权是一种与传统物权不同的特殊权益,其兼具生态属性与经济属性,与物权只承载经济属性而忽视生态属性有所不同,其难以为政府免费发放配额、清缴配额等行为提供依据。在现行碳排放交易体系下,政府拥有较大的主导权,排放者自愿参与程度较低,存在着政府对碳排放配额直接分配、设定清缴义务等行为,但是根据物权保护的原则,国家只有在紧急的情况下才有权对公民财产进行征收征用,导致政府对碳排放权交易的干预缺乏法律依据,进而受到限制。此外,该学说将性质不明的权益装入"准物权"权利箩筐的做法,也可能会诱使将来肆意扩张"准物权"的法律范畴,埋下法学概念模糊化、同质化的隐患。

4. 用益物权说及评析

用益物权是对他人所有之物的占有、使用、收益。《民法典》第 323 条规定,用益物权人对他人所有的不动产或动产,依法享有占有、使用和收益的权利。在用益物权视角中,碳排放权具有使用和收益的特征,因此可以将碳排放权归入用益物权的法律范畴。客观上,用益物权说将碳排放权视作企业对环境容量的利用权利,可以强化碳排放权后天生成的财产属性,明确私主体拥有并转让该项权

① 参见蒋博雅:《论碳排放权的法律属性》,载《辽宁公安司法管理干部学院学报》2019 年第 1 期。

② 参见任晒:《法经济学视野下碳排放权法律性质解析》,载《环境与发展》2020 年第 5 期。

利的正当性。

但笔者认为用益物权说在解释碳排放权的权利生成路径和环境治理功效均有所不足。大气环境资源并非他人所有的动产或不动产,其属于全体人类的共同资源。在国家地域内,可看作属于某一国家全体人民的资源,政府受托进行管理,这意味着碳排放权的母权利是公权而非私权。换言之,碳排放权人的权利来源并非他人对大气环境容量所享有的物权,而是政府主管部门行政许可下的碳排放额度的初始分配和二次分配。此外,用益物权说将妨碍政府通过管控碳排放总量的方式实现大气环境治理目标的达成。政府将不得随意剥夺企业的碳排放权,政府行为有损企业碳排放权的,则应当作出补偿,这势必削弱政府对于碳排放总量的调整控制能力。

5. 行政规制权说及评析

依照行政规制权说,碳排放权并非传统意义上的财产权,政府分配碳排放额度的行为并不意味着政府将大气环境资源私有化,因为政府分配的不是大气环境资源本身,而是碳排放主体使用大气资源的权利,即可向大气排放一定数量温室气体的权利。在这种语境下,碳排放权人所持有的碳排放权看似是一种受规制的财产,虽然碳排放权持有人可以对这种规制性财产进行交易,但是政府对于这种规制性财产享有最终的分配和管理权利。行政规制权说之所以将碳排放权定义为规制权而非财产权,是认为碳排放权的财产化会导致公共资源变为私人商品,具有道德的非难性,同时也会使排放温室气体成为企业的权利而不是过错,政府通过排污权交易体制将公众享有的大气资源无偿分给了企业,企业只要获得足够的碳排放额度,便可以合法地排放温室气体,导致企业在经济上收益,所产生的大气污染成本却由公众来承担,在对公众缺乏补偿的情况下进行碳排放不仅会引发公平正义问题,还会导致低效率问题。从碳交易市场的实际运行来看,由于配额过多所导致的碳价格极低甚至归零是欧美碳市场已经出现过的情况,几乎不需要成本的碳排放量无法反映企业的排放成本,也就不可能促进企业对碳减排技术的投资,现实要求政府对于碳排放权交易具有较强的管理职权,如采取停止履约、调整与删除配额等对碳排放权交易进行适时调控。

笔者认为,行政规制权说很好地避开了直接将碳排放权财产化或物权化所带来的弊端,体现了碳排放权权利来源的行政主导特征及作为一种受规制财产的经济属性,其减少了碳排放权财产化或物权化的抽象性思考,结合我国大气环境资源较差、碳排放交易制度尚初步建立的背景,有助于发挥政府的主导作用,促进碳污染实际问题的解决。亦即,碳排放权是政府行政规制下的行政许可,对于拥有配额的主体而言仅构成一项财产性利益而非权利，并不能以此对抗政府的调节。[①] 但是行政规制权说仍然未准确把握住碳排放权的本质属性，其拒绝直接将碳排放权财产化或物权化，但仍然是属于为实现碳排放权的财产价值寻找路径，并未真正清晰地理解设立碳排放权及其交易制度的初衷，即减少碳排放，而非保护或实现碳排放的财产价值，落脚在碳排放权的财产价值则实属于本末倒置了。

（三）碳排放权的本质法律属性与经济价值

1. 碳排放权的本质法律属性

目前学界大多从碳排放权本身出发来界定其法律属性，但应明确的是碳排放权的法律属性争议由碳交易制度引发，因此对于碳排放权的属性界定应回归到碳排放权交易制度的大框架下才具备探究意义。[②] 笔者认为，碳排放权的本质法律属性在于碳排放主体的碳减排义务，而非排放碳的权利。从《联合国气候变化框架公约》《京都议定书》的诞生背景来看，其并非碳排放权人的排放权益受到损害，以致亟须出台国际公约、设立一种机制用于保护碳排放主体的排放权，而是毫无约束的碳排放已经严重影响了地球大气环境，危及人类社会的可持续发展。碳排放权及其交易机制通过碳排放权在国家间、区际间、企业主体间的总量控制与分配，鼓励通过清洁生产技术减少碳排放。为提高碳排放主体减排的积极性，便允许富余的碳排放额度进行交易，这为积极履行减排义务的主体带来经济收益。从这一过程可以看出，碳排放权的财产性收益并非设立碳排放权及其交易机制的主要目的。碳排放权交易制度作为一种环境政策管理工具，主要目的是积极应对气候变化，此也可以从《碳排放权交易管理办法（试行）》第 1 条"……在应对气候变化和促进绿色低碳发展中充分发挥市场机制作用……制定本办法"的规定中得到佐证。为此，碳排放主体需要在设立的相应机制下积极履行碳减排义务。而这种碳减排义务甚至带有强制性，如在年度清缴配额时，实际排放量超过分配及购买的排放额度时，则会遭到政府主管部门处罚。从以下我国相关法律文件对于碳排放权的定义变迁来看（见表 5－1），我国立法部门也逐渐倾向于将碳排放权理解为政府分配给碳排放主体的排放额度，体现的是一种减排义务观。事实上，在国内被翻译为碳排放权交易的英语原词是"emission trading"，而各类国际法律文件中并未见到类似"emission rights"的表述。[③]

① 参见杨本研、方堃：《碳排放权的法律属性研究》，载《环境保护》2021 年第 16 期。

② 参见张辉、冯子航：《碳交易制度中碳排放权的行政管性》，载《环境保护》2021 年第 16 期。

③ 参见郑一格：《碳排放权的法理基础与我国碳排放权交易市场的完善进路》，载《黑龙江生态工程职业学院学报》2021 年第 6 期。

表 5-1 我国定义碳排放权的相关规章

年份	制定机关	法律文件	碳排放权定义
2015	国家发改委	《碳排放交易管理暂行办法》	第 47 条 碳排放权,是指依法取得的向大气排放温室气体的权利
2019	生态环境部	《碳排放权交易管理暂行条例》(征求意见稿)	第 26 条 碳排放权,是指参与碳排放权交易的单位和个人依法取得向大气排放温室气体的权利
2020	生态环境部	《全国碳排放权交易管理办法(试行)》(征求意见稿)	第 50 条 碳排放权,是指依法取得的向大气排放温室气体的权利
2021	生态环境部	《碳排放权交易管理办法(试行)》	第 42 条 碳排放权,是指分配给重点排放单位的规定时期内的碳排放额度
2021	生态环境部	《碳排放权交易管理暂行条例(草案修改稿)》	第 33 条 碳排放权,是指分配给重点排放单位的规定时期内的碳排放配额

2. 碳排放权的经济价值

如上文所说,虽然碳排放权作为一种环境政策管理工具,本质属性属于"义务",但其对鼓励减排的机制设计促使碳排放权具有经济上的收益。在分配的碳排放额度基础上,企业减排力度越大,其通过碳排放权交易可获得越高的经济收益,因此碳排放权具有了经济价值。但需要指明的是,企业只有拥有多余的碳排放权额度,其才具有获得经济收益的可能性,企业实际排放量超过所拥有的碳排放权额度时,则其需要花钱去购买碳排放权额度,怠于满足排放额度控制要求时,则会面临政府主管部门的行政处罚。换句话说,碳排放权的经济价值来源于,政府对于履行减排义务行为的奖励机制设计,企业额外花钱购买碳排放额度或遭受行政处罚属于对未履行减排义务行为的惩罚。

三、碳排放权的可执行性及变现方式

(一)碳排放权的可执行性

财政部于 2019 颁布了《碳排放权交易有关会计处理暂行规定》,其第 2 条规定"重点排放企业通过购入方式取得碳排放配额的,应当在购买日将取得的碳排放配额确认为碳产,并按照成本进行计量。重点排放企业通过政府免费分配等方式无偿取得碳排放配额的,不作账务处理"。从我国对于碳排放权的会计处理来看,企业有偿取得的碳排放配额才做账务处理。因此,有偿取得的碳排放配额具有经济价值，在财务会计制度上属于企业的资产（其与上文所说企业通过出售多余的碳排放额度而获得经济收益相对应，相应碳排放权理当也属于出售企业的资产）。《民事诉讼法》第249条第1款规定“……人民法院有权向有关单位查询被执行人的存款、债券、股票、基金份额等财产情况。人民法院有权根据不同情形扣押、冻结、划拨、变价被执行人的财产……”那么，在财务制度上可作为企业资产的碳排放权，可以通过冻结、变价等方式进行强制执行，具有可执行性。也正因为如此，在榕昌公司与农行顺昌支行碳排放权强制执行案件中，执行法官才会考虑是否要对榕昌公司往年结转可用的碳排放权予以强制执行，以尽力弥补债权人的损失。

值得注意的是，当企业碳排放配额清缴义务与碳排放权强制执行发生冲突时，哪方应当予以优先保障？笔者认为，保障企业的碳排放配额清缴有利于大气环境的治理，提高社会整体福祉，应当予以优先保障，但是企业拥有的碳排放额度包括无偿分配的和有偿获得的，对于无偿获得的碳排放额度，属于政府对于企业的控排要求，应当予以优先保障配额清缴，而对于有偿获得的碳排放额度，属于企业其他资产的形式替换，与企业其他资产无异，则应当优先考虑债权人的利益保护，保障碳排放权的强制执行。

（二）变现方式

《民事诉讼法》第254条规定：“……被执行人逾期不履行的，人民法院应当拍卖被查封、扣押的财产；不适于拍卖或者当事人双方同意不进行拍卖的，人民法院可以委托有关单位变卖或者自行变卖……”根据上述规定，碳排放权作为被执行财产，需要通过适当方式进行变价。根据最高人民法院《关于人民法院民事执行中拍卖、变卖财产的规定》第2条“人民法院对查封、扣押、冻结的财产进行变价处理时，应当首先采取拍卖的方式，但法律、司法解释另有规定的除外”及最高人民法院《关于人民法院网络司法拍卖若干问题的规定》第2条“人民法院以拍卖方式处置财产的，应当采取网络司法拍卖方式，但法律、行政法规和司法解释规定必须通过其他途径处置，或者不宜采用网络拍卖方式处置的除外”的规定，在法律、法规及司法解释无另外规定的情况下，碳排放权应当首先采取网络司法拍卖的方式执行。

但根据《全国碳排放权交易管理办法（试行）》《碳排放权交易管理规则（试行）》对碳排放权的交易机制设计，碳排放权交易应当通过全国碳排放权交易系统进行，可以采取协议转让、单向竞价或者其他符合规定的方式转让。协议转让，是指交易双方协商达成一致意见并确认成交的交易方式，包括挂牌协议交易及大宗协议交易。单向竞价，是指交易主体向交易机构提出卖出或买入申请，交易机构发布竞价公告，多个意向受让方或者出让方按照规定报价，在约定时间内通过交易系统成交的交易方式。笔者认为，在目前碳排放权是否可以通过网络司法拍卖进行交易，以及是否可以通过单向竞价进行拍卖，是否可以通过协议转让进行变价等问题尚未有明确规定。为此，可以参照上市公司股票的司法处置方式。

上海金融法院《关于执行程序中处置上市公司股票的规定（试行）》第16条至第18条规定，根据限售条件、解禁条件、案件情况可选择适用大宗股票司法协助执行方式或网络司法拍卖方式的情形有：（1）股票数量小于30万股或交易金额小于200万元，或者股票数量虽大于30万股或交易金额大于人民币200万元，但其数量小于该股票决定处置日前20个交易日的平均成交量，处置该股票不会对价格产生较大影响的，优先选择在股票二级市场以集中竞价方式强制卖出；（2）股票数量大于30万股或交易金额大于人民币200万元，且在股票二级市场强制卖出可能对该股票价格产生较大影响的，优先选择适用大宗股票司法协助执行方式；（3）处置上市公司限售流通股、存托凭证。根据广东省深圳市中级人民法院《关于强制执行上市公司股票的工作指引（试行）》第14条，无限售流通股按照如下方式进行变价：（1）拟变价股票数量占上市公司总股本比例为5%以上（含本数），或者股票长期停牌（6个月以上），采取网络司法拍卖方式进行变价；（2）拟变价股票数量占上市公司总股本比例为5%以下（不含本数），符合大宗交易条件的，可以指令所托管的证券公司营业部在合理期限内以大宗交易的方式卖出；不符合大宗交易条件或者大宗交易后的剩余股票，可以指令所托管的证券公司营业部在30个交易日内通过集中竞价方式卖出。

笔者认为，碳排放权强制执行与上市公司股票司法处置相似，如拟执行碳排放权数量较大时，适用协议转让更有利于维护碳排放权价格相对稳定，提高处置效率。在榕昌公司与农行顺昌支行碳排放权强制执行案件中，法院将榕昌公司10,000单位的碳排放配额在区域性的福建海峡股权交易中心进行挂网交易并成功转让，其可能的具体变现方式为单项竞价。对于碳排放权的司法处置，有待于将来出台更为具体明确的碳排放权执行指引予以明确。

四、新能源项目 CCER 凭证可执行性分析

（一）CCER 的含义及与碳配额的关系

CCER（国家核证自愿减排量）是指在碳交易主管部门备案并在国家注册登记系统中登记的温室气体减排量，英文全称 China Certified Emission Reduction，简称CCER，单位为“吨二氧化碳当量”，可以在碳市场中进行交易，抵消企业排放量。简单来讲，CCER 就是一种碳抵消机制，即控排企业向实施“碳抵消”活动的企业购买

可用于抵消自身碳排的核证量。"核证"指的是一个 CCER 项目在进入市场前，首先需要经过一系列严格的量化考察以及层层备案，"自愿"指的是这一交易标的有别于国家强制划分的碳排放配额，是一种环保减排项目主动发起的减排活动。将二者结合起来看，CCER 就是一种"经官方指定机构审定并备案，由环保项目或企业主动创造的温室气体减排量"。

一个可交易的 CCER 项目从诞生到进入市场，需要经历至少六道工序，分别是项目文件设计、项目审定、项目备案、项目实施与监测、减排量核查与核证，以及减排量签发。首先，由项目所有者按照国家发改委规定的标准格式填写项目文件，并提交至指定的专业机构进行审定，审定机构负责对项目文件进行审核并编制项目审定报告；项目经过审定后，提交至国家主管部门申请备案；已备案的项目可按照设计文件开展工作，并由专业的监测机构出具项目监测报告；在项目实际产生减排量后，再由专业核证机构对减排量进行核证，随后国家主管部门对减排量进行备案，并签发正式的 CCER。完成这个程序通常需要 8 个月到 1 年的时间，之后 CCER 才可以进入碳交易市场（见图 5－3）。

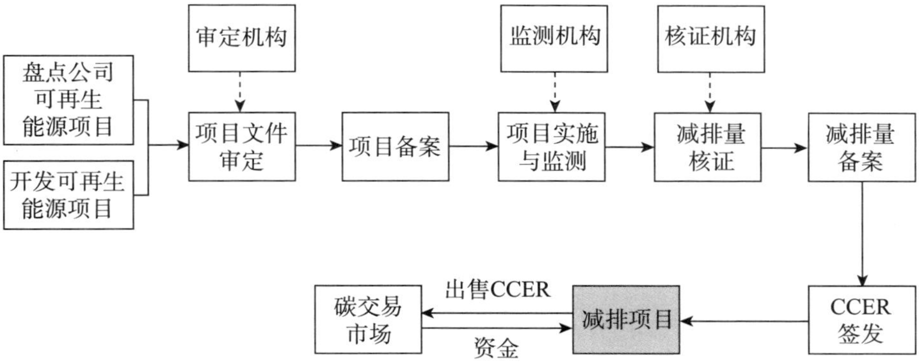

图 5－3　CCER 开发流程

资料来源：华宝证券。

上文我们已经介绍了碳交易市场的基础产品碳排放配额，而 CCER 则是另一种可交易的产品。碳市场按照 1∶1 的比例给予 CCER 替代碳排放配额，即 1 个 CCER 等同于 1 个配额，可以抵销 1 吨二氧化碳当量的排放，《碳排放权交易管理办法（试行）》规定重点排放单位每年可以使用国家核证自愿减排量抵销碳排放配额的清缴，抵销比例不得超过应清缴碳排放配额的 5%。为了方便大家更容易理解二者之间的关系，可见图 5－4。

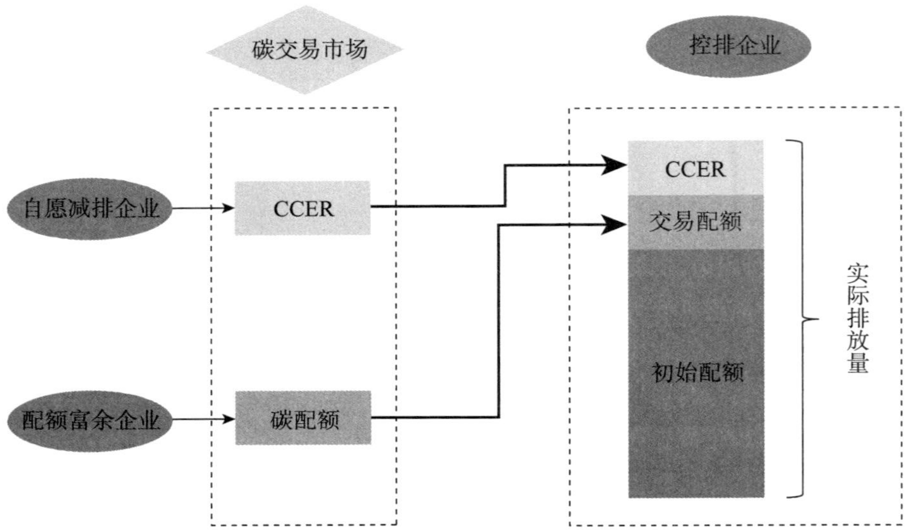

图 5－4　CCER 与碳配额关系

资料来源：发改委、东吴证券研究所。

（二）CCER 交易现状及可执行性分析

CCER 项目申请始于 2012 年，后又在 2017 年 3 月被国家发改委下发《中华人民共和国国家发展和改革委员会公告》（2017 年第 2 号）叫停签发，新项目不再审批（其中包含 592 个风电光伏）、老项目仍可运行。尽管新项目审定核证工作已经停止多年，但存量 CCER 的交易在此期间却从未停止。截至目前，国家发改委公示 CCER 审定项目累计达到 2871 个，备案项目 1047 个，获得减排量备案项目 287 个。获得减排量备案的项目中挂网公示 254 个。从项目类型看，风电、光伏、农村户用沼气、水电等项目较多。

光伏、风电等新能源项目不仅不需要配额，还可以通过减少碳排放来获得政府发放的自愿减排量收益凭证 CCER，据国内某机构测算，以风电为例，统计了 4 个到 5 个较大风电场减排量，计算得每度电可减排 857 克二氧化碳，按照 CCER30 元/吨，则风电潜在收益为 30 × 857 ÷ 1, 000, 000 = 0. 026 元/千瓦时。

全国碳市场已启动，对 CCER 的需求远超地方试点市场时期，按照 5% 抵销比例和 40 亿吨排放量计算，全国市场的控排企业每年的 CCER 需求近 2 亿吨，目前的存量仅 5000 万吨，远不能满足控排企业的需求量。而且，全国碳市场对于碳信用抵消的限制条件较地方试点市场更为宽松，没有项目类型和项目地域的限制，未来 CCER 交易市场开放后，将会有更多的企业投入 CCER 碳减排项目的开发中去。

【实务建议】

2021 年 2 月 1 日起施行的《碳排放权交易管理办法(试行)》第 20 条规定:"全国碳排放权交易市场的交易产品为碳排放配额,生态环境部可以根据国家有关规定适时增加其他交易产品。"碳排放配额作为一种交易产品,被赋予商品的属性,属于一种新类型的财产性权利,与知识产权等企业无形资产相似,可被纳入法院可供执行的财产范畴。那么,作为另外一种碳交易产品的 CCER 凭证同样具有可执行性。存量的光伏、风电项目已备案的 CCER 凭证已可以在碳交易市场流通,若 CCER 备案重启后,则会有更多的新能源项目申请 CCER 备案,那么债权人可时刻关注新能源项目公司是否备案获取了 CCER 凭证,并可以作为保全或执行中的财产线索提供给法院,用于债权受偿。

附录 2017～2021 年分布式光伏特定类型纠纷（涉 EMC、PPA、屋顶租赁纠纷）司法判例报告

分布式光伏项目作为一种新型清洁能源发电与消纳模式，集屋顶租赁、节能收益分享与技术服务于一体，通过合同能源管理协议（EMC）或购售电协议（PPA）或屋顶租赁合同（常见于全额上网模式）连接光伏项目开发商（以下简称供电方）与屋顶业主（以下简称屋顶方），符合清洁能源行业发展要求，也旨在实现各方共赢。然而，伴随该种相对新型的能源模式的发展，与之相关的纠纷也随之引发，甚至分布于项目前期的开发、建设、收购、运维等各个环节，选择对特定合同类型纠纷进行研究有助于风险管理和对诉讼案件结果的预判。

本次研究，笔者聚焦分布式光伏项目中 EMC、PPA、屋顶租赁合同 3 种常见的合同类纠纷，以“Alpha 案例库”“无讼案例”“聚法案例网”为检索工具，锁定“2017～2021 年”区间，以“分布式光伏”“屋顶分布式”“合同能源管理”“节能效益分享”“屋顶租赁”“供电协议”等作为关键词进行组合检索，采取首轮定向检索和二次扩大范围补充检索的双重方式，最终确认、汇总了有效判例 105 件及相关判决文书 126 份（部分案件存在一审、二审等两份判决文书），为本报告提供了有效的判例样本。

本报告，笔者首先对有效的判例项所涉及的地域分布、审级、胜诉率、审限、涉及第三方鉴定/评估情况等做出大数据分析，以期提供屋顶分布式光伏项目涉 EMC 合同纠纷、PPA 合同纠纷及租赁合同纠纷案件的整体涉诉图景。同时，考虑到样本判例数量较多、争议焦点不一，笔者重点选择了判例进行延伸解读，明确共性问题下的裁判思路，以期更好地利用司法判例规则。

一、涉诉案件分布情况

以本次调研确定的判例库为基础，2017～2021 年度屋顶分布式光伏项目项下的合同类纠纷的地域、审级、胜诉率、审限等情况如下。

(一)地域分布

本次研究的涉诉案件,涉诉数量位列前5名的省份分布,如图1所示:

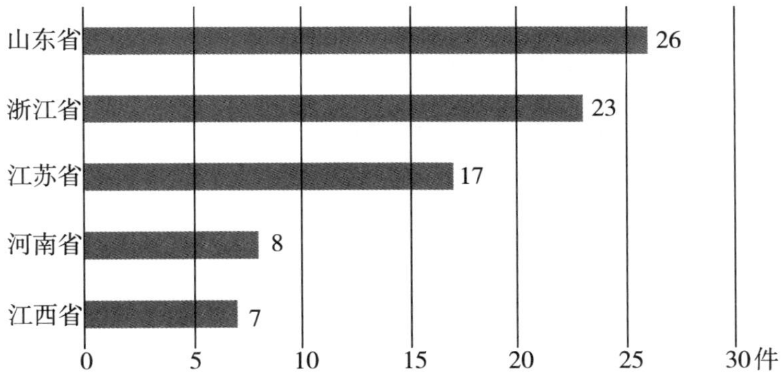

图1　2017～2021年度屋顶分布式光伏涉诉案件前5名的省份分布

以上数据结果显示出两大特点:第一,案件地域分布较不平均,多数省份在2017年至2021年未检索到任何本次研究的涉诉案件。第二,涉诉案件主要集中在经济更为发达的东部地区,如江浙及山东省,特别是山东省近两年的分布式光伏纠纷涉诉案件明显增多。推其原因可能在于这些地区工业化较为发达、屋顶资源丰富、政策补贴力度较强等。随着2021年开启的"整县光伏"工作推进,后续其他省市的案件数量可能也会逐渐增多。

(二)审级分布

本次研究的105件有效案例中,上诉并进入二审的案件共32件,而这32件上诉案件中,仅有4件改判、其余28件均维持原判。可见,该类纠纷70%以上通过一审程序即可结案,另外也反映了这类案件中涉案法律关系及争议焦点问题较为清楚。具体一审、二审占比及改判情况如图2、图3所示:

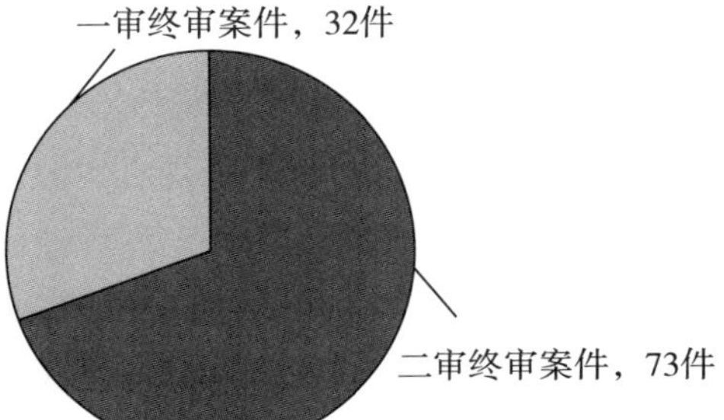

图2　一审终审与二审终审案件数量占比

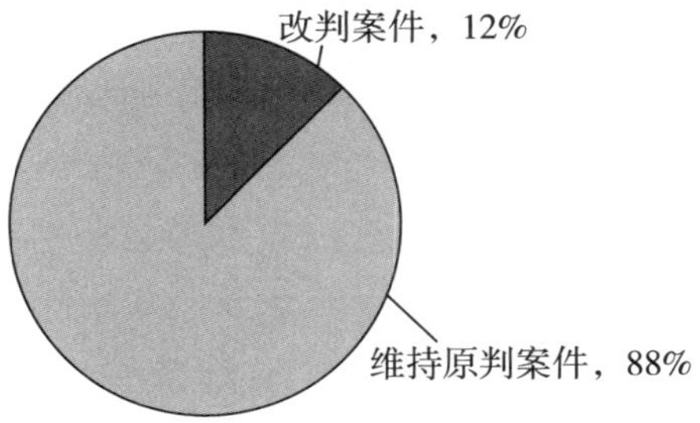

图3　二审改判率

（三）胜诉分布

本次研究的105件有效案例中，原告胜诉的案件数有85件，胜诉率达81%。

原告胜诉案件具体分布占比情况如图4所示：

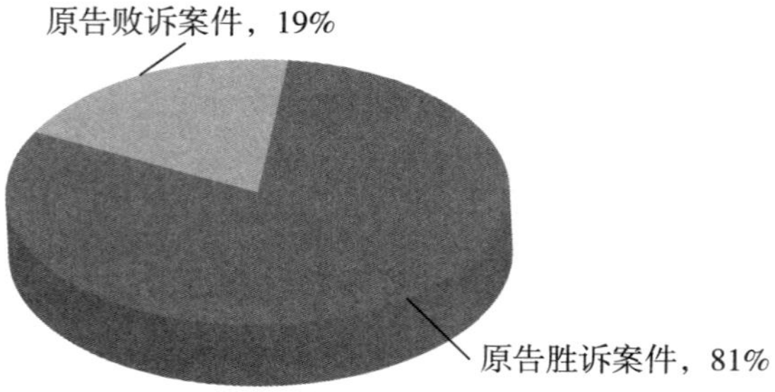

图4 原告胜诉案件比例

而本次研究的105件有效案例中，供电方（包括作为原告/被告）胜诉案件数为72件，胜诉率在总案件数中占比69%。

供电方胜诉案件具体分布占比情况如图5所示：

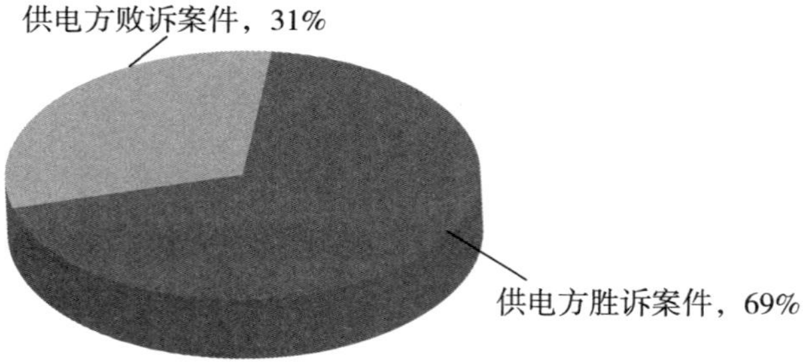

图5 供电方胜诉案件比例

（四）审限及审理程序分布

1. 一审、二审审限分布

从判决书载明的立案时间起至判决书落款时间，在126份样本文书中可统计到审限信息的109份判决书中（包括一审、二审），一审、二审案件在3个月内结案的判决数达64份，各阶段平均审限较短、可控。

具体的审限情况如图6所示：

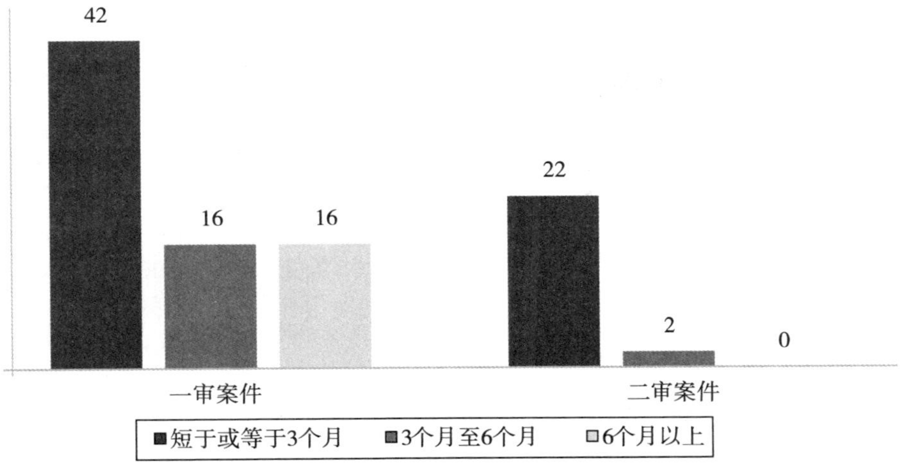

图6　一审和二审案件审限分布

2.简易、普通程序审限分布

笔者同时重点关注不同审理程序项下的审限完成情况。因简易程序仅存在一审中，在可统计到审限信息的92份一审判决书中：适用简易程序审理的47份，且有40份均在法定要求的3个月审限内审结；适用普通程序的有45份，且有33份均在法定要求的6个月审限内审结。很显然，从简易程序适用比率、法院遵守审限度均较高的数据来看，该类纠纷的法律关系较为清晰、争议较小。具体审理情况如图7、图8所示：

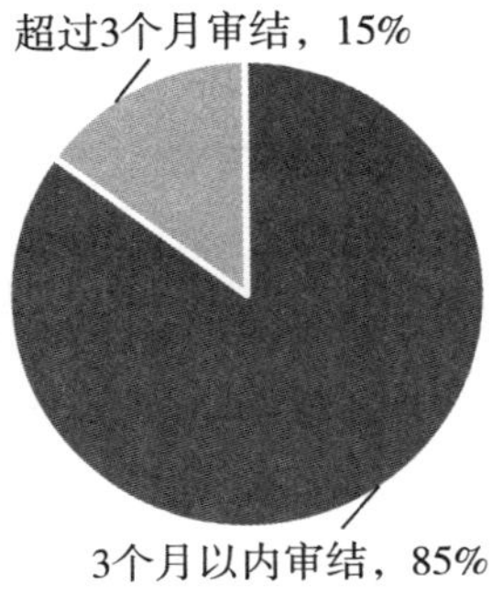

图7　简易程序审理时间比例

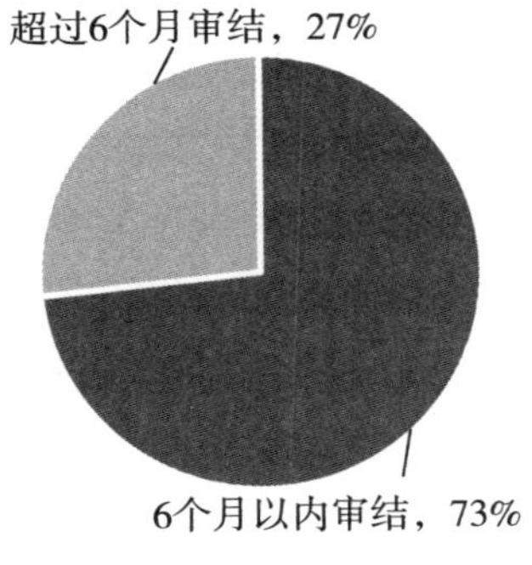

图8　普通程序审理时间比例

(五)涉及第三方鉴定/评估情况

本次研究的105件涉诉案件中，仅有8件涉及第三方鉴定/评估，占涉诉案件的7.61%；其中，仅4件成功启动评估/鉴定，3件系当事人申请鉴定而未获法院同意，1件因第三方鉴定机构无法就申请鉴定事项作出鉴定而放弃鉴定。涉及第三方鉴定/评估案件的具体情况，如表1所示。

表1　涉及第三方鉴定/评估案件的具体情况

案号	申请主体	申请鉴定/评估事项	申请鉴定/评估结果
山东省德州市中级人民法院(2021)鲁14民终2725号	屋顶方	针对用电损耗的鉴定	一审中启动评估鉴定,法院采纳鉴定报告确定光伏设备用电电量及光伏发电上网损耗电量
河南省濮阳市中级人民法院(2021)豫09民终2892号	屋顶方	针对屋顶漏水的原因鉴定	一审中启动鉴定,法院采纳鉴定报告确定的漏水原因,而后作出合同解除、损失责任问题的判断
江苏省昆山市人民法院(2016)苏0583民初4467号	屋顶方	针对用电损耗的质量鉴定	启动评估鉴定,法院采纳鉴定报告确定的损耗
江苏省宿州市人民法院(2016)苏1302民初313号	屋顶方	屋顶损失	因无法鉴定而放弃
江苏省淮安市经济技术开发区人民法院(2018)苏0891民初3413号	供电方	房屋结构安全性	法院未同意
安徽省六安市中级人民法院(2019)皖15民初122号	供电方	案涉光伏电站项目预期收益	法院未同意
江西省上高县人民法院(2018)赣0923民初1829号	供电方	房屋加固至设计图纸标准所需要的费用	法院未同意
江西省南昌市经济技术开发区人民法院(2017)赣0192民初852号	供电方	针对前期投入损失的工程量及造价鉴定	启动鉴定,法院采纳鉴定报告确定的供电方对屋顶前期的投入金额

(六)合同解除高风险分布

本次研究的105件涉诉案件中,共37件的诉讼请求包括解除合同,获得法院判决支持解除的为30件,占诉请解除合同案件数的81%。具体情况如图9所示:

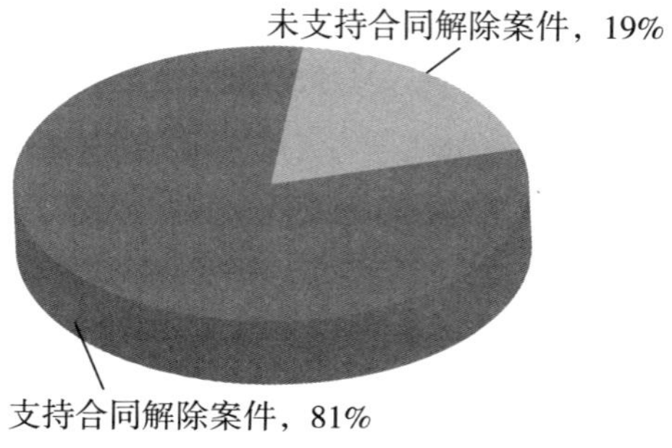

图9　法院判决支持合同解除案件比例

笔者同时分别对法院支持供电方/屋顶方解除合同的情形作出统计。具体情况如图 10、图 11 所示：

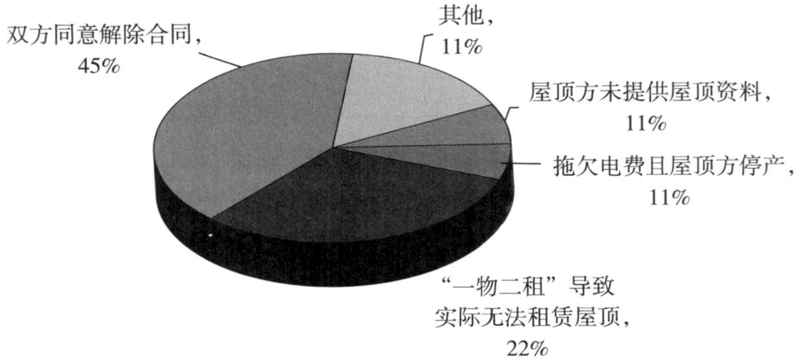

图 10　法院支持供电方解除合同情形

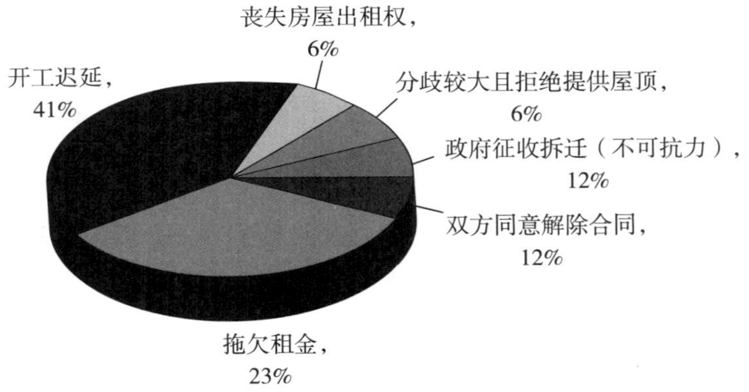

图 11　法院支持屋顶方解除合同情形

二、涉诉案件典型判例解读与分析

分布式光伏项目投建及运营的过程中，供电方与屋顶方之间在“合同能源管理协议”（EMC）或“购电协议”（PPA）或房屋租赁合同项下的纠纷，通常包括：合同一方当事人以相对方一般性违约为由，诉请继续履行合同（如请求履行租金/电费支付及逾期支付违约金承担义务），或以相对方根本性违约为由，诉请解除合同及赔偿损失（如请求解除合同并要求返还项目质保金等）。当然，也存在第三方原因（如光伏政策变动、拆迁等）导致合同无法继续履行的情况下，一方当事人的权利主张及认定问题。常见的违约情形及违约责任承担如图 12 所示：

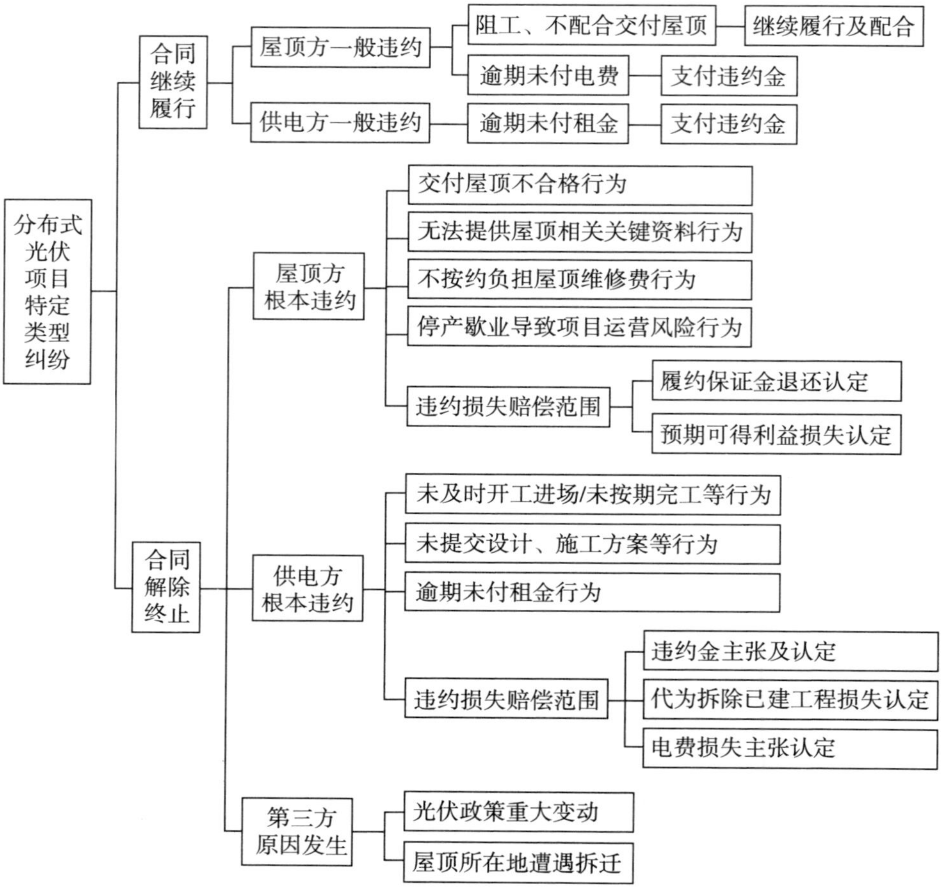

图12　分布式光伏项目特定类型示意

(一)屋顶方的一般违约行为及责任承担

屋顶方促成项目实现的主要义务在于:为供电方提供进场施工提供“通行可能”(项目建成前)、按期足额支付电费(项目投运后)等。否则,供电方会以屋顶方存在前述违约行为为由,诉请要求其予以补正。

1.进场施工后屋顶方不当阻工的违约情形

对于供电方来说,确保进场、施工、运维检修能得到屋顶方的配合与支持十分重要。由于光伏电站的建设周期较短,一旦屋顶方阻挠施工致工期延误,甚至可能引发更为严重的项目损失风险。因此,如若能就屋顶交付时间、交付方式、配合保证施工义务、阻工/迟延交付违约责任等进行明确约定,既可对屋顶方形成一定的约束,也可为争议发生时供电方的权利主张提供合同基础。

判例指引:淇县天和光伏发电有限公司与河南万家欢乐纺织服装有限公司、鹤壁朝歌纺织有限公司合同纠纷案[河南省淇县人民法院(2018)豫0622民初1102号]

2.屋顶方逾期支付电费的违约情形

一旦项目投运,屋顶方的主要义务在于按期支付电费。若发生电费支付争议,屋顶方通常会对结算电量、电价、电费支付条件、延迟支付违约金等提出异议。但司法实践中,若相关合同条款明确且具体,则法院通常都会遵循事先约定进行处理和认定。

(1)屋顶方以单价过高为由拒付电费

结算电费的单价通常都会在供电方与屋顶方之间的合同中明确约定,但在司法实践中,也存在屋顶方主张电费价格应随当地电网销售价格相应调整等为由请求重新定价的,如若未经双方协商一致变更,法院一般不会采纳屋顶方的电价过高抗辩理由,而是会支持供电方援引的合同约定单价确认屋顶方的应付电费数额。

判例指引:莱芜顺风光电光伏发电有限公司与山东海纳齿轮桥箱有限公司供用电合同纠纷案[山东省济南市中级人民法院(2020)鲁01民终398号]

(2)屋顶方以未扣除损耗电量而抗辩结算电量

鉴于余电上网模式下可能产生的电量损耗问题,相关损耗的承担宜在合同中进行事先约定,否则在电量结算确定时会引发争议。司法实践中,就存在这样一种情况,双方未事先约定电量损失承担主体及具体数值比例问题,屋顶方以存在电量损耗为由抗辩结算电量(如屋顶方自行安装的电表数量与供电方主张的结算数量不一致),该种情况下如何锁定电量损耗事实,面对这一技术性问题,法院往往会启动鉴定以确认光伏发电的余电上传至国家电网时产生的损耗电量与屋顶方实际用光伏发电电量的比例或具体的损耗电量数据,并在裁判电费金额时适当进行扣减。

判例指引:昆山中青能源投资有限公司与昆山长江线缆制造集团有限公司供用电合同纠纷案[江苏省昆山市人民法院(2016)苏0583民初4467号];山东金德新型管件有限公司与临邑昕岚电力有限公司供用电合同纠纷案[山东省德州市中级人民法院(2021)鲁14民终2725号]

(3)屋顶方以先开票后付款条款抗辩的认定

供电方与屋顶方之间在价款支付上通常会约定先开票后付款,该种约定下,因开具发票本身属于从合同义务,其不能对抗属于主合同义务的价款支付义务,因此,屋顶方以供电方未开票为由而抗辩电费支付,一般难以获得支持。但是,供电方未开票可成为屋顶方抗辩违约责任的依据,法院也会以屋顶方此前未收到发票为由而据此不认定屋顶方的违约行为。该裁判规则也同样适用于屋顶方未开票、供电方抗辩逾期支付租金的情形。

判例指引：临沂意能光伏发电有限公司与道依茨法尔机械有限公司供用电合同纠纷案[山东省临沭县人民法院(2019)鲁1329民初1299号]；山东琨晶新能源科技有限公司与山东东鼎复合材料有限公司供用电合同纠纷案[山东省冠县人民法院(2020)鲁1525民初7230号]

3. 屋顶方的违约责任承担

基于前述违约情形，供电方面临阻工障碍时通常仅要求屋顶方继续履行、积极配合；而面对屋顶方逾期支付电费的行为，供电方通常会援引逾期支付电费违约金条款进行主张（该类条款认定基本同于逾期支付租金的违约金条款，在下一章节中一并论述）。笔者关注到这样一个案例，如供电方与屋顶方明确约定电费迟延支付期间电价不再享有优惠的“不打折”条款，该条款本身通常会得到法院的认可与支持。同时，因该条款在某种程度上亦可视为屋顶方承担违约责任的约定，因此，若供电方既主张适用“不打折”条款主张全额电价，同时又主张较高的违约金支付，法院也会最终对过高的违约金金额进行适当调减。

判例指引：江苏豪帆光伏电力有限公司与江苏华耀玻璃有限公司供用电合同纠纷案[江苏省南通市通州区人民法院(2019)苏0612民初4677号]

（二）供电方的一般违约行为及责任承担

1. 供电方逾期支付租金的违约情形

通常而言，基于一定比例电费折抵租金约定，或基于积极支付租金以促使屋顶方配合电站建设和运维的考虑，供电方欠付屋顶方租金的情形并不常见。司法实践中，正常运营的光伏项目里，供电方履约程度高，屋顶方起诉要求支付租金的案例较为少见。该类纠纷的争议也往往集中在屋顶租金的计算与认定上。法院关注的事实在于租赁期限的起算、租赁面积的大小、租金的数额、租金支付条件约定等。司法实践中，存在这样的裁判情况，如双方约定按照屋顶有效使用面积支付租金，同时又约定了一个固定数额的租赁费标准，尽管供电方仅进行了部分施工而无法确定屋顶的有效使用面积，但基于固定数额的租赁费约定条款及供电方曾按照该条款支付租赁费的情况，法院最终也选择按照固定数额的租赁费约定条款履行。另外，特别在未能顺利投运的光伏项目中，供电方更会选择要求以实际使用面积支付租金，而拒绝履行合同约定的固定数额租金（如约定使用面积×租金单价），该种情况下供电方同样难获支持。因此，笔者建议供电方充分关注租赁合同中关于租金支付相关义务的关键要素。

判例指引：山东柏年金属科技发展有限公司与蒙阴正柏电力科技有限公司房屋租赁合同纠纷案[山东省蒙阴县人民法院(2019)鲁1328民初3067号]；蒙阴顺

达不锈钢制品有限公司与蒙阴正柏电力科技有限公司房屋租赁合同纠纷案[山东省蒙阴县人民法院(2021)鲁1328民初1927号]

2. 供电方逾期支付租金的违约责任承担

供电方逾期支付租金、屋顶方迟延支付电费的违约责任承担方式通常都是支付违约金,裁判思路基本同一,无非法院的具体裁判尺度不同。常见的违约金条款为按日计算应付款项的迟延支付违约金,日息标准从0.01%～5%不等,若约定标准过高,法院或基于违约方的调减请求,或基于当地司法裁判惯例,会酌情对违约金进行认定,比较常见的有调减至银行同期贷款利率,或以银行同期贷款利率的4倍、2倍、1.3倍认定,或在月利率2%范围内认定,或在年利率20%范围内予以支持,这属于自由裁量权的范围。鉴于此,笔者建议双方在约定违约金条款时,可核查、参考项目当地的司法裁判惯例,以此确定合理的标准,并在诉讼中注意举证损失情况,以此推进违约金条款的直接适用。

判例指引:嘉善新联太阳能电力有限公司与嘉兴诚武新材料科技有限公司供用电合同纠纷案[浙江省嘉善县人民法院(2017)浙0421民初1959号];江苏国信泗阳太阳能发电有限公司与江苏晶鼎电子材料有限公司供用电合同纠纷案[江苏省泗阳县人民法院(2018)苏1323民初10489号]

(三)屋顶方的根本违约行为及合同解除问题

1. "一屋多租"导致合同无法履行而申请解除的情形

优质屋顶资源当然更受欢迎,分布式光伏项目推进中就时常发生同一个屋顶签订多份租赁合同(以下简称一屋多租)的可能。在多份租赁合同均有效,并且承租人均主张履行合同的情形下,特别是"在先"承租人已就承租屋顶完成相关备案手续的情况下,"在后"承租人面临着无法获取合法备案手续的根本性障碍。因此,笔者建议供电方在签订合同前初步核查屋顶的租赁备案情况,同时明确对"一屋多租"的违约行为约定一定数额的违约金,奠定权利基础。

判例指引:河北垚钥阀门股份有限公司与馆陶县银诚新能源科技有限公司租赁合同纠纷案[河北省馆陶县人民法院(2019)冀0433民初634号、河北省邯郸市中级人民法院(2019)冀04民终5107号]

2. 无法提供屋顶相关资料引发合同解除

除提供屋顶外,屋顶方同时还应承担提供用于光伏电站设计或施工所需的相关资料的合同义务,以便供电方开展设计、施工进而实现投资建设光伏电站的合同目的。因此,笔者建议在合同中明确约定屋顶方提供关键性资料的合同义务,具体包括提供资料的范围、提供时间、提供方式、无法提供资料的违约责任以及供电方因此享有的单方解除权。除了案例中提及的屋顶建筑结构图、电气系统图、荷载要求,在签订合同前,还应核查工程规划许可证、土地使用权证、房屋所有权证及消防验收证明等必要文件。

判例指引:鹿邑县晶宇新能源科技有限公司、袁晨亮等与鹿邑县华泰实业有限公司等租赁合同纠纷案[河南鹿邑县人民法院(2019)豫1628民初3826号]

3. 屋顶维修费用负担引发的争议问题

分布式光伏项目投建初期或运营中,都可能存在为了满足防水建设需求而对屋顶进行维修加固的情况,由此涉及维修费用由哪一方负担的问题,容易成为屋顶租赁合同履行过程中的争议。因此,笔者建议对各种可能情形下维修费用的承担进行约定,特别对供电方可能造成损害赔偿的情形作出免责或限定约定。若在履行中,供电方必须垫资维修,则应及时固定证据,如尽快与屋顶方签订书面文件明确维修工程的验收、维修费用的金额及其承担,避免后续争议。

判例指引:海盐佳友标准件有限公司与嘉兴凯晟建设有限公司租赁合同纠纷案[浙江省嘉兴市中级人民法院(2020)浙04民终1297号];永城汉盛新能源有限公司与河南中录科技有限公司租赁合同纠纷案[河南省商丘市中级人民法院(2020)豫14民终1602号]

4. 屋顶所有权人停产歇业后的光伏电站所有权归属风险

分布式光伏项目一次性投资成本大,而投资收益则是要在长达20年以上的项目周期中逐步实现,通常情况下,供电方也会与屋顶方明确约定清楚供电方对于光伏电站的所有权问题。如若遇到屋顶方停产歇业甚至后续破产清算的屋顶资产处置问题,供电方的光伏资产会陷于不稳定的风险状态。司法实践中,为突破供电方与屋顶方内部合同约定的不公示性,一旦屋顶方停产歇业,供电方起诉解除合同的同时,会要求确认光伏电站的所有权归属,以期公示,保障资产安全。

判例指引:大唐山东清洁能源开发有限公司与山东众磊户外装备制造有限公司合同纠纷案[山东省无棣县人民法院(2018)鲁1623民初2860号]

5. 屋顶方根本违约情形下几种常见的损失赔偿范围认定

合同一旦解除,尚未履行的,终止履行;已经履行的,根据具体情况也将恢复原状等。对于供电方而言,意味着投资计划受阻,故供电方一般情况下并不乐见合同解除。但是,若存在屋顶方重大违约并可能导致合同目的不能实现的情形下,供电方只能通过解除合同并主张相应的损失赔偿,及时止损。司法实践中,其通常会主张返还定金(或其他形式保证金)、可得利益损失赔偿等,但司法裁判支持情况不一。

(1)履约保证金不是定金,不能适用于定金罚则

供电方与屋顶方之间,通常会约定供电方在合同签订后进场施工前支付一笔

保证金(包括留置金、担保金、保证金、订约金、押金或订金等名称形式)。法院除了要审查保证金退还条件是否成就的问题,通常也会审查当事人主张以定金罚则适用保证金的请求。司法实践中对于定金的认定较为严格,若没有明确约定为定金,又没有约定适用定金罚则的,则往往不会适用定金罚则。笔者就关注到一则判例,合同明确约定为"履约保证金",结果发生合同解除供电方请求双倍返还履约保证金,但是最终未获法院支持。因此,笔者建议供电方根据项目的具体情况合理设定保证金条款。

判例指引:上海元泛新能源科技有限公司与宁夏银峰轻合金装备有限公司租赁合同纠纷案[宁夏回族自治区银川市永宁县人民法院(2017)宁0121民初3009号]

(2)可得利益损失赔偿的主张与认定

可得利益损失是合同履行之后可以获得的利益,其在性质上属于实际损失、间接损失。司法实践中,法院通常对该类损失持谨慎严格的态度,会综合考虑可预见规则、减损规则、损益相抵规则以及过失相抵规则等,从非违约方主张的可得利益赔偿总额中扣除违约方不可预见的损失、非违约方不当扩大的损失、非违约方因违约获得的利益、非违约方亦有过失所造成的损失以及必要的交易成本,继而作出认定。

第一,预期利益损失未约定计算标准且合同未实际履行,法院不支持可得利益损失主张。

司法实践中,笔者关注这样一则判例,合同中明确约定"对合同解除负有过错的一方应当赔偿另一方损失,该损失包括但不限于本项目顺利实施、运行后该方按照本协议可以获得的全部预期收益损失",然而,法院最终仍以合同双方对可得利益损失没有约定计算标准和依据,且合同没有实际履行为由,指出可得利益损失不具有确定性,从而不予支持。

判例指引:江西德鑫纺织有限公司、九江乐叶新能源有限公司供用电合同纠纷案[江西省九江市中级人民法院(2019)赣04民终1484号]

第二,法院综合其他因素对可得利益损失主张进行调减。

司法实践中,笔者同样关注到另外一则判例,屋顶方以供电方违约为由要求解除合同、赔偿其1年租金和可享受的用电优惠等预期利益损失,相应地,供电方以光伏政策变动为由主张合法解除,但法院最终认定供电方的主张不成立、构成违约。该案中,法院结合该案实际(包括供电方之前交付的租赁费押金等),考虑到供电方如能按约履行,屋顶方可以获得相应的利益,或者供电方如能及时退出,屋顶方可以寻求其他合作伙伴,也能及时带来利益等,最终法院综合考虑了违约方的过错、实际损失的发生等因素,酌情对守约方的可得利益损失进行认定,即用供电方交付的租赁费押金抵扣屋顶方的损失（无须供电方另行支付），对屋顶方予以一定程度的支持。

判例指引：联海（国际）玻璃技术有限公司与德清怀力新能源科技有限公司合同纠纷案［浙江省德清县人民法院（2019）浙0521民初4746号］

鉴于相关法律规定及司法实践情况，笔者建议供电方可考虑在与屋顶方签订的合同中约定可得利益损失赔偿条款，为降低发生纠纷时的举证难度，可以在合同中约定可得利益损失的计算标准及依据。应注意的是，该损失计算标准和依据需综合考虑违约方的可预见性、公平原则。此外，因可得利益损失属于损失赔偿，故不得与违约金同时主张，发生争议时应当综合考虑损失赔偿金额、举证难度、司法实践等因素，合理设计诉讼请求，以实现利益最大化。

（四）供电方的根本违约行为及合同解除问题

1. 供电方未满足工期要求引发的合同解除纠纷

在分布式光伏项目中，往往会对包括工期在内的履行期限作出具体约定。若供电方未能按期进场施工且无法举证证明是屋顶方原因，则屋顶方有权依照合同约定请求解除合同，法院也基本予以支持。鉴于供电方未按期进场施工的原因也可能是屋顶方在提供产权资料或办理项目登记备案中存在不配合或拖延的情形，因此，笔者建议供电方在合同中将供电方进场施工的时间与屋顶方的前期配合义务进行绑定。

判例指引：上高县晶鸿光伏电力有限公司与匹克（江西）实业有限公司合同纠纷案［江苏省宜春市中级人民法院（2019）赣09民终669号］

2. 供电方未提交设计、施工方案引发的合同解除认定

如果签订合同时将“提交设计、施工方案”明确约定为供电方的合同义务，则供电方就应依约履行。故供电方在与屋顶方签订合同前，应慎重考虑己方的履行能力与时限要求，避免因合同外因素必须暂停项目建设时，不至于因合同的硬性约定使己方履行陷入被动。同时，对于合同解除条件的约定，如无必要，不把非主要合同义务列入合同解除事由，避免合同被轻易解除。

判例指引：河南中广太阳能有限公司与荣阳（南阳）实业有限公司房屋租赁合同纠纷案［河南省南阳市中级人民法院（2020）豫13民终682号］

3. 供电方逾期未付租金引发的合同解除认定

分布式光伏项目中，供电方的主要合同义务是支付租金，若供电方欠付租金，则可能构成严重违约。在屋顶方催告后仍未在合理期限内履行的，则可能直接触发《合同法》（已废止）规定的法定解除条件或合同项下的约定解除权。通常情况下，供电方会通过积极履约的方式保障已投产光伏电站项目的持续运营，但是笔者

也关注到这样的裁判情况,即屋顶光伏电站虽已建成完工,但供电方欠付大额租金(甚至未出庭应诉),法院最终认定因供电方未付租金构成严重违约判令解除合同,并要求供电方腾退屋顶。因此,笔者建议供电方在项目投运过程中尤其注意避免自身出现根本性违约的情况。

判例指引:湖北安达精密工业有限公司与阳新县鹏能新能源科技有限公司租赁合同纠纷案[湖北省阳新县人民法院(2019)鄂0222民初4242号]

4. 供电方违约情形下几种常见的损失赔偿范围认定

综上所述,供电方违约行为的认定依据通常需追溯到合同项下明确约定的合同义务条款,一旦合同对供电方的各项义务作出明确约定(如进场开工的明确时间约定),法院很容易锁定违约行为。而屋顶方在以供电方严重违约诉请合同解除的同时,往往会同时主张违约损失赔偿,常见的损失赔偿主张包括违约金支付、代为拆除已建工程的损失、租金损失、预期利益损失赔偿(此前已专章论述)等,司法认定情况基本如下。

(1)违约金主张与认定

若合同中明确约定供电方的违约情形及该情形下违约金支付承担的方式,如供电方明确承诺并网时间以及每延期1个月补偿屋顶方的具体金额款项,则法院很容易据此裁判违约金的成立与具体补偿金额。但是,还存在这样的裁判案例,如合同明确约定按光伏电站实际利用面积计算违约金,同时又约定屋顶实际利用面积在项目完工后由双方实地测量后另行确认。然而,该项目并未实际开展。该种情况下,如若屋顶方又无法主张自己的实际损失,则法院则会以违约金计算没有依据为由不支持屋顶方的违约金主张。

判例指引:安徽省含山县顺天纺织有限公司、含山县国能光伏发电有限公司等租赁合同纠纷案[安徽省含山县人民法院(2019)皖0522民初458号];江西德鑫纺织有限公司、九江乐叶新能源有限公司供用电合同纠纷案[江西省九江市中级人民法院(2019)赣04民终1484号]

(2)代为拆除已建工程的损失主张与认定

实践中,供电方已开工、投建项目部分工程,但因各种原因停建的现象也屡见不鲜。该种情况下,如若供电方拒绝履行已建工程拆除义务,则屋顶方可能诉之法律主张代拆费用。司法实践中就存在"因供电方根本违约导致合同解除,且不履行合同约定的拆除及恢复原状义务,屋顶方委托第三方进行拆除施工,并就施工费损失向供电方成功主张"的判例。

判例指引:上海恩梯恩精密机电有限公司与瑞璁(上海)光伏科技有限公司合同纠纷案[上海市松江区人民法院(2019)沪0117民初460号]

(3)电费损失主张与认定

尽管供电方是光伏电站的投资方、项目发电的主要受益方,但屋顶方同时也享受“节能分享效益”带来的折扣电费收益,如若发生损失,也存在一定的权利主张基础。司法实践中,就存在这样一种裁判情况。例如,供电方明确承诺每年向屋顶方供应的光伏电量数,且以优惠电价提供给供屋顶方使用以抵扣应付租金,同时明确承诺:若实际供电量少于约定供电量,供电方应向屋顶方支付现金补足屋顶方少享受优惠的电费差额。该种情况下,法院最终会在锁定供电方违约导致所供电能未能达标情况下、认定供电方的电费补差金额。

判例指引:丹阳三合光伏发电有限公司与江苏兄弟合金有限公司供用电合同纠纷案[江苏省丹阳市人民法院(2020)苏1181民初1116号]

很显然,上述司法裁判实践给了笔者一定参考,如若一定要设定供电方违约责任,供电方可争取“模糊约定违约责任”或者设定“附条件”违约责任,为对方主张权利设置障碍。同时,笔者尤其建议供电方避免在项目投建后发生重大违约行为、影响合同履行效力。

(五)第三方原因导致合同解除(终止)的情形及认定

1. 因光伏政策变动引发合同解除认定

光伏项目的投建往往受到国家能源政策的直接影响,有无补贴、补贴多少都会成为项目投建与否、盈亏与否的关键所在,分布式光伏项目也不例外。司法实践中,若供电方与屋顶方明确将光伏政策变动约定为合同中不可抗力情况、且可以此行使合同解除权的情形下,一旦条件成就,且供电方又可补充举证案涉项目存在屋顶方的其他违约情况(如所供屋顶不满足案涉项目需求等),供电方则可充分援引合同约定主张合同解除。否则,若缺少前期合同约定,法院则会以光伏政策的调整不属于不能预见、不能避免并不能克服的不可抗力范围为由、而认定供电方不履行合同的行为系属违约。鉴于此,笔者建议供电方在投建项目的初期及时关注光伏政策的动向,同时通过合同约定固定政策变动下供电方的解除权。

判例指引:中机国能浙江工程有限公司与青岛泰发集团股份有限公司租赁合同纠纷案[山东省青岛市黄岛区人民法院(2018)鲁0211民初14742号];联海(国际)玻璃技术有限公司与德清怀力新能源科技有限公司合同纠纷案[浙江省德清县人民法院(2019)浙0521民初4746号]

2. 因政府征收拆迁引发的项目终止认定

随着我国城镇化建设进程加快,旧城改造、规划调整导致土地、房屋的征收日益频繁,屋顶承租人往往不是征收补偿的直接主体,而分布式光伏项目通常又设定有长达20年的运营期限,这使该类项目极易面临所在屋顶拆迁等其他第三方原因引发的项目终止情形。司法实践中,若供电方与屋顶方明确约定屋顶拆迁情况下合同终止、互不担责的条款,则法院会尊重该种约定,即屋顶方可援引合同条款明确要求解除双方的合同关系,相应地,供电方需自行承担项目终止及损失问题,这显然也不利于供电方前期巨额投资和长期利益保护。鉴于此,为了更好地维护供电方的合法权益,笔者建议在相关合同中明确土地、房屋面临征收时停产停业损失的计算方式,并对征收补偿的分配比例进行约定,为后续主张提供一定的权利基础。

判例指引:河北中友机电设备有限公司与石家庄乐照新能源有限公司租赁合同纠纷案[河北省石家庄市鹿泉区人民法院(2019)冀0110民初3143号];沐阳交通新能源盐城有限公司与郜某租赁合同纠纷案[江苏省盐城市中级人民法院(2021)苏09民终3271号]

(六)其他

司法实践中,笔者还关注到这样一则判例,供电方与屋顶方签署了《屋顶租赁及电力销售协议》及《补充协议》,对"自发自用、余电上网"模式及项目细节作出约定,包括约定屋顶租赁期限为25年。诉讼中,双方均未就合同条款效力问题提出异议,但法院认为,双方之间既存在供用电合同关系,也存在租赁法律关系,那么,根据《合同法》(已废止)第214条"租赁期限不得超过二十年。超过二十年的,超过部分无效"的规定,法院最终主动审查认为25年的屋顶租赁期限违反了法律的强制性规定,超过部分的租赁期无效。因此,笔者建议供电方关注合同期限问题,避免出现无效条款的约定。

判例指引:安徽恒瑞新能源股份有限公司与安徽博微长安电子有限公司租赁合同纠纷案[安徽省高级人民法院(2019)皖民终973号];无锡通鑫新能源电力有限公司与无锡慧谷供应链管理有限公司租赁合同纠纷案[江苏省无锡市锡山区人民法院(2020)苏0205民初1705号]